(WARTA)

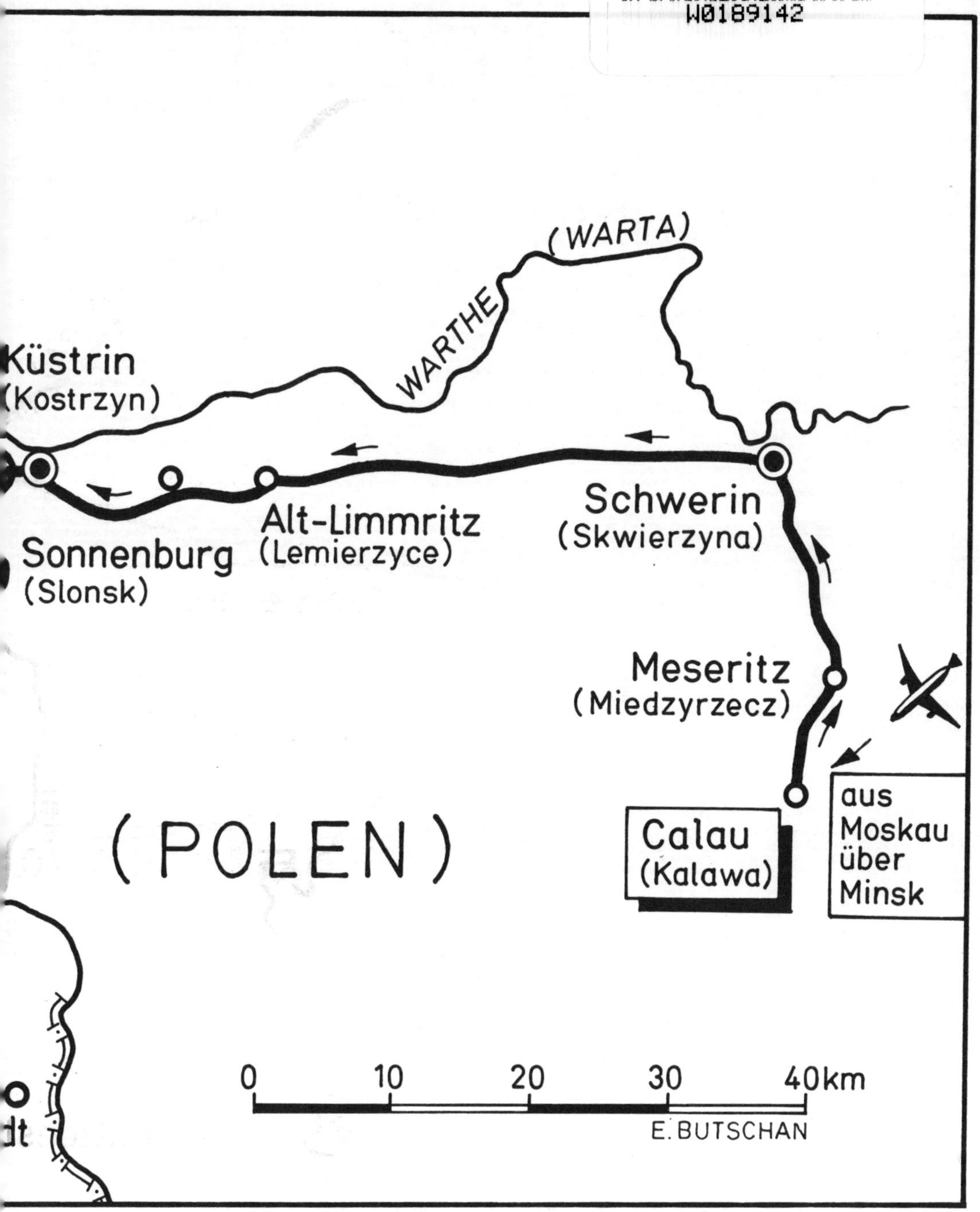

WARTHE

Küstrin
(Kostrzyn)

Sonnenburg
(Slonsk)

Alt-Limmritz
(Lemierzyce)

Schwerin
(Skwierzyna)

Meseritz
(Miedzyrzecz)

(POLEN)

Calau
(Kalawa)

aus
Moskau
über
Minsk

0   10   20   30   40 km

E. BUTSCHAN

WOLFGANG LEONHARD   SPURENSUCHE

WOLFGANG LEONHARD

SPUREN SUCHE

VIERZIG JAHRE NACH
DIE REVOLUTION
ENTLÄSST IHRE KINDER

AKTUELLE FOTOS VON GERHARD WEBER

Kiepenheuer & Witsch

Umschlaggestaltung Rudolf Linn, Köln
Satz und Reproarbeiten Kalle Giese Grafik, Overath
Druck und Bindearbeiten Mohndruck, Gütersloh
ISBN 3 462 02170 2

Inhalt

Statt eines Vorworts:
Die Verwirklichung einer Prognose

Am 3. Dezember 1984 vormittags klingelte das Telefon. Am Apparat – ein Redakteur der »Lübecker Nachrichten«: »Wir bereiten die Neujahrsausgabe unserer Zeitung vor und möchten eine Reihe von Sachverständigen unterschiedlicher Bereiche für eine Prognose bis zum Jahre 2020 gewinnen, die wir dann in der Ausgabe vom 1. Januar 1985 veröffentlichen werden. Wir möchten Sie bitten, eine Prognose für die Entwicklung der Sowjetunion und des Ostblocks zu erstellen.«

»Bis zum Jahre 2020?« Um eine derart langfristige Prognose war ich bisher nie gebeten worden. Ich meldete Bedenken an.

»Bis zum Jahr 2020 wäre eigentlich unser Wunsch; aber natürlich nehmen wir Ihren Beitrag auch gerne an, wenn Sie sich auf eine Prognose bis zum Jahre 2000 beschränken wollen. Sie haben ja kürzlich in Ihrem Buch ›Dämmerung im Kreml‹ aufgrund einer ausführlichen Analyse der jetzigen Situation und der Kräfteverhältnisse weitreichende Reformen in der Sowjetunion und im Ostblock vorausgesagt. Uns geht es allerdings weniger um analytische Ausarbeitungen. Schreiben Sie uns doch klar verständlich und einprägsam, wie Sie sich die Entwicklung der Sowjetunion und des Ostblocks bis zum Jahre 2000 oder danach vorstellen.«

Anfangs zögerte ich, denn ich konnte mir das Stirnrunzeln einiger meiner Kollegen, Akademiker in der Ostforschung, vorstellen. Und ich wußte, daß mir Prognosen über eine weitreichende Demokratisierung den Vorwurf eingebracht hatten, ich sei »Überoptimist« oder gar »Fantast«.

Die Bedenken überwand ich jedoch bald, ja ich hatte sogar Freude daran, wie es die Redaktion vorgeschlagen hatte, die Zukunft der Sowjetunion, des Ostblocks und der DDR bis zum Jahre 2000 und sogar etwas darüber hinaus zu schildern.

Im Dezember 1984, als ich den Beitrag schrieb, schien allerdings nichts weiter entfernt als eine Demokratisierung im Ostblock: An der Spitze der Sowjetunion stand der altersschwache Tschernenko, der sich jeder Reform widersetzte. Der Bürgerrechtler Andrej Sacharow stand unter permanenter KGB-Kontrolle in Gorki, abgeschirmt von Besuchern. Tausende Bürgerrechtler saßen in Gefängnissen, Lagern oder psychiatrischen Kliniken. In der Sowjetunion zeichnete sich eine Rehabilitierung Stalins ab.

Die Ost-West-Beziehungen waren gespannt: Die sowjetische Führung hatte die Zahl der SS-20-Mittelstreckenraketen ständig gesteigert, und in der Bundesrepublik wurden, nach längerer Diskussion und fehlgeschlagenen Verhandlungen mit Moskau, amerikanische Mittelstreckenraketen in Stellung gebracht.

In der DDR herrschte Erich Honecker, der immer nachdrücklicher die Anerkennung der DDR-Staatsbürgerschaft verlangte, und im Westen mehrten sich Stimmen, die für eine »Koalition der Vernunft« mit dem Honecker-System plädierten. Das Dokumentationszentrum Salzgitter, das die Verbrechen an der DDR-Grenze und der Berliner Mauer dokumentierte, stand im Kreuzfeuer der Kritik. Nicht wenige meinten, man solle es auflösen, da es sich um ein »Relikt des Kalten Krieges« handele.

Vier Monate sollten noch vergehen, bis Michail Gorbatschow zum Generalsekretär der KPdSU ernannt würde; ich schrieb meine Prognose mehr als ein Jahr bevor Glasnost und Perestroika begannen, fünf Jahre vor der Wende in der DDR und dem Fall der Berliner Mauer, sieben Jahre vor der Auflösung der Sowjetunion und der Bildung einer »Gemeinschaft Unabhängiger Staaten«.

Unter damaligen Bedingungen gewaltige Veränderungen im Sinne einer Demokratisierung in der Sowjetunion, im Ostblock und in der DDR vorauszusagen war ein Wagnis. Aber ich hatte die Entwicklungen so oft analysiert, daß ich nun nicht mehr davor zurückschreckte, das Resultat jener Analyse für ein breites Publikum darzustellen.

Ich nannte meine Prognose »Freiheit im Ostblock«. Sie erschien, wie vereinbart, am Neujahrstag, dem 1. Januar 1985. Ich gebe meine Prognose wieder, ohne einen Satz auszulassen oder hinzuzufügen, ohne ein Wort oder Satzzeichen zu verändern:

36 Jahre – und wir haben das Jahr 2020 erreicht. In der Sowjetunion und im Ostblock vollziehen sich harte Auseinandersetzungen, die schließlich zu einer Demokratisierung führen.

Hier ein mögliches Szenario: Mißernten gefährden die Versorgung; das Zurückbleiben in der modernen Technologie nimmt bedrohliche Ausmaße an; die Opposition der nicht-russischen Nationalitäten verstärkt sich; Selbständigkeitstendenzen in den europäischen Ostblockstaaten treten von Jahr zu Jahr deutlicher hervor.

In der Kreml-Führung kommt es Ende 1988 zu einer immer schärferen Polarisierung. Vorübergehend gewinnen die sich auf den Staatssicherheitsdienst und Teile der Armee stützenden Kräfte das Übergewicht. Nach harten Auseinandersetzungen in der Nach-Tschernenko-Ära bekommt eine jüngere, modernere Führungsgruppe im Kreml die Oberhand.

Um 1990 wird eine Wirtschaftsreform verkündet. In der Landwirtschaft erhalten Kollektivbetriebe und Staatsgüter weitgehende Selbständigkeit. Das bürokratische Normensystem wird abgeschafft, das private Hofland der Kolchosbauern bedeutend vergrößert. Beflügelt durch die Erfolge in der Landwirtschaft folgen ähnliche Reformen in der Industrie; Rentabilität und Initiative kommen zur Geltung. Anstelle der Rüstung steht nun die Konsumgüterproduktion im Vordergrund. Im Dienstleistungssektor, in Handwerk und Gewerbe, wird private Initiative nicht nur zugelassen, sondern gefördert.

Mitte der 90er Jahre zerfallen die Staatsgewerkschaften, und es entstehen unabhängige Arbeitnehmerorganisationen. In der Staatspartei, der KPdSU, kommt es zu einer Spaltung zwischen einer Pro- und einer Anti-Reform-Strömung.

Nach 1995 greift die Liberalisierung rasch auf den kulturell-politischen Bereich über. Die Zensur hört de facto auf zu bestehen. Begierig lesen die Menschen die bis dahin verbotenen Bücher von Sacharow, Solschenyzin, Bukowski und Amalrik. Jede Woche werden den Menschen neue Einzelheiten der früheren Unterdrückung bekannt. Zwei Versuche in den späten 90er Jahren – einmal vom Staatssicherheitsdienst, einmal von den Militärs –, die Liberalisierung aufzuhalten und die bürokratische Diktatur wieder herzustellen, mißlingen.

Gegen Ende der 90er Jahre wird der Staatssicherheitsdienst weitgehend entmachtet, die unschuldig Verhafteten aus den Lagern, Gefängnissen und psychiatrischen Kliniken befreit. Die Todesstrafe wird abgeschafft.

Der Anstoß für weitere Reformen erfolgt nach der Verselbständigung der mittel- und osteuropäischen Länder: durch machtvolle Volksbewegungen vollzieht sich die Unabhängigkeit und Demokratisierung in der DDR und Tschechoslowakei, in Polen, Ungarn, Rumänien und Bulgarien.

Auch in der Sowjetunion bilden sich unabhängige Organisationen und politische Parteien. Die Russifizierung wird eingestellt. Der zentralistische Sowjetstaat verwandelt sich in eine Föderation mit großer Selbständigkeit der unterschiedlichen Nationalitäten.

Früher unterdrückte und verleumdete Regimegegner werden stürmisch gefeiert. Alexander Dubcek und Mitglieder der »Charta 77«, Lech Walesa und andere führende Vertreter der »Solidarnosc« besuchen die Sowjetunion und werden dort überall jubelnd empfangen. In vielen großen Städten werden posthum Sacharow-Denkmäler errichtet.

Die Demokratisierung in der Sowjetunion und in osteuropäischen Ländern wirkt sich auch auf die Außenbeziehungen aus. Gegen Ende der 90er Jahre ziehen sich die sowjetischen Truppen aus Afghanistan zurück; sowjetische Militärberater aus der Dritten Welt kehren heim. Befestigungsanlagen, Stacheldrahtzäune und Wachtürme, die wie in Berlin die Bürger an der Flucht in den Westen hindern sollten, werden gesprengt und abmontiert.

Um das Jahr 2002 können die Bürger der ›Föderation Demokratischer Staaten‹, wie die Sowjetunion seit 1998 heißt, frei ausreisen. Längst gibt es keine Störsender mehr. Der freie Verkauf ausländischer Bücher, Zeitschriften und Tageszeitungen ist zu einer Selbstverständlichkeit geworden.

Rüstungskontroll- und Abrüstungsgespräche entwickeln sich freier, ungezwungener und erfolgreicher. Frühere Vorwürfe von ›Imperialisten‹ oder ›Revanchisten‹ rufen nur Gelächter hervor.

Nur manchmal stellen Besucher aus Osteuropa etwas vorwurfsvoll die Frage: Warum habt Ihr im Westen in den 60er bis 80er Jahren Euch fast nur auf unsere diktatorischen Führer konzentriert? Warum habt Ihr Euch so wenig um Dubcek und die Charta 77 in der Tschechoslowakei gekümmert, um Lech Walesa und die Solidarnosc in Polen? Warum habt Ihr so wenig Eure Solidarität gezeigt mit dem seit 1980 im Exil in Gorki unter ständiger Kontrolle lebenden Andrej Sacharow?

Sieben Jahre später, am Neujahrstag 1992, las ich meine am 1. Januar 1985 veröffentlichte Prognose durch. Sofort entdeckte ich einen Fehler: Ich hatte erwartet, daß die Demokratisierung mit einer Wirtschaftsreform beginnen werde – was wahrscheinlich auch sehr viel besser gewesen wäre! – und erst danach weitreichende Reformen im kulturellen und innenpolitischen Bereich und in der Außenpolitik folgen würden. Die Verzögerung der Wirtschaftsreform und die dadurch bedingten weitreichenden ökonomisch-sozialen Schwierigkeiten und Entbehrungen für die Bevölkerung hatte ich in meine Vorhersage nicht einbezogen.

Aber sonst? Selbst ein scharfer Kritiker wird nicht leugnen können, daß all meine Voraussagen zwischenzeitlich eingetroffen sind.

Immer wieder habe ich vor allem in den letzten zwei Jahren in der Bundesrepublik die Behauptung gehört: »Niemand hat die Wandlungen in der Sowjetunion, in Osteuropa und der DDR voraussagen können.« Man konnte es doch – wie die hier wiedergegebene Prognose vom 1. Januar 1985 zeigt.

Aber halt – die Daten! Bei nochmaligem Lesen stellte ich fest, daß die wirkliche Entwicklung sich sogar noch schneller vollzog als in meiner Prognose vom 1. Januar 1985 angenommen. Die moderne Führungsgruppe im Kreml kam nicht erst »Ende 1988«, sondern, mit Gorbatschow, schon am 11. März 1985 an die Macht. Die freie Herausgabe früher verbotener Bücher erfolgte nicht »nach 1995«, sondern bereits 1989/90. Die machtvollen Volksbewegungen für Unabhängigkeit und Demokratisierung in mittel- und osteuropäischen Ländern, darunter auch in der DDR, traten schon im Herbst 1989 hervor, nicht erst »Ende der 90er Jahre«. Gleiches gilt für den Rückzug der sowjetischen Truppen aus Afghanistan von Herbst 1988 bis März 1989, den ich ebenfalls erst für das Ende der 90er Jahre prognostiziert hatte. Schließlich fanden auch das Ende der Sowjetunion und die Herausbildung einer demokratischen Staatengemeinschaft nicht erst 1998 statt, sondern bereits im Dezember 1991.

So konnte ich verblüfft feststellen, daß viele entscheidende Ereignisse weit früher stattfanden, als ich in der damals als »überoptimistisch« angesehenen Prognose vorausgesagt hatte: Eine »Planübererfüllung« in der Sowjetunion, im gesamten Ostblock und in der DDR.

Dank dieser Planübererfüllung konnte ich bereits im Juli 1987 – und seitdem noch fünf Mal – in die Sowjetunion reisen, um dort die in meinem Buch »Die Revolution entläßt ihre Kinder« beschriebenen Stätten meiner Kindheit und Jugend in Moskau wiederzusehen – darunter die Karl-Liebknecht-Schule, das Kinderheim Nr. 6 für die Kinder deutscher und österreichischer Emigranten, meine Hochschule für Fremdsprachen, das Studentenheim und natürlich das Hotel »Lux«, das ehemalige Hotel der Funktionäre der Kommunistischen Internationale. Ich konnte feststellen, was geblieben war, was sich verändert hatte.

Noch wichtiger war für mich die Möglichkeit, nach der Wende – erstmals übrigens schon im Dezember 1989 und seitdem bei acht längeren Besuchen – die DDR, inzwischen die fünf neuen Länder der ehemaligen DDR, zu besuchen. Dort besichtigte ich die Wirkungsstätten, die ich in meinem Buch »Die Revolution entläßt ihre Kinder« geschildert hatte: Die Stationen der »Gruppe Ulbricht« vom 30. April bis 10. Juli 1945; das Zentralkomitee in der Wallstraße 76-79; den Admiralspalast, in dem ich die Vereinigung von SPD und KPD, die Gründung der SED am 21. und 22. April 1946 erlebt hatte sowie die vielen Partei- und FDJ-Schulen, an deren Gründung ich 1945 und Anfang 1946 mitgewirkt hatte und die ich nun in unerwarteten Funktionen – als Hotel, Bauernakademie oder Bildungsstätte – wiedersah.

Vor allem aber konnte ich nun – was ich in meiner kühnsten Prognose wohl nie vorausgesehen hätte – im SED-Zentralarchiv eine Vielzahl früher geheimgehaltener Dokumente über diese Tätigkeit erhalten. Manches, was ich in meinem Buch »Die Revolution entläßt ihre Kinder« aus dem Gedächtnis niedergeschrieben hatte, konnte ich nun dokumentarisch belegen. Unerwartet für mich war auch, daß ich mich – nach meiner Flucht im März 1949 über 40 Jahre lang als »Renegat« und »Antikommunist« diffamiert und von Erich Honekker noch 1980 als »wütender Verleumder der SED und der DDR« beschimpft – jetzt ungezwungen mit einer Vielzahl von Menschen unterhalten konnte, die ich in meiner Jugend in Moskau, teilweise schon als Mitschüler der Karl-Liebknecht-Schule, kennengelernt hatte und die anschließend 40 Jahre lang im SED-Staat nicht selten bedeutende Positionen innehatten.

Was beabsichtigte ich mit meinen Reisen, was ist der Zweck dieses Buches? Als Mitglied der »Gruppe Ulbricht« erlebte ich den ersten Anfang der Sowjetischen Besatzungszone Deutschlands, aus der später die Deutsche Demokratische Republik hervorgehen sollte; mehr als vier Jahrzehnte nach meiner Flucht erlebte ich den Zusammenbruch eines Systems, in das nicht wenige Menschen der Nachkriegszeit Hoffnung gesetzt hatten. Wie, so fragte ich, konnten aus jungen Menschen voller Initiative und Aktivität, mit denen ich in den Jahren 1945 bis 1949 zusammen war, innerhalb weniger Jahre bürokratische Funktionäre der Diktatur werden? Was war die Motivation ihrer Tätigkeit? Warum brach jenes System, das so festgefügt schien, im Herbst 1989 zusammen wie ein Kartenhaus?

Dieses Buch ist keine nostalgische Reise in die Vergangenheit; im Vordergrund stehen Dokumentation und kritische Aufarbeitung wichtiger Abschnitte der Anfänge der DDR mit dem Ziel, eine Brücke zur Gegenwart zu schlagen.

Beim Schreiben meiner Prognose für den 1. Januar 1985 hatte ich bestenfalls gehofft, Ende der 90er Jahre die Sowjetunion und die DDR besuchen zu können. Die Planübererfüllung, die Schnelligkeit, mit der die Ereignisse erfolgten, haben meine Reisen bereits viel früher möglich gemacht. So konnte ich meine »Spurensuche« bereits im Jahre 1991 schildern und kann sie schon im Frühjahr 1992 vorlegen. Wohlan, die Spurensuche kann beginnen . . .

Wolfgang Leonhard   *Manderscheid, Februar 1992*

I

WIEDERSEHEN MIT EINER GEWANDELTEN SOWJETUNION

6. Juli 1987. Das Flughafen-Foyer in Köln-Wahn ist überfüllt: Dutzende von Journalisten warten, um mit der LH 9068, dem Presseflugzeug, die Reise des Bundespräsidenten Richard von Weizsäcker in die Sowjetunion zu begleiten.

So sehr ich auf das Wiedersehen mit Moskau nach 42 Jahren gespannt war, so ernst waren auch meine Befürchtungen. War es wirklich richtig, bereits jetzt wieder in die UdSSR zu fahren?

Unwillkürlich erinnerte ich mich an meinen Aufenthalt in der Sowjetunion von 1935 bis 1945, die Ankunft in Moskau am 22. Juni 1935 als damals Vierzehnjähriger; meine Bestürzung über die seit Sommer 1936 zunehmende Verhaftungswelle; den großen Schock der Verhaftung meiner Mutter Ende Oktober 1936 und die entsetzlichen Jahre der »großen Säuberung«; den Hitler-Stalin-Pakt vom August 1939 und die unmittelbar danach erfolgte Auflösung des Kinderheims Nr. 6; mein Studium an der Moskauer Pädagogischen Hochschule für Fremdsprachen; den Kriegsbeginn am 22. Juni 1941; die grauenvolle Zwangsumsiedlung von Moskau nach Karaganda Ende September 1941; die Ausbildung an der Kominternschule 1942 bis 1943 und mein Leben im Moskauer Hotel »Lux« bis zum Rückflug nach Deutschland mit der »Gruppe Ulbricht« am 30. April 1945.

Meine Hoffnungen auf zukünftige Reformen

So bedrückend die Erinnerungen an die Sowjetunion der Stalin-Ära auch waren – ich hatte, seit 1950 als Sowjetexperte im Westen lebend, nie die Hoffnung aufgegeben, daß es in der Sowjetunion zu einem gewaltigen Reform- und Befreiungsprozeß kommen würde. Seit Mitte der 70er Jahre war dies für mich mehr als eine Hoffnung: Es war die

Schlußfolgerung einer analytischen Bestandsaufnahme zunehmender Widersprüche und Gegensätze des bürokratisch-diktatorischen Systems.

Nicht nur innere Widersprüche und zunehmende Stagnation vermittelten mir die Hoffnung auf eine Wandlung; schon seit den 70er Jahren erkannte ich die sozialen und gesellschaftlichen Kräfte, die zukünftige Reformen antreiben würden und beschrieb sie in meinem längst *vor* der Perestroika erschienenen Buch »Dämmerung im Kreml«:

» - Eine nach Modernisierung und Reformen strebende wissenschaftlich-technische Intelligenz, die täglich in ihrer Arbeit mit dem Widerspruch eines überlebten bürokratisch-diktatorischen und zentralistischen Systems und den ökonomisch-technologischen Notwendigkeiten konfrontiert wird, setzt sich für weitgehende Wirtschaftsreformen und größere Unabhängigkeit in der wissenschaftlich-technologischen Entwicklung ein.

- Die zunehmend selbstbewußte Industriearbeiterschaft drängt darauf, als eigenständige politische Kraft in Erscheinung zu treten und ihre Interessen in unabhängigen Gewerkschaften zum Ausdruck zu bringen.

- Die nicht-russischen Völker in der UdSSR sind bestrebt, ihre Mitwirkungs- und Mitentscheidungs-Möglichkeiten zu verstärken und größere Autonomie zu gewinnen.

- Die nach vorn drängende junge sowjetische Generation, die durch die Entwicklung nach dem Tod Stalins geprägt wurde, ist der ständigen Berieselung durch die Sowjetpropaganda überdrüssig; sie besitzt andere Wert- und Zielvorstellungen und ist bereit und willens, neue Wege einzuschlagen.

- Die aktiven religiösen Strömungen, Kirchen und Religionsgemeinschaften widersetzen sich dem offiziellen Atheismus und fordern die Glaubens- und Gewissensfreiheit in der Sowjetunion.

- Die künstlerische Intelligenz, die in der Bevölkerung großes Ansehen genießt, drängt auf schöpferische Freiheit, auf Überwindung der erniedrigenden Zensur und der Behinderung künstlerischen Schaffens.

- Die Gruppe aktiver Verfechter der Menschenrechte und der Demokratisierung in der Sowjetunion, die zwar zahlenmäßig relativ klein und deren unmittelbare Einflußmöglichkeit durch ständige Verfolgung begrenzt ist, kann bei Beginn von Wandlungsprozessen als Kristallisationspunkt von großer Bedeutung sein.« (Wolfgang Leonhard: Dämmerung im Kreml, Stuttgart 1984, S. 229-230.)

Bereits damals skizzierte ich jene Reformen, die »schon bald auf der Tagesordnung stehen würden«: Im Bereich der Wirtschaft eine Verselbständigung der Betriebe, größere Kompetenzen für die Betriebsleitungen, horizontale Verbindungen und Verträge zwischen den Unternehmen anstelle von oben festgelegter Planaufgaben und die Abschaffung der Investitionsfinanzierung, so daß die Betriebe notwendige Investitionen durch Bankkredite aufbringen würden.

Die Tätigkeit privater Unternehmer in der Landwirtschaft und im Handwerk, ja im gesamten Dienstleistungsgewerbe, werde legalisiert: »Man könnte sich selbst die Auflösung aller unrentablen Kollektivwirtschaften und sowjetischen Staatsgüter vorstellen, vielleicht sogar die völlige Wiederherstellung des privaten Eigentums in der Landwirtschaft.«

Die sowjetische Führung, schrieb ich damals, werde diese Wirtschaftsreform als Neuauflage der »Neuen Ökonomischen Politik« Lenins deklarieren, die privaten Betriebe werde man wahrscheinlich als »genossenschaftlich-kommerzielle Unternehmungen« bezeichnen. Als Gegengewicht zu den neuen Unternehmungen prognostizierte ich die Entstehung unabhängiger Gewerkschaften.

Im politischen Bereich werde der Staatssicherheitsdienst eingeschränkt und von gewählten Kontrollorganen überprüft werden. Die unschuldig Verhafteten würden aus Lagern, Gefängnissen und psychiatrischen Kliniken entlassen und rehabilitiert. Gesetzliche Vorschriften verhinderten, daß psychiatrische Kliniken für politische Zwecke eingesetzt werden könnten. Die Beschränkung der Freizügigkeit werde abgeschafft, Presse-, Glaubens- und Gewissensfreiheit realisiert, religiöse und kirchliche Gemeinschaften erhielten die Möglichkeit ungehinderter Entfaltung. Das Schwergewicht verlagere sich von der Rüstungs- auf die Konsumgüterproduktion.

Innerhalb der Partei würden erstmals geheime Wahlen zu allen Gremien der Partei eingeführt. Neben der Partei könnten ungehindert weitere Organisationen gebildet werden, im weiteren Verlauf auch andere politische Parteien. Damit, so schrieb ich 1984 wörtlich, »ergibt sich die Möglichkeit des Übergangs zum Mehrparteiensystem.«

Am 11. März 1985 war es soweit. Für mich war die Ernennung Gorbatschows zum Generalsekretär der sowjetischen KP von Anfang an ein deutliches Zeichen für den beginnenden Reformprozeß.

Unmittelbar nach der Ernennung Gorbatschows schrieb ich in der »Schweizer Illustrierten«: »Mit dem 54jährigen Gorbatschow ist erstmals ein Vertreter der Nach-Stalin-Generation an die Schalthebel der

Macht gelangt ... Die entscheidende innenpolitische Frage ist die Wirtschaftsreform. Jedermann in der Sowjetunion weiß, daß die überholten bürokratisch-zentralistischen Herrschaftsstrukturen die ökonomische Entwicklung hemmen ... Hier dürfte Gorbatschow ansetzen ... Die geplanten Reformen sind eng mit der sowjetischen Außenpolitik verbunden, denn sie verlangen den Ausbau der Wirtschaftsbeziehungen und eine wissenschaftlich-technologische Kooperation mit den westlichen Industriestaaten. Die aber ist nur durch eine flexiblere und realistischere Außenpolitik Moskaus zu gewinnen ... Seit langem ist, vorsichtig dosiert, Hoffnung erlaubt – sowohl für die sowjetische Bevölkerung als auch für die westlichen Demokratien.«

Die weitere Entwicklung seit 1985 bestätigte meine Hoffnungen. Die ersten freien kritischen Diskussionen beim sowjetischen Schriftstellerverband, die allmähliche Überwindung der langweiligen, einseitigen, schönfärberischen Propaganda in der Sowjetpresse, die zunehmende Veröffentlichung von kritischen Artikeln über die stalinistische Vergangenheit und die Breschnjewsche Stagnationsperiode, die Rückberufung des im Exil in Gorki lebenden Dissidenten Andrej Sacharow im Dezember 1986, das Januar-Plenum des Jahres 1987 mit Gorbatschows Ankündigung eines Mehrkandidatensystems bei Wahlen, zunehmende Differenzierung zwischen autoritären Systemerhaltern und Reformbefürwortern, immer offener werdende Aussprachen, beginnende öffentliche Diskussionen – all das zeigte mir Umrisse einer gewandelten Sowjetunion, die sich weitgehend von derjenigen unterschied, die ich während meiner zehn Jahre unter dem Stalinismus erlebt hatte.

Aber noch wenige Tage vor dem Abflug zögerte ich. Gewiß – verstandesmäßig nahm ich den beginnenden Wandlungsprozeß durchaus wahr, ja begrüßte ihn. Aber, so fragte ich mich, ist er auch sicher? Während eines Sonntagsfrühstücks bei Ernst-Dieter Lueg im Juni 1987 äußerte ich sowohl Hoffnungen als auch Zweifel. Aber alle redeten mir zu, und so fand ich mich am 6. Juli 1987 um 6 Uhr früh im Köln-Wahner Flughafen ein: voll gespannter Erwartung, aber auch mit einer gewissen Furcht und Angst.

Nach 42 Jahren:
Meine Reise in die Sowjetunion im Juli 1987

Für die im Vorraum des Flughafens Köln-Wahn wartenden annähernd 100 Journalisten würde es ein Routine-Flug: Sie alle hatten manchen Staatsbesuch erlebt und kommentiert! Aber sie wußten, daß es sich diesmal, bei der Reise des Bundespräsidenten Richard von Weizsäcker in die Sowjetunion, um etwas Besonderes handelte; für keinen der Anwesenden aber war diese Reise ein so außergewöhnliches und einschneidendes Ereignis wie für mich.

Einigen meiner Freunde offenbarte ich noch auf dem Flugplatz meine Bedenken. Immerhin hatte ich 1945 die Sowjetunion verlassen, lebte seit annähernd 40 Jahren im Westen, war häufig in der Sowjetpresse als »Renegat« und Teilnehmer einer angeblichen »imperialistischen Globalstrategie« angegriffen worden. Im Kölner Flughafen bat ich Ernst-Dieter Lueg: »Wenn etwas mit mir passiert, dann bringst Du es im Fernsehen!« Auch Geert Müller-Gerbes beruhigte mich: »Dann machen wir eine Menschenkette um Wolfgang Leonhard, um ihn zu schützen.«

Nach zweistündigem Flug, vor der Landung auf dem Flughafen Wnukowo I, sah ich von weitem schon die traditionellen Embleme sowjetischer Macht: Rote Fahnen, Hammer und Sichel, Losungen in weißer, großer Druckschrift auf rotem Grund. Das Flugzeug landete. Paß- und Zollkontrollen waren legerer, einfacher und schneller als ich es mir je vorgestellt hätte. Tanja Lebedewa, unsere Begleiterin, kam schon bald auf mich zu und begrüßte mich freundlich. »Ich freue mich besonders, daß *Sie*, Herr Leonhard, jetzt bei uns sind«, meinte sie entgegenkommend, verstärkte damit aber anfänglich nur meine Furcht. Sie hatte an derselben Hochschule für Fremdsprachen studiert wie ich in den Jahren 1940 bis 1941; sie kannte meine Bücher und hatte mit Jan Vogeler, einem früheren Mitschüler der Karl-Liebknecht-Schule und späteren Professor für Philosophie, wiederholt über mich gesprochen. Ihr Hauptinteresse galt der Literatur, und gleich beim ersten Gespräch erzählte sie von neuen kritischen Aufsätzen und Erzählungen, die in literarischen Zeitschriften soeben erschienen waren.

Mit Erregung und Spannung erlebte ich die Fahrt vom Moskauer Flughafen Wnukowo zum Hotel »Intourist« im Zentrum der Stadt. Zunächst kam ich mir vor wie in einer völlig fremden Stadt; riesige Neubauviertel im Stil der 50er Jahre. Je näher wir dem Zentrum kamen, desto mehr erkannte ich jenes Moskau wieder, in dem ich von 1935 bis

1945 gelebt hatte. Alles schien mir so vertraut, als hätte ich die Stadt erst vor wenigen Tagen verlassen: Gorkistraße, Kusnezkij Most, Petrowka – ich fühlte mich zu Hause.

Frappierende Unterschiede zur Stalin-Zeit: Kaum Führer-Bilder in den Straßen, weniger Losungen – Form und Schrift waren wie früher, die Inhalte aber neu. Statt »Bditelnost« (»Wachsamkeit«) las ich nun Losungen für Glasnost und Perestroika. Die Menschen sind besser gekleidet als zur damaligen Zeit. Die Jugend tritt überraschend westlich auf, die Mädchen sind schlanker und eleganter. Die Menschen der Stalin-Ära waren militanter, überzeugter, härter – sie sind heute legerer und entspannter.

Vor meiner Reise nach Moskau hatte ich mir vorgenommen, nie allein auf die Straße zu gehen, mich nachts im Hotelzimmer einzuschließen, ständig mit Journalisten und Diplomaten zusammen zu sein, damit mir nichts passiere.

In Moskau aber wich die Angst; vom ersten Tag an wuchsen die Neugier und die Faszination, Erinnerungen an Moskau mit neuen Eindrücken zu vereinen. Mit zwei Journalistinnen ging ich bereits am ersten Tag spazieren – zum Roten Platz. Früher ging ich mit meinen Freunden immer auf der »GUM-Seite« des Platzes, in respektvollem Abstand vom Kreml, der damals noch gesperrt war. Bewundernd und verängstigt betrachteten wir ihn: Dort sitzt Stalin, der für uns denkt, arbeitet und lenkt.

All das ist nun vorbei. Zu meinem großen Erstaunen sah ich – unter Stalin undenkbar –, daß Sowjetbürger im Hotel »Intourist« verkehren. Früher machte ich stets einen großen Bogen um die Ausländerhotels »Metropol« und »National« voller Angst, ein bourgeoiser Ausländer könnte mich nach dem Weg fragen. Fast grotesk dagegen: Die Unzahl von Prostituierten, die heute allabendlich die Gorkistraße beleben.

Nur eines war, seltsamerweise, bei meinem Besuch 1987 strenger als unter Stalin: Die Bewachung des Zugangs zum Lenin-Mausoleum. Als ich am 8. Juli 1987 vormittags gemeinsam mit Ernst-Dieter Lueg und fünf anderen Journalisten zur Gedenkstätte Lenins ging, fiel mir auf, daß das Mausoleum weit pompöser war als zu Stalins Zeit. Schon beim Eintreten in die Warteschlange wurden wir aufgefordert, unsere Fotoapparate abzugeben. Da meine Pfeife und mein Zimmerschlüssel die Jackentaschen ausbeulten, mußte ich mehrmals den Inhalt zeigen. Je näher wir dem Mausoleum kamen, desto genauer und schärfer wurden die Kontrollen. Bei der vorletzten Kontrolle forderte man mich eindringlich auf, meine Jacke zuzuknöpfen.

Im Unterschied zu früher, als Besucher direkt zur Lenin-Ruhestätte kamen, gelangten wir zunächst in einen großen, hell erleuchteten Raum und näherten uns erst dann dem von großen Glasplatten umgebenen einbalsamierten Leichnam Lenins.

Früher, als das Lenin-Mausoleum noch schlichter und bescheidener war, schien es mir geradezu selbstverständlich, bei einem Rundgang über den Roten Platz Lenin meine Reverenz zu erweisen. Erstmals war mir, wegen der Vielzahl der Kontrollen, wegen des inzwischen erfolgten gewaltigen Ausbaus des Mausoleums, wegen der grellen Beleuchtung und des pompösen Charakters, nicht zuletzt aber auch aufgrund meiner inzwischen erfolgten inneren Wandlung der Besuch des Lenin-Mausoleums unangenehm. Ich fühlte mich eingeschüchtert und von dieser Form der Lenin-Verherrlichung abgestoßen.

An der Kreml-Mauer: Eine Vielzahl von Grabsteinen, darunter auch größere Gedenksteine mit modellierten Gipsköpfen. Ich fand die Gräber von Tschernenko, Andropow, Suslow und Shdanow. Zwei verstorbene Sowjetführer fehlten, wenn auch aus unterschiedlichen Gründen: Chruschtschow und Molotow.

Der Erinnerung an Vergangenes folgte der abrupte Übergang zur Gegenwart. In die Residenz des deutschen Botschafters, Worowskistraße 46, waren sowjetische Intellektuelle, Schriftsteller, Dichter, Redakteure und Journalisten geladen. Für mich gab es ein freudiges Wiedersehen mit den Dichtern Jewgenij Jewtuschenko und Andrej Wosnessenski, die ich wiederholt im Westen, auch an der amerikanischen Yale-Universität, getroffen hatte. Erstmals traf ich nun Korotytsch, Chefredakteur der berühmten Reform-Wochenzeitung »Ogonjok«, und den Chefredakteur der literarischen Zeitschrift »Nowy Mir«.

Glasnost und Perestroika standen im Mittelpunkt unserer Gespräche, und alle sowjetischen Gäste, das merkte ich schon damals, wollten weitergehen als Gorbatschow. Neu für mich war allerdings, wie lässig sie dies alles erzählten, wie sie untereinander und mit uns Ausländern sprachen. Sie diskutierten Veröffentlichungsmöglichkeiten und schoben sich gegenseitig die Publikation von Artikeln und Aufsätzen zu, um den Einfluß der Reformer zu verstärken.

Im Verlaufe des Gesprächs kamen auch die sowjetischen Zeitungen zur Sprache. Die schlimmste unter ihnen sei die »Sowjetskaja Rossija«, die nicht nur konservativ, sondern eine Zeitung des »Dunkelmännertums«, des wiedererstandenen Shdanow sei. Die Prawda galt als »mittlere« Zeitung – eine erstaunliche Bezeichnung für das Zentralorgan der Kommunistischen Partei. Neben »Ogonjok« und »Literaturnaja Gase-

Moskau, 7. Juli 1987: Empfang in der deutschen Botschaft. Bundespräsident Richard von Weizsäcker (rechts),
Staatssekretär Dr. Andreas Meyer-Landrut, der damalige Botschafter in Moskau (links),
sowie Otto Wolff von Amerongen, Vorsitzender des Ostausschusses der Deutschen Wirtschaft.

Moskau, 8. Juli 1987: Wiedersehen mit dem sowjetischen Dichter Jewgenij Jewtuschenko.

ta« wurde, dies überraschte mich, auch die Zeitung »Trud« (»Arbeit«) positiv charakterisiert, weil sie neue Informationen, Analysen und kritische Berichte zu sozialen Fragen veröffentlichte.

Der Besuch in Moskau verstärkte meinen Eindruck unterschiedlicher Richtungen unter den sowjetischen Zeitungen – ein Befund, der während der Stalin-Ära undenkbar gewesen wäre. Die Massenmedien sprachen bereits 1987 offen über Mängel, Schwierigkeiten und Mißstände, brachen Tabus, berichteten über Nuklearunfälle, Jugendkriminalität, Drogen, Prostitution und Korruption selbst in der Armee, vor allem aber auch über Richtung und Tempo der gewünschten und erstrebten Reformen. Und: 1987 erschienen Bücher, wurden Theaterstücke aufgeführt, von denen man früher nur träumen konnte.

Die Gespräche mit sowjetischen Intellektuellen waren jedoch alles andere als blauäugig-optimistisch. Wir diskutierten, daß Glasnost bisher noch nicht institutionalisiert sei und immer wieder blockiert werde: Sowjetische Journalisten wurden verhaftet, weil sie Glasnost praktizierten, und gerade zur Zeit meines Besuches ging, vom Reformgegner Ligatschow und ähnlich denkenden Funktionären initiiert, die gefährliche Phrase »Glasnost, aber mit Verantwortung« um – mit dem deutlichen Bestreben, die öffentliche Diskussion einzugrenzen. Auch die bereits 1987 von meinen Gesprächspartnern geforderten Mehrkandidatenwahlen, die Rechtssicherheit und die Wirtschaftsreform waren gebremst worden. Noch gab es keine Eigendynamik der Reformentwicklung, die unaufhaltsam gewesen wäre.

Schon bei diesem ersten Besuch Moskaus im Juli 1987 sah ich die Schauplätze meiner Jugend wieder: Die Karl-Liebknecht-Schule in der Kropotkinstraße 12, das Kinderheim Nr. 6 in der Kalaschni Pereulok, die Hochschule für Fremdsprachen, das Studentenheim, vor allem natürlich das ehemalige Hotel »Lux«, die Wohnstätte der Mitarbeiter der Kommunistischen Internationale, das inzwischen in »Zentral-Hotel« umbenannt worden war.

Erst bei meinem vierten Besuch in der Sowjetunion, im März 1991, hatte ich Gelegenheit, die Gebäude zu betreten und mich davon zu überzeugen, was von der früheren Zeit geblieben war, was sich verändert hatte.

Die Moskauer Karl-Liebknecht-Schule – heute 29. Spezialschule

28. März 1991. Gemeinsam mit dem sowjetischen Journalisten Wladimir Krasnokutskij fuhr ich zur Karl-Liebknecht-Schule in der Kropotkinstraße 12.

Das Gebäude hatte sich seit den Jahren 1935 bis 1937 äußerlich kaum verändert – lediglich der Putz war inzwischen grauer geworden. Die frühere, einfache Eingangstür war inzwischen durch einen großen, weiß verputzten Eingangsbereich ersetzt worden. Statt der Aufschrift »Schkola Imeni Karla Libknechta« (»Karl-Liebknecht-Schule«) stand dort »29. Spezialschule«; hier werden alle Fächer in englischer Sprache unterrichtet. Diese Schule war es auch, die beim Besuch des US-Präsidenten Ronald Reagan in der Sowjetunion im Mai 1988 Nancy Reagan vorgeführt wurde – leider hat damals kein Journalist erwähnt, daß es sich um die frühere Karl-Liebknecht-Schule für Kinder emigrierter deutscher Kommunisten handelte.

Im Vorraum zum Eingang der Schule trafen wir eine etwa 65jährige hagere »Deshurnaja«, eine Art sowjetische Hausmeisterin, die mir wie ein Relikt der Stalin-Ära erschien: »Wohin wollen Sie?«, fragte sie scharf.

»Ich war früher Schüler der Karl-Liebknecht-Schule, von 1935 bis 1937, und möchte jetzt gerne meine frühere Schule besuchen.«

»Sie waren hier nie Schüler. Ich bin seit 40 Jahren hier und kenne alle Schüler, die jemals hier waren und die inzwischen Wypuskniki (Schulabgänger) sind. Aber Sie waren nie hier, denn hier besteht schon seit 40 Jahren die 29. Schule.«

»Aber ich weiß doch, daß es vor der 29. Schule die Karl-Liebknecht-Schule gab.«

»Nein, vor der 29. Schule gab es hier ein Internat für irgendwelche Deutsche – aber eine Schule hat es hier nie gegeben.«

»Aber ich weiß es doch ganz genau und ich will meine frühere Schule wieder besuchen.«

»Das geht überhaupt nicht, denn jetzt tagt der Pedsowjet und da darf niemand herein.« »Pedsowjet« ist die russische Abkürzung für »Pädagogischer Rat« und es stellte sich heraus, daß dieser wirklich gerade in der Schule tagte.

Alle weiteren Überredungsversuche, sowohl von mir als auch von meinem sowjetischen Kollegen, schlugen fehl. Die Deshurnaja blieb unerbittlich bei ihrem »Njet«.

Nach etwa 20 Minuten kam ein Lehrer in die Schule. Ihm trug ich meine Bitte vor. »Das werden wir gleich haben«, meinte er äußerst zuvorkommend. Er ging zum »Pedsowjet«, und schon wenige Minuten später kam eine freundlich lächelnde Lehrerin – das genaue Gegenteil der Deshurnaja. »Ich bin so froh, endlich einmal einen Wypusknik (Schulabsolventen) der früheren Karl-Liebknecht-Schule zu sehen.« Sie lud mich ein, die Schule zu betreten und alles zu besichtigen, was ich wollte.

Stundenlang ging ich nun durch die Schule, von einem Schulkorridor zum anderen – in Erinnerung an die Zeit in der Karl-Liebknecht-Schule. Sowohl der Schuldirektor – zunächst Shelasko, später Frau Krammer – als auch die Lehrer waren vorwiegend deutsche Kommunisten in der sowjetischen Emigration. Nach einem Besuch bei Shelasko war ich am 1. September 1935 in die 6. Klasse eingeschult worden.

Ich erinnere mich noch, wie ich damals die Schule betrat. In der großen Vorhalle stand eine Statue Stalins mit der Sockel-Inschrift: »Es gibt keine Festung, die die Bolschewiki nicht erstürmen können! » Darunter: STALIN. Dann eine zweite Losung auf rotem Tuch, in weißen Lettern geschrieben: »Lernen, lernen und nochmals lernen!« Darunter: LENIN.

Alle Fächer wurden in deutscher Sprache unterrichtet – allerdings nach sowjetischen Lehrbüchern von sowjetischen Autoren in deutscher Übersetzung. Neugierig betrachtete ich im September 1935 die Lehrbücher für Deutsch, Geschichte, Literatur, Geographie, Physik, Chemie, Algebra und Geometrie. Auf der Titelseite stand stets die Abkürzung »ASSRdWD«, die mir unbekannt war.

»Was ist denn das?« fragte ich einen Mitschüler. »Das ist die Abkürzung für: Autonome Sozialistische Sowjetrepublik der Wolgadeutschen« – diese existierte noch bis zum August 1941.

Schon bald merkte ich, welch großer Wert auf naturwissenschaftliche Fächer gelegt wurde. Bereits in der 6. Klasse hatten wir Unterricht in Algebra, Geometrie und Physik, und anstelle des Zeichenunterrichts gab es ein für mich immer sehr schwieriges Fach, »Tschertschenije« (»Technisches Zeichnen«), gedacht als Vorstufe der Ausbildung für spätere Techniker und Ingenieure.

Im Geschichtsunterricht standen damals noch Aufstände und Revolutionen im Vordergrund – später sollte sich das ändern. Ausführlich wurden die Bauernaufstände von Wat Tylor in England, die Jacquerie in Frankreich, der große deutsche Bauernkrieg und die Bauernaufstände im zaristischen Rußland dargestellt. Der Geographie-Unterricht unterschied sorgfältig: In der 6. Klasse gab es die »Geographie der kapitalistischen Länder«, in der 7. Klasse die »Geographie der Sowjetunion«, stets mit starker ökonomisch-politischer Färbung. So behandelte die Geographie der kapitalistischen Länder auch Wirtschaftsstruktur, politische Verhältnisse und die Tätigkeit der dortigen kommunistischen Parteien.

An deutscher Literatur nahmen wir, ebenfalls mit stark politischer Tendenz, Goethe, Schiller, Heine und Büchner, vor allem aber die Arbeiterdichter des 19. Jahrhunderts durch: Georg Herwegh und Georg Weerth. In der 6. Klasse hatten wir »Gesellschaftskunde«, eine Einführung in den Marxismus-Leninismus, in der 7. Klasse »Verfassungskunde«, de facto eine Geschichte der politischen Entwicklung und des staatlichen Aufbaus der Sowjetunion.

Im Unterschied zu den aufgeschlossenen modernen Schulen, die ich in Deutschland vor 1933 besucht hatte – die Karl-Marx-Schule in Berlin-Neukölln und das Landschulheim Herrlingen bei Ulm –, war die Kontrolle der Leistungen äußerst streng. Jede Antwort wurde zweifach notiert: Im Klassenbuch des Lehrers und im sogenannten »Dnjewnik«, dem »Tagebuch«, das in den Händen des Schülers verblieb und wöchentlich von den Eltern, in meinem Fall von den Pädagogen des Kinderheims Nr. 6, abgezeichnet werden mußte. Nach jedem Schul-Quartal gab es eine Wiederholung und eine Art Zwischenprüfung, gegen Ende des Jahres – wie in allen sowjetischen Schulen – sehr detaillierte Einzelprüfungen in allen Fächern, meist schriftlich und mündlich.

Das Bleibende der Erinnerung an diese Schule waren für mich jedoch nicht die erwähnten Fächer, sondern die politische Ausrichtung, vor allem die immer wieder betonte Unterscheidung der »zwei Welten«, der Welt des Kapitalismus auf der einen und der Sowjetunion, der entstehenden Welt des Sozialismus, auf der anderen Seite. Stets gab es diese sorgfältige Trennung – auch für die immer wieder hervorgehobene Schuldisziplin. Es gebe, so wurde uns gesagt, zwei Arten von Disziplin: Diejenige der kapitalistischen Länder beruhe auf Furcht, Unterdrückung und Unterordnung, die andere, die Disziplin in der Sowjetunion, sei die freiwillige, die bewußte Disziplin für den Aufbau des Sozialismus.

Fast alle Schüler gehörten den »Jungen Pionieren« an, der Kinderorganisation der Kommunistischen Partei. Wir alle trugen das rote Halstuch, grüßten uns bei den Pionierabenden mit »Seid bereit« und der Antwort »Immer bereit«, sangen kommunistische deutsche oder auch sowjetische Lieder, nahmen an »Wettbewerben« zwischen einzelnen Schulklassen, manchmal auch einzelnen Schülern, teil, hörten Vorträge, darunter auch einen von Friedrich Wolf, oder Gedichte von Erich Weinert.

Wir lernten, Entwicklungen und Erscheinungen, die sich auf den ersten Blick glichen, unterschiedlich zu beurteilen – je nachdem, ob sie sich in den kapitalistischen Ländern oder in der Sowjetunion zutrugen. So war uns schon nach kurzer Zeit in Fleisch und Blut übergegangen, eine Erhöhung der Lebensmittelpreise in den kapitalistischen Ländern als »neues Zeichen der verschärften Ausbeutung der Werktätigen« zu werten, die Erhöhung von Lebensmittelpreisen in der Sowjetunion dagegen als »wichtigen volkswirtschaftlichen Beitrag zum Aufbau des Sozialismus«. Baufällige Häuser im Westen wurden als »Beweis für den grauenhaften Lebensstandard der Werktätigen« eingestuft, in gleichem Maße baufällige Häuser in Moskau waren dagegen »Überbleibsel der Vergangenheit«. Diese Denkweise prägte sich uns allen, auch mir, so fest ein, daß ich mir viele Jahre hindurch eine andere Art zu denken überhaupt nicht vorstellen konnte.

Obwohl ich, wie meine Mitschüler, vom »sozialistischen Aufbau« in der Sowjetunion überzeugt war, bedrückte mich die seit Sommer 1936 anrollende grauenhafte Verhaftungswelle, die als »große Säuberung« von 1936 bis 1938 in die sowjetische Geschichte einging und heute, mehr als ein halbes Jahrhundert später, zu einem der wichtigsten Diskussionsthemen in der Sowjetunion gehört.

Nicht selten sah ich nun auf dem Weg zur Schule die Transporte der Verhafteten. Am 26. Oktober 1936 wollte ich meine Mutter besuchen: Sie wohnte in einem kleinen Zimmer eines baufälligen Hauses nicht weit von Nikitskije Worota, wo wir uns verabredet hatten. Ich kam zur abgesprochenen Zeit – meine Mutter war nicht da. Ich erschrak, denn sie war immer pünktlich gewesen. Zehn Minuten vergingen, eine Viertelstunde, eine halbe – meine Mutter kam nicht. Ich beschloß daher, zu ihr nach Hause zu gehen in die kleine hölzerne Korridor-Stube. Vielleicht ist sie krank, dachte ich. Beunruhigt klingelte ich an der Wohnungstür. Einer der Bewohner öffnete und schaute mich eigentümlich an, ließ mich aber eintreten. Ich lief durch den Korridor und blieb vor dem primitiven hölzernen Verschlag stehen. Die Tür war verschlossen und ich sah zwei Siegel – eines auf der Bretterwand, eines an der Tür.

Auch meine Mutter war verhaftet worden und verbrachte anschließend neun Jahre im Zwangsarbeitslager Workuta, zwei weitere Jahre in Kalmanka, einem kleinen Verbannungsort in Ost-Kasachstan. Erst zwölf Jahre später, im Sommer 1948, sah ich sie in Ost-Berlin wieder.

Ich hielt die Verhaftung meiner Mutter zunächst geheim. Später erfuhr ich, daß auch andere Mitschüler, deren Eltern verhaftet worden waren, dies verschwiegen hatten. So etwas wurde nur selten in sogenannten »Unter-uns-Gesprächen« erwähnt, die nur unter vier Augen stattfanden, weil man schon bei Anwesenheit eines Dritten fürchtete, denunziert zu werden.

Die Verhaftungswelle nahm seit 1937 immer größere Ausmaße an, und auch die Lehrer der Karl-Liebknecht-Schule wurden von ihr betroffen. Zunächst verschwand unser Deutschlehrer, mein Klassenlehrer Georg Gerschinski, ein deutscher Kommunist aus Berlin, der nach 1933 in der Sowjetunion Asyl gefunden hatte und die »Kommunistische Universität der Völker des Westens« (KUNS) besucht hatte. Plötzlich war er nicht mehr da – wir alle wußten, daß er verhaftet worden war.

Mit einem Versprecher während einer Unterrichtsstunde hing offenbar die Verhaftung unseres beliebten, damals 25jährigen Geschichts- und Geographie-Lehrers Heinz Lüschen zusammen. Er wollte den damals bekannten Stalin-Ausspruch zitieren: »Denjenigen aber, die versuchen sollten, unser Land zu überfallen, wird eine vernichtende Abfuhr zuteil werden, damit ihnen in Zukunft die Lust vergehe, ihre Schweineschnauze in unseren Sowjetgarten zu stecken.« Er versprach sich und rief uns schallend zu: »... damit ihnen in Zukunft die Lust vergehe, ihre Sowjetschnauze in unseren Schweinegarten zu stecken.« Einige Schüler pusteten heraus, andere, auch ich, saßen wie gelähmt. Wenige Augenblicke später hatte Lüschen seinen Fehler bemerkt, wurde kreideweiß und zitterte am ganzen Körper. Mit äußerster Mühe brachte er noch die Stunde zu Ende. Einige Tage später verschwand Lüschen. Wir sahen ihn niemals wieder.

Erst als ich längst im Westen war, erfuhr ich von Margarete Buber-Neumann das Schicksal meiner Lehrer Gerschinski und Lüschen. Sie selbst war 1938 im Hinterhof des Hotel »Lux« verhaftet worden, wurde zu fünf Jahren Arbeitslager verurteilt und kam schließlich nach langer Fahrt im Gefangenenwagen als Gefangene Nummer 174475 im Lager Karaganda an. Von dort wurde sie – nach dem Hitler-Stalin-Pakt vom August 1939 – im Januar 1940 nach Moskau zurückgebracht, in die Butirka eingeliefert, um nach Hitler-Deutschland überstellt zu werden. Dort, im Moskauer Gefängnis, konnte sie sich an einem Gitter mit zwei Männern in Lagerkleidung mit gesteppten Jacken und Hosen sowie Ohrenklappmützen unterhalten: Es waren meine ehemaligen Lehrer der Karl-Liebknecht-Schule in Moskau, Lüschen und Gerschinski. Beide waren nach der Verhaftung des ›Trotzkismus'‹ angeklagt worden, berichtete Margarete Buber-Neumann in ihrem Buch »Als Gefangene bei Stalin und Hitler«:

»Als Belastungsmaterial und Beweise ihrer trotzkistischen Tätigkeit legte ihnen der Untersuchungsrichter einige Verlagsprospekte vor, die den beiden Lehrern von deutschen Emigrantenverlagen aus der Schweiz, aus Holland und der Tschechoslowakei zugeschickt worden waren. Da in diesen Verlagen auch Bücher erschienen, die in Rußland als trotzkistisch verboten waren, galten die Prospekte als trotzkistisches Material und deren Besitzer als Trotzkisten. Beide wurden zu fünf Jahren Konzentrationslager verurteilt und nach Kolyma in Nordsibirien transportiert.« Beide kehrten nie mehr zurück.

Besonders beliebt war bei uns auch der Lehrer für Mathematik, Physik und Chemie, Dr. Franz Kaufmann, ein 1902 in Lauenburg geborener Handelslehrer. Noch heute erinnere ich mich, wie er uns begeistert eine Zukunft beschrieb, in der man Atome spalten und gewaltige Energien gewinnen könne. Es werde einmal Atomkraftwerke geben, Schiffe, ja Eisbrecher würden mit Atomkraft betrieben werden. Selten hatten mich Chemie, Physik und Mathematik so interessiert wie damals beim Unterricht von Kaufmann. Eines Tages wurde auch er verhaftet.

Die Karl-Liebknecht-Schule war durch die Säuberung, der später sogar die Direktorin Krammer, eine eiserne Stalinistin, zum Opfer fiel, derart dezimiert, daß uns vorgeschlagen wurde, die deutsche Karl-Liebknecht-Schule zu verlassen und russische Schulen zu besuchen. So absolvierte ich noch das Jahresexamen Ende Juni 1937, um dann im September 1937 in eine russische Schule, die 93. Schule, überzugehen.

54 Jahre später, im März 1991, verbringe ich fast den ganzen Tag in der ehemaligen Karl-Liebknecht-Schule – voller Erinnerungen an die Vergangenheit und mit großem Interesse für die inzwischen erfolgten Veränderungen. Eigentümlich: Korridore, Treppen, Fenster und Schulklassen wirkten nicht anders als früher. Allein die Stalin-Bilder, Losungen und Aufforderungen zu sozialistischen Wettbewerben waren Aushängen gewichen, die früher unvorstellbar gewesen wären. Ein großer Anschlag wies auf einen »Club der internationalen Freundschaft« hin, umrandet von zwei gleich großen Fahnen: Denjenigen der Sowjetunion und der USA. Es wurde zu einem Briefwechsel mit amerikanischen Schülern aufgerufen. Daneben ein großes selbstgemachtes Plakat mit der Aufschrift: USSR – USA – Path to Understanding (UdSSR – USA – Pfad zum gegenseitigen Verstehen) sowie ein Brief von 18 amerikanischen Schülern, die mitteilten, sie würden für einen Monat nach Moskau kommen, um die 29. Schule zu besuchen. Über dem Brief in roten Lettern die Überschrift: »Welcome to our school, dear friends«. Staunend las ich ein Plakat mit der Aufschrift: »Achtung! Wenn Du einen

Briefwechsel mit gleichaltrigen Schülern aus den USA oder Großbritannien wünschst, übergib Deine Adresse dem Club für internationale Freundschaft.«

Ich stand noch verwundert vor diesen Bekanntmachungen, als mir Antonina Dmitrijewna Charlaschtschina vorgestellt wurde, Lehrerin für russische Sprache und russische Literatur. Sie war sichtlich erregt, einen Schüler aus den Jahren 1936/37 zu treffen: »Wir haben schon viele Wypuskniki (Schulabgänger) hier zu Besuch gehabt, aber noch niemanden aus den Jahren 1936 und 1937.« Es hagelte Fragen über mein Leben. Als ich ihr kurz über meine Tätigkeit als SED-Funktionär in der Sowjetzone Deutschlands berichtete, über meine Flucht nach Jugoslawien, mein Leben im Westen, das Studium an der Oxford-Universität und meine Tätigkeit als Professor für Geschichte der Sowjetunion an der Yale-Universität, konnte ich mich vor weiteren Fragen kaum retten. »Aber nun werde ich Ihnen alle Klassenzimmer zeigen, und Sie sagen mir, in welchem Sie damals gelernt haben.« Sie war Feuer und Flamme. Wir sahen uns eines nach dem anderen an. Klassenzimmer und Fenster waren unverändert; lediglich anstelle der früher üblichen Schulbänke gab es jetzt Stahlrohr-Tische und -Stühle. Auch Blumen und Vorhänge an den Fenstern hatte es zu meiner Zeit hier nicht gegeben.

Antonina Charlaschtschina war nun ganz Lehrerin: »Suchen Sie sich den Tisch heraus, an dem Sie damals gesessen haben. Setzen Sie sich, und dann mache ich ein Bild von Ihnen.«

Ich hatte mich kaum hingesetzt, als sie mich, humorvoll-streng aussehend, fragte: »Nun, wir wollen mal sehen, was Sie von Ihrem Literatur-Unterricht noch behalten haben. Welche russischen Schriftsteller und Dichter haben Sie damals durchgenommen?«

Ich war selbst erstaunt, daß ich heute noch die Antwort geben konnte: Zunächst natürlich Puschkin und Lermontow; anschließend Gontscharows »Oblomow«; danach ausführlicher Gogol, Herzen und Turgenjew, vor allem sein Buch »Väter und Söhne«; Tolstoi, Saltykow-Schtschedrin und, wenn ich mich richtig erinnerte, abschließend Tschechow.

»Und Dostojewski?«

»Das war unter Stalin ein wenig kompliziert. Von Dostojewski wurde uns damals nicht viel erzählt.«

Sie lachte: »Nun, das ist inzwischen alles anders geworden.« Sie erzählte, wie frei der jetzige Literatur-Unterricht sei, wie über alles diskutiert werde und daß auch viele der früher verbotenen Schriftsteller wie Anna Achmatowa, Nadjeshda Mandelstam, Anna Zwetajewa,

Ein unerwartetes Plakat im Korridor der früheren Schule: UdSSR/USA, der Weg zur Verständigung.

Die damalige Karl-Liebknecht-Schule für die Kinder deutscher Emigranten, heute 29. Spezialschule.

Besuch im früheren Klassenzimmer – Wolfgang Leonhard hinter derselben Schulbank wie 1937

Die jetzige Russisch-Lehrerin Frau Charlaschtschina diktiert W. L. ein russisches Gedicht von Tjutschew.

Boris Pasternak und Alexander Solschenyzin behandelt und besprochen würden.

Dann bat sie mich zur Tafel: »Nehmen Sie jetzt ein Stück Kreide, und ich werde Ihnen ein Gedicht von Tjutschew diktieren.«

Gehorsam ging ich zur Tafel und nahm ein Stück Kreide, das leider völlig durchnäßt und aus sehr schlechtem Material war. Trotzdem versuchte ich mein Bestes. Ich schrieb nach Diktat das ganze Gedicht. Die Lehrerin war zufrieden. »Alles richtig. Das nächste Mal bringen Sie Ihr Zeugnisheft mit, damit ich Ihnen auch eine gute Note eintragen kann.« Ich fühlte mich wieder wie damals, als ich Schüler der Karl-Liebknecht-Schule war.

Der Zufall wollte, daß ich gerade während jener Reise in die Sowjetunion von Oleg Nuss-Michassik, einem Korrespondenten der Zeitschrift für Rußlanddeutsche »Neues Leben«, früher Mitschüler in der Karl-Liebknecht-Schule, mein damaliges Zeugnis, die sogenannte Charakteristik, erhielt. Es war von Klassenlehrer Gerschinski unterschrieben, von der Direktorin Krammer bestätigt und stammte vom 23. September 1936, als ich gerade die 7. Klasse bei Gerschinski begonnen hatte. Hier der Text:

Charakteristik des Schülers Wladimir Leonhard der 7 b-Klasse der deutschen Karl-Liebknecht-Schule

Der Schüler Leonhard lernt seit September 1935 in unserer Schule. Da er sehr gesellig und zuvorkommend ist und sich für die Arbeit der Pioniere brennend interessierte, wurde er schon zum 1. Mai 1936 in die Pionier-Organisation aufgenommen.

Leonhard erhielt zum Schluß des vergangenen Schuljahres von Narkompros eine »Pochwalnaja Gramota« für ausgezeichnetes Lernen und ausgezeichnete Disziplin.

In diesem Jahr lernt Leonhard bisher weiterhin gut und leitet als gesellschaftliche Arbeit die Wandzeitung der Klasse.

Direktor: Krammer
Klassenlehrer: Gerschinski
23. September 1936.

»Narkompros« ist die russische Abkürzung für »Volkskommissariat für Bildungswesen« und »Pochwalnaja Gramota« eine schön gedruckte Auszeichnung für Schüler, die in allen Haupt- und Nebenfächern die beste Note (»ausgezeichnet«) und in höchstens drei Nebenfächern ein »gut« haben.

Die Brücke zur Vergangenheit war geschlagen. Als ich die Karl-Lieb-knecht-Schule verließ, dachte ich an meine früheren Mitschüler. Einige von ihnen habe ich bei Besuchen in Ost-Berlin von Sommer 1990 bis Herbst 1991 wiedergesehen.

Vom Kinderheim Nr. 6 zur Japanischen Botschaft

So wichtig für mich der Besuch in der Karl-Liebknecht-Schule war – entscheidend für meine Moskauer Kindheit und Jugend war das ehemalige Kinderheim Nr. 6 in der Kalaschni-Pereulok 12, einer Nebenstraße etwa in der Mitte zwischen dem Nikitski-Tor und dem Arbat-Platz. Bei all meinen Reisen in die Sowjetunion seit Juli 1987 war ich in die Ka-laschni-Gasse gegangen und hatte mir von außen das damalige Kinderheim Nr. 6 angesehen. Heute befindet sich dort die Residenz des japanischen Botschafters, so daß ich das Gebäude stets nur von außen betrachten konnte. Im März 1989 aber war ich vom japanischen Außenministerium nach Tokio eingeladen worden. Dort wußte man durch die Memoiren eines früheren japanischen Diplomaten längst, daß sich die Moskauer Residenz in dem früheren Kinderheim Nr. 6 befand. Ich trug in Tokio die Bitte vor, bei meinem nächsten Besuch Moskaus den jetzigen Sitz des Botschafters besuchen zu können. »Aber selbstverständlich«, antwortete man mir, »wir werden alles veranlassen, und bei Ihrem nächsten Besuch brauchen Sie sich dann nur noch zu melden.«
Im März 1991 gehe ich erneut vom Nikitski-Tor zur Kalaschni-Gasse. Ich hatte sie als für Moskauer Verhältnisse recht schmucke Nebenstraße in Erinnerung – und das war sie wohl auch gewesen. In den vergangenen 50 Jahren hatte sie sich allerdings nicht zum Besseren verändert. Unter den inzwischen heruntergekommenen übrigen Häusern sticht das Gebäude Kalaschni-Pereulok positiv hervor. Wie vor Botschaften und Residenzen der Botschafter in Moskau üblich, gibt es auch hier ein Wachhäuschen.
Ich war am 26. September 1936 in dieses Heim gekommen – meine Aufnahme war ein entscheidender, glücklicher Wendepunkt für mich. Denn nach der Verhaftung meiner Mutter einen Monat später konnte ich in diesem Heim bleiben. Das Kinderheim Nr. 6 war im Sommer 1934 für Kinder österreichischer Schutzbundkämpfer eingerichtet worden, die nach der Niederlage des Februar-Aufstandes von 1934 mit

Charakteristik

des Schülers Wladimir Leonhard der 7ᵇ Klasse der deutschen Karl Liebknecht - Schule.

Der Schüler Leonhard lernt seit September 1935 in unserer Schule. Da er sehr gesellig und zuvorkommend ist und sich für die Arbeit der Pioniere brennend interessierte, wurde er schon zum 1. Mai 1936 in die Pionierorganisation aufgenommen.

Leonhard erhielt zum Schluß des vergangenen Schuljahrs von Narkompros eine „похвальная грамота" für ausgezeichnetes Lernen und ausgezeichnete Disziplin.

In diesem Jahr lernt Leonhard bisher weiterhin gut und leitet als gesellschaftl. Arbeit die Wandzeitung der Klasse.

Direktor: Krammer
Klassenlehrer: Gerschinski
23. IX. 36.

1991 erhalten: Charakteristik des Schülers Wladimir (Wolfgang) Leonhard der 7-B-Klasse am 23. September 1936. Beide Unterzeichner dieser »Charakteristik«, Direktor Krammer und der Klassenlehrer Gerschinski, wurden während der großen Säuberung in Moskau verhaftet.

Kalaschnij Pereulok, die Straße, in der sich das Kinderheim Nr. 6 befand. Der Autor hat sie als recht schmucke Nebenstraße in Erinnerung; sie ist aber inzwischen sehr heruntergekommen.

Die Kinder der österreichischen Schutzbundkämpfer kurz nach ihrem Eintreffen in der Sowjetunion im August 1934.

einem Sonderzug in die Sowjetunion gekommen waren. Das repräsentative Haus in der Kalaschni-Gasse 12 wurde als ständiges Heim zur Verfügung gestellt. Allmählich aber kamen neben den österreichischen Kindern in zunehmendem Maße auch Kinder deutscher kommunistischer Emigranten in das Heim, darunter Rolf Geisler, Helmut Gennys, Marianne Weinert, Irmgard Sickert, Margrit Knipschild, Werner Albrecht, Till und Ule Lammert sowie der aus dem Saargebiet stammende, einst in der ganzen Sowjetunion bekannte Hubert Lhoste.

Wir, die Zöglinge dieses Heims, waren privilegiert: Unsere Kleidung wurde in besonderen Schneiderwerkstätten hergestellt, für die Verpflegung sorgte eine österreichische Köchin, das Heim hatte, zumindest in den ersten zwei Jahren, einen eigenen Autobus, mit dem wir zur Schule gebracht und wieder abgeholt wurden. Selbst als ich in das Heim kam und die Bedingungen bereits etwas einfacher geworden waren, gab es noch immer ein eigenes Ambulatorium, von einer deutschen Ärztin, Heta Lammert, geleitet. Wir wurden häufig eingeladen und besonders begrüßt, erhielten Eintrittskarten für Opern, Operetten und Theaterstücke, bekamen Besuch von deutschen antifaschistischen Schriftstellern, ausländischen Delegationen und Funktionären der Kommunistischen Internationale, unter ihnen der damalige Generalsekretär der KP-Österreichs, Koplenig, und der Emigrationsführer der KPD, Wilhelm Pieck. Wir wurden betreut von einem Direktor namens Semjonow, der deutschsprechenden Pionierleiterin Asja Steiner, einer Russin namens Beljawskaja und dem Pädagogen und allgemein beliebten österreichischen Schutzbundkämpfer Karl Zehetner.

So beschützt wir damals schienen – auch das privilegierte Kinderheim Nr. 6 wurde in den Strudel der großen Säuberung gerissen. Längst war ich nicht mehr der einzige im Kinderheim, dessen Mutter verhaftet worden war. Auch andere Zöglinge unseres Heimes hatten durch Briefe oder Karten von der Verhaftung ihrer Eltern erfahren.

An einem Frühlingstag im März 1938 kamen NKWD-Leute auch zu uns ins Kinderheim Nr. 6. Im Vorraum befand sich Karl Zehetner mit einigen Zöglingen. Die NKWD-Leute gingen auf ihn zu: »Wir suchen Karl Zehetner«, sagten sie mit schneidender Stimme auf russisch. »Das bin ich«, flüsterte er. »Sie sind verhaftet von den Organen der NKWD«.

Karl Zehetner folgte den beiden zum Ausgang, ohne sich noch einmal umzudrehen. Dann hörten wir den Motor des anfahrenden Wagens. Von Direktor Semjonow erhielten wir keine Erklärung über die Verhaftung – Zehetner wurde einfach nicht mehr erwähnt.

Im Frühjahr 1938 waren wir eigentlich keine Kinder mehr. Wir waren Jugendliche, die meisten zwischen 16 und 19. Mit 16 Jahren aber bekam man einen Personalausweis und wurde in die NKWD-Listen eingetragen. Damit war nun nicht mehr allein das Personal, sondern auch Zöglinge gefährdet.

Eines Morgens, etwa um 4 Uhr, wurden wir im Schlafsaal durch lautes Pochen an die Tür geweckt. Zwei NKWD-Männer in Zivil traten ein. »Befindet sich hier Rolf Geißler?« rief einer von ihnen mit lauter Stimme.

»Jawohl, hier bin ich«, antwortete Rolf noch schlaftrunken auf deutsch, wiederholte es aber, als er die beiden Männer sah, in russischer Sprache.

»Sie sind verhaftet von den Organen der NKWD. Packen Sie Ihre Sachen.« Wenige Minuten später wurde Rolf Geißler abgeführt. Wieder hörten wir, als die Tür des Hauptportals geöffnet wurde, das Anlaufen eines Motors.

40 Jahre lang hörte ich von Rolf Geißler nichts mehr. Erst nach der »Wende« erhielt ich Briefe von DDR-Bürgern aus Sachsen, die Rolf Geißler in Penig gekannt hatten. Nach langjähriger Haft- und Lagerzeit war er in seinen Heimatort zurückgekehrt. Im Unterschied zu anderen Kommunisten aus der sowjetischen Emigration gehörte er keinen Führungsgremien an, sondern arbeitete als Übersetzer in einem kleinen Betrieb von Penig. So sehr hatte ich gehofft, Rolf Geißler einmal zu treffen und zu sprechen; dazu aber kam es nicht mehr. Er ist kurz vor der Wende gestorben.

Für die Sommerferien 1939 waren wir, die Zöglinge des Heims Nr. 6, auf unterschiedliche Orte im Süden der Sowjetunion aufgeteilt worden. Etwa zehn bis zwölf von uns, darunter auch ich, sollten die Ferien in Jejsk am Asowschen Meer als Gäste einer großen Militärakademie verbringen. Nach den grauenvollen Jahren der großen Säuberung war die Abwechslung für uns zunächst besonders schön. Gewiß, selbst während dieser Ferien hatten wir, wie damals in der Sowjetunion allgemein üblich, fast täglich eine bis zwei Stunden politischen Unterricht. Unser »Politleiter« Igor Speranski nahm mit uns, Kapitel für Kapitel, den »Kurzen Lehrgang« der Geschichte der Kommunistischen Partei der Sowjetunion durch, der im November 1938 erschienen war und alle anderen Schulungsthemen verdrängt hatte. In Jejsk wurden wir als Söhne und Töchter der deutschen Antifaschisten häufig begrüßt und gefeiert – noch Mitte August 1939 bei einer großen Veranstaltung im Kulturpalast der Stadt.

Wolfgang Leonhard während seiner Zeit im
Kinderheim Nr. 6, damals 15 Jahre alt.

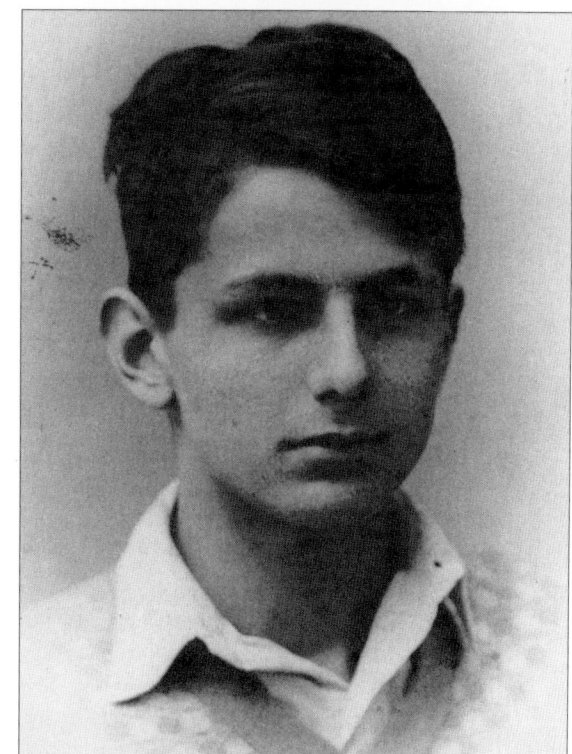

Zöglinge des Kinderheims Nr. 6 für die
Kinder österreichischer Schutzbundkämpfer
und deutscher Emigranten während des
Sommerurlaubs 1937 in Gursuf (Krim) bei
der Gymnastik.
Auf dem Plakat im Hintergrund:
Kliment Woroschilow, der damalige
Verteidigungsminister der UdSSR.

Der Eingang zum früheren Kinderheim Nr. 6 in der Kalaschnij-Pereulok 12, heute die Residenz des japanischen Botschafters.

Einer der früheren Schlafsäle des Kinderheims Nr. 6 – heute der Sportraum in der Residenz des japanischen Botschafters.

Der damalige Speiseraum des Kinderheims Nr. 6. Ganz rechts im Bild Wolfgang Leonhard, damals 15 Jahre alt.

Das ehemalige Eßzimmer des Kinderheims Nr. 6 – heute Aufenthaltsraum in der Residenz des japanischen Botschafters. Der Kaminaufbau auf der linken Seite des Bildes zeigt, daß es sich um denselben Raum handelt.

Wenige Tage später, am 24. August 1939, las uns Igor Speranski mit feierlicher Stimme den soeben geschlossenen Vertrag zwischen der Sowjetunion und Hitler-Deutschland vor. Anfangs glaubten wir noch, es handele sich lediglich um einen Nichtangriffspakt. Aber als wir hörten, die Regierungen der beiden vertragschließenden Teile würden künftig mit Konsultationen in ständiger Verbindung bleiben, um sich über alle Fragen zu informieren, die ihre gemeinsamen Interessen berührten, waren wir fassungslos. Es folgte die beiderseitige Verpflichtung, sich nicht an einer Mächtegruppierung zu beteiligen, die sich mittelbar oder unmittelbar gegen den Vertragspartner richte. Wir alle erkannten sofort, daß es sich hier um weit mehr handelte als um einen Nichtangriffspakt – dies war die völlige Veränderung der gesamten sowjetischen Außenpolitik! Wir waren wie vom Donner gerührt.

Am nächsten Morgen erfuhren wir, daß der Hitler-Stalin-Pakt für uns Konsequenzen haben würde. »Eben ist ein Telegramm aus Moskau gekommen«, erklärte Speranski, »wir sollen sofort zurückkehren.« Innerhalb von zwei Stunden hatten wir alles gepackt, und wir saßen im Zug, der uns über Rostow nach Moskau bringen würde. Trübselige Gedanken beherrschten uns. Was hatte diese plötzliche Rückkehr zu bedeuten? Was würde aus uns, den Söhnen und Töchtern deutscher und österreichischer Antifaschisten, werden?

Als wir in unserem Heim in der Moskauer Kalaschni-Gasse 12 eintrafen, sah es dort aus wie nach einer Schlacht: Möbelpacker, Anstreicher und Klempner liefen umher, renovierten und verpackten. All unsere Sachen waren bereits geräumt und in einem Saal aufgehäuft worden. Wir liefen ratlos und traurig in jenem Haus umher, das für viele Jahre unser Heim gewesen war.

Unser Heimdirektor ließ uns zur letzten Versammlung rufen. Die Westmächte, so »erklärte« er uns den Pakt, hätten sich geweigert, auf gleichberechtigter Grundlage mit der Sowjetunion zu verhandeln. Sie wollten unsere Sowjet-Heimat lediglich dazu benutzen, für die Interessen der westlichen Imperialisten zu kämpfen. Dieses Spiel habe der große Stalin jedoch durchschaut. Durch den Abschluß des Paktes mit Deutschland sei nun die Voraussetzung für einen weiteren friedlichen Aufbau der Sowjetunion geschaffen. »Im Zusammenhang mit den neuen außenpolitischen Notwendigkeiten«, fuhr der Direktor fort, »wird auch bei uns eine gewisse Reorganisation erfolgen.«

Die »gewisse Reorganisation« bedeutete die sofortige Auflösung des Heims. Kurz, kalt und herzlos wurde uns dies nun bekanntgegeben. Die jüngeren von uns kamen in das russische Kinderheim »Spartak«

am Taganka-Platz, einige der Älteren würden in Betrieben arbeiten und dort untergebracht, andere in Fachschulen mit entsprechenden Unterbringungsmöglichkeiten: Das Ende des Kinderheims Nr. 6 in der Kalaschni-Gasse 12 in den letzten Augusttagen des Jahres 1939.

Mit Spannung und innerer Erregung betrete ich im März 1991 das Hauptportal, gehe die Treppen herauf und stehe an genau der Stelle, an der während der großen Säuberung unser Pädagoge Karl Zehetner verhaftet worden war. Nicht nur von außen war das Haus inzwischen renoviert worden – auch im Innern war es elegant und mit viel Geschmack ausgestattet, die Vortreppe mit rotem Teppich ausgelegt. Der Botschafter, Sumio Edamura, sein Stellvertreter, Minister Hiroshi Shigeta und der Zweite Sekretär, Massato Kagami, waren von meinem Besuch informiert; wegen des Kongresses der Volksdeputierten waren der Botschafter und sein Stellvertreter verhindert. So wurde ich in englischer Sprache von Massato Kagami begrüßt, der mich bereitwillig durch das Gebäude führte. In einem der Säle befand sich eine Tischtennisanlage. »Haben Sie hier früher auch Tischtennis gespielt?« »Nein, wir spielten Volleyball draußen im Hof – das Spiel war in der Sowjetunion sehr beliebt.«

Massato Kagami, der sich sehr für die frühere Geschichte des Botschaftssitzes interessierte, machte sich Notizen. Er hörte aufmerksam zu, als ich in die einzelnen Zimmer ging und ihm erzählte, welches Schlafzimmer für die älteren Jungen, welches für die Mädchen reserviert war, in welchem Zimmer, das damals mit Schreibtischen ausgestattet war, wir die Hausaufgaben für die Schule erledigten und lächelte, als er erfuhr, daß in einem größeren Saal früher die politischen Versammlungen abgehalten wurden.

Mein Wiedersehen mit der 93. Schule:
Öko-Plakate und eine amerikanische Fahne

Mein nächstes Ziel: Die 93. Schule in der Bolschaja Moltschanowka Nr. 26-28. Nach der Auflösung der deutschsprachigen Karl-Liebknecht-Schule wurden wir auf unterschiedliche russische Schulen verteilt. Mischa Wolf kam in die 110., Peter Florin in die 175. Schule. Ich besuchte von September 1937 bis Juni 1939 die 8. und 9. Klasse der 93. Schule in Moskau.

52 Jahre später wollte ich diese Schule wieder besuchen – ein Problem, denn mein Besuch fand am 28. März 1991 statt, jenem Tag, an dem die Sitzung des Kongresses der Volksdeputierten Rußlands begann und die russische KP-Fraktion androhte, den Parlamentspräsidenten Boris Jelzin zu stürzen.

In Moskau war der Ausnahmezustand verhängt worden. 50.000 Uniformierte kontrollierten die Stadt, und ich mußte mich zwischen Panzerfahrzeugen, Lastwagen und Autobussen, vollgestopft mit Polizisten, Soldaten der Armee und Truppen des Innenministeriums, durchschlängeln. Gewiß – es gab keine Panzer, und sowohl die Polizisten als auch die übrigen Uniformierten hielten sich zurück, offensichtlich darauf bedacht, nicht provozierend zu wirken. Mehrfach wurde ich an Sperren aufgehalten, wurde aber, sobald ich meinen ausländischen Paß vorwies, mit außerordentlicher Höflichkeit durchgelassen. Gleichwohl: Die Präsenz von 50.000 Uniformierten im Stadtkern von Moskau wirkte auf mich bedrückend.

Die offiziellen Begründungen für diese Maßnahmen waren keineswegs überzeugend. Nach einer Version ging es darum, die Abgeordneten des Kongresses der Volksdeputierten der Russischen Föderation zu schützen. Nach einer anderen handelte es sich um eine Übung, um den Soldaten in einer großen Stadt wie Moskau Fahrpraxis zu vermitteln. Aber jeder in Moskau wußte – und mancher bestätigte mir dies –, daß es sich um eine Machtdemonstration handelte, die ganz offensichtlich das Vorhaben der kommunistischen Fraktion im Volksdeputierten-Kongreß, Jelzin abzusetzen, psychologisch unterstützen sollte.

Als ich endlich zur Moltschanowka 26-28 kam, erkannte ich meine frühere Schule sofort wieder. Ich konnte ohne Schwierigkeiten das Schulgebäude betreten – hier gab es keine »Deshurnaja«. Aufgrund der gespannten Situation am 28. März fiel der Schulunterricht aus, und so ging ich in die Schule hinein und konnte ungehindert alles ansehen.

Bereits in der untersten Etage stutzte ich: Die gesamte Wand des Korridors war von Plakaten, Fotos und Erklärungen einer Öko-Gruppe übersäht. Es handelte sich um den »Öko-Klub Istra«. Aus den Aufrufen, Zeichnungen, Fotos und Erklärungen ergab sich, daß die Öko-Gruppe sich die Sanierung des Flusses Istra zum Ziel gesetzt hatte.

Ich ging weiter. Im gesamten Gebäude gab es keine Büste eines Sowjetführers, und auch Führer-Bilder, Losungen und Ankündigungen von »Wettbewerben« fehlten.

Erinnerungen an frühere Zeiten kamen auf. In dieser Schule hatte ich von 1937 bis 1939 die 8. und 9. Klasse besucht. Ich erinnere mich, daß

mir Physik, anorganische und organische Chemie recht schwierig erschienen und in der 9. Klasse meine Lieblingsfächer »Evolutionslehre«
und Geschichte waren. Beide Fächer – ausführlich habe ich dies in »Die
Revolution entläßt ihre Kinder« beschrieben – waren allerdings von
den wechselnden politischen Gegebenheiten beeinflußt. So wurde in
der Evolutionslehre 1938 letztmals die Genetik von Wawilow, der später
in einem Stalinlager umkam, durchgenommen; die Lehren des inzwischen längst als Scharlatan entlarvten Lyssenko ersetzten diesen Stoff
im folgenden Schuljahr. Im Geschichtsunterricht des Jahres 1938 wurde
Iwan der Schreckliche erstmals als progressiver Herrscher und Einiger
Rußlands gefeiert. Die »Opritschnina« von Iwan IV., wie er nun offiziell genannt wurde, eine Art Vorläufer der späteren Geheimpolizei,
wurde besonders lobend erwähnt. Hervorgehoben wurde eine kleine
Episode: Die »Opritschniki« trugen als Wappen Hundekopf und Besen
– einen Hundekopf, um Verräter aufzuspüren und einen Besen, um
Rußland von innen zu säubern.
Im Geschichtsunterricht behandelten wir auch den großen Schauprozeß vom März 1938, bei dem neben anderen auch Bucharin und Rykow
zum Tode verurteilt wurden. Am Tag nach der Urteilsverkündung
fielen zwei Stunden des üblichen Unterrichts aus; unsere Geschichtslehrerin verlas statt dessen die vorgeschriebenen Abschnitte aus den
Prozeßberichten, die Urteilsverkündigungen und die entsprechenden
Leitartikel der Prawda. Dann mußten wir »Stellung nehmen«. Längst
wußten wir – als Schüler der 8. Klasse, etwa 16 Jahre alt –, was wir zu tun
hatten: In der offiziellen Terminologie drückten wir unsere Abscheu
über die Verbrecher und Verräter aus, dankten den Sicherheitsorganen,
dem Obersten Gericht und dem Genossen Stalin, daß sie das Sowjetvolk von jenem Abschaum befreit hatten. »Gibt es noch irgendwelche
Wortmeldungen?« fragte die Lehrerin. »Ja«, meldete sich hinten ein
Schüler. »Ich möchte sagen, daß ich nicht mit allem einverstanden bin.«
Uns alle packte lähmendes Entsetzen, und auch die Lehrerin war
nervös und zitterte. Dann aber fiel ihr und uns ein Stein vom Herzen,
denn der Schüler sagte, er verstehe nicht, warum einige der Angeklagten nicht zum Tode, sondern nur zu 20 Jahren Gefängnis verurteilt
wurden.
In diese Erinnerungen versunken, ging ich durch die erste Etage, als ich
aus dem Direktorenzimmer Stimmen hörte. »Sie wünschen?«, fragte
mich eine gut aussehende junge Frau. Etwas verwirrt antwortete ich:
»Mein Wunsch ist etwas außergewöhnlich. Ich war von September 1937
bis Sommer 1939 hier Schüler der 8. und 9. Klasse, und weil ich nieman-

Auf dem Wege zur 93. Schule am 28. März 1991 – streikende Bergarbeiter.
Auf dem Transparent: »Die Bergarbeiter verstehen: die KPdSU und die Demokratie sind unvereinbar!
Pfoten weg von Jelzin!«

Links: »Genug der Lügen des Kreml – wir unterstützen die Streikenden!«
Rechts: »Wir helfen den Bergarbeitern heute, damit unsere Kinder ein Morgen haben.«

den sah, ging ich einfach herum, um mir meine alte Schule einmal anzusehen.« Die junge Frau stellte sich als Schuldirektorin Irina Grigorjewna Woloschko vor. Sie war sichtlich überrascht: »Wir haben ja häufig Wypuskniki und feiern sogar jedes Jahr ein Schuljubiläum mit ehemaligen Absolventen, aber ich habe noch niemals einen Schüler aus den Jahren 1937 bis 1939 hier erlebt.« Dann wurde ich interessiert und beharrlich ausgefragt. Ihr Interesse wurde besonders groß, als ich erwähnte, daß ich von 1956 bis 1958 als post-graduate an der Oxford-Universität studiert hatte und 21 Jahre Professor für sowjetische Geschichte an der Yale-Universität war. Ihre Augen leuchteten geradezu. Die Direktorin war zugleich Englisch-Lehrerin, und ihre anglophile Einstellung war deutlich zu erkennen. An der Wand auf der rechten Seite des Direktorenzimmers hing ein englischer Kalender, und in einem kleineren Fach darunter lagen ein Bildband über Großbritannien sowie eine Buch-Kassette mit englischer Literatur.

Ich schaute mich in dem Direktorenzimmer um. An der gegenüberliegenden Wand hing eine große Zeichnung der Dichterin Marina Zwetajewa (1892-1941), die zu meiner Zeit im Literaturunterricht nie erwähnt worden war. Marina Zwetajewa hatte in Prag und Paris studiert und hielt sich während der Revolution und des Bürgerkrieges in Rußland auf; sie emigrierte 1922, kehrte 1939 in die Sowjetunion zurück, wo sie einige Gedicht- und Lyrikbände veröffentlichte und Dramen und Erinnerungen schrieb – sie nahm sich im August 1941 das Leben.

Auf dem Schreibtisch der Schuldirektorin stand links ein Wimpel: Die amerikanische Fahne. Auf meine Bemerkung: »Dafür hätten Sie unter Stalin fünf Jahre bekommen«, erwiderte sie: »Nein, wahrscheinlich acht Jahre.«

Fragend schaute ich sie an: »Ja, dazu bekenne ich mich. Aber ich muß Ihnen auch noch etwas anderes zeigen.« Sie nahm eine auf der rechten Seite ihres Schreibtisches stehende, kleine Lenin-Büste in die Hand: »Jawohl, ich habe die amerikanische Fahne, aber auch diese Büste von Lenin. Beides scheint mir durchaus vereinbar.«

Wir diskutierten Vergangenheit und Gegenwart der Schule, Probleme und Schwierigkeiten: »Übrigens, wir sind längst nicht mehr die 93. Schule, denn wir wurden schon vor vielen Jahren in 72. Schule umbenannt.« Sie stockte. »Vor kurzem gab es eine eigentümliche Anordnung über eine vollkommen neue Numerierung aller Schulen Moskaus. Danach sollen wir in Zukunft die 1234. Schule sein.« Offensichtlich gefiel ihr das nicht, denn sie schüttelte mißbilligend den Kopf.

Im weiteren Verlauf bestätigte sie, daß es keinen Unterricht in Marxismus-Leninismus mehr gebe. »Über alles wird endlich frei diskutiert«, meinte sie mit Erleichterung. »Allerdings – mit den Lehrbüchern über die Geschichte der Sowjetunion kommt man offensichtlich nicht mehr nach. So haben die Lehrer heute die Freiheit, selbständig die Thematik zu unterrichten. Dabei kommt es zu interessanten und mitunter heftigen Debatten zwischen Lehrern und Schülern und auch unter den Schülern selbst.«

»Könnte ich einige der neueren Lehrbücher sehen?« Eine Mitarbeiterin wurde losgeschickt und brachte mir wenige Minuten später etwas verlegen ein Lehrbuch aus dem Jahre 1976: »Das ist zwar noch aus der Breshnjew-Ära, aber doch besser als manche anderen Bücher von damals«, meinte sie fast entschuldigend. Beim Abschied wies die Direktorin Woloschko auf die regelmäßigen Treffen der Schulabgänger, der Wypuskniki, hin. »Wir schicken Ihnen eine Einladung. Sie sollten unbedingt auch daran teilnehmen.«

Unerwartete Entdeckungen beim Besuch der Hochschule für Fremdsprachen

Bei all meinen Moskau-Reisen besuchte ich stets auch meine frühere Hochschule für Fremdsprachen, die »Erste Moskauer Staatliche Pädagogische Hochschule für Fremdsprachen«, in russischer Abkürung MGPIIJa. Hier studierte ich vom 1. September 1940 bis zu meiner Zwangsumsiedlung nach Kasachstan Ende September 1941. Die Hochschule befand sich in der Metrostrojewskaja 38 (übersetzt heißt das etwa: »Straße der U-Bahn-Bauer«), die jedoch vor kurzem ihren ursprünglichen Namen Ostoshenka zurückerhalten hat.

Das frühere Institut ist inzwischen eine Universität – davon zeugt ein Schild am Eingang. Ich stutzte: Links davon sah ich eine Gedenktafel für Fritz Platten mit der Aufschrift: »Hier hat von 1931 bis 1938 der bekannte Kämpfer der internationalen Arbeiterbewegung, der Schweizer Kommunist Fritz Platten, gearbeitet.«

Zu meiner Moskauer Zeit gehörte Fritz Platten zu jenen Personen, die man nicht nannte. Fritz Platten aus Zürich, seit seiner Jugend in der Sozialistischen Partei tätig, hatte ab 1905 Kontakte zu russischen revolutionären Emigranten in der Schweiz – auch zu Lenin. Seit 1912 Sekretär der Sozialistischen Partei der Schweiz, spielte er im März und April 1917

Ein ungewöhnliches Plakat im Schulkorridor:
»Der Öko-Club Istra«, eine Vereinigung der
russischen Grünen zur Rettung des Flusses Istra.

Das Portrait der unter Stalin verfemten
Schriftstellerin Marina Zwetajewa (1892-1941)
im Direktorenzimmer der 93. Schule.

Die Direktorin Irina Grigorjewna Woloschko mit amerikanischer Fahne und Lenin-Büste.
»Beides ist durchaus vereinbar«, erklärte sie.

Der Eingang der Moskauer Hochschule für
Fremdsprachen, die der Autor 1940-41 besuchte.

Die Tafel am Eingang: »Das mit dem Orden
der Völkerfreundschaft ausgezeichnete Moskauer
Staatliche Pädagogische Institut für Fremdsprachen,
nach Maurice Thorez benannt.«

Erinnerungstafel an den während der Stalin-Ära umgekommenen Fritz Platten an der Vorderseite
der Moskauer Hochschule für Fremdsprachen:
»Hier arbeitete von 1931-38 der bedeutende Kämpfer der internationalen Arbeiterbewegung, der Schweizer
Kommunist Fritz Platten.«

eine wichtige Rolle bei der Vorbereitung der Reise Lenins und anderer Bolschewiki im plombierten Zug von Zürich über Frankfurt/Main, Berlin und Saßnitz nach Stockholm. Von dort ging die Fahrt weiter über Finnland nach Rußland. Platten selbst nahm an jener berühmten Reise teil, blieb in Sowjetrußland und warf sich beim Attentat auf Lenin am 30. August 1918 schützend vor ihn. Am 3. März 1919 saß er gemeinsam mit Lenin und Hugo Eberlein bei der Gründung der Kommunistischen Internationale am Vorstandstisch. Anschließend war er mehrere Jahre Mitglied des Exekutivkomitees der Kommunistischen Internationale, für die Komintern in Finnland und der Schweiz tätig, gehörte dem Zentralkomitee der Schweizer KP an; er lebte seit 1923 in der Sowjetunion, gründete die berühmte Schweizer Kommune »Solidarität«, wohnte seit 1924 längere Zeit im Kominternhotel »Lux« und war anschließend am »Internationalen Agrarinstitut« in Moskau tätig. Während der »großen Säuberung« wurde er 1938 in Moskau verhaftet und in ein Lager nach Archangelsk deportiert, wo er 1942 in einem Lagerhospital umkam.

Mit Ausnahme dieser für mich recht bedeutungsvollen Tafel sah das Gebäude des Instituts für Fremdsprachen nicht anders aus als vor 50 Jahren.

Unwillkürlich dachte ich daran, wie erregt ich war, als ich hier nach Anmeldung und bestandenem Eintrittsexamen am 1. September 1940 mein Studium begann. Der Eintritt in das Fremdspracheninstitut war für mich wirklich nicht einfach gewesen. Vor allem der obligate, ausführliche Fragebogen machte mir Sorgen. Bei der Frage über meine Mutter schrieb ich die damals vorgeschriebene Antwort: »Verhaftet von den Organen der NKWD, 5 Jahre.« Ich war besorgt: »Glaubst du, daß ich danach genommen werde, oder bedeutet dies meine Ablehnung?« fragte ich einen Studenten. Der lachte aber nur trocken: »Als ob du der einzige wärst, der damit aufwarten kann – das gehört heute schon dazu.« Gewiß, so erzählte er mir, seien 1937 und 1938 Studentenanträge mit diesem Vermerk abgelehnt worden, aber inzwischen, 1940, spielte dies kaum mehr eine Rolle – die Zahl der Studenten, von denen beide Eltern oder ein Elternteil verhaftet worden war, hatte zu große Ausmaße angenommen.

Im Verlauf des Augusts 1940 bereitete ich mich für das Aufnahmeexamen vor. Mitte August erhielt ich das ersehnte Schreiben: »Wir bestätigen hiermit, daß Genosse Leonhard in den ersten Kurs der Moskauer Staatlichen Pädagogischen Hochschule für Fremdsprachen aufgenommen ist.«

Wie alle anderen erhielt ich ein Studentenbuch mit Lichtbild, das ich immer bei mir tragen und beim Betreten der Hochschule vorzeigen mußte, sowie ein weiteres größeres Büchlein, das sogenannte »Satschotnaja Kniga«, in das die Noten von Prüfungen und Examen eingetragen wurden. Es gab das sogenannte »Satschot« für jedes belegte Fach und ohne Zensur, lediglich mit der Bezeichnung »Sdal« (»abgelegt«) und dem Recht, die Prüfung zu wiederholen, falls sie beim ersten Mal nicht bestanden wurde: Gewissermaßen ein Vorexamen. Erst nachdem wir alle »Satschots« abgelegt hatten und dies dem Professor anhand des Examensbuchs nachweisen konnten, kam es zum »richtigen Examen«, das am Ende des Semesters in allen wichtigen Fächern stattfand. Das Examen war naturgemäß strenger als die »Satschots«, man durfte sie auch nur einmal ablegen und erhielt dafür Zensuren. Die Kontrolle war, wie mir schien, weit strenger als an westlichen Universitäten, die ich später kennenlernen sollte.

Am Moskauer Institut für Fremdsprachen studierten damals etwa 2.500 sowjetische Jugendliche, 2.440 weibliche und 60 männliche. Nirgends sonst gab es einen so hohen Prozentsatz weiblicher Studenten. Hier entdeckte ich schon bald Söhne und Töchter von antifaschistischen Emigranten aus Deutschland. Dazu gehörte Irmgard Sickert aus Leipzig, die Tochter eines deutschen Kommunisten, der während des spanischen Bürgerkrieges in den internationalen Brigaden gekämpft hatte und sich zu dieser Zeit in der Schweizer Emigration befand; Heinz Stern, der kurz zuvor aus der Tschechoslowakei in die Sowjetunion gekommen war, sowie Käthe Lieben, Tochter des in die Sowjetunion emigrierten kommunistischen Schriftstellers Albert Hotopp, der seit 1920 der KPD angehörte, während der Zeit der Weimarer Republik zwei Jahre im Gefängnis in Cottbus verbracht hatte und in der Haft Erzählungen schrieb, darunter das in der Sowjetunion verbreitete Büchlein »Fischkutter HF 13«. Auch er wurde in der Sowjetunion verhaftet und kam später im Gefängnis ums Leben.

In der Hochschule überschattete damals die ideologische Ausbildung fast alles andere. Eine wichtige Rolle spielte der Marxismus-Leninismus – mit Vorlesungen und Seminaren über dialektischen und historischen Materialismus, marxistische Politische Ökonomie sowie politische Konzeptionen. Auch hier mußten wir erneut den »Kurzen Lehrgang« der Geschichte der Kommunistischen Partei der Sowjetunion durcharbeiten. Natürlich nahmen wir an den obligatorischen Demonstrationen zum 1. Mai und 7. November teil und trugen die dafür festgelegten Losungen auf Spruchbändern mit uns. Auch auf militärischen Unterricht mit Exerzieren und Waffenkunde wurde damals großer Wert gelegt.

Alles war fest geplant. Vom frühen Morgen bis in die späten Nachmittagsstunden hörte ich die obligatorischen Vorlesungen, die damals stets eine Doppelstunde, also 90 Minuten, dauerten, und nahm an den entsprechenden Seminaren teil. Mittags aß ich in der »Stolowaja«, der Mensa. Erst in den Abendstunden kehrte ich dann zu meinem Studentenheim in der Petrowerigski-Pereulok 6-8 zurück. Das Studium war zunächst noch kostenlos, im Oktober 1940 aber wurden ohne jede vorherige Ankündigung Studiengebühren eingeführt, so daß manche Söhne und Töchter weniger privilegierter Sowjetbürger die Hochschule verlassen mußten. Für uns Kinder ausländischer Emigranten übernahm die MOPR (die »Internationale Organisation zur Unterstützung der Kämpfer der Revolution«) die Studiengebühren.

Unser äußerst knapp bemessenes Stipendium reichte gerade für die notwendigsten Bürfnisse aus, von Neuanschaffungen konnte überhaupt keine Rede sein. Ich war damals so sehr in mein Studium vertieft – das mir im übrigen große Freude bereitete –, daß ich die äußerst schwierigen Lebensbedingungen kaum zur Kenntnis nahm.

Um so mehr beunruhigte mich etwas anderes, das ich durch eine kleine – in meinem Buch »Die Revolution entläßt ihre Kinder« ausführlich geschilderte – Episode erfuhr. Während eines Spaziergangs mit einer Kommilitonin in der damals üblichen Weise zur Vorbereitung von »Unter-uns-Gesprächen«, teilte sie mir leise und zitternd mit, daß sie seit kurzem für das NKWD tätig sei und laufend über Gespräche mit Studenten zu berichten habe. Ich stünde noch nicht auf ihrer Liste, und sie sei auch noch nicht über mich befragt worden. Sie fürchtete aber, daß dies bald geschehen werde. »Deswegen bitte ich dich, von heute an mit mir keine Gespräche zu führen, die auch nur irgend etwas mit Politik zu tun haben«, meinte sie mit stockender und trauriger Stimme. Es schien sie schwer zu belasten, für den NKWD tätig sein zu müssen. Ich wußte, daß sie unter den damaligen Bedingungen keine andere Wahl hatte.

Aber ihr Hinweis erschreckte mich. Sicher war sie nicht die einzige. Es gab also unter uns Studentinnen und Studenten, die laufend über alle Gespräche, die sie in der Hochschule oder im Studentenheim hörten oder führten, schriftlich an den NKWD berichteten. Wieviele mochten es wohl sein? In Gedanken ging ich nochmal die mir bekannten Studentinnen und Studenten durch – aber ich konnte ja nie sicher sein. Ein unheimliches Gefühl überkam mich. Jede, selbst die geringfügigste po-

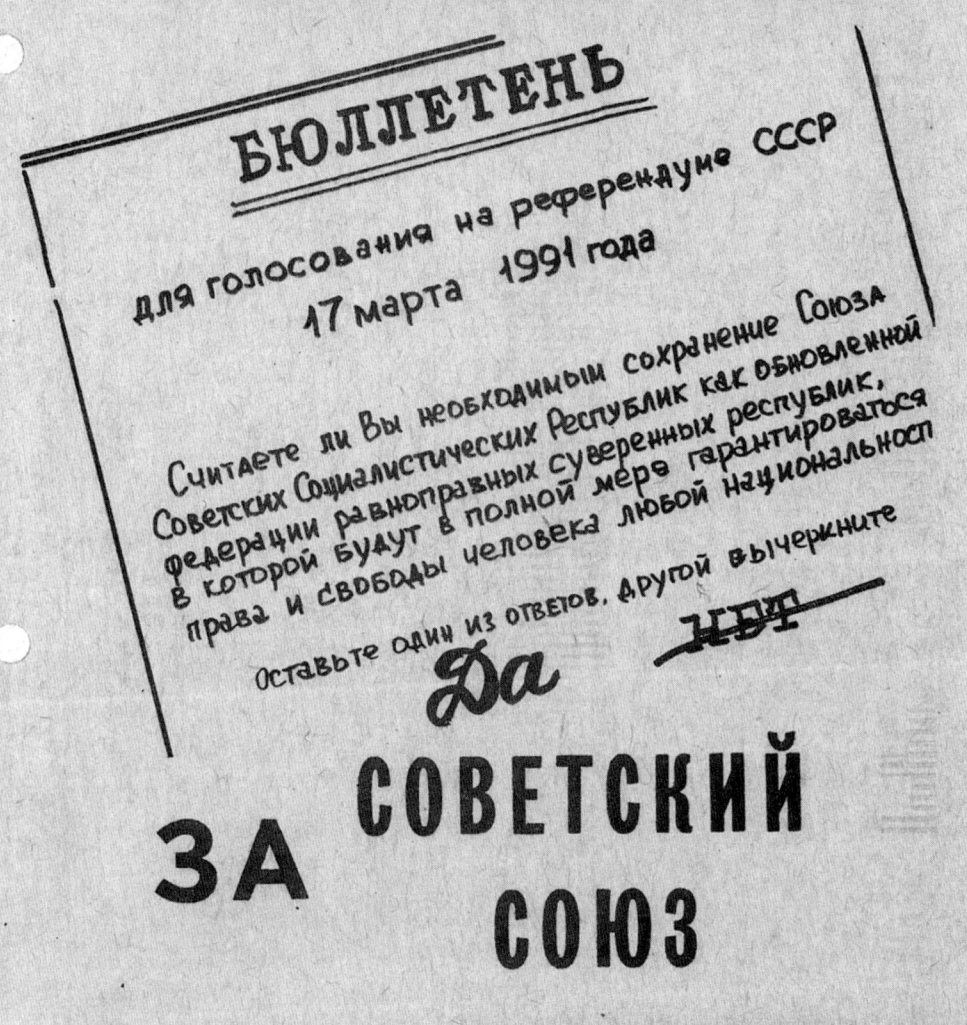

РОССИЯ ГОЛОСУЕТ

БЮЛЛЕТЕНЬ

для голосования на референдуме СССР
17 марта 1991 года

Считаете ли Вы необходимым сохранение Союза Советских Социалистических Республик как обновленной федерации равноправных суверенных республик, в которой будут в полной мере гарантироваться права и свободы человека любой национальности

Оставьте один из ответов, другой вычеркните

Да ~~НЕТ~~

ЗА СОВЕТСКИЙ СОЮЗ

Ein Flugblatt in der Moskauer Hochschule für Fremdsprachen mit der Aufforderung, bei dem Gorbatschow-Referendum vom 17. März 1991 mit »Ja« zu stimmen: »Sind Sie der Meinung, daß die Union der Sozialistischen Sowjetrepubliken als erneuerte Föderation gleichberechtigter souveräner Republiken erhalten bleiben muß, in der die Rechte und Freiheiten der Menschen aller Nationalitäten garantiert sind?« Die Unterschrift: »Ja, für eine Sowjetunion.«

Ein Flugblatt, das zur Unterstützung des Referendums aufruft, mit dem Hinweis:
»Ich kann nicht mein eigener Feind sein. Ich lasse ein Auseinanderfallen der Sowjetunion nicht zu.«

Друзья!
Если вы **за Ельцина** - голосуйте так:
На вопрос о сохранении Союза по-Горбачеву ответьте "**НЕТ**".
На вопрос о всенародном избрании Президента России - "**ДА**".
На вопрос о прямых выборах мэра Москвы - "**ДА**".
Если вы за Горбачева, сделайте все наоборот.
Движение "Демократическая Россия"

Ein Flugblatt der Bewegung »Demokratisches Rußland«
»Freunde!
Wenn Sie für Jelzin sind – stimmen Sie folgendermaßen ab: Auf die Frage über die Erhaltung der Union nach Gorbatschow-Manier antworten Sie: NEIN.
Auf die Frage nach einer allgemeinen Volkswahl des Präsidenten Rußlands: JA.
Auf die Frage nach Direktwahlen des Bürgermeisters von Moskau: JA.
Wenn Sie für Gorbatschow sind, dann machen Sie alles umgekehrt.«
Unterschrift: Bewegung »Demokratisches Rußland.«

Собственная
ЕГО ИМПЕРАТОРСКАГО ВЫСОЧЕСТВА
Великаго Князя Владиміра Кирилловича
походная канцелярія

ОТ ГЛАВЫ РОССИЙСКОГО ИМПЕРАТОРСКОГО ДОМА

Сердечно поздравляю всех Соотечественников с наступающим Великим Праздником Рождества Христова и возношу мои молитвы ко Всевышнему дабы он сподобил нас обрести в грядущем 1991-м году новые подлинные успехи на пути к достижению всеми нами желанных целей.

Я обращаюсь сейчас ко всем Соотечественникам в дни и радостные и тревожные: радостные, потому что на горизонте уже наступила заря освобождения нашей родины от того кровавого ига, под которым она страдала более семидесяти лет; тревожных, потому что одновременно с этой зарей освобождения перед всеми народами нашей страны сейчас возникли, помимо острейшего экономического кризиса, важнейшие коренные вопросы от правильного решения которых зависит все будущее нашей страны.

Перед тем как приступить к изложению моих взглядов о желательном решении этих вопросов, я хочу сказать несколько слов о самом себе, о том положении, которое я занимаю и на основании которого я считаю себя в праве высказывать мое мнение о прошлом, настоящем и будущем нашей страны. Я Глава Российского Императорского Дома, Дома Романовых, в течение столетий возглавлявшего нашу страну. После мученических кончин моего двоюродного дяди Государя Императора Николая II, моего троюродного брата Наследника Цесаревича Алексея Николаевича и моего двоюродного дяди Великого Князя Михаила Александровича, законным наследником Российского Императорского Престола стал мой отец Великий Князь Кирилл Владимирович, старший сын Великого Князя Владимира Александровича, следующего по старшинству брата Императора Александра III. После того, как все ставки, сделанные после трагических событий 1917 года, были сведены на нет в результате неудачного для белых армий конца гражданской войны, мой отец счел своим долгом обеспечить будущее династии с тем чтобы она могла хранить свои права и, рано или поздно, вступить в исполнение своих обязанностей на родине. Для этого необходимо было обеспечить чтобы всегда, в любой момент, был налицо законный наследник, воспитанный в православной вере и в полном сознании своего положения и вытекающих из него обязанностей и не утерявший своей русскости. Именно в этом направлении мои родители сосредоточили мое образование, а я и моя супруга Великая Княгиня Леонида Георгиевна, рожденная княжна Грузинского Царственного Дома Багратидов, воспитывали нашу дочь, Великую княгиню Марию Владимировну, ставшую ныне, после кончины всех Членов Императорского Дома мужского пола имевших право на престолонаследие, моей законной наследницей. В свою очередь она ныне воспитывает в этом же направлении своего девятилетнего сына.

> «Единство, — возвестил оракул наших дней: —
> Быть может спаяно железом лишь и кровью»...
> Но мы попробуем спаять его любовью,
> А там увидим, что прочней ...

На подлинном Собственною Его ИМПЕРАТОРСКОГО Высочества рукою подписано:

ВЛАДИМИР.

Дано за рубежом России
20-го Декабря 1990 года.

С подлинным верно:
Начальник Походной Канцелярии

Иван Билибин
Иван Билибин

ИЗДАНИЕ
РОССИЙСКОГО ИМПЕРСКОГО
СОЮЗА-ОРДЕНА

4

Ein ungewöhnliches Flugblatt im März 1991, das in der Moskauer Hochschule für Fremdsprachen kursierte. Die Überschrift lautet: »Vom Haupt des russischen zaristischen Hauses«, darüber der Hinweis auf »seine kaiserliche Hoheit Großfürst Wladimir Kirillowitsch«.

litische oder auch nur halb-politische Äußerung würde wahrscheinlich in schriftlichen Berichten notiert und wöchentlich dem NKWD abgegeben. Gewiß: Ich war damals gar nicht gegen das System; aber sagte ich nicht doch manchmal irgend etwas, das nicht ganz auf der »politischen Linie« lag? Die Freude am Studium wurde durch dieses beängstigende Gefühl nicht nur stark beeinträchtigt, sondern manchmal ganz überlagert. Aber irgendwie hoffte ich, es werde einmal eine Zeit kommen, da man in der Sowjetunion freier leben könne.

Allerdings mußte ich darauf lange warten – 50 Jahre. Erst jetzt, als ich zu meinem früheren Moskauer Institut für Fremdsprachen fuhr, konnte ich erleichtert sein. Als ich eintrat, gab es zu meiner Überraschung keine harte »Deshurnaja«. Am Eingang gab es eine Art kleine Sperre, dort standen ein paar Studenten.

»Kann ich hereinkommen?« Die Studenten waren freundlich. »Natürlich, worum handelt es sich denn?« »Ich habe vor fünfzig Jahren, genau 1940 bis 1941, hier studiert.« Sie waren neugierig, ließen mich sofort herein, bestürmten mich mit Fragen. Ich erzählte kurz, wie es hier früher gewesen war. Schon standen sie auf, um mir das ganze Institut zu zeigen. Wir gingen durch die großen Korridore, die noch genau so aussahen wie damals. Ich besuchte die Seminarräume und die Hörsäle. Alles schien zumindest äußerlich unverändert. Aber auch hier gab einen wichtigen Unterschied: Kein Bild von Stalin oder Lenin, keine Aufrufe für die KPdSU oder den Komsomol, den Kommunistischen Jugendverband.

»Gibt es wie früher Fakultäten für Englisch, Französisch und Deutsch?« »Nein, wir sind ja inzwischen eine Universität und haben auch Fakultäten für Spanisch, Portugiesisch, Japanisch und andere Sprachen. Neben diesem Gebäude gibt es ja noch weitere, die zur philologischen Universität gehören.«

Ich sah, daß die Universität den Namen von Maurice Thorez trug. »Ja, vor einigen Jahren haben wir den Namen des früheren französischen KP-Führers erhalten«, meinten die Studenten unbekümmert, »aber es wird wohl nicht mehr lange dauern, dann wird dieser Name wieder entfernt werden.«

Für mich ungewöhnlich war, wie leger die Studenten mit mir, einem inzwischen »bürgerlichen Ausländer«, sprachen. Über alles wurde frei diskutiert, sie zeigten mir alles, und ich erfuhr erneut, daß es keinen Unterricht in Marxismus-Leninismus mehr gebe.

Dann aber kam das wohl verblüffendste Ereignis bei diesem Besuch. Die Studenten zeigten mir Flugblätter zum Referendum vom 17. März

1991, der von Michail Gorbatschow initiierten Abstimmung mit der Frage: »Sind Sie der Meinung, daß die Union der Sozialistischen Sowjetrepubliken als erneuerte Föderation gleichberechtigter souveräner Republiken erhalten bleiben muß, in der die Rechte und Freiheiten der Menschen aller Nationalitäten garantiert sind?«

Neben diesem allgemeinen Referendum gab es für die Bürger Moskaus noch zwei Zusatzfragen, nämlich ob man a) einer Direktwahl des Präsidenten der Russischen Föderation, gemeint war Jelzin, und b) einer Direktwahl des Oberbürgermeisters von Moskau, gemeint war Gawriil Popow, zustimme.

Auf dem Wahlzettel wurden die Wähler, wie stets bei den Wahlen in der Sowjetunion, nicht angehalten, das, was sie wünschen, anzukreuzen, sondern vielmehr das, was sie nicht wünschen, durchzustreichen. Daher stand hinter der Referendumfrage vom 17. März der Satz: »Lassen Sie eine dieser Antworten stehen, streichen Sie die andere durch.« Darunter befanden sich ein »Ja« und ein »Nein«.

Die Studenten packten ein paar Flugblätter aus – sowohl für »Ja« wie für »Nein«. Interessanterweise war auf keinem der Flugblätter – auch bei Befürwortung des Referendums – ein Hinweis auf die Kommunistische Partei der Sowjetunion oder eine staatliche Institution enthalten; offensichtlich weil man erkannt hatte, daß dies kontraproduktiv sei. Ein Befürwortungsflugblatt zeigte in einem Kreis einige blühende Blumen, umgeben von der eigentümlichen Parole: »Frühling, Wiedergeburt, Union«. Dann folgte der Text: »Ich selbst kann nicht mein eigener Feind sein. Ich werde einen Zusammenbruch der Union nicht zulassen. Ich sage daher ›Ja‹.«

Dann erhielt ich ein kleines mit Schreibmaschine geschriebenes und hektografiertes Flugblatt, das aufforderte, mit »Nein« zu stimmen. Hier der Wortlaut:

»Freunde!
Wenn Sie für Jelzin sind – stimmen Sie folgendermaßen ab:
Auf die Frage über die Erhaltung der Union nach Gorbatschow-Manier – antworten Sie: Nein.
Auf die Frage nach einer allgemeinen Volkswahl des Präsidenten Rußlands: Ja.
Auf die Frage nach Direktwahl des Bürgermeisters von Moskau: Ja.
Wenn Sie für Gorbatschow sind – machen Sie alles umgekehrt.«
Der Aufruf war unterzeichnet von der »Bewegung Demokratisches Rußland.«

Schließlich erhielt ich von den Studenten noch ein offensichtlich im Ausland auf gutem Papier gedrucktes vierseitiges Flugblatt mit dem alten zaristischen Wappen Rußlands und der Überschrift »Vom Haupt des russischen zaristischen Hauses« mit dem Hinweis auf »seine kaiserliche Hoheit, Fürst Wladimir Kirillowitsch«. Der Autor bezeichnet sich darin als das Haupt des russischen kaiserlichen Hauses und gab seine Auffassung bekannt: Die Monarchie sei überlegen, da sie mit keiner bestimmten Gruppierung, weder einer nationalen oder ökonomischen noch einer sozialen verknüpft sei. Diese Unabhängigkeit gebe dem kaiserlichen Haus die Möglichkeit des Ausgleichs – eine Fähigkeit, die für die friedliche Lösung der Konflikte dringend notwendig sei.

Benommen verließ ich meine frühere Hochschule: Gebäude, Hörsäle und Seminarräume sahen noch fast aus wie damals. Auch die Studenten erinnerten mich in ihrer Kleidung noch an frühere Zeiten. Aber ich war erstaunt über ihre Ungezwungenheit, die neu gewonnene Freiheit, die inzwischen überwundene Furcht, bespitzelt zu werden und die Möglichkeit, über alles zu diskutieren, ja Flugblätter der unterschiedlichsten Richtungen ungehindert lesen und verteilen zu können.

Studentenwohnheim Petrowerigski Pereulok 6-8: 1941 und 1991

Wenn ich mich heute an meine Moskauer Studentenzeit von 1940/41 erinnere, dann nicht nur an die Hochschule, sondern vor allem auch an mein Leben im Studentenwohnheim Petrowerigski Pereulok 6-8.

Die großen sechsstöckigen, wohl in den 20er Jahren errichteten Wohnblocks gehörten früher der KUNS, der »Kommunistischen Universität für die Völker des Westens«, in der Kommunisten aus vielen Ländern Europas Ende der 20er und Anfang der 30er Jahre ausgebildet wurden – unter ihnen auch deutsche Kommunisten.

Hier, in diesem Studentenwohnheim, verbrachte ich die Zeit vom 1. September 1940, dem Beginn meines Studiums, bis Ende September 1941; bis zu jenem Tage, als ich mit den übrigen Deutschen von Moskau nach Kasachstan zwangsumgesiedelt wurde. In den vergangenen Jahrzehnten habe ich mich immer wieder gerade an dieses Studentenwohnheim so plastisch erinnert, weil ich hier die Zeit des Hitler-Stalin-Paktes und den Kriegsbeginn am 22. Juni 1941 erlebte.

Erst bei meiner Reise im März 1991 gelang es mir, das frühere Wohnheim zu besuchen. Auf dem Weg zum Eingang kam ich an einem Hofvorplatz vorbei, und ich erinnerte mich, daß ich hier etwa eine Woche nach Kriegsbeginn meine Instruktion für die Luftabwehr erhalten hatte. Die Eingangstür des Wohnheims war offen, und so ging ich durch den kleinen, mir genau bekannten Korridor, sah links eine vergrößerte Pförtnerloge und drei Studenten, die offensichtlich den Ein- und Ausgang kontrollieren sollten.

»Was wollen Sie denn hier?« fragten sie mich eher leutselig als argwöhnisch. »Ich möchte mir dieses Studentenheim ansehen, ich habe hier als Student vor 50 Jahren gelebt.«

Die Studenten sahen mich fassungslos an. »Vor 50 Jahren?« riefen sie erstaunt. »Das muß ja 1941 gewesen sein?«

Ich bejahte. »Ja, ich war von 1940 bis 1941 hier, also unter Stalin, und hier in diesem Studentenheim habe ich den 22. Juni 1941, den Beginn des Krieges, erlebt.«

Die Studenten umringten mich; ihre Fragen prasselten auf mich ein. Wie viele sowjetische Studenten interessierte sie alles, was mit der Stalin-Ära zusammenhing. Aber sie hatten noch nie mit einem Menschen gesprochen, der im eigenen Studentenheim während der Stalin-Ära studiert und den Kriegsbeginn erlebt hatte. So erzählte ich so kurz wie möglich von meinem Leben im Studentenheim, nicht selten von zusätzlichen Fragen unterbrochen.

Je nach Größe des Zimmers wohnten wir zu zweit und zu dritt. Es gab aber auch Zimmer mit vier oder fünf Betten in einem Raum. In den Zimmern stand ein kleiner primitiver Schrank, in dem wir unsere Mäntel und unsere »Walenki«, die hohen schwarzen Stiefel, die man im Winter in Moskau trägt, aufbewahrten. Die wenigen anderen Habseligkeiten stellten wir in einem kleinen Pappkarton oder Koffer unter das Bett. Im Winter war es meist sehr kalt, und es kam vor, daß wir abends im Zimmer in unseren Wintermänteln saßen und die notwendigen Universitätstexte lasen und ausarbeiteten. An solchen Abenden war für uns der Kipjatok-Kessel die einzige Rettung, ein Behälter mit kochendem Wasser – leider war es nicht selten nur lauwarm – im Vorraum der Etage, mit dem wir unseren Tee aufbrühten. Einige Studenten hatten kleine primitive Kochgeräte zur Bereitung von Kaffee oder Tee – obwohl die Benutzung elektrischer Kochgeräte im Studentenheim verboten war.

Die drei Studenten nickten. Es war offensichtlich, daß sich zumindest in diesem Bereich in den letzten 50 Jahren nichts verändert hatte. Aber dann wurde ich naturgemäß eingehend von ihnen befragt – über Stimmung und Atmosphäre unter Moskauer Studenten nach Abschluß des Hitler-Stalin-Paktes und den Kriegsbeginn am 22. Juni 1941. Ich erzählte, daß damals in Moskau der Begriff »Faschismus« und jede Kritik an Hitler-Deutschland verboten waren, in der Bibliothek für ausländische Literatur in der Stoljeschnikow-Gasse Zeitungen aus Hitler-Deutschland in deutscher Sprache auslagen und erwähnte auch die gebräuchlichste Rechtfertigung des Paktes bei offiziellen Veranstaltungen: »Es gibt, wie ihr wißt, zwei Arten von Ehen«, wurde damals häufig erklärt, »die eine beruht auf Liebe, die andere gründet sich auf Vernunft. Unser Pakt mit Deutschland gleicht einer guten Vernunftsehe. Damit ist nichts Herabsetzendes gesagt. Im Gegenteil. Sehr oft sind Vernunftehen bekanntlich fester und dauerhafter als Liebesehen.«

Ich erzählte ihnen, wie in den Frühjahrsmonaten 1941 – allerdings nicht in der Öffentlichkeit, sondern nur in »Unter-uns-Gesprächen« – beunruhigende Ereignisse angedeutet wurden. Am Vorabend des 1. Mai hörte man, deutsche Truppen seien in Finnland gelandet. Andere berichteten, an Kellern einiger Moskauer Häuser seien Bauarbeiten durchgeführt worden; manche meinten, es handele sich um Luftschutzkeller, während andere beruhigend von Lagerräumen für Kartoffeln sprachen. Gerüchteweise hörten wir auch, daß Reservisten einberufen worden seien und – dies schien uns besonders beunruhigend – daß deutsche Flugzeuge die Sowjetgrenze überflogen hätten.

Am 14. Juni 1941 hörte das alles schlagartig auf. Die sowjetischen Zeitungen brachten auf ihrer Titelseite eine große Erklärung, alle Gerüchte über eine angebliche Verschlechterung der Beziehungen zwischen Deutschland und der UdSSR seien aus der Luft gegriffen. Die Sowjetunion, so hieß es, werde den deutsch-sowjetischen Nichtangriffspakt strikt einhalten, aber auch Deutschland halte »unverbrüchlich« an den Bestimmungen des Paktes fest. Alle Gerüchte über angebliche Absichten Deutschlands, einen Angriff gegen die UdSSR vorzubereiten, entbehrten »jeder Grundlage«. Ich erzählte meinen heutigen Perestroika-Studenten, wie sich damals, am 14. Juni 1941, Dutzende von Studenten hier vor dem Aushang im Studentenheim versammelten und welche ausgelassene Stimmung herrschte. Alle freuten sich, daß die ängstlichen Voraussagen sich als unrichtig erwiesen hatten, und viele sprachen über ihre Ferienpläne. Genau acht Tage später begann der deutsche Angriff auf die Sowjetunion.

An diesem Tag fanden für viele von uns die letzten Examen des Studien-

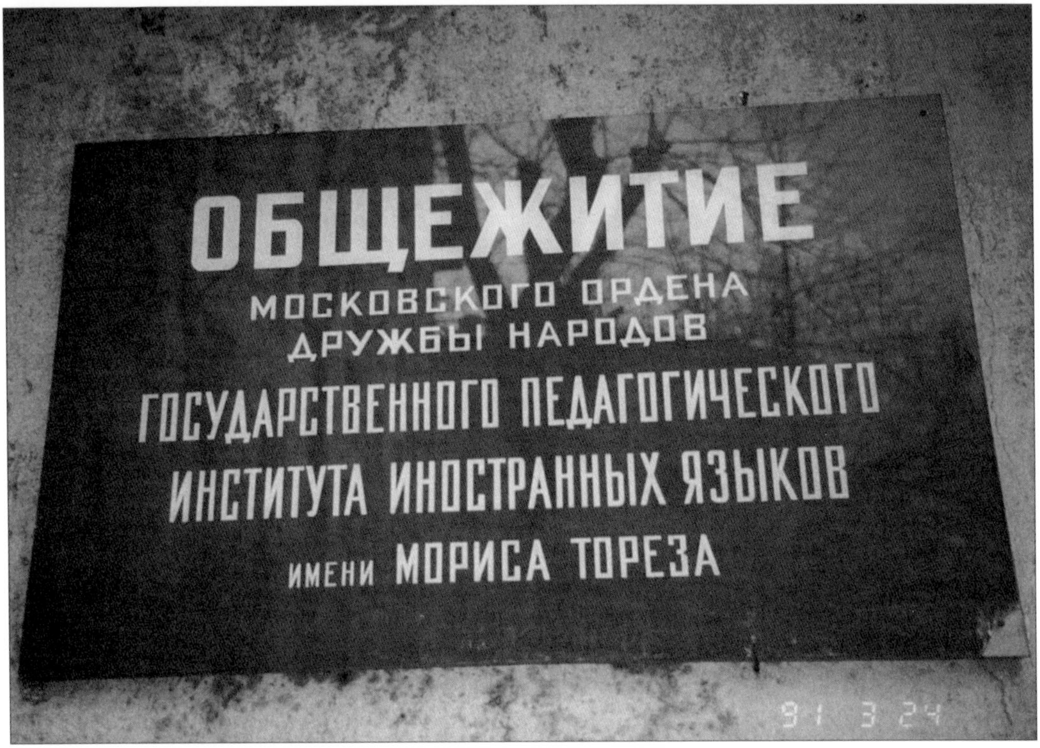

Eingangstafel: »Wohnheim des mit dem Orden der Völkerfreundschaft ausgezeichneten Moskauer Staatlichen Pädagogischen Instituts für Fremdsprachen, nach Maurice Thorez benannt.«

Das Studentenwohnheim der Moskauer Pädagogischen Hochschule für Fremdsprachen im März 1991, kein Unterschied zu 1941.

jahres statt – aber es war schwer, sich darauf zu konzentrieren. Um 4 Uhr früh war angekündigt worden, daß Außenminister Molotow um 12 Uhr eine wichtige Erklärung im Rundfunk verlesen werde. Im Studentenheim ging es zu wie in einem Bienenschwarm – in vielen Gruppen wurde hitzig diskutiert. Manche meinten, dies bedeute Krieg. Aber wer könnte die Sowjetunion angreifen? Einige von uns meinten: »Vielleicht Japan«, andere tippten auf England. Auf Deutschland aber kam niemand – denn wir hatten die offizielle Erklärung vom 14. Juni 1941 gelesen und ernst genommen.

Um Punkt 12 Uhr hörten wir dann die Molotow-Erklärung. Um 4 Uhr früh hätten deutsche Truppen ohne Kriegserklärung die Sowjetunion angegriffen, die sowjetische Grenze an vielen Stellen überschritten und wichtige Städte und Flugplätze bombadiert. Jetzt komme es darauf an, »die Reihen noch enger zu schließen um unsere ruhmreiche bolschewistische Partei, unsere Sowjetregierung, unseren Führer, den Genossen Stalin.« Wir saßen wie versteinert da – damit hatte niemand von uns gerechnet. Die oft gedrückte und angstvolle Stimmung stand vollständig im Widerspruch zu den sowjetischen Marsch- und Kampfliedern, die an diesem Tag fast ununterbrochen von Radio Moskau gesendet wurden. Der 22. und 23. Juni vergingen, ohne daß auch nur eine einzige Meldung von der Front bekannt geworden wäre. Erst am 23. Juni abends wurde erklärt, deutsche Truppen seien an einigen Stellen zehn bis fünfundzwanzig Kilometer weit vorgedrungen – die Wirklichkeit war, wie wir später erfahren sollten, weit ernster.

Dann folgten die Maßnahmen Schlag auf Schlag. In den drei baltischen Republiken sowie in Bjelorußland, Moldawien, der gesamten Ukraine und in dreizehn Gebieten Westrußlands wurde der Kriegszustand proklamiert, alle Urlaubsbestimmungen für die Kriegsdauer aufgehoben, den Betriebsdirektoren das Recht gegeben, täglich Überstunden anzuordnen. In Moskau – und in allen Städten bis zur Wolga – mußten die Häuser verdunkelt, die Luftschutzräume in Ordnung gebracht werden. Die großen Bauten der Stadt, darunter das Haus des »Rates der Volkskommissare«, später das Staatliche Planungskomitee (GOSPLAN) und das gegenüberliegende Hotel »Moskwa«, bisher in weißer Farbe, erhielten einen Tarnanstrich, die Hauptstraßen wurden so bemalt, daß der Eindruck entstand, man bewege sich auf den Dächern kleinerer Häuser. Auch viele große Plätze der Stadt wurden mit »Hausdächern« bemalt und der Moskwa-Fluß mit Holz überdeckt, um, wie man uns damals sagte, deutschen Fliegern die Orientierungsmöglichkeit zu nehmen. In der Moskauer U-Bahn, der »Metro«, wurden entlang der Schienenstrecken Bretter gelegt, so daß hier ein riesiger Luftschutzkeller für die Bevölkerung der Stadt entstand. Bei Einbruch der Dunkelheit stiegen riesige Fesselballons auf: Man nannte sie »Aerostati Wusduschnogo Sagrashdenija« – Fesselballons, die durch besondere Drahtgeflechte miteinander verbunden waren und feindlichen Flugzeugen den Weg versperren sollten.

Gleichzeitig wurden wenige Tage nach Kriegsbeginn alle Radioapparate eingezogen. Innerhalb von achtundvierzig Stunden mußten sie gegen Quittung beim nächsten Postamt abgegeben werden. Riesige Menschenschlangen bildeten sich vor den Postämtern, in deren Höfen sich die Radioapparate, allen Witterungseinflüssen ausgesetzt, türmten. Es wurde verfügt, in allen Gemeinschaftswohnungen, Fabriken und Behörden – auch bei uns im Studentheim – kleine fächerförmige Außenlautsprecher, über die Stadtfunksendungen ausgestrahlt wurden, anzubringen. Wir wurden angewiesen, sie niemals abzuschalten.

»Und was war bei uns los – in unserer Hochschule und hier im Studentenwohnheim?« Ich berichtete, daß am 23. Juni 1941 eine allgemeine Versammlung der Hochschule stattfand. Die Komsomolzen unseres Instituts wurden zum Bau einer neuen Linie der Untergrundbahn eingesetzt, gedacht als zusätzlicher Luftschutzraum für die Moskauer Bevölkerung. Andere, darunter auch ich, wurden in Brigaden ausgeschickt, um neue Plakate anzukleben. Einige von uns wurden bereits zum Militärdienst an der Front einberufen.

Fünf Tage nach Kriegsbeginn wurden für unser Studentenheim erste »Luftschutzbrigaden« zusammengestellt. Nach einer kurzen, sehr unvollständigen Instruktion räumten wir den Dachboden des Studentenheims aus und versahen ihn mit Sandkisten, Wasserbehältern und Geräten, etwa große Eisenzangen, mit denen wir Brandbomben löschen sollten. Sobald Luftalarm und die langsam und ernst gesprochenen Worte »Grash-danje Wos-dusch-naja Tre-wo-ga« (»Bürger, Luftalarm«) ertönten, gingen wir zum Einsatz auf die Dächer.

»Ich habe gehört, daß auch unser Studentenheim damals von Bomben getroffen worden sei. Stimmt das?«

Ich erzählte den Studenten, daß genau einen Monat nach Kriegsbeginn, am 22. Juli 1941, deutschen Flugzeugen der Durchbruch gelang und erstmals Bomben auf Moskau fielen. Die Luftangriffe wiederholten sich in der Folgezeit. Bei einem dieser Angriffe wurde unser Studentenheim von zwei Brandbomben getroffen. Wir waren bereits darauf vorbereitet, stürzten uns mit Zangen auf die zischenden Bomben und brachten sie in dafür vorgesehene, mit Sand gefüllte Kisten, noch bevor ein

Brand ausbrechen konnte. Gerade in dieser Nacht bestand unsere Luft-schutzbrigade fast nur aus Ausländern – dem Jugoslawen Jurij Gustin-cic, später langjähriger außenpolitischer Kommentator der »Politika« in Belgrad; Heinz Stern, der in der DDR Chefredakteur des FDJ-Organs »Junge Welt« und Moskauer Korrespondent des »Neuen Deutschland« werden würde, und mir.

Seit Anfang August 1941 erfolgte die Evakuierung Moskaus. Bereits we-nige Wochen nach Kriegsbeginn waren Litauen, Lettland, Estland, ein größerer Teil Bjelorußlands und der westlichen Ukraine, ja schon west-liche Teile des russischen Kernlandes von deutschen Truppen besetzt. Im September 1941 war der Vormarsch deutscher Truppen auf Moskau bereits deutlich erkennbar.

Die jungen Studenten von 1991 hörten nicht auf zu fragen: »Und Sie selbst? Wurden Sie auch evakuiert? Was geschah denn mit Ihnen als Deutscher zu dieser Zeit?«

Ich erzählte Ihnen, wie am 14. September 1941 Milizionäre in das Stu-dentenheim kamen und allen Bürgern deutscher Nationalität die schriftliche Anweisung übermittelten, sich am nächsten Tag um 16 Uhr auf der Milizstation zu melden; wir mußten unterschreiben, daß wir die Anordnung erhalten hatten.

15. September 1941: Dicht gedrängt stehen 100 bis 150 Deutsche in dem Vorraum der Milizstation, wo gewaltige Unordnung herrschte – zu-meist deutsche Emigranten, manche mit Frauen und Kindern, ich ent-deckte viele Bekannte. Am 28. September war es soweit: Die heute in der Sowjetunion vieldiskutierte Zwangsumsiedlung der Deutschen nach Nord-Kasachstan begann. An diesem Tag befand ich mich zusam-men mit Hunderten von Deutschen in einem Güterbahnhof außerhalb Moskaus vor einem langen Güterzug mit etwa 80 Viehwaggons. Das Gebiet war umstellt; niemand konnte es verlassen.

22 Tage dauerte die Fahrt, stets unter Bewachung und mit geringsten Brot- und Wasserrationen, bis wir Ossokarowka, 120 Kilometer nörd-lich von Karaganda, erreichten. Dort, in der nordkasachischen Steppe, wurden wir ausgeladen – aber dies ist bereits ein anderes Kapitel meiner Jahre in der Sowjetunion.

Ich bat die Studenten, die aufmerksam zugehört hatten, mir das Stu-dentenheim zu zeigen. Wir gingen zunächst in den Vorraum, in dem an einer großen Tafel – damals wie heute – wichtige Bekanntmachungen und die Tageszeitungen angeschlagen werden. Anschließend die glei-che alte Treppe hinauf zur ersten und zweiten Etage: Es hatte sich nichts, aber auch gar nichts verändert. Nichts war zwischenzeitlich renoviert worden – und daher sah alles weit heruntergekommener aus als 50 Jahre zuvor. Auch heute noch wohnen mehrere Studenten in einem Zimmer; auch heute müssen sie ihre wenigen Habseligkeiten oft der drängenden Enge wegen unter dem Bett verstauen.

Dann kehrte ich gemeinsam mit den Studenten in den Vorraum zurück, in dem sich nicht nur Ankündigungen, sondern auch Verbotsschilder befanden: Die Verbote waren unverändert – noch immer darf man keine Elektrogeräte benutzen. Anstelle der früheren harten Verbots-Bekanntmachungen entdeckte ich eine Serie farbiger Bilder, die der Erziehung zur Sicherheit im Studentenheim dienen sollten. Auf langen Bildtafeln war eine hübsche schlanke blonde Studentin zu sehen, die irgendwelche Dinge falsch machte. Darunter die Mahnung: »Halten Sie die Regeln der Sicherheit bei der Benutzung von Gasgeräten ein« oder »Tapezieren sie bitte keine offene Elektroleitung«.

Wir setzten unser Gespräch fort. Meine Begleiter erzählten, daß das Studentenleben auch heute nicht leicht sei. Gegenwärtig erhalten sie als Stipendium 50 Rubel monatlich, wobei das Wohnen im Studentenheim 15 Rubel monatlich kostet. Eine Erhöhung des Stipendiums auf 120 Rubel wird für die nahe Zukunft erwartet.

Dann gingen wir zu Fragen des Studiums über. »Wie ist das eigentlich mit der ›Geschichte der Kommunistischen Partei der Sowjetunion‹? Gibt es das Fach noch?« »Ja, das gibt's noch, aber es gibt keine neuen besseren Lehrbücher, so daß die Dozenten in diesem Fach größte Schwierigkeiten haben. Gerade über diesen Bereich wird natürlich sehr viel diskutiert – auch über Bucharin und Trotzki. Manche meinen, daß es falsch sei, die Geschichte der Kommunistischen Partei noch zu unterrichten. Aber das wird man ja bald sehen.«

»Und das damals entscheidende Fach ›Marxismus-Leninismus‹?«

Die Studenten lachten: »Ist abgeschafft, gibt es nicht mehr.«

»Gibt es statt dessen ein anderes Fach?«

Sie wurden etwas unsicher: »Ja es gibt etwas Neues, es heißt Politische Wissenschaften; manche nennen es Politologie.«

»Und was wird da unterrichtet?«

»Ganz neue Sachen. Da gibt es Geschichte der politischen Theorien, vergleichende Regierungslehre, dann etwas über Trennung der Gewalten in Legislative, Exekutive und Judikative, Vergleich von Wahlordnungen und föderativen Staatsaufbau.«

»Ja, das ist in etwa das, was man auch im Westen hat.«

Die Studenten nickten: »Das haben wir auch angenommen.«

Noch einmal sah ich mir alle Ankündigungen und Schilder an. Plötzlich

Sicherheitsvorschriften im Studentenwohnheim. Links: »Halten Sie die Sicherheitsvorschriften bei der Benutzung von Gasgeräten ein.« Rechts: »Tapezieren Sie bitte keine offene Elektroleitung.«

Verbotstafel 1991: »Rauchen in diesem Gebäude kategorisch verboten. Strafe 10 Rubel«.

stutzte ich. Ich sah ein großes weißes Plakat, darauf in großen schwarzen Druckbuchstaben:

RAUCHEN VERBOTEN.
STRAFE: 10 RUBEL.

Ich blickte erstaunt – und die Studenten sahen mich fragend an. »Das ist unser Rauchverbot. Das muß es doch damals auch gegeben haben.«
»Nein, damals gab es zwar für fast alles Verbote – aber im Studentenheim durften wir rauchen.«
Die Studenten lachten vergnügt: »Endlich mal etwas, das unter Stalin erlaubt war und heute verboten ist.«

Hotel »Lux« – Vom Hauptquartier der Weltrevolution zum »Hotel Zentral«

Schon bei meiner ersten Reise in die Sowjetunion, im Juli 1987, hatte ich meine wichtigste Erinnerungsstätte besucht: Das Hotel »Lux« in der Moskauer Gorki-Straße.
Hier, im berühmten Hotel der Kommunistischen Internationale, lebte ich von Juli 1943 bis Ende April 1945. Nun stand ich erneut vor dem großen stattlichen Gebäude in der Gorki-Straße Nr. 10. Sechs Stockwerke hoch, an der Hauptfront 40 Schritte, um die Ecke in eine Seitengasse, die Nemirovica Dancenko, 30 Schritte lang. Ich sah die beiden schweren großen Säulen vor dem überdachten Eingangsportal, zu dem drei flache Stufen führen. An der Ecke entdecke ich das Restaurant, und, im gleichen Gebäude, links vom Eingang das große Lebensmittelgeschäft »Gastronom Nr. 1«. Nachdenklich stand ich vor dem Gebäude; äußerlich hatte sich nichts verändert. Anstelle des Namenszuges des Hotels »Lux« sah ich nun allerdings eine große Tafel »Gostiniza Zentralny« (»Zentral-Hotel«). Aus dem einstigen Kominternhotel war ein gewöhnliches Moskauer Hotel geworden.
Das Restaurant, in dem früher die Kominternfunktionäre aßen, gibt es noch: Das inzwischen vom Hotel unabhängige Restaurant »Astoria«. Staunend sah ich mir die neuen Auslagen an; man kann mit unterschiedlichen Kreditkarten bezahlen. Ich rieb mir die Augen, als ich ein

großes Reklameschild für »American Express« entdeckte. Das hatte ich in der früheren »Zitadelle der Weltrevolution« nun wirklich nicht vermutet.

Bei jeder Moskau-Reise seit 1987 sah ich mir das heutige »Hotel-Zentral« an und erinnerte mich an jene anderthalb Jahre, die ich hier verbracht hatte; erst im Frühjahr 1991 konnte ich, wenn auch unter größten Schwierigkeiten, in das frühere Hotel »Lux« hinein gelangen.

Im Juli 1943 kehrte ich nach Moskau zurück. Inzwischen hatte ich von Oktober 1941 bis Sommer 1942 als »zwangsumgesiedelter Deutscher« im Lehrerinstitut Karaganda studiert und war anschließend, von September 1942 bis Sommer 1943, an der Schule der Kommunistischen Internationale in Kuschnarenkowo nördlich von Ufa, dem Zentrum Baschkiriens, ausgebildet worden. Dann, nach Auflösung der Kommunistischen Internationale im Juni 1943 und mehrwöchiger Arbeit im Komintern-Archiv in Ufa, konnte ich endlich in die Hauptstadt zurückkehren.

Schon bei der Ankunft wurde mir mitgeteilt: »Wir fahren zum Hotel Lux. Dort werden Sie wohnen.« In das Hotel »Lux«! Das berühmte Hotel in der Gorkistraße, in dem seit 1921 die Funktionäre der Kommunistischen Internationale lebten. Immer wenn ich früher – 1940 oder Anfang 1941 – jemanden im Hotel Lux besuchen wollte, mußte ich stets eine Prozedur von Kontrollen über mich ergehen lassen. Jeder Besuch war damals für mich ein besonders Ereignis – und nun sollte ich selbst dort wohnen! Allerdings nicht im Haupt-, sondern in einem Nebengebäude, das, in einem Hinterhof gelegen, für die »nicht so wichtigen« Mitarbeiter bestimmt war.

Schon am Tag nach meiner Ankunft erhielt ich einen mit Lichtbild versehenen Ausweis, den sogenannten »Propusk«, den ich beim Betreten des Hauses vorzuweisen hatte. Das Hotel »Lux« war damals eine Welt für sich. Die Bewohner kamen nur wenig mit anderen Institutionen in Berührung. Es gab einen eigenen Speisesaal, eine eigene Wäscherei, eigene Kleider- und Schuhmacher-Werkstätten und eine eigene Poliklinik (Ambulatorium). Die im Hotel »Lux« wohnenden Mitarbeiter der Kommunistischen Internationale, nach deren Auflösung »Institut Nr. 205« genannt, wurden gemeinsam in einem Bus zur Arbeitsstätte gebracht und dort auch wieder abgeholt. Im Hotel Lux gab es eine eigens eingerichtete Zweigstelle von Miliz und Militärbehörden, die alle Fragen der An- und Abmeldung regelten und bei einer Einberufung in die Armee die notwendigen Schritte unternahmen.

Da ich nicht im »Institut Nr. 205« tätig war, kam ich mit den übrigen Bewohnern des Hotel »Lux« nicht allzu häufig zusammen. Ich wußte na-

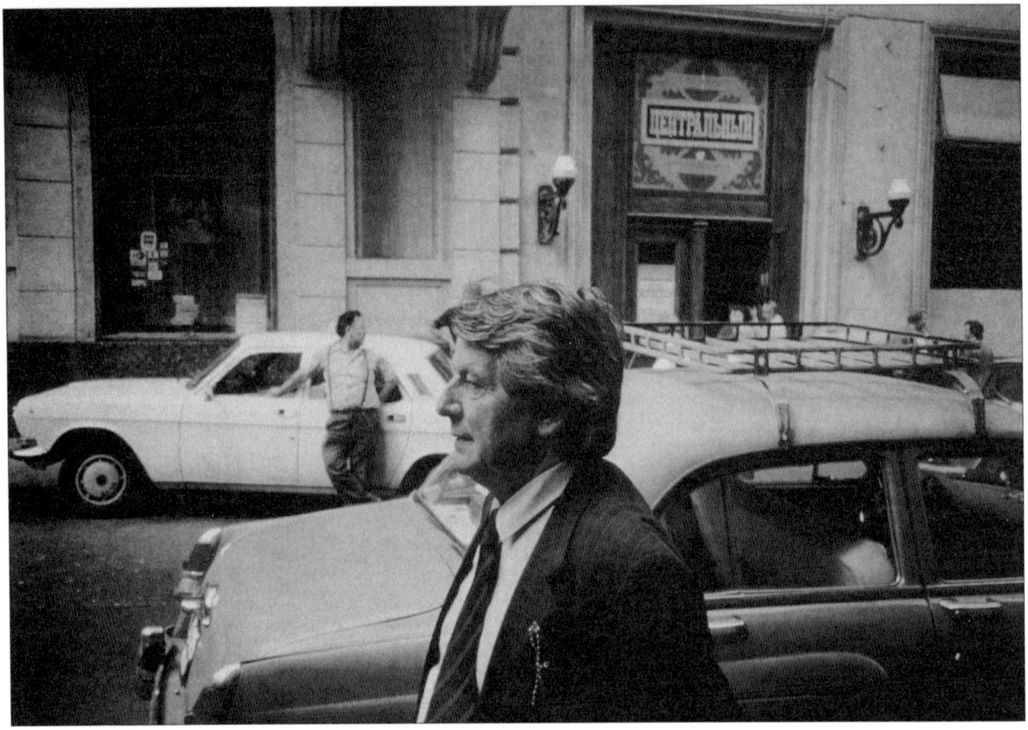
ЦЕНТРАЛЬНЫЙ

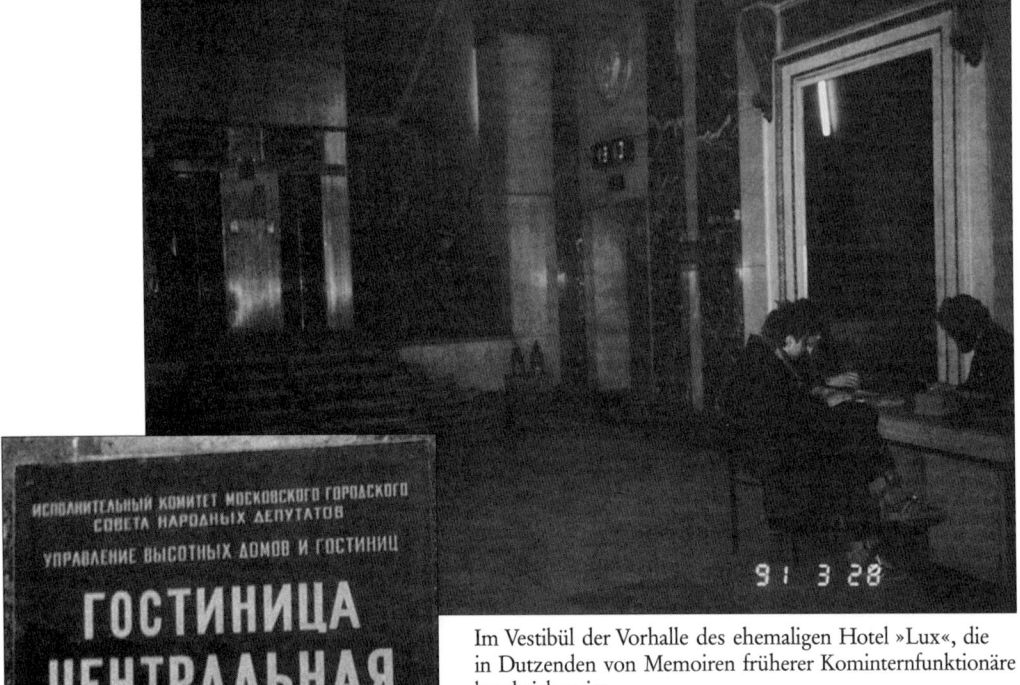

1991: Wolfgang Leonhard vor dem früheren Hotel «Lux«, heute Zentral-Hotel.

91 3 28

Im Vestibül der Vorhalle des ehemaligen Hotel »Lux«, die in Dutzenden von Memoiren früherer Kominternfunktionäre beschrieben ist.

ИСПОЛНИТЕЛЬНЫЙ КОМИТЕТ МОСКОВСКОГО ГОРОДСКОГО
СОВЕТА НАРОДНЫХ ДЕПУТАТОВ
УПРАВЛЕНИЕ ВЫСОТНЫХ ДОМОВ И ГОСТИНИЦ
ГОСТИНИЦА
ЦЕНТРАЛЬНАЯ
КОРПУС №1

Heutige Tafel an dem früheren Hotel »Lux«:
Hotel Zentralnaja, Gebäude Nr. 1.

türlich, daß Wilhelm Pieck und Walter Ulbricht hier wohnten; Koplenig von der KP Österreichs; Ernst Fischer, damals unter dem Namen Peter Wieden bekannt und lange Jahre einer der führenden Redakteure der Zeitschrift »Kommunistische Internationale«. Im Speisesaal sah ich auch mehrmals Anna Pauker, die in den ersten Nachkriegsjahren in Rumänien eine wichtige Rolle spielen sollte.

Erst später, als ich im Westen war, erfuhr ich von anderen prominenten Bewohnern des Hotel »Lux«. Zu ihnen gehörte *Hugo Eberlein*, der am 3. März 1919 bei der Gründung der Kommunistischen Internationale neben Lenin gesessen hatte, viele Jahre an führender Stelle in der Komintern tätig war, während der großen Säuberung 1937 im Hotel »Lux« verhaftet wurde und später in einem Lager bei Archangelsk im Jahre 1944 ums Leben kam. Auch der legendäre Schweizer *Fritz Platten* wohnte 1924 im Hotel »Lux«; er wurde 1938 verhaftet und kam 1942 im gleichen Lager um. Anfang der 20er Jahre lebte im Hotel »Lux« ferner *Ernst Reuter*, der, seit 1910 Mitglied der SPD, im August 1916 in russische Gefangenschaft geriet, die Russische Revolution von 1917 erlebte und im Mai 1918 die Autonome Sowjetrepublik der Wolgadeutschen gründete. Er hatte der KPD seit ihrer Gründung angehört und war vorübergehend unter dem Namen »Friesland« Generalsekretär der Partei, brach mit ihr jedoch nach der »März-Aktion« von 1921 und trat zur Sozialdemokratie über. Er war in den 20er Jahren SPD-Abgeordneter im Reichstag und von 1931-33 Oberbürgermeister von Magdeburg. Nach seiner Emigration kehrte er 1946 nach Berlin zurück und war während der Berliner Blockade der bei Sowjets und ostdeutschen Kommunisten gleichermaßen verhaßte Oberbürgermeister West-Berlins.

Zu den prominenten Bewohnern des Hotel »Lux« gehörte auch *Dr. Richard Sorge*, der 1924 in Zimmer Nr. 19 des Hotel »Lux« wohnte, bevor er im Auftrag des sowjetischen militärischen Geheimdienstes nach Japan entsandt wurde. Von dort aus warnte er die sowjetische Führung vor dem Angriff Hitlers am 22. Juni 1941. Er wurde am 16. Oktober 1941 in Tokio verhaftet und am 7. November 1944 im Sugamo-Zuchthaus in Tokio gehängt. *Tschou En-lai* lebte hier in früheren Jahren ebenso wie der Vietnamese *Ho Chi Minh* und ein italienischer KP-Führer, der später mit der Partei brach und als Schriftsteller weltbekannt werden sollte: *Ignazio Silone*. Zu den Bewohnern gehörten auch *Josip Broz Tito*, damals in Komintern-Kreisen als »Walter« bekannt, und – in den 30er Jahren – *Herbert Wehner*, unter dem Namen »Kurt Funk« Mitglied des Politbüros der KPD, der 1941 im Auftrag Moskaus nach Schweden fuhr, dort mit der Partei und dem System brach und nach seiner Rückkehr eine wichtige Rolle in der SPD spielen würde.

Als ich im Sommer 1943 im Hotel »Lux« eintraf, hörte ich, daß am 16. Oktober 1941, beim Durchbruch der deutschen Truppen vor Moskau, alle Funktionäre des Hotel »Lux« nach Kuibyschew und Ufa evakuiert wurden, viele von ihnen inzwischen aber zurückgekehrt waren. Die Kommunistische Internationale war im Juni 1943 aufgelöst worden, an ihre Stelle traten nun unterschiedliche »Institute«. Dimitroff und die politischen Spitzenfunktionäre der Komintern arbeiteten im »Institut Nr. 200«, das mit der internationalen Abteilung des Zentralkomitees der KPdSU zusammenarbeitete. Das zahlenmäßig größte war das »Institut Nr. 205«, in dem die Mitarbeiter der in der Sowjetunion tätigen Rundfunkstationen, darunter auch des »Deutschen Volkssenders«, tätig waren. Das in der Nähe des Arbat-Platzes befindliche »Institut Nr. 99« beherbergte die Zeitungs- und Rundfunkredaktion des Nationalkomitees »Freies Deutschland« sowie die Redaktionen des italienischen Senders »Radio Milano Liberta«, des rumänischen Senders »Romania Libera« der ungarischen und bulgarischen Rundfunkstationen.

In jenem Nebengebäude des Hotel »Lux«, in dem ich nun lebte, gab es keine Einzel-Wohnungen; man lebte zu dritt, viert oder fünf in einem Zimmer.

Vom Hinterhof des Hotel »Lux« ging ich ab Juli 1943 zu meiner etwas ungewöhnlichen Arbeitsstelle: Zur Stadtredaktion des Nationalkomitees »Freies Deutschland«, das eben erst im Saal des Krasnogorsker Stadtsowjets gegründet worden war; die führenden Offiziere und Generäle der Bewegung »Freies Deutschland« schrieben dort Artikel und Rundfunkkommentare; hier war der »offizielle« Sitz. Die inoffizielle Redaktion, bestehend aus deutschen kommunistischen Emigranten, war in Büroräumen in der Moskauer Filipowski Pereulok, einer Nebengasse des Arbat-Platzes, tätig.

Anfangs arbeitete ich bei der Wochenzeitung »Freies Deutschland«, die unter Leitung von *Rudolf Herrnstadt* stand. Der damals 40jährige hatte keinerlei Verbindung zur KPD-Emigrationsführung, unterschrieb auch keine der damals so häufigen Aufrufe. Er war Referent für Deutschland in der Westeuropa-Abteilung des militärischen Nachrichtendienstes gewesen und trat nun als Chefredakteur der Zeitung »Freies Deutschland« in Erscheinung. Er wohnte nicht im Hotel »Lux« und schien direkte Verbindungen zu sowjetischen Stellen zu haben.

Der zweite Mann der Redaktion, *Alfred Kurella*, damals 48, gehörte der KPD seit ihrer Gründung Ende 1918, später der Führung der Kommunistischen Jugendinternationale in Moskau an. Er veröffentlichte nur wenig, redigierte aber die Artikel von Offizieren des Nationalkomitees aus Lunjowo und wirkte entscheidend an der Gestaltung der Zeitung mit.

Zu den aktivsten Mitarbeitern gehörte *Lothar Bolz*, der die meist ungezeichneten Artikel über Deutschland verfaßte. Er war stets emsig bei der Arbeit, las aufmerksam alle Bulletins mit Auszügen aus der Hitler-Presse und stellte anhand dessen seine Artikel zusammen. Aus kargen Hinweisen erfuhr ich, daß er in seiner Jugend ein Jurastudium absolviert hatte und Rechtsanwalt in Breslau gewesen war, ehe er in die Sowjetunion emigrierte, wo er unter anderem als Redakteur der deutschsprachigen »Roten Zeitung« in Leningrad, der »Deutschen Zentral-Zeitung« in Moskau und als Lehrer für deutsche Sprache und Literatur in Nowosibirsk gearbeitet hatte.

Der dritte Redakteur war *Karl Maron*, damals 40, Verfasser militärischer Kommentare, seit 1926 KPD-Mitglied; Maron war bis 1933 kommunistischer »Sportfunktionär«, emigrierte zunächst nach Dänemark, 1935 in die Sowjetunion. Seine militärischen Kommentare waren so kenntnisreich und überzeugend, daß die Offiziere in Lunjowo einen hohen sowjetischen Militär als Autor vermuteten.

Als ich selbst bei der Wochen-Zeitung »Freies Deutschland« anfing, war ich eine Art Volontär, brachte Manuskripte zur gegenüberliegenden Druckerei »Iskra Rewoluzii« (»Funke der Revolution«), las Korrektur und hielt Verbindung zu den Zensoren oder, neutraler ausgedrückt, Kontrollfunktionären. Für die politisch besonders heiklen und wichtigen Fragen ging ich zu dem damals 45jährigen *Ernö Gerö*, einem wichtigen ungarischen KP-Führer, der in der Internationalen Abteilung des sowjetischen Zentralkomitees für Westeuropa zuständig war. Allmählich durfte ich selbst Meldungen und Notizen schreiben: Meine erste journalistische Tätigkeit bestand in der Darstellung alliierter Luftangriffe auf Deutschland in der zurückliegenden Woche.

Anfang Mai 1944 gab es für mich eine Überraschung. *Anton Ackermann*, Chef der Rundfunkredaktion, hatte durchgesetzt, daß ich in der Rundfunkredaktion als Rundfunksprecher tätig wurde. Gespannt fuhr ich mit Anton Ackermann in einem amerikanischen Jeep – damals in Moskau kurz »Willys« genannt – zum Sender in der Schabolowka 34: Ein umzäuntes und bewachtes Gebäude mit dem üblichen Pförtnerhäuschen, an dem unsere Papiere kontrolliert wurden. Hier befand sich die erste Fernsehversuchsstation der Sowjetunion.

Die Sendungen des Nationalkomitees »Freies Deutschland« waren von allen übrigen aus Moskau ausgestrahlten Programmen völlig getrennt. Bis Mai 1944 war nur Fritz Heilmann Sprecher gewesen. Da sich die Sendungen aber immer mehr ausweiteten, konnten wir uns nun, nach meinem Dienstbeginn, abwechseln. Täglich sechsmal sprach ich nun den Eingangstext: »Achtung, Achtung! Hier spricht der Sender des Nationalkomitees Freies Deutschland! Wir sprechen im Namen des deutschen Volkes, wir rufen zur Rettung des Reiches.«

Das aktuelle Sendematerial – Nachrichten und Tageskommentare – wurde meist in der »Stadtredaktion« verfaßt, während größere Sendungen – Aufrufe, Erklärungen, Wochenkommentare – in Zusammenarbeit mit den Mitgliedern des Nationalkomitees »Freies Deutschland« und des Bundes deutscher Offiziere in Lunjowo entstanden.

Die Rundfunkredaktion lag in den Händen von *Anton Ackermann* (eigentlicher Name: Eugen Hanisch), damals 40, KP-Mitglied seit 1926, der zunächst in Plauen und Zwickau tätig war, 1928 zur Lenin-Schule nach Moskau entsandt wurde und seit Oktober 1935 dem Zentralkomitee und dem Politbüro angehörte. Er hatte am spanischen Bürgerkrieg teilgenommen.

Die täglichen militärischen Kommentare wurden von *Kurt Fischer*, damals 45, verfaßt. Er war bereits seit 1921 in der UdSSR, wurde von 1928 bis 1932 an der Frunse-Militärakademie in Moskau ausgebildet und war anschließend im militärischen Geheimdienst tätig. Zur KPD-Emigrationsführung hatte er keine Verbindung, und er wohnte auch nicht, wie die übrigen, im Hotel »Lux«. Fischer tat gerne geheimnisvoll und war leicht erregbar; man merkte, daß es ihm oft schwer fiel, sich Anton Akkermann unterzuordnen. »Wenn Fischer einmal Macht bekommt, möchte ich ihm nicht unterstellt sein«, dachte ich bereits damals. Meine Befürchtungen sollten sich bestätigen. Nach 1945 wurde Fischer Innenminister von Sachsen, benutzte diese Position zur rücksichtslosen Verfolgung Andersdenkender, zur eigenen Bereicherung und zur Eliminierung persönlicher Gegner. 1948 rückte er in die Deutsche Verwaltung des Innern, Vorläufer des DDR-Innenministeriums, auf, wurde Generalinspekteur der Volkspolizei und soll in der K 5, aus der sich später der Staatssicherheitsdienst entwickelte, aktiv mitgewirkt haben.

Kurzkommentare zu anderen Themen verfaßte *Fritz Erpenbeck*, damals 46, in Mainz aufgewachsen und in der Zeit der Weimarer Republik Schauspieler, Reporter und Redakteur kommunistischer Zeitungen. In der Sowjetunion war seine Novelle »Aber ich wollte nicht feige sein« aus dem Ersten Weltkrieg bekannt, später erschien sein Roman »Die Gründer«. Er war sympathisch, freundlich, nachdenklich und hilfsbereit.

Während sich Ackermann, Fischer und Erpenbeck auf die Redaktions-
arbeit in unserer »Stadtredaktion« konzentrierten, war es Aufgabe von
Hans Mahle – in der Redaktion Stellvertreter von Anton Ackermann –,
Max Keilson und *Gustav von Wangenheim*, nach Lunjowo zu fahren
und geplante Kommentare mit den Offizieren und Generälen vorzubereiten, durchzusprechen und auf Platte aufzunehmen. *Hans Mahle*,
damals 33, stammte aus Hamburg und war in der Weimarer Republik
führend in der KP-Kinderorganisation »Junge Pioniere«, später im
Kommunistischen Jugendverband aktiv; er war in der sowjetischen
Emigration als Jugendfunktionär und Redakteur der deutschsprachigen Sendungen des Moskauer Rundfunks tätig. Nach 1945 spielte er im
Rundfunk der Sowjetzone eine entscheidende Rolle. *Max Keilson* wirkte nach 1945 an führender Stelle bei SED-Zeitungen und war seit 1951
Abteilungsleiter im Ministerium für auswärtige Angelegenheiten. *Gustav von Wangenheim* wurde nach Kriegsende erster Nachkriegsinten-
dant des Deutschen Theaters in Berlin.
Neben meiner Tätigkeit als Rundfunksprecher nahm ich auch an den
Redaktionssitzungen teil und konnte als erste journalistische Tätigkeit
hie und da eigene Kommentare schreiben. Jeden zweiten Tag nach Re-
daktionsschluß mußte ich das gesamte Rundfunkmaterial zur »Politischen Hauptverwaltung der Roten Armee« (abgekürzt Glaw PURK-
KA) bringen, die sich während des Krieges am Arbat-Platz befand.
Dort wurde das Material von Oberst *Braginski* durchgesehen, Chef der
7. Abteilung, die für die Propaganda in den Sprachen der Achsenmächte
zuständig war.
Was tun, wenn Oberst Braginski Eingriffe in Kommentare der deutschen Generäle und Offiziere vornahm? Wir hatten eine Methode
gefunden, die in der Rundfunkgeschichte einmalig sein dürfte: Die
Rundfunktechnikerin meldete mir die entsprechende Stelle, gab mir ein
Zeichen, und ich schaltete schnell für eine oder zwei Sekunden das Mi-
krophon aus, so daß zensierte Worte oder Sätze nicht durch den Äther
kamen.
Trotz der außerordentlichen Primitivität unserer Rundfunkstation – ein
kleines Aufnahmegerät und einfache Schallplatten waren neben der
Studiotechnik das einzige, was wir zum Senden besaßen – schien es mir,
daß es uns nicht selten gelang, Sendungen auszustrahlen, die interessanter und lebendiger waren als die des offiziellen Moskauer
Rundfunks. Unter der Leitung Ackermanns hatte sich ein gutes Ar-
beitskollektiv herausgebildet, es bestand damals eine enge, oft freund-
schaftliche Zusammenarbeit mit den deutschen Offizieren und Generä-

len der Rundfunkredaktion in Lunjowo. Damals glaubte ich noch, daß sich die gute Kooperation mit den Kameraden des Nationalkomitees nach Niederschlagung des Hitler-Systems ausbauen und festigen würde.

Optimismus in mancher Hinsicht prägte meine Zeit im Hotel »Lux«. Der immer schnellere Vormarsch sowjetischer Truppen eröffnete die Aussicht auf ein baldiges Ende des Faschismus, auf eine dauerhafte Zusammenarbeit mit den demokratischen Staaten des Westens, verbunden mit der damals in der Sowjetunion verbreiteten, auch mir eigenen Hoffnung, daß in der Sowjetunion nach dem Sieg eine Liberalisierung einsetzen werde. All diese Hoffnungen sollten sich jedoch schon bald als Illusion erweisen.

Bei meinem Moskau-Besuch im März 1991 stehe ich nun zusammen mit einem sowjetischen Journalisten in der berühmten Vorhalle des Hotels. Am Ende der großen und ungemütlichen Halle sieht man ein Treppenpodest, an dessen linker Seite die Haupttreppe in das Innere des Hauses hinaufführt; rechts davon auch heute noch der altmodische Fahrstuhl, in dem, eng gedrängt, sechs Menschen Platz haben. Auf der rechten Seite, am Fahrstuhl vorbei, führte bis zur Zeit Gorbatschows eine Treppe hinauf in einen Raum mit einer Reihe von Glasfenstern. Dahinter saßen die »Deshurnis«, die für die Sicherheit der Hotelbewohner zu sorgen und Besucher zu kontrollieren hatten.

In den 40er Jahren hieß das Zauberwort »Propusk« (Passierschein), von dem es drei Arten gab: Den Privilegierten-Propusk, leuchtend rot, kartoniert und mit Foto versehen; er war für die Mitarbeiter der Kommunistischen Internationale bestimmt, die im Hotel »Lux« wohnten. Mit ihm konnte man das Hotel jederzeit betreten. Ein zweiter Propusk, grau und wenig ansehnlich, galt für Beschäftigte des Hauses, die für das Wohlergehen der Komintern-Mitarbeiter zu sorgen hatten.

Hausfremde Besucher dagegen mußten zum »Stol Propuskow« gehen, einem Holzverschlag mit Fenstern, die sich meist erst nach langem Warten öffneten. Den weißen Einlaßzettel erhielt man, nachdem die Beauftragten bei einem Hotelbewohner angerufen und die Erlaubnis, den Besucher passieren zu lassen, erhalten hatten. Der weiße Propusk enthielt den Namen des Besuchers, Name und Zimmernummer des im Hotel »Lux« wohnenden Funktionärs, Datum und Uhrzeit. Der Personalausweis bzw. Paß mußte abgegeben werden und wurde nach Rückgabe des Propusk, auf dem erneut die Uhrzeit eingetragen wurde, ausgehändigt.

Die kleine Treppe zum berühmten »Stol Propuskow« gab es bei meinem Besuch im Hotel »Lux« nicht mehr, statt dessen einen Tisch mit einem alten, energischen, an die Stalin-Ära erinnernden »Deshurnij«, einem Hotel-Portier.

»Mest njet«, schrie er, sich immer wiederholend. »Es gibt kein freies Zimmer.« Auf jede Frage, die ich an ihn stellte, kam stereotyp immer lauter und empörter die gleiche Antwort. Vergeblich mein Hinweis, daß ich gar kein Zimmer brauche. »Ich habe hier vor 45 Jahren gewohnt und ich will mir das Hotel nur ansehen.« Aber der Deshurnij blieb unerbittlich. »Ansehen oder nicht – in dieses Hotel darf niemand ohne ›Propusk‹ hinein« – und er werde mir keinen geben.

Schließlich näherte sich ein offensichtlich Privilegierter, der einen Propusk besaß und in das Hotel hineingehen durfte. Es gelang mir, ihm mein Anliegen zu erklären und bat ihn, das Hotelsekretariat auf der zweiten Etage darüber zu informieren. Würde es klappen? Bange Minuten des Wartens. Nach etwa einer Viertelstunde kam eine Frau herunter, begrüßte mich und sagte, sie sei eine »Abteilungsleiterin« der Hotel-Direktion und wolle mich die Treppe hinaufführen. Dem Deshurnij war das keineswegs angenehm: Mit finsteren Blicken ließ er mich durch.

»Wann waren Sie denn damals im Hotel Zentralnij?« fragte mich die Abteilungsleiterin, die offensichtlich für Besucher zuständig war. Sie war nicht erstaunt, als ich erzählte, daß ich von Juli 1943 bis April 1945 im »Lux« lebte, allerdings in dem primitiveren Hinterhaus. »Das gibt es nicht mehr«, sagte sie bestimmt. Aber das gesamte übrige Hotel habe sich nicht verändert. Sie ging mit mir durch den berühmten Korridor der zweiten Etage. »In den letzten Jahren ist übrigens eine ganze Reihe von . . .«, sie stockte etwas, um dann fortzufahren, ». . . Genossen gekommen, die sehen wollten, wo früher einmal Wilhelm Pieck, Klement Gottwald oder Palmiro Togliatti gewohnt haben.« Ich fragte nach ihren Zimmernummern. Die wußte sie zwar nicht, aber sie wurde allmählich etwas aufgeschlossener: »Sie können gerne in einige der Zimmer hineingehen, um ihre Erinnerungen aufzufrischen.«

Während unseres Ganges durch den zweiten Stock öffnete sie die Türen einiger Räume. Vieles war ähnlich wie damals: Einfache Zimmer mit ähnlichen Vorhängen an den Fenstern, wie früher mit Telefon, heute aber mit Fernsehapparaten. Schon beim ersten Blick in die ehemaligen »Lux«-Zimmer entdeckte ich, daß sich nicht mehr, wie früher, nur ein oder zwei Personen in einer Wohnung befanden, sondern vielfach ganze, oft kinderreiche Familien. Ich unterhielt mich mit ihnen. Sie sprachen russisch mit deutlichem Akzent. Es war nicht schwer zu erkennen, daß es sich um Flüchtlinge aus dem Kaukasus oder aus Zentralasien handelte, die Opfer der zunehmend gewalttätigeren Nationalitätenkonflikte geworden waren. Eigentümlich, dachte ich, statt Funktionären der Weltrevolution befinden sich heute Flüchtlinge im Hotel »Lux«.

Das Gebäude sei, so die Besucher-Direktorin, seit 1919 zwar hie und da etwas ausgebessert, aber nie richtig renoviert worden. Dies solle sich in Kürze ändern: »Schon bald beginnt eine umfassende Renovierung des Hotels«, meinte sie erleichtert und hoffnungsfroh. Sie benutzte dabei den russischen Ausdruck »Rekonstrukzija«, der, de facto, »Umbau« bedeutet. Ich aber war froh, das Hotel »Lux« noch in dem Zustand wiedergesehen zu haben, in dem ich es von 1943 bis 1945 erlebt hatte.

Beim weiteren Gang durch das Hotel konnte ich eine Frage nicht unterdrücken: »Warum gibt es eigentlich keinen Hinweis auf die bekannten Persönlichkeiten, die hier einmal lebten?« Meine Begleiterin runzelte die Stirn; es schien, daß sie nicht mehr an die Komintern-Zeit erinnert werden wollte, aber sie antwortete diplomatisch: »Das haben nicht wir zu entscheiden, sondern der Mossowjet« – sie meinte die Moskauer Stadtverwaltung –, »und der hat jetzt wahrscheinlich anderes zu tun.«

Zweifellos hatte sie damit recht. Es ist ohne Frage anzunehmen, daß die Sowjetbürger – einschließlich der Moskauer Stadtverwaltung – gegenwärtig kein Interesse haben, sich an die internationale kommunistische Vergangenheit zu erinnern oder daran erinnert zu werden. Im Gegenteil. Eine Stadt, eine Straße nach der anderen wird umbenannt und erhält wieder ihren früheren russischen Namen: Selbst die Uliza Gorkogo, die Gorkistraße, in der sich das Hotel »Lux« befindet, ist in »Twerskaja« zurückbenannt worden.

Eine Gedächtnistafel für das Komintern-Hotel »Lux« dürfte daher in absehbarer Zeit kaum in Frage kommen. Dies könnte man sich erst für einen Zeitpunkt vorstellen, an dem eine demokratische Konföderation so fest, auch im Bewußtsein der Menschen, verankert sein wird, daß man sich ungezwungener an die kommunistische Vergangenheit erinnern kann – auch an das Komintern-Hotel »Lux«.

Die Korridore des Hotel »Lux«
auf der früheren Prominenten-Etage
(2. Etage).

Statt Kominternfunktionären sind in
den Hotelzimmern jetzt Flüchtlinge aus
dem Kaukasus untergebracht, die vor
den gewaltsamen Auseinandersetzungen
in Moskau Zuflucht fanden.

II

DIE »GRUPPE ULBRICHT« 1945 – UND WAS DANACH GESCHAH

Die sowjetische Periode meines Lebens währte zehn Jahre, von 1935 bis 1945. Der darauf folgende Lebensabschnitt in der »Gruppe Ulbricht« dauerte nur zehn Wochen – vom 30. April bis 10. Juli 1945.

Es waren ereignisreiche Wochen: Letzte Vorbereitungen in Moskau, die Reise durch ein vom Krieg verwüstetes Deutschland und der Beginn der politischen Arbeit im zerstörten Berlin. Meine Erinnerungen an diese Zeit habe ich ausführlich in meinem Buch »Die Revolution entläßt ihre Kinder« geschildert.

45 Jahre später, nach der Wende in der DDR und der Vereinigung Deutschlands, konnte ich vieles von dem, was ich Mitte der 50er Jahre geschrieben hatte, erstmals dokumentieren. Mit Unterstützung des Instituts für die Geschichte der Arbeiterbewegung erfuhr ich manche Einzelheit, manchen Hintergrund, der mir damals unbekannt war.

Endlich konnte ich die Wirkungsstätten der »Gruppe Ulbricht« besuchen: Das »Säulenhaus« in Bruchmühle, unser erstes Domizil nach der Rückkehr nach Deutschland; das »Jägerheim« in Bruchmühle, Fichtestraße 38, wo erste Verhandlungen mit der Politischen Hauptverwaltung der sowjetischen Streitkräfte stattfanden; unsere Zentrale in der Prinzenallee 80, heute Einbeckerstraße 41, in der die Aktivitäten der »Gruppe Ulbricht« koordiniert wurden; die gegenüberliegende Gaststätte »Rose«, in der seit dem 10. Mai 1945 die Aktivsitzungen stattfanden; die Mauerstraße 90-93, wo die ersten Nummern der »Deutschen Volkszeitung« erstellt wurden und das »Neue Stadthaus« in der Parochialstraße 1-3; hier stellte Walter Ulbricht am 12. Juni 1945 den Gründungsaufruf der KPD vor.

Vor allem aber bewegten mich folgende Fragen: Was geschah danach? Welchen Weg nahmen die Mitglieder der »Gruppe Ulbricht« von 1945 später? Wie stellten DDR-Historiker die »Gruppe Ulbricht« dar? Welche Mitglieder wurden »gestrichen«, welche nachträglich hinzugezählt? Warum verschwand seit 1974 sogar die Bezeichnung »Gruppe Ulbricht«? Wie wurde in der DDR die Gründungsperiode der Sowjetischen Besatzungszone (SBZ) historisch und politisch dargestellt?

18. Juli 1991:
Die Einsatzliste der »Gruppe Ulbricht« von 1945

Ich gebe zu, daß meine Hände zitterten, als ich am 18. Juli 1991 im SED-Zentralarchiv das Dokument IfGA ZPA NL 182/851 las. Links oben das Datum: 27. 4. 1945, rechts der Vermerk: »Streng vertraulich!«.

Es handelte sich um die »Einsatzlisten« der im Mai 1945 nach Deutschland zurückkehrenden deutschen Emigranten in der Sowjetunion! »Gruppe 1« stand für die »Gruppe Ulbricht«, die bereits am 30. April 1945 früh morgens in Moskau abflog und im Bereich der Ersten Bjelorussischen Front, der Armeen Marschall Shukows in Berlin also, tätig sein sollte. »Gruppe 2« war das Kürzel der »Gruppe Ackermann«, die einen Tag später, am 1. Mai, Moskau verließ und im Bereich der Ersten Ukrainischen Front unter Marschall Konjew in Sachsen wirkte; Die »Gruppe 3«, auch »Gruppe Sobottka« genannt, war für den Bereich der Zweiten Bjelorussischen Front, für das Gebiet Mecklenburg, verantwortlich. Ihre Mitglieder hatten die Hauptstadt der Sowjetunion erst am 6. Mai 1945 verlassen.

Die Liste war offensichtlich überhastet zusammengestellt worden; in einigen Fällen wurden anstelle der Familiennamen die in der Sowjetunion benutzten Parteinamen aufgeführt. So wurde an achter Stelle der »Gruppe Ulbricht« Otto Lorenz aufgeführt; damit war Otto Winzer gemeint. Mein Name, an siebenter Stelle erwähnt, weist den in der Sowjetunion verwendeten Vornamen Wladimir aus.

An erster Stelle der »Gruppe Ackermann« stand nicht, wie es richtig gewesen wäre, Anton, sondern Peter Ackermann; er war in Moskau meist so genannt worden. Der an dritter Stelle aufgeführte Fred Larew ist identisch mit Fred Oelssner. Kurt Bürger, an siebenter Stelle der »Gruppe Sobottka« erwähnt, war in letzter Minute durch Rudolf Herrnstadt ersetzt worden und kam erst mit einem späteren Flugzeug aus Moskau.

Die Ziffern neben den Namen geben die jeweiligen Telefonnummern im Hotel Lux in Moskau an – offensichtlich, um den Betreffenden möglichst schnell erreichen zu können.

Besonders wichtig: Die Liste bestätigt, was ich in meinem Buch »Die Revolution entläßt ihre Kinder« beschrieben habe – daß die Rückfahrt nach Deutschland überhastet vor sich ging und wir bis zum letzten Moment nicht wußten, mit wem wir fliegen und welche Aufgaben wir haben würden. Sie beweist mit ihrem Ausstellungsdatum (27. April) auch meine Darstellung, daß wir, die Mitglieder der »Gruppe Ulbricht«, erst am 27. April zu Walter Ulbricht bestellt wurden.

Gewiß: Schon seit Februar 1945 wurden im Gebäude des Moskauer Gebietskomitees der KPdSU regelmäßig interne Instruktionsreferate vor etwa 150 ausgesuchten deutschen Kommunisten in sowjetischer Emigration gehalten. Thema: Die zukünftige politische Arbeit in Nachkriegsdeutschland. Im Zentrum der Direktiven stand die Annahme, daß Deutschland eine lange Besatzungsperiode durchmachen werde. In den ersten Jahren werde es nicht zu einer Zulassung politischer Parteien kommen. Die Aufgabe der Kommunisten müsse darin bestehen, die demokratischen Reformen der Besatzungsmächte zu unterstützen und in den neuen Verwaltungsorganen tätig zu sein.

Den antifaschistisch-demokratischen Kräften sollte die Wiedergutmachung und die Anerkennung der Grenzen, einschließlich der Oder-Neiße-Linie, zufallen. Sobald eine politische Beteiligung möglich sei, solle eine antifaschistische Massenorganisation unter dem Namen »Block der kämpferischen Demokratie« geschaffen werden. Zudem sei eine Bodenreform anzustreben, die aber frühestens im Sommer 1946 – also erst ein Jahr nach Kriegsende – durchgeführt werden könne. Die Verwirklichung des Sozialismus' oder die Einleitung einer sozialistischen Entwicklung sei als schädliche Tendenz abzulehnen.

Seit dem 27. April fanden abends im Hotel »Lux« kurze praktische Besprechungen der »Gruppe Ulbricht« statt. Wir mußten alle unsere Dokumente abgeben. Anschließend wurden wir in einer besonderen Abteilung der Kominternnachfolgeorganisation »Institut Nr. 205« mit neuer Kleidung ausgestattet. Jedem von uns übergab Walter Ulbricht in seinem Hotelzimmer 1.000 Rubel für letzte Anschaffungen in Moskau und 2.000 Mark in den neuen, von den Alliierten ausgegebenen Geldscheinen für die erste Zeit in Deutschland.

Am Abend vor unserer Abfahrt, am 29. April, wurden wir zu einer kleinen Abschiedsfeier in die drei-Zimmer-Wohnung Wilhelm Piecks im Hotel »Lux« eingeladen. Es ging recht gemütlich, inoffiziell und freundlich zu. Pieck, der uns zur Feier des Tages ein Gläschen Wodka eingeschenkt hatte, brachte einen Trinkspruch »Auf die zukünftige Arbeit in Deutschland« aus.

Am nächsten Tag, dem 30. April 1945, trafen wir uns um 6 Uhr früh vor dem Nebeneingang des Hotel »Lux«. Von dort fuhren wir mit dem Autobus über die Uliza Gorkowo und den Puschkin-Platz hinaus in Richtung Flugplatz. Jeder durfte nur einen kleinen Koffer mit dem notwendigsten Gepäck mitführen.

27.4.1945.   Streng vertraulich!

Gruppe 1

1.) Walter Ulbricht
2.) Fritz Erpenbeck   *Fr 14618*
3.) Karl Maron   *103*
4.) Hans Mahle   *154*
5.) Walter Köppe   *71*
6.) Richard Gyptner   *242*
7.) Wladimir Leonhard   *390 ÷ 2*
8.) Otto Lorenz   *177*
9.) Gustav Gundelach   *269*
10.) Otto Fischer   *131*

Gruppe 2

1.) Peter Ackermann   6.) Peter Florin
2.) Hermann Matern   7.) Franz Greiner
3.) Fred Larew   8.) Egon Dräger
4.) Kurt Fischer   9.) Arthur Hofmann
5.) Heinz Greif   10.) Georg Wolf

Gruppe 3

1.) Gustav Sobottka   6.) Kamann, Georg
2.) Grünberg, Gottfried   7.) Bürger, Kurt
3.) Bredel, Willy   8.) Stefan, Oskar
4.) Switalla, Stanislaw   9.) Hentschke, Herbert
5.) Fiedler, Arthur   10.) Schramm, Bruno

Zur Verfügung stehen ausserdem:

1.) Keilson, Grete,   4.) Karst, Inge
2.) Schneider, Georg   5.) Kundermann, Aenne
3.) Pieck, Lore   6.) Stenzer, Emmy
                               7.) Steier, Gertrud

IfGA ZPA NL 782/851

Die erstmals veröffentlichte »Einsatzliste« über die drei Gruppen der aus Moskau zurückkehrenden deutschen Emigranten vom 27. April 1945. Die »Gruppe 1« steht für »Gruppe Ulbricht«, die »Gruppe 2« für die »Gruppe Ackermann«, die »Gruppe 3« für die »Gruppe Sobottka«. Bei der »Gruppe 1« (Gruppe Ulbricht) sind, offensichtlich weil diese zuerst abflogen, die jeweiligen Telefonnummern im Moskauer Hotel Lux angegeben – um die Betreffenden schnell erreichen zu können.

1.Gruppe: Abreise am 30.April 1945 aus Moskau

Ulbricht, Walter;   Erpenbeck,Fritz;   Maron, Karl;

Mahle, Hans;   Köppe, Walter;   Gyptner,Richard;

Winzer, Otto;   Fischer, Otto;   Gundelach,Gustav;

Leonhard, Wladimir;

2.Gruppe: Abreise am 1.Mai 1945 aus Moskau

Kam später

Ackermann, Anton;   Matern, Hermann;   Oelssner, Fred;

Fischer, Kurt;   Greif, Heinz;   Greiner, Franz;

Hoffmann, Arthur;   Wolf,Georg;   Florin,Peter;

Drager, Egon;

3.Gruppe: Abreise am 6.Mai 1945:

Sobottka, Gustav"   Bredel,Willi;   Switalla,Stanislaw;

Raab, Karl;   Grünberg,Gottfried; Stefan,Oskar;

Schramm,Bruno;   Hentschke,Herbert;   Kahmann, Georg;

Herrnstadt,Rudolf;

Die zweite Einsatzliste aus Moskau bereits mit den drei Abreisedaten. Hier sind die Namensfehler der ersten Liste bereits verändert. Der Hinweis bei der zweiten Gruppe, bei Fred Oelssner, »kam später« ist noch nicht geklärt.

»Gruppe Ulbricht« –
Von Moskau nach Bruchmühle

30. April 1945: Ein schöner Frühlingsmorgen. Es war ein eigentümliches, widerspruchsvolles Gefühl, nunmehr Moskau zu verlassen, jene Stadt, mit der mich unauslöschbare Erinnerungen verbanden.

Am Flughafen gab es keine Kontrollen: Nachdem Ulbricht einen wichtigen »Propusk« (Passierschein) vorgezeigt hatte, wurden wir sofort zu einem wartenden Transportflugzeug geleitet. Kaum zu glauben, aber typisch für die kommunistische Sowjetunion unter Stalin: Noch während des Abflugs aus Moskau wußten wir, die Mitglieder der »Gruppe Ulbricht«, nicht, wohin die Reise gehen würde und was wir in Deutschland zu tun hätten. Neun Mitglieder und einen technischen Sekretär umfaßte die »Gruppe Ulbricht«, die am letzten Apriltag 1945, wenige Tage vor dem Ende des Zweiten Weltkrieges, von Moskau in Richtung Berlin unterwegs war.

Walter Ulbricht, damals 51, von 1928 bis 1933 KP-Abgeordneter im Deutschen Reichstag, war der unumstrittene Leiter. Seine Hauptstärke schien das organisatorische Talent zu sein, ein phänomenales Namensgedächtnis, die Fähigkeit, Kurswechsel vorauszusehen und eine unermüdliche Arbeitskraft. Ulbricht war der Apparatschik par excellence. Er konnte Funktionären Direktiven übermitteln, aber vermochte nie, Menschenmengen für umwälzende Maßnahmen zu begeistern: Es war kein Zufall, daß sich seine Stellung festigte, als der Apparat zum beherrschenden Instrument wurde.

Otto Winzer, damals 43, aus Berlin stammend und langjähriger Mitarbeiter der Kommunistischen Internationale, repräsentierte den eiskalten, jede Direktive bedingungslos durchführenden Funktionär stalinistischer Prägung. Er hatte einen scharfen Intellekt, der es ihm ermöglichte, Direktiven nicht nur weiterzugeben, sondern auch offensiv zu vertreten.

Richard Gyptner aus Hamburg, damals 44, ebenfalls langjähriger Funktionär des Apparats und Sekretär des Komintern-Generalsekretärs Dimitrow, war in den zurückliegenden Jahren Redakteur beim »Deutschen Volkssender« in Moskau gewesen. Hervorstehende Eigenschaften: Pedanterie am Schreibtisch und die Fähigkeit, Wendungen der Parteilinie ohne Schwierigkeiten aufzunehmen und weiterzugeben – ein Vorgang, der ihm nicht mehr Mühe bereitete als das sorgfältige Abheften von Parteidokumenten.

Hans Mahle, 33 Jahre alt und ebenfalls aus Hamburg, hatte sich trotz langer Tätigkeit im Apparat natürliche Lebhaftigkeit bewahrt. Er konnte noch lachen und seine Auffassungen in Worte kleiden, die von eigenem Denken und Fühlen zeugten. Seit 1926 KPD-Mitglied, gehörte er bis 1933 der Kommunistischen Jugendbewegung an; er emigrierte 1935 in die Sowjetunion und war dort als Redakteur der deutschsprachigen Sendungen des Moskauer Rundfunks, während des Krieges führend im »Antifaschistischen Jugendkomitee« in Moskau tätig.

Gustav Gundelach, ein dritter Hamburger, war mit 58 Jahren das älteste Mitglied unserer Gruppe; er war seit 1924 KP-Abgeordneter in der Hamburger Bürgerschaft und lebte seit 1934 als Redakteur und Sprecher des »Deutschen Volkssenders« in der Sowjetunion. Er wirkte wie ein ehrlicher Arbeiterfunktionär, der sich sein Wissen mühsam erworben hatte. Er war fleißig, arbeitsam und zuverlässig.

Karl Maron, geboren in Berlin, 42 Jahre alt, gehörte seit 1926 der KPD an und war in der kommunistisch orientierten Sportbewegung tätig. Seit 1935 in der Sowjetunion, gehörte er von 1943 bis 1945 zur Redaktion der Zeitung »Freies Deutschland«: Ein kommunistischer Verfasser militärischer Kommentare.

Der damals 53jährige, aus Berlin stammende *Walter Köppe* war trotz seiner Körperfülle erstaunlich lebendig, hatte aber von politischen oder gar theoretischen Fragen nur wenig Ahnung.

Aus Mainz stammte *Fritz Erpenbeck*, damals 48, seit 1927 Redakteur kommunistischer Zeitungen und in der Sowjetunion ebenfalls als Journalist und Schriftsteller tätig: Seit 1943 war er Mitarbeiter des Rundfunksenders »Freies Deutschland«. Seine lebendigen Kommentare und die mir damals als Anfänger im journalistischen Arbeiten bezeugte Hilfsbereitschaft blieben mir stets in Erinnerung.

Schließlich gehörte ich als Jüngster, damals gerade 24 Jahre alt, zur »Gruppe Ulbricht«. Mir erschien dies als große Auszeichnung, und ich war ehrlich gewillt, die mir gegebenen Aufgaben zu erfüllen. In den zehn Jahren meines Lebens in der Sowjetunion hatte ich mir eine Reihe kritischer Gedanken gemacht – über die gewaltige Verhaftungswelle von 1936 bis 1938, den allmächtigen Apparat des sowjetischen Staatssicherheitsdienstes, den Hitler-Stalin-Pakt von 1939 und den alles übersteigenden Führerkult um Stalin. Ich erinnerte mich an die erniedrigende Selbstkritik in der Kominternschule, an die Unterdrückung jeder selbständigen Meinungsäußerung und die Unmöglichkeit, Fragen selbst im Rahmen des Marxismus-Leninismus frei und ungehindert zu diskutieren. So hoffte ich während des Fluges nach Deutschland auf

Die »Gruppe Ulbricht«

Walter Ulbricht, der Leiter der
Gruppe, damals 51 Jahre

Otto Winzer (damals noch unter dem
Moskauer Parteinamen: Lorenz),
aus Berlin stammend, damals 43

Karl Maron, aus Berlin,
damals 42

Richard Gyptner, aus Hamburg,
damals 44

Hans Mahle, aus Hamburg,
damals 33

Gustav Gundelach, aus Hamburg,
damals 58

Fritz Erpenbeck, aus Mainz,
Schriftsteller und Journalist,
damals 48

Wolfgang Leonhard,
damals 24

Walter Köppe, aus Berlin,
damals 53

eine gewisse Selbständigkeit in der Zukunft, auf das Recht, manches anders anfassen zu können als in der Sowjetunion.

Aber zurück zum Flug. Nach einer kurzen Zwischenstation in Minsk landeten wir nach anderthalb Stunden auf einem kleinen, primitiven Feldflugplatz, der eher an einen Acker erinnerte. Erst Jahre später erfuhr ich, daß wir in Calau, dem heute polnischen Kalawa, im Kreis Meseritz (Miedzyrzecz) etwa 60 Kilometer östlich von Frankfurt/Oder gelandet waren.

Eine halbe Stunde später kam – in einem Lastwagen – ein hoher Sowjetoffizier, der Ulbricht freundlich begrüßte und sich für die schlechte Transportmöglichkeit entschuldigte. Nach zweistündiger Lastwagenfahrt erreichten wir den kleinen Ort Schwerin (jetzt: Skwierzyna), wo uns der Sowjetkommandant dienstbeflissen begrüßte und zu einem recht üppigen Mahl einlud. Zwei jüngere Sowjetoffiziere gaben unverhüllt ihrer Freude Ausdruck, die »verehrten Mitglieder der neuen deutschen Regierung« in der Kommandantur begrüßen zu können. Da wir jedoch nicht ermächtigt waren, uns als »Gruppe Ulbricht« auszuweisen, wehrten einige von uns nur höflich die Anrede ab – und verstärkten damit nur die Annahme der Sowjetoffiziere.

Kurz darauf trafen amerikanische und deutsche Limousinen mit sowjetischen Offizieren und deren Mitarbeitern vor der Kommandantur ein. Wir fuhren weiter. Noch immer erfuhren wir nur, es gehe nach »Westen«. Unsere damalige Route, von der ich erst Jahre später Kenntnis erhielt: Von Schwerin (Skwierzyna) fuhren wir über Altlimritz (Lemierzyce) und Sonnenburg (Slonsk) nach Küstrin (Kostrzyn).

Das Land auf beiden Seiten der Straße machte einen trostlosen Eindruck. Wiederholt sahen wir lange Trecks von Familien, die neuen Wohnorten jenseits der Oder zustrebten, aber auch Lastwagen mit zurückkehrenden Fremdarbeitern oder befreiten Kriegsgefangenen, die Fahnen ihrer Heimatländer an den Wagen angebracht hatten. Gewaltige Verwüstungen und Zerstörungen auf beiden Seiten der Straße in der Gegend um Seelow, westlich von Küstrin hinter dem Oderbruch gelegen, erschütterten mich besonders.

Wir passierten Strausberg, kamen aber inmitten sowjetischer Militärfahrzeuge nur langsam voran. Erst eine weitere Stunde später erreichten wir unser Ziel: Bruchmühle, etwa 35 Kilometer östlich von Berlin. Unsere Wagen fuhren durch den kleinen Ort und hielten vor einem ansehnlichen unzerstörten Gebäude, dem »Säulenhaus« in der Buchholzer Straße.

Wiedersehen mit Bruchmühle, dem politischen Zentrum der Shukow-Armee von 1945

Im März 1990, 45 Jahre später, gaben mir Wende und friedliche Revolution in der DDR die Möglichkeit, endlich jenen kleinen Ort Bruchmühle zu besuchen, in dem wir, die »Gruppe Ulbricht«, die erste Mai-Woche 1945 verbrachten. Am 1. Mai 1945 war ich von Osten, über Küstrin und Strausberg nach Bruchmühle gekommen, diesmal kam ich von Westen, aus Berlin. Ähnlich wie 1945 konnte ich auch diesmal Bruchmühle nicht sofort finden; in Bruchmühle selbst aber fand ich sehr bald das »Säulenhaus« in der Buchholzer Straße 8.

Am Eingang wurde ich von dem heutigen Hausherrn, Ulrich Ewert, begrüßt. Bereitwillig zeigte er mir zunächst den früher einladenden Haupteingang, der inzwischen zugemauert worden war – und dies nicht ohne Grund: Hier befand sich nun eine große Gedenktafel, die, wie mir gesagt wurde, 1965 montiert wurde und inzwischen dunkel angelaufen ist. Der Text:

HIER WOHNTEN UND ARBEITETEN
VOM 1. – 8. MAI 1945
DIE BEAUFTRAGTEN DES ZENTRALKOMITEES
DER KOMMUNISTISCHEN PARTEI DEUTSCHLANDS.
UNTER DER LEITUNG VON
WALTER ULBRICHT
BEGANNEN SIE NOCH VOR ENDE DES FASCHISTISCHEN
KRIEGES MIT DEM AUFBAU DER
ANTIFASCHISTISCH-DEMOKRATISCHEN ORDNUNG
IN DEUTSCHLAND.

»Wie finden Sie es?«
»Ein bißchen schwülstig und pompös – aber inhaltlich nicht falsch.«
Tatsächlich war die Gruppe Ulbricht vom 1. bis 8. Mai 1945 in diesem Haus tätig. Als wir am 1. Mai hier ankamen, wirkte das dreistöckige Gebäude mit den großen Fenstern und dem ausladenden Balkon in Höhe der zweiten Etage, der sich auf vier dicke Säulen stützte, sehr beeindruckend auf uns. In der zweiten, schönsten Etage wurde ein großes Zimmer als »Besprechungsraum« für uns reserviert, während der Rest der Etage Walter Ulbricht zur Verfügung stand. Die übrigen Mitglieder wurden in der dritten Etage unter dem Dach untergebracht

1990: Nach 45 Jahren. Das Säulenhaus in Bruchmühle, Buchholzer Straße 8.

HIER WOHNTEN UND ARBEITETEN
VOM 1.-8. MAI 1945
DIE BEAUFTRAGTEN DES ZENTRALKOMITEES
DER KOMMUNISTISCHEN PARTEI DEUTSCHLANDS
UNTER DER LEITUNG VON
WALTER ULBRICHT
BEGANNEN SIE NOCH VOR ENDE DES
FASCHISTISCHEN KRIEGES MIT DEM AUFBAU DER
ANTIFASCHISTISCH-DEMOKRATISCHEN ORDNUNG
IN DEUTSCHLAND

Die Gedenktafel für die damalige Tätigkeit der Gruppe Ulbricht, angebracht zum 20. Jahrestag Anfang Mai 1965.

Das Zimmer, in dem die abendlichen Besprechungen der Gruppe Ulbricht in der Zeit vom 1.-8. Mai 1945 stattfanden.

– wenn ich mich recht erinnere, zu zweit oder dritt in einem Zimmer.

Die Besonderheit von Bruchmühle: Hier befand sich die »Politische Hauptverwaltung der Ersten Bjelorussischen Front«, der Armeen Marschall Shukows also, unter Leitung von General Galadshijew.

Als wir ankamen, war der Ort bereits von den übrigen sowjetischen Truppen geräumt. Die Bevölkerung von Bruchmühle hatte zwar die Schrecken des Einmarsches erlebt, befand sich aber nun, zumindest für einige Wochen, in einer bevorzugten Lage. In dem kleinen Städtchen gab es keine einfachen sowjetischen Soldaten mehr; häufig sah man dagegen Offiziere vom Stab Galadshijews, die fast alle deutsch sprachen. Eine Redaktion verfaßte Flugblätter in deutscher Sprache.

Kurz nach unserer Ankunft wurden wir von einem Mitarbeiter General Galadshijews empfangen. Ein Offizier händigte jedem von uns ein Schreiben aus, unterzeichnet vom Chef der Politischen Verwaltung, General Galadshijew, in dem es hieß, der Betreffende sei für die Politische Hauptverwaltung der von den Armeen der Ersten Bjelorussischen Front besetzten Gebiete tätig.

Walter Ulbricht fuhr gleich am 1. Mai mit sowjetischen Offizieren nach Berlin – später erfuhr ich, daß er im Bezirk Weißensee gewesen war – und kehrte erst abends zurück. Sofort wurden wir zu einer ersten Besprechung beordert. Nun erst erklärte Ulbricht unser Vorhaben: »Es wird unsere Aufgabe sein, die deutschen Selbstverwaltungsorgane in den 20 Berliner Bezirken aufzubauen. Wir werden in die verschiedenen Bezirke fahren und dort aus den antifaschistisch-demokratischen Kräften jene heraussuchen, die sich für den Aufbau der Verwaltung eignen. Wir werden uns verteilen, und jeder von uns wird einen bestimmten Berliner Bezirk übernehmen. Abends kommen wir dann zusammen, und jeder erstattet über seinen Bezirk Bericht.«

»Wann sollen wir mit dieser Arbeit beginnen?«

»Morgen«, antwortete Ulbricht.

Am Morgen des 2. Mai startete unsere Wagenkolonne in Bruchmühle; wir wurden von einigen höheren sowjetischen Politoffizieren begleitet. Langsam bahnten sich unsere Wagen den Weg nach Berlin-Lichtenberg. Erst bei dieser Fahrt sahen wir das volle Ausmaß der Zerstörung und des Grauens. Brände, Trümmer, umherirrende Menschen in zerfetzten Kleidern; ratlose deutsche Soldaten, die nicht zu begreifen schienen, was vor sich ging; singende, jubelnde, oft auch betrunkene Rotarmisten; Berliner Frauen, die unter Aufsicht von sowjetischen Soldaten erste Aufräumarbeiten leisteten. An den Häusern wehten weiße Fahnen als Zeichen der Kapitulation oder rote zur Begrüßung der sowjetischen Truppen. Viele Menschen trugen weiße oder rote Armbinden; ganz vorsichtige beide Farben zugleich.

Die Untergrundbahn Berlins war überschwemmt, die Betriebe lagen still, auf den Straßen strömten die Menschen mit ihrer übrig gebliebenen Habe auf allen möglichen Fahrzeugen; überall Schutthalden und Trümmerberge. In der Wihelmstraße zeugten Panzer von den Kämpfen in den letzten Tagen. In der Umgebung des Alexanderplatzes konnte man vor Qualm kaum den Weg durch die Trümmer finden.

Nach einem kurzen Besuch der sowjetischen Zentralkommandantur in Berlin-Lichtenberg wurden wir aufgeteilt: Je zwei Mitglieder der Gruppe Ulbricht für einen der Berliner Bezirke. Ulbricht lud mich ein, mit ihm nach Berlin-Neukölln zu fahren.

Wir gingen zuerst in die Neuköllner Bezirksverwaltung, wo das gleichsam offizielle Gespräch stattfand, und fuhren dann zu einem beschädigten Neuköllner Mietshaus, in dem sich, wie Ulbricht wußte, Neuköllner Kommunisten trafen. Sie waren überrascht und erfreut: »Ulbricht!« Wir befanden uns in dem einfachen Zimmer einer Arbeiterwohnung; auf dem Tisch stand eine Petroleumlampe – elektrisches Licht gab es am 2. Mai 1945 naturgemäß nicht. Ich hatte mir eine freundliche Begegnung mit den Neuköllner Kommunisten vorgestellt und gehofft, daß wir nun von den Genossen etwas über die Situation in Berlin erfahren würden. Ulbricht aber blieb streng sachlich, und schon an diesem Nachmittag war ich über seine selbstherrliche Art enttäuscht. Es war kein Wiedersehen mit politischen Freunden, sondern das Treffen eines Chefs mit Untergebenen. Ulbricht fragte die Neuköllner Kommunisten aus, gab ihnen kurz, nüchtern und hart Direktiven für die Arbeit und fragte, auswendig einen Namen nach dem anderen nennend, wie sich dieser oder jener während der Nazi-Zeit verhalten habe. Als er anschließend die neue politische »Linie« darlegte, tat er dies in einem Ton, der keinen Widerspruch zuließ und jeden Zweifel ausschloß, daß er und nicht die Berliner Kommunisten, die unter schwersten Bedingungen illegal gearbeitet hatten, die Politik der Partei bestimmte.

Zurückgekehrt nach Bruchmühle, fand die erste ausführliche Besprechung statt. Jeder berichtete über die Tätigkeit in seinem Bezirk; dem schweigsamen Sekretär fiel es zu, diese und die folgenden Besprechungen zu protokollieren.

Nun erhielten wir konkretere Direktiven. Jede Bezirksverwaltung sollte aus 16 Dezernaten bestehen. So weit wie möglich sollten auch »Bür-

gerliche« herangezogen werden – vor allem frühere Mitglieder der Deutschen Demokratischen Partei oder des Zentrums, falls möglich Akademiker, sowie Sozialdemokraten und Parteilose. Kommunisten sollten als Bürgermeister allenfalls in den Arbeiterbezirken Wedding und Friedrichshain eingesetzt werden; in den übrigen Arbeitervierteln sollten Sozialdemokraten, in den bürgerlichen Teilen Berlins (Zehlendorf, Wilmersdorf und Charlottenburg) »Bürgerliche« Bezirksbürgermeister werden. Sozialdemokraten sollten vor allem die Dezernate für Ernährung, Wirtschaft, Soziales und Verkehr übernehmen. »Die verstehen was von Kommunalpolitik«, meinte Ulbricht ironisch lächelnd. Für das Gesundheitswesen sollten »antifaschistisch eingestellte Ärzte« gefunden werden, für das Post- und Verbindungswesen parteilose Spezialisten. In den neu zu schaffenden »Beiräten für Kirchenfragen« sollten antifaschistische Geistliche tätig werden, da es, so Ulbricht, wichtig sei, jetzt gut mit ihnen zusammenzuarbeiten. Erst am Schluß fügte er hinzu: »Und nun zu unseren Genossen. Der erste Stellvertretende Bürgermeister, der Dezernent für Personalfragen und der Dezernent für Volksbildung – das müssen unsere Leute sein. Dann müßt ihr noch einen wirklich zuverlässigen Genossen in jedem Bezirk ausfindig machen, den wir für den Aufbau der Polizei brauchen können.«
Ulbrichts Direktiven wurden noch etwas diskutiert, vor allem die schwierige Frage, wie wir so schnell – Anfang Mai 1945 in Berlin! – »Bürgerliche« und Geistliche in ausreichender Zahl finden sollten. Aber schon bald brach Ulbricht die Debatte ab: »Es ist doch ganz klar: Es muß demokratisch aussehen, aber wir müssen alles in der Hand haben.«
Damit war alles gesagt. Jeden Tag fuhren wir nun von Bruchmühle aus in die uns zugewiesenen Bezirke. Ich bekam Wilmersdorf zugeteilt, mußte also einen »Bürgerlichen« finden. Hier traf ich schon bald Genossen, die mir aber keinen passenden Kandidaten nennen konnten. So ging ich zur sowjetischen Bezirkskommandantur Wilmersdorf, vor der sich Hunderte von Menschen versammelt hatten, um Anträge zu stellen oder Bescheinigungen zu erhalten. Ich erfuhr, daß nicht weit entfernt ein von den Nazis abgesetzter Oberregierungsrat wohnte. Ich fuhr hin, hielt vor einer kleinen, etwas vernachlässigten Villa. Ein alter, freundlich aussehender Herr öffnete die Tür: »Dr. Willenbücher«, stellte er sich vor. Wir kamen ins Gespräch, und es stellte sich heraus, daß er lange Jahre Mitglied einer bürgerlichen Partei, ich glaube der Deutschen Volkspartei, gewesen war – ein Antifaschist, der einen Doktortitel besaß und als Oberregierungsrat a. D. über langjährige Erfahrung in Verwaltungsfragen verfügte.

Unter ständigem Zeitdruck stehend, schlug ich Dr. Willenbücher bereits nach 20-minütigem Gespräch vor, das Amt des Bezirksbürgermeisters von Wilmersdorf zu übernehmen. Eine groteske Situation: Ich, ein in der Sowjetunion aufgewachsener 24jähriger Kommunist, erst seit drei Tagen wieder in Deutschland, setze einen ehemaligen Oberregierungsrat als Bezirksbürgermeister ein. Ich war von Willenbücher beeindruckt, vor allem seiner höflichen Umgangsformen und Bescheidenheit wegen. Der sowjetische Bezirkskommandant stellte nur pro forma einige Fragen, um dann in feierlichem Ton zu erklären, daß er »hiermit Dr. Willenbücher zum Bezirksbürgermeister von Berlin-Wilmersdorf« ernenne. Ein Adjutant hatte inzwischen Wodka und Gläser gebracht; der Kommandant hob das Glas: »Auf die erfolgreiche Tätigkeit der neuen deutschen Bezirksverwaltung von Berlin-Wilmersdorf.«

Ähnliches ereignete sich nun täglich. Morgens fuhren wir in die Berliner Bezirke, abends fanden in Bruchmühle unsere Sitzungen statt. Nach etwa einer Woche hatten wir bereits mehrere Bezirksverwaltungen zusammengestellt. Am Morgen des 8. Mai erhielten wir eine neue Anweisung: »Fahrt abends mit Euren Wagen nicht mehr nach Bruchmühle zurück, sondern nach Berlin-Lichtenberg, Prinzenallee 80. Dort haben wir ein Haus zur Verfügung gestellt bekommen.« Die entscheidende Woche in Bruchmühle ging zu Ende.

45 Jahre später konnte ich mit Hilfe von Ulrich Ewert und seiner Verlobten Christina Ortel unsere damalige Unterkunft ansehen. Nach der Besichtigung setzten wir uns in das geschmackvoll eingerichtete Wohnzimmer, das »Besprechungszimmer« der ersten Mai-Woche 1945. Es gab nicht viel zu erklären – beide hatten von meinem Buch »Die Revolution entläßt ihre Kinder« gehört, in dem ich Bruchmühle als ersten Sitz der »Gruppe Ulbricht« geschildert hatte.

»Wer war denn von der ehemaligen »Gruppe Ulbricht« schon hier in Bruchmühle, um den Ort und dieses Haus zu besuchen?« Der erste Besucher, berichteten sie, kam im April 1964 – es war Richard Gyptner. Als er nach Bruchmühle kam, traf er sich mit zwei »Parteiveteranen«, Hans Becker und Otto Freitag, mit dem damaligen SED-Bürgermeister, Otto Marwitz, und mit der Gemeindeschwester von Bruchmühle, Maria Preuss. Anläßlich seines Besuches erschien in der »BZ am Abend« vom 21.April 1964 ein ganzseitiger Artikel: »Wo unser neues Leben begann / Die großen Tage des Säulenhauses in Bruchmühle«.

Nach diesem Besuch beschloß die SED-Führung, zum 20. Jahrestag der »Gruppe Ulbricht«, Anfang Mai 1965, eine große Feier zu organisieren und eine Gedenktafel anzubringen. Herr Ewert, der Vater meines

Gesprächspartners, wurde über das bevorstehende Ereignis informiert. Ihm wurde versprochen, daß die Vorderseite des Hauses aus diesem Anlaß neu verputzt werden solle. »Da hätten Sie meinen Vater sehen müssen«, meinte Ewert Junior. »Das kommt überhaupt nicht in Frage«, protestierte er. »Wenn hier schon eine große Feier sein soll, dann muß das ganze Haus neu verputzt werden.« Der Vater setzte sich schließlich durch – nach längerem Hin und Her wurde das Haus endlich von außen renoviert. Allerdings wurde gleichzeitig der eindrucksvolle Vordereingang zugemauert, um dort die Gedenktafel anbringen zu können.

Zur 20-Jahr-Feier erschienen weitere Artikel: »Mit der Gruppe Ulbricht in Bruchmühle« im »Strausberger Wochenspiegel« vom 26. März sowie ein anderthalbseitiger Artikel in der Berliner Zeitung: »Am 1. Mai 1945 kamen sie nach Bruchmühle«. Beide waren von Richard Gyptner verfaßt, der von allen Mitgliedern der »Gruppe Ulbricht« am häufigsten über die damalige Tätigkeit berichtete.

Da es noch vieles zu erkunden gab, kam ich Ende Juli 1990 noch einmal nach Bruchmühle. Auch diesmal wurde ich von Ulrich Ewert und Christina Ortel freundschaftlich empfangen. »Inzwischen scheint ja Bruchmühle bekannt zu werden«, meinte Frau Ortel, »kürzlich waren ausländische Journalisten hier. Nach dem Besuch eines schwedischen Korrespondenten ist in einer schwedischen Zeitung ein vierspaltiger Artikel erschienen«, den sie mir sogleich übergab.

Die demokratische Entwicklung hatte begonnen, auch Bruchmühle zu verändern, und meine Gastgeber hatten daran Anteil. Sie erzählten von den ersten freien Wahlen zur Volkskammer am 18. März 1990.

»Und wer hat hier in Bruchmühle gesiegt?«

»Die Sozialdemokraten; die ›Allianz für Deutschland‹ (damalige Bezeichnung der CDU) hatte hier noch nicht richtig Fuß gefaßt.«

»Also regieren in Bruchmühle jetzt die Sozialdemokraten?«

»Nein – das waren doch die Volkskammerwahlen«, meint Christina Ortel so selbstverständlich, als sei sie in einer Demokratie aufgewachsen. »Sie sollten wissen, daß Gemeindevertretungen erst nach den Kommunalwahlen gebildet werden, und die fanden hier am 6. Mai statt.«

»Und wer hat bei den Kommunalwahlen in Bruchmühle gesiegt?«

Christina Ortel schmunzelt: »Bei den Kommunalwahlen gab es eine Bürgerinitiative, übrigens gemeinsam mit der Feuerwehr und dem Sportverein. Diese Initiative, die auch wir unterstützten, erhielt 70% der Stimmen.«

»Und die regiert jetzt Bruchmühle?«

»So ist es. Der Bürgermeister gehört auch dazu und heißt Wolfgang

Winkler. Ich bin seine Stellvertreterin oder, wie das bei uns heißt, Gemeindevertretungsvorsteherin.«

Ich gratulierte, und wir sprachen noch über die Sorgen einer frisch gebackenen demokratischen Amtsträgerin – Sorgen, die ich bei jeder meiner häufigen Reisen in die fünf neuen Länder der ehemaligen DDR zu hören bekam.

Eigentümlich, dachte ich beim Verlassen des »Säulenhauses« in Bruchmühle, zweimal habe ich dieses Haus erlebt, jedesmal unmittelbar nach Überwindung einer Diktatur – Anfang Mai 1945 am Ende des »Dritten Reiches« und nun nach Beendigung der SED-Herrschaft und den ersten freien Wahlen in der DDR.

Die verschwundene Gedenktafel vor dem »Gesellschaftshaus«

Im Säulenhaus in der Buchholzer Straße 8 wohnten und arbeiteten wir vom 1. bis 8. Mai 1945. Aber es gab noch einen zweiten Schauplatz jener ersten Maiwoche 1945, den ich unbedingt besuchen wollte: Das »Gesellschaftshaus« in Bruchmühle, Fichtestraße 38. In diesem Gebäude wurden wir damals nicht nur verpflegt; hier fand auch die Besprechung mit den höheren Offizieren der Politischen Hauptverwaltung der Armeen Marschall Shukows statt.

Vom Säulenhaus war es nicht weit dorthin – daran erinnerte ich mich. Begrüßt wurde ich dort von Werner Kurßenties, den es aus Ostpreußen hierher verschlagen hatte. Das ehemalige »Gesellschaftshaus« war Ende der 50er Jahre in »Jägerheim« umbenannt worden und gehörte teils der Gemeinde, teils den Konsumgenossenschaften. Kurßenties fungierte als Pächter; er werde jedoch, wie er mir sagte, schon bald den Besitz übernehmen.

Er zeigte mir den Speiseraum, in dem wir damals gemeinsam mit sowjetischen Offizieren verpflegt wurden, und führte mich dann in jenen größeren Saal, der Ort unserer Besprechung am 1. Mai 1945 gewesen war.

Wir gingen vor das Haus. An der Außenwand, links neben dem Eingang, bemerkte ich einen auffallenden hellen Fleck in dem sonst grauen Putz. »Hier befand sich noch bis vor kurzem eine große Gedenktafel, die an ihre damalige Konferenz erinnerte. Sie war 1965 angebracht worden und hing noch vor wenigen Tagen hier«, sagte mir Herr Kurßenties.

»Auf einmal war sie weg. In der Ferne sahen wir noch einen Personen-
wagen mit einem West-Berliner Nummernschild wegfahren – aber wir
wissen nicht, ob das etwas mit dem Verschwinden unserer Tafel zu tun
hatte oder was sonst damit geschehen ist.«
Wenige Tage später konnte ich mit Hilfe des Instituts für die Geschichte der
Arbeiterbewegung ein Foto der Gedenktafel erhalten, die fast ein Vierteljahrhundert an dem Gesellschaftshaus in der Fichtestraße 38 hing:

HIER BERIETEN DIE BEAUFTRAGTEN
DES ZENTRALKOMITEES
DER KOMMUNISTISCHEN PARTEI
DEUTSCHLANDS
UNTER DER LEITUNG VON
WALTER ULBRICHT AM 1. MAI 1945 ERSTMALIG
AUF DEUTSCHEM BODEN
MAßNAHMEN ZUM AUFBAU
DER ANTIFASCHISTISCH-
DEMOKRATISCHEN
ORDNUNG IN DEUTSCHLAND.

Auch dieser Text erschien mir überheblich und schwülstig, aber im
Grundsatz war er korrekt – bis auf eine Tatsache: Walter Ulbricht war
bei dieser Beratung nicht anwesend.
Die Besprechung fand in dem Festsaal des Gesellschaftshauses statt
und bewegte sich auf einer »hohen politischen Ebene«. Die politischen
Offiziere waren in Moskau für ihre Aufgabe in Deutschland sorgfältig
ausgebildet worden, auf unserer Seite führte Otto Winzer die Diskussion. Gegenstand des Gespräches: Die politische Linie, die Notwendigkeit, wie es damals hieß, »die bürgerlich-demokratische Revolution
von 1848 zu vollenden«, geplante Maßnahmen und die voraussichtliche
Entwicklung Deutschlands.
Während der Unterredung kam mir der kritische Gedanke, daß sich unsere Diskussion im luftleeren Raum bewege und mit der Wirklichkeit
des Mai 1945 nur äußerst wenig zu tun habe. Situation und Stimmung
der deutschen Bevölkerung kamen kaum zur Sprache.
Ende Juli 1990 interessierte mich, was später mit dem »Gesellschaftshaus« von Bruchmühle geschehen war. »Wurde das ›Gesellschaftshaus‹
oder das spätere ›Jägerheim‹ von einem Mitglied der ›Gruppe Ulbricht‹
besucht?«
»Nur Richard Gyptner war hier, und darüber wurde ja auch in Zeitungs-

artikeln berichtet. Er hat sich aber nicht in das Gästebuch eingetragen.«

»Und sonst jemand von der früheren ›Gruppe Ulbricht‹?«

»Nein,« meinte Kurßenties, »aber jemand anderes, für den Sie sich vielleicht interessieren werden.«

»Wer?« fragte ich gespannt.

»Lotte Ulbricht. Sie war zweimal hier und hat sich beide Male in das Gästebuch eingetragen. Wollen Sie es sehen?« Eine überflüssige Frage. Werner Kurßenties hatte bereits das Gästebuch geholt. Daraus entnahm ich, daß Lotte Ulbricht tatsächlich zweimal hier gewesen war – allerdings erst in der Honecker-Periode: Am 20. Juli 1974 und am 21. April 1985. Beide Male hatte sie in ihrem Gästebucheintrag weder die »Gruppe Ulbricht« noch ihren Mann erwähnt.

Der erste Eintrag lautet: »Dem Clubrat des Jugendclubs Bruchmühle für die weitere Arbeit gute Erfolge. Eure Arbeit hat große politische und kulturelle Bedeutung für die Gewinnung der Jugend. Auch im persönlichen Leben wünsche ich alles Gute. Einen Dank den Mitarbeitern der Gaststätte.

Freundschaft.

Lotte Ulbricht«.

Von anderen Bruchmühlern hörte ich, daß der Jugendclub Lotte Ulbricht gebeten hatte, den Namen »Walter Ulbricht« tragen zu dürfen; die Fichtestraße sollte zu seinem Andenken in »Walter-Ulbricht-Allee« umbenannt werden. Aber irgendwie kam das nie zustande – entweder durch den Einspruch Lotte Ulbrichts oder weil dies nach der Ablösung Ulbrichts im April 1971 nicht mehr opportun war.

Gern hätte ich mit Lotte Ulbricht darüber und über einiges Andere gesprochen, aber sie war ebenso wenig im Telefonbuch zu finden wie die meisten meiner Gesprächspartner – früher, weil sie »zu hoch«, nach der Wende, weil sie zu tief gestürzt waren und offensichtlich kein Bedürfnis hatten, sich der Öffentlichkeit zu stellen. Paul Wandel aber – mein früherer Lehrer an der Kominternschule, der später lange Jahre Volksbildungsminister der DDR war und den ich in Niederschönhausen besuchte – fand in seinem privaten Notizbuch die Telefonnummer Lotte Ulbrichts. Ich rief sie von seinem Hause aus an und schlug ihr ein Treffen vor. Die Antwort kam prompt und scharf: »Ich wüßte nicht, worüber ich mich mit Ihnen, Herr Leonhard, unterhalten sollte.« So wurde aus dem geplanten Gespräch nichts – übrigens die einzige Absage eines »Aktivisten der ersten Stunde«, über die in diesem Buch berichtet werden soll.

HIER BERIETEN DIE BEAUFTRAGTEN DES ZENTRALKOMITEES DER KOMMUNISTISCHEN PARTEI DEUTSCHLANDS UNTER DER LEITUNG VON

WALTER ULBRICHT

AM 1. MAI 1945 ERSTMALIG AUF DEUTSCHEM BODEN MASSNAHMEN ZUM AUFBAU DER ANTIFASCHISTISCH-DEMOKRATISCHEN ORDNUNG IN DEUTSCHLAND.

Das heutige »Jägerheim«, in dem die Gruppe Ulbricht in der ersten Mai-Woche 1945 verpflegt wurden. Hier fand am 1. Mai 1945 auch die Besprechung mit höheren Offizieren der politischen Hauptverwaltung der Armee Marschall Shukows statt (siehe Gedenktafel).

Der Saal des »Jägerheims«, in dem die Besprechungen der Gruppe Ulbricht (unter Leitung von Otto Winzer) mit höheren Offizieren der politischen Hauptverwaltung der Armeen Marschall Shukows stattfanden.

Richard Gyptner bei der feierlichen Veranstaltung zum 20. Jahrestag der Gruppe Ulbricht in Bruchmühle vor dem »Jägerheim«, Fichtestraße 38 (1945: »Gesellschaftshaus«).

Der Gastgeber in der Fichtestraße 38 war über die Ereignisse im Mai 1945 informiert. Er berichtete nach Gesprächen mit älteren Bürgern, daß im »Gesellschaftshaus« nicht nur die »Gruppe Ulbricht« konferierte; vorher soll hier der Hauptstab der Ersten Bjelorussischen Front seinen Sitz gehabt haben. Den Einwohnern von Bruchmühle zufolge wurde von dort aus sogar die sowjetische Offensive gegen Berlin geplant, zumindest aber entscheidende Vorbereitungen dafür getroffen. Einer wollte gar wissen, daß Marschall Schukow selbst sich im Haus Fichtestraße 38 aufgehalten habe. Die höchsten Stabsoffiziere seiner Armeen jedenfalls sollen während der Offensive auf Berlin hier verpflegt worden sein. Herauszufinden, ob das stimmt oder nicht, möchte ich zukünftigen Historikern überlassen.

Eines aber ist sicher: Bruchmühle ist für die Erforschung der Ereignisse von 1945 ein interessanter Ort.

Besichtigung nach 45 Jahren: Unser Hauptquartier in der Prinzenallee 80

Am 21. März 1990 besuchte ich erstmals seit viereinhalb Jahrzehnten das Hauptquartier der »Gruppe Ulbricht« in Berlin-Friedrichsfelde, Prinzenallee 80, heute Einbeckerstraße 41. Hier war unsere Zentrale vom 8. Mai bis zum 10. Juli 1945. Ich erkannte das Haus auf den ersten Blick wieder: Es sieht heute nicht anders aus als damals im Mai 1945, ist allerdings seither beträchtlich heruntergekommen – es scheint, daß seit 1945 weder eine Renovierung noch ernsthafte Instandhaltungsarbeiten stattgefunden haben. Das Haus hat vier Etagen, die Wohnungen links und rechts haben Balkone, heute mit Blumenkästen versehen, den einzigen Farbtupfern an dem trist wirkenden Gebäude.

Neugierig ging ich zum Hauseingang. Dort befindet sich eine kleine metallene Gedenktafel mit folgender Inschrift:

IN DIESEM HAUS BEFAND SICH
VOM JUNI BIS JULI 1945
DER SITZ DES ZENTRALKOMITEES
DER KOMMUNISTISCHEN PARTEI DEUTSCHLANDS.

Die Gedenktafel war offensichtlich erst nach der Ablösung Ulbrichts

und der Ernennung Honeckers zum Generalsekretär der SED im Frühjahr 1971 angebracht worden, denn es fehlte zu meiner Überraschung
der sonst übliche deutliche Hinweis auf Walter Ulbricht. Noch wichtiger: Der inhaltlich fehlerhafte Text – hier soll der Sitz des Zentralkomitees der Kommunistischen Partei Deutschlands gewesen sein? Die
Neugründung der KPD erfolgte erst am 11. Juni 1945; der wichtigste
Abschnitt der Tätigkeit der »Gruppe Ulbricht« aber lag gerade in der
Zeit von Anfang Mai bis zum 11. Juni 1945.
Um die Tafel herum waren deutlich Bohrlöcher zu erkennen – ein Hinweis darauf, daß früher eine andere, größere Tafel an der Hauswand angebracht gewesen war. Meine Vermutung sollte sich als richtig erweisen. Durch die Mithilfe des SED-Parteiarchivs erhielt ich schon bald
das Foto der vormaligen Gedenktafel – mit völlig anderem Text:

IN DIESEM HAUSE BEGANNEN
AM 9. 5. 1945
DIE ANTIFASCHISTISCH-
DEMOKRATISCHEN KRÄFTE
UNTER FÜHRUNG VON
WALTER ULBRICHT
MIT DER HERSTELLUNG
DER EINHEITSFRONT VON KPD UND
SPD UND DEM AUFBAU DER NEUEN
DEMOKRATISCHEN VERWALTUNG
IN DEUTSCHLAND.

Der Textvergleich macht wieder einmal deutlich, daß es in der 40jähri-
gen Geschichte der DDR Brüche zwischen »Ulbricht-Geschichts-
schreibung« und späterer »Honecker-Geschichtsschreibung« gab. Ein
Vergleich zeigt: Die ursprüngliche Gedenktafel der Ulbricht-Ära war
der Realität weit näher als die spätere und kleinere Tafel der Honecker-
Ära. So traf zu, daß in der Prinzenallee alles unter Führung von Walter
Ulbricht geschah; richtig war auch, daß in diesem Hause die Vorbereitungen für die Einheitsfront von KPD und SPD, bestehend seit Juni
1945, getroffen und daß der Aufbau der neuen Verwaltungen von hier
aus vollzogen wurde. Ob es sich, wie der Text vorgibt, um eine demo-
kratische Verwaltung gehandelt habe, mag man bezweifeln.
Wir siedelten am 9. Mai 1945 in die Prinzenallee über. Unser neues
»Hauptquartier« lag auf etwa halbem Wege zwischen den U-Bahnhöfen
Lichtenberg und Friedrichsfelde; im Vergleich zu Bruchmühle war das

Kleinere Gedenktafel, erst während der Honecker-Periode angebracht und auch heute noch dort zu sehen. Jeder Hinweis auf die »Gruppe Ulbricht« und Ulbricht persönlich ist in der Honecker-Periode entfernt worden.

IN DIESEM HAUSE BEFAND SICH
VON MAI BIS JULI 1945
DER SITZ DES ZENTRALKOMITEES
DER KOMMUNISTISCHEN PARTEI
DEUTSCHLANDS

Das Gebäude in der Prinzenallee 80 (später Einbecker Straße 41), in dem sich das Hauptquartier der Gruppe Ulbricht vom 9. Mai bis 10. Juli 1945 befand.

Gedenktafel über die Tätigkeit der Gruppe Ulbricht am 9. Mai bis 10. Juli 1945. Wurde nach der Absetzung Ulbrichts entfernt.

IN DIESEM HAUSE BEGANNEN
AM 9.5.1945
DIE ANTIFASCHISTISCH-
DEMOKRATISCHEN KRÄFTE
UNTER FÜHRUNG VON
WALTER ULBRICHT
MIT DER HERSTELLUNG
DER EINHEITSFRONT VON KPD UND
SPD UND DEM AUFBAU DER NEUEN
DEMOKRATISCHEN VERWALTUNG
IN DEUTSCHLAND

Haus neuer und bedeutend geräumiger. In einer Parterrewohnung wurden ein großes Arbeitszimmer und ein kleiner Büroraum eingerichtet, und wir bekamen, da sich unsere Aufgaben täglich erweiterten, schon nach kurzer Zeit eine Stenotypistin und eine Sekretärin.

Von hier aus konnte die Arbeit in den 20 Berliner Bezirken leichter und schneller vor sich gehen: Lange Fahrzeiten entfielen. Schon kurz nach unserer Übersiedlung erhielten wir eine wichtige Anweisung Walter Ulbrichts: »Bald, wahrscheinlich Anfang Juli, treffen die westlichen Alliierten in Berlin ein. Bis dahin müssen die Verwaltungen fix und fertig stehen. Von nun an konzentriert ihr euch alle auf die zwölf westlichen Bezirke, die acht Bezirke des Sowjetsektors können noch warten, das machen wir später.«

Bereits in den ersten Tagen nach unserer Übersiedlung gingen die Aufgaben weit über die Bildung der Berliner Bezirksverwaltungen hinaus, aber wir waren auch nicht mehr auf uns allein gestellt – schnell erhielten wir Zuwachs, vor allem durch KP-Funktionäre, die Ulbricht aus seiner früheren Tätigkeit kannte: Unter ihnen waren *Roman Chwalek*, ein Gewerkschafter, von 1930 bis 1933 Reichstagsabgeordneter der KPD, *Ottomar Geschke*, von 1918 bis 1932 KP-Abgeordneter im Deutschen Reichstag und während der Hitler-Zeit 12 Jahre im Lager, und *Hans Jendretzky*, ehemals KP-Sekretär in Frankfurt/Oder, von 1928 bis 1932 Abgeordneter im Preußischen Landtag und während der Nazizeit mehrere Jahre in Haft. Aus dem Zuchthaus Brandenburg traf eine große Gruppe befreiter kommunistischer Aktivisten ein; dabei spielte vor allem *Waldemar Schmidt* eine wichtige Rolle.

So konnten relativ rasch die neuen zusätzlichen Aufgaben gelöst werden. Am 13. Mai begannen die Sendungen des Berliner Rundfunks, so daß Hans Mahle praktisch aus der »Gruppe Ulbricht« ausschied.

Zur gleichen Zeit wies Ulbricht uns an, uns auf die Bildung eines Gesamt-Berliner Magistrats zu konzentrieren. Auch hier galt ein Verfahren ähnlich den Vorgaben für die Verwaltungen in den Berliner Bezirken: Es galt, möglichst viele Sozialdemokraten und Bürgerliche zu beteiligen, die Schlüsselpositionen aber in die Hände von Kommunisten zu bringen.

Schon wenige Tage später wurde in der Parochialstraße 1-3 im Beisein des sowjetischen Stadtkommandanten der Berliner Magistrat unter Leitung von *Dr. Arthur Werner* (1877-1967) bestätigt. Werner war Architekt und hatte zuvor eine technische Privatschule in Berlin geleitet; bei uns galt er als »Liberaler«. Die »Gruppe Ulbricht« setzte ihr Mitglied *Karl Maron* als Stellvertretenden Oberbürgermeister ein, *Otto Winzer*, damals noch unter seinem Moskauer Parteinamen »Lorenz«, als Dezernenten für Volksbildung; *Arthur Pieck*, der Sohn Wilhelm Piecks, wurde Personalchef. Einer der Stellvertretenden Oberbürgermeister war Sozialdemokrat: *Karl Schulze*, ebenso der Dezernent für Handel, *Josef Orlopp*. Von den »Bürgerlichen« wurden *Dr. Andreas Hermes* für Ernährung, *Prof. Ferdinand Sauerbruch* für Gesundheit und *Hans Bernhard Scharoun* für das Bauwesen verpflichtet. Auch Wirtschaftsdezernent *Dr. Landwehr* und *Pfarrer Buchholz* galten bei uns als »Bürgerliche«.

Unter dem Stichwort »Sonderaufträge«, die eine sofortige Unterbrechung der gegenwärtigen Tätigkeit mit sich brachten, wurden wir nicht selten aus unserer ohnedies hektischen Arbeit herausgerissen, um, oft zusammen mit sowjetischen Offizieren, besonders wichtige Aufgaben auszuführen. So erinnere ich mich lebhaft an den Sonderauftrag betreffend »Trotzkisten in Reinickendorf«, nachdem von sowjetischer Seite in Erfahrung gebracht worden war, daß in diesem Stadtbezirk eine »trotzkistische Gruppe« bestehe. So mußte ich mich, wenige Tage nach dem Zusammenbruch des »Dritten Reiches«, im zerstörten, hungernden, teilweise noch brennenden Berlin auf die Suche nach Trotzkisten machen. Dieser Auftrag war mir äußerst unangenehm – weit lieber hätte ich nach Nazis gefahndet. In Reinickendorf angekommen, gelang es mir, die Beteiligten zu beruhigen, und ich konnte im Bericht mitteilen, daß die Annahme offensichtlich auf Falschmeldungen beruht habe.

Ein zweiter Sonderauftrag bestand darin, gemeinsam mit zwei weiteren Mitgliedern der »Gruppe Ulbricht« sofort in das Haus des Rundfunks, in Charlottenburg, Masurenallee 9, zu fahren, um im dortigen Archiv die Tonaufnahmen über die Gespräche Molotows mit Naziführern im Oktober 1940 sicherzustellen, damit diese Dokumente nicht in die Hände der westlichen Alliierten fielen. Als wir ankamen, war dies allerdings schon erledigt – von einer nicht genannten sowjetischen Stelle.

Hinzu kam eine weitere Aufgabe: Schon in den ersten Maitagen 1945 hatten Antifaschisten in den meisten Berliner Bezirken aus eigener Initiative zur Selbsthilfe gegriffen, hatten »Antifa-Büros« gebildet, um dringende Sofortmaßnahmen, wie das Löschen von Bränden, Säuberung der Straßen, Einrichtung von Erste-Hilfe-Stationen, zu ergreifen und politische Aufklärungsarbeit zu leisten. Meine Erwartung, wir würden mit diesen Antifa-Komitees freundschaftlich zusammenarbeiten, sollte sich nicht erfüllen. Unnachgiebig forderte Ulbricht uns auf, die Komitees aufzulösen. Als Erklärung dafür benutzte er das – offensichtlich unwahre – Argument, diese Büros seien von Nazis organisiert, um darin Unterschlupf zu finden. Ein anderes Mal erklärte Ulbricht, die Berliner Kommunisten dürften nicht die Fehler der griechischen Genossen vom Herbst 1944 wiederholen, die sich in Büros zusammengeschlossen hätten, anstatt die neuen staatlichen Verwaltungsorgane zu übernehmen. Der wirkliche Grund für die Auflösung der Komitees ging mir erst viel später auf: Ulbrichts tiefes Mißtrauen gegenüber jeder selbständigen Initiative von unten, gegenüber allem, das er nicht kontrollieren konnte.

45 Jahre später sah ich mir unser damaliges Hauptquartier in der Prinzenallee, die heute Einbeckerstraße heißt, an, vor allem das Zimmer, in dem sich einst das »Arbeitssekretariat« befand. Ich ging hinein – es sah ähnlich aus wie damals. Einzig der große längliche Tisch, an dem wir, die zehn Mitglieder der »Gruppe Ulbricht«, uns zu Besprechungen trafen, war nicht mehr vorhanden. Dafür fand ich schon bald einen Gedenkartikel der Berliner Zeitung vom 8. Mai 1962, in dem unser Arbeitszimmer erwähnt wurde: »Hier arbeitete und wohnte Walter Ulbricht, hier fanden die ersten historischen Besprechungen auf deutschem Boden statt.«

Den Gesprächen mit heutigen Bewohnern des Hauses entnahm ich, daß zumindest einige von ihnen Veteranen der SED waren. Sie zeigten sich interessiert und waren hilfsbereit. »War damals auch Erich Honekker in diesem Hause?«, fragte einer der Bewohner. Ich berichtete, daß Honecker, wenn auch erst Ende Juni 1945, an einer der Besprechungen teilgenommen hatte. Ein Mieter zuckte erschrocken zusammen: »Auch das noch! Dann werde ich wohl bald hier ausziehen.«

Beschlossen in der Prinzenallee 80: Die Ernennung Honeckers zum Jugendsekretär

Mitten in den turbulenten Mai- und Juni-Tagen des Jahres 1945 vollzog sich ein Ereignis, dem ich damals nur geringe Bedeutung beimaß, das sich später jedoch als wichtig erweisen sollte: Die Ernennung Erich Honeckers zum Jugendsekretär des Zentralkomitees der KPD.

10. Mai 1945. An diesem Tag trifft ein Lastwagen mit Kommunisten des Nazi-Zuchthauses Brandenburg in Berlin ein. Am gleichen Tag kam der ebenfalls im Zuchthaus Brandenburg inhaftierte, damals 33jährige Jugendfunktionär Erich Honecker bei uns an. Er befand sich in der Frankfurter Allee auf dem Wege zur Sowjet-Kommandantur in Lich-

tenberg, als ihn Hans Mahle auf der Straße entdeckte und gleich mit dem Wagen zu uns in die Prinzenallee 80 brachte.

Noch 1954/55, als ich mein Buch »Die Revolution entläßt ihre Kinder« schrieb, fand ich das keiner Erwähnung wert, denn damals standen für mich ganz andere »Brandenburger« im Vordergrund: Waldemar Schmidt, zunächst 1945 Vorsitzender der KPD Berlins, später stellvertretender Oberbürgermeister; der berühmte Naturwissenschaftler und spätere Dissident Dr. Robert Havemann; Alfred Lemnitz und Erich Paterna, beide später in der SED-Parteihochschule tätig, und Heinz Brandt, nach 1945 Sekretär für Agitation und Propaganda in der Berliner Landesleitung der KPD. Erst viel später fügte ich anläßlich einer Neuauflage meines Buches den Namen Erich Honecker ein.

Inzwischen hat Erich Honecker in seinem 1980 erschienenen Buch »Aus meinem Leben« das Eintreffen bei der Gruppe Ulbricht beschrieben:

»Erste Kontakte mit der sowjetischen Bezirkskommandantur von Berlin-Friedrichsfelde führten mich um den 10. Mai 1945 zur Berliner Stadtkommandantur der Roten Armee in Berlin-Alt-Friedrichsfelde. Dort traf ich Richard Gyptner und Hans Mahle«, schrieb Erich Honecker. »Beide gehörten der Gruppe der Beauftragten des Zentralkomitees der KPD an; sie brachten mich in die Prinzenallee 80, jetzt Einbeckerstraße 41, zum vorläufigen Sitz des Zentralkomitees der KPD.«

Erich Honecker erinnerte sich: »Dort wurde ich zu Walter Ulbricht gerufen, der im Auftrag des Sekretariats des Zentralkomitees der KPD die ersten Schritte zur Normalisierung des Lebens in der Hauptstadt, zur Errichtung der antifaschistisch demokratischen Verwaltung und zur Vorbereitung der Partei auf die endlich wieder legale Tätigkeit in die Wege leitete. Es war unsere erste Begegnung, und mich beeindruckte die Energie, mit der er dieses gewaltige Arbeitspensum bewältigte. Nach einer Information über die Lage und die dringendsten Aufgaben beauftragte er mich, Grundlinien für die Jugendarbeit der KPD in den nächsten Wochen und Monaten auszuarbeiten. Ihm lag schon ein Entwurf vor, den Wolfgang Leonhard – damals Mitarbeiter der Gruppe der Beauftragten des Zentralkomitees, später unserer Sache abtrünnig und wütender Verleumder der SED und DDR – verfaßt hatte. Dieser Entwurf trug den lakonischen handschriftlichen Vermerk Walter Ulbrichts ›Unbrauchbar‹.« (Erich Honecker: Aus meinem Leben, Ost-Berlin 1980, S. 160).

Honeckers Darstellung las ich mit Interesse. Es stimmt, daß er am 10. Mai 1945 ankam und auch mich dort in der »Gruppe Ulbricht« traf. Die von Honecker erwähnten, angeblich noch in Moskau ausgearbeiteten »Grundlinien für die Jugendarbeit der KPD« gab es indes nicht; denn bei allen Moskauer Vorbereitungsarbeiten von 1944 bis Frühjahr 1945 waren diese stets gemeinsam in entsprechenden Arbeitsgruppen im Nationalkomitee »Freies Deutschland« ausgearbeitet worden. Schließlich: Die Vorbereitungsarbeiten für die zukünftige Tätigkeit im Jugendbereich lagen in den Händen von Hans Mahle, der dafür zuständig war. Auch Honeckers Behauptung, Ulbricht habe ihn am 10. Mai 1945 beauftragt, Richtlinien für die kommunistische Jugendarbeit zu erstellen, ist höchst zweifelhaft: Honecker wurde nämlich nicht – wie viele andere – zum Bleiben in die Prinzenallee 80 eingeladen, sondern wohnte zunächst noch in der Landsberger Straße 37.

In seinen Memoiren von 1980 schildert Honecker seine Begegnung mit Wilhelm Pieck, die jedoch erst sieben Wochen später erfolgte: »Es gibt viele Tage in meinem Leben, die ich nicht vergessen werde. Dazu gehört der 2. Juli 1945. Ich befand mich damals in dem unscheinbaren Haus in der Einbeckerstraße 41 im Osten Berlins«, erinnert sich Erich Honecker. Dann sei Wilhelm Pieck eingetreten. »Breit und stämmig, das Haar ergraut, mit klug und freundlich blickenden Augen unter den buschigen Brauen, stand er nun vor mir ... Ein Händedruck, und es wechselten Frage und Antwort. Ob ich die richtige Antwort gefunden habe? Ich weiß es nicht.«

Die eigentümliche Bemerkung Honeckers, ob er während des Gesprächs mit Wilhem Pieck die »richtige Antwort« gefunden habe, kam mir schon 1980 merkwürdig vor. Sollte Honecker damals etwas zu verbergen gehabt haben? Aus dem Anfang 1991 erschienen Buch von Przybylski, ehemals Pressesprecher des Generalstaatsanwalts der DDR, »Tatort Politbüro. Die Akte Honecker« geht anhand einiger bis dahin unveröffentlichter Akten hervor, daß sich schon im Mai 1945 Genossen aus dem Zuchthaus Brandenburg meldeten und Honecker rügten, und zwar wegen seiner eigenmächtigen Flucht aus dem Zuchthaus im März 1945 und seines Verhaltens nach der Rückkehr dorthin, als er sich von allen Vorbereitungen für die Befreiung und von den Zusammenkünften der Parteigruppe fernhielt. Hinzu kamen die inhumanen Methoden des Zuchthausarztes Dr. Müller, dem Honecker lange Zeit als Kalfaktor gedient hatte.

Erich Honecker blieb es nicht erspart, vor der Kaderkommission des Zentralkomitees auf peinliche Fragen antworten zu müssen. Am 12. Mai 1945, zwei Tage nach seiner Ankunft, verfaßte er einen ausführli-

chen Lebenslauf. Laut Przybylski endete das Parteiverfahren glimpflich
– mit einer Rüge für Honecker.

In dem umfangreichen Gespräch Erich Honeckers mit Reinhold Andert und Wolfgang Herzberg, das Ende 1990 unter dem Titel »Der Sturz. Erich Honecker im Kreuzverhör« erschien, beschrieb Honecker erneut seine Begegnung mit der »Gruppe Ulbricht«:

»Walter Ulbricht, den ich persönlich bisher nicht kannte, ging von Tisch zu Tisch und wurde begleitet von Waldemar Schmidt. Er kam auch an den Tisch, an dem ich mit einigen Genossen saß und erkundigte sich nach unserer Vergangenheit, soweit er sie nicht kannte, und welche Pläne wir hatten. Er kam dann mit mir ins Gespräch. Offensichtlich kannte er die Arbeit, die ich im faschistischen Deutschland geleistet hatte, und wußte auch, daß ich zehn Jahre Zuchthaus verbüßt hatte. Er wurde wohl vorher darüber informiert. Jedenfalls fragte er mich, was für Absichten ich hätte, jetzt nach der Befreiung. Ich habe gesagt: ›Weißt Du, ich möchte jetzt vor allen Dingen zurück nach Hause fahren, ins Saargebiet, um meine Eltern zu sehen und mich dann in die Arbeit der Partei an der Saar einzureihen.‹ Er sagte: ›Bleib mal lieber hier. Das Saargebiet bekommen sowieso die Franzosen. Hier kannst Du jetzt nützlicher sein. Du kannst beim Zentralkomitee der Partei eine gute Arbeit machen. Bist Du einverstanden?‹ Was heißt einverstanden – ich habe gesagt, ich bin mit jeder Arbeit einverstanden. Da ich als politischer Leiter des Kommunistischen Jugendverbandes in Berlin-Brandenburg verhaftet worden war, dachte ich, jetzt kannst Du auch hier bleiben, und habe dann als Jugendsekretär des Zentralkomitees der SED gearbeitet, eine Arbeit, die vorher Wolfgang Leonhard machen sollte. Ich habe laufend an den Arbeitsbesprechungen dort teilgenommen und später an den ersten Sitzungen des Politbüros in der Wallstraße, dem heutigen Sitz des Dietz-Verlages«.

Vier Dinge erscheinen mir an dieser Darstellung Honeckers bemerkenswert. Erstens wird ganz deutlich: Erich Honecker gehörte damals nicht zu den »führenden Genossen«; Ulbricht und Honecker kannten sich noch nicht, so daß Waldemar Schmidt als Begleiter Ulbrichts die beiden erst bekannt machen mußte. Zweitens wollte Erich Honecker eigentlich ins Saargebiet zurück, nahm aber dann sofort parteigemäß die von Ulbricht übertragene Arbeit an. Drittens war Honecker zunächst nicht, wie beschrieben, als Jugendsekretär des Zentralkomitees der SED tätig – die SED wurde erst im April 1946 gegründet, er meinte natürlich die KPD. Auch kann er nicht an Sitzungen des »Politbüros« teilgenommen haben, denn dies existierte erst seit Januar 1949. Schließlich war Honecker nicht Mitglied des vierköpfigen Sekretariats des Zentralkomitees, sondern war lediglich in einer der acht Abteilungen führend tätig, nämlich in der für Jugend.

Unklar bleibt sein Hinweis, daß es sich bei der Arbeit des Jugendsekretärs um eine Aufgabe gehandelt habe, »die vorher Wolfgang Leonhard machen sollte«. Ob das stimmt, wird man erst anhand weiterer Archivmaterialien feststellen können. Es spricht aber einiges dafür – und dies wurde mir in einem Gespräch mit Hans Mahle bestätigt –, daß ursprünglich Hans Mahle für die Jugendarbeit vorgesehen war. Dies zerschlug sich aber, als er am 12. Mai 1945, auf Anweisung des sowjetischen Stadtkommandanten General Bersarin, die Leitung des Berliner Rundfunks übernahm. Was immer sich damals zugetragen haben mag – eines dürfte sicher sein: Erich Honecker war nicht die erste Wahl.

Erst einige Wochen später, wahrscheinlich Mitte Juni, zog Erich Honecker zu uns in die Prinzenallee 80 um. Honecker: »Ich habe deshalb meine Zelte abgebrochen in der Landsberger Straße und bin zur Prinzenallee umgezogen. Im Quartier sollte ich in einer Badewanne schlafen. Das habe ich auch eine Nacht gemacht; am Tag war das mein Büro.« Dies dürfte keine Übertreibung sein: Durch den Zuzug vieler neuer Parteimitglieder und Funktionäre war das Gebäude in der Prinzenallee 80 schon seit Anfang Juni 1945 völlig überfüllt.

Einkehr in die »Gaststätte Rose« 1991

So wichtig unser Hauptquartier in der Prinzenallee 80 für die Gruppe Ulbricht vom 9. Mai bis 10. Juli 1945 auch war: Von nicht geringerer Bedeutung war die schräg gegenüber liegende Gaststätte »Rose«, ein Lokal an der Ecke Prinzenallee/Walderseestraße, später, nach der Umbenennung, an der Ecke Einbeckerstraße/Archenholdstraße gelegen.

Hier fanden in den entscheidenden Wochen die ersten Sitzungen mit den aktivsten Kommunisten Berlins statt; hier wurden der Aufbau der Verwaltungen, die Bildung des Magistrats, die Heranziehung von Sozialdemokraten, Parteilosen und Bürgerlichen und später, Anfang Juni, die Vorbereitung für die Neugründung der KPD besprochen.

Mit Spannung näherte ich mich 45 Jahre später dem Ecklokal. Den Namen »Rose« gab es nicht mehr – das Lokal trugt jetzt den Namen »Liebezeit«. Vergeblich suchte ich eine Gedenktafel. Wo war sie geblieben?

Anfangs etwas unsicher ging ich in das Lokal, in dem etwa ein Dutzend Leute an Tischen saßen und Bier tranken. An der Theke wurde ich von der Besitzerin, Dagmar Liebezeit, freundlich nach meinem Anliegen befragt.

Ich berichtete von den Aktivsitzungen im Frühsommer 1945. »Dann schauen Sie sich doch einfach um, Sie können auch alles fotografieren, was Sie interessiert.« Neugierig ging ich durch die inzwischen veränderte Gaststätte. In den großen Saal waren zwischenzeitlich Wände eingezogen worden. Im übrigen aber konnte ich mich gut in die Situation des Mai 1945 hineindenken: Seit dem 14. Mai 1945 fanden hier, meist sonntagvormittags, die größeren Konferenzen statt, an denen 80-100 aktive KP-Funktionäre teilnahmen, von denen viele in den neuen Bezirksverwaltungen Berlins tätig waren.

Von der Inhaberin erfuhr ich das weitere Schicksal des Lokals: 1961 hatten die Eltern der jetzigen Besitzerin die Gaststätte von Herrn Rose gekauft, und damit änderte sich auch der Name. »Über unser Lokal hat es einen Gedenkartikel in der ›Berliner Zeitung‹ gegeben. Den kann ich Ihnen gerne beschaffen, wenn Sie das interessiert.« Schon beim nächsten Besuch erhielt ich diesen Ausschnitt aus der Berliner Zeitung vom 28. Oktober 1969 mit der zunächst faszinierenden Überschrift »Geschichte eines Ecklokals«.

Eigentümlich: Die entscheidende Rolle dieses Lokals im Mai 1945 wurde nicht erwähnt. Statt dessen wurde berichtet, daß in diesem Lokal im Jahre 1930 eine Küche der KPD-nahen »Internationalen Arbeiterhilfe« bestand, die Streikende und Arbeitslose mit Essen versorgte. Hier hätten zudem in den letzten Jahren der Weimarer Republik der »Rote Frontkämpferbund« (RFB) und eine Gruppe der Kommunistischen Jugend (KJVD) getagt. Offensichtlich war dieses Lokal ein KP-Treffpunkt für das gesamte Wohngebiet. Vielleicht war es 1945 aus diesem Grunde ausgesucht worden – über die »Gruppe Ulbricht« und die Aktivsitzungen gab es jedoch nicht die geringste Andeutung. Auch sonst fand ich, im Gegensatz zu den vielen Artikeln über das »Säulenhaus« und das »Gesellschaftshaus« in Bruchmühle sowie über die Prinzenallee 80, nichts über die vom Mai bis Juni 1945 so wichtige Gaststätte Rose.

In einem Gedenkartikel der »Berliner Zeitung am Abend« vom 21. April 1964 hieß es unter dem Stichwort 13. Mai 1945 kurz: »Im neuen Sitz der Gruppe Ulbricht findet die erste Gesamtberliner Beratung kommunistischer Funktionäre statt.« Danach gibt es keine Erwähnung mehr bis zum 10. Juni 1945: »Letzte Tagung der ›Gruppe Ulbricht‹ im Friedrichsfelder Lokal ›Rose‹.«

Die heutige Gaststätte Liebezeit, damals »Gastätte Rose«, an der Ecke Einbecker Straße / Archenholdstraße. Hier fanden vom 13. Mai bis 10. Juni 1945 die Gesamt-Berliner Besprechungen der kommunistischen Aktivisten statt. Im Unterschied zu den übrigen Gebäuden gab und gibt es hier keine Gedenktafel.

In den Räumen dieser Gaststätte fanden die Aktivsitzungen der Berliner kommunistischen Funktionäre statt. Das Foto zeigt die Gaststätte heute.

Dazwischen aber gab es häufig lange und nicht unwichtige Besprechungen. Uns Mitgliedern der Gruppe Ulbricht wurde jeden Sonntag ein genaues Bild der Lage in Berlin vermittelt. Nach den Berichten der Genossen aus den Bezirken erteilte Ulbricht seine neuen Direktiven. Deutlich erlebte ich damals den Unterschied zwischen den in Moskau ausgebildeten Funktionären auf der einen und den Berliner Genossen auf der anderen Seite. Einzelne Episoden, die dies verdeutlichen, habe ich in meinem Buch »Die Revolution entläßt ihre Kinder« geschildert.

Es war offensichtlich, daß manche der Berliner Kommunisten noch ganz im Parteijargon der 20er Jahre sprachen, dachten und größte Schwierigkeiten hatten, sich auf die völlig veränderte neue »Linie« einzustellen. Manchmal wurden sie von Ulbricht einfach »zurechtgestaucht«, ohne daß er ihnen die vollkommen veränderte Situation erklärt hätte.

Noch ernster war es um kritische Äußerungen über das Verhalten der sowjetischen Truppen, die Vergewaltigung vieler Frauen und die Notwendigkeit, in diesen Fällen eine Abtreibung zuzulassen, bestellt. Es hagelte Protestrufe: »Das geht so nicht. Wir müssen darüber sprechen. Wir müssen zu dieser Frage Stellung nehmen!« Nachdenklich machend und besonders weitreichend der Appell: »Wir können uns nicht dauernd um alle unangenehmen Fragen herumdrücken!«

Ulbricht stand vorne mit verkniffenem Gesicht, als gefordert wurde, grundsätzlich zu den Übergriffen sowjetischer Soldaten Stellung zu beziehen. Man könne sich nicht mehr herumdrücken; gerade deutsche Kommunisten müßten sich von diesen Vorkommnissen zumindest distanzieren und sie, falls notwendig, offen verurteilen.

Nachdem sich die Empörung etwas gelegt hatte, erklärte Walter Ulbricht: »Ich wiederhole: Die Diskussion über dieses Thema betrachte ich als abgeschlossen. Diejenigen, die sich heute über diese Vorkommnisse aufregen, hätten sich lieber aufregen sollen, als Hitler seinen Krieg begann. Ein Zurückweichen vor solchen Stimmungen kommt für uns überhaupt nicht in Frage. Die Besprechung ist beendet.«

Murrend gingen die Teilnehmer der Konferenz auseinander. Die Berliner Kommunisten, Jahre und Jahrzehnte in strikter Parteidisziplin erzogen, hatten zuvor mutig widersprochen, waren aber nicht stark genug, sich gegen Ulbrichts Direktive durchzusetzen. Die heikle Frage wurde auf keiner weiteren Sitzung mehr erwähnt.

Gewiß: Dies ist nur eine Episode, aber sie illustriert, wie von Anfang an schrittweise vernünftige Argumente durch harte Direktiven zunichte gemacht, freie Aussprachen eingeengt, später abgewürgt und schließlich völlig unterbunden wurden. Es gab Hunderte ähnlicher Fälle – bis Schritt für Schritt die bürokratisch-zentralistische Diktatur in der DDR errichtet war.

Die geheime Reise Ulbrichts nach Moskau

Anfang Juni 1945 folgte ein wichtiges Ereignis, über das ich, wie auch die übrigen Mitglieder der »Gruppe Ulbricht«, nicht informiert wurde. Gewiß bemerkten wir, daß Walter Ulbricht für einige Tage abwesend war – mehr jedoch nicht. Erst vier Jahrzehnte später, im Jahre 1985, als ich längst im Westen lebte, erfuhr ich den Grund.
In der Nacht vom 3. zum 4. Juni 1945 kam Anton Ackermann, Leiter der »Gruppe Ackermann« in Sachsen, mit einem Propellerflugzeug von Chemnitz nach Berlin. Dort traf er sich mit Ulbricht – aber offenbar nicht in der Prinzenallee 80, denn dort hätten wir davon erfahren. Zur gleichen Zeit traf auch Gustav Sobottka aus Schwerin ein, der mit seiner Gruppe in Mecklenburg tätig war.
Anschließend flogen Ulbricht, Ackermann und Sobottka mit einer sowjetischen Militärmaschine nach Moskau. Dort wurden sie am 4. Juni von Wilhelm Pieck zu einer längeren Aussprache empfangen. Am selben Abend fand ein Gespräch mit J. W. Stalin und Mitgliedern des sowjetischen Politbüros statt. Bei dieser Sitzung wurde beschlossen, die Kommunistische Partei Deutschlands (KPD) schnellstmöglich neu zu gründen. In dem ausführlichen Gespräch – die Notizen Wilhelm Piecks dazu wurden kürzlich veröffentlicht – erörterten die Teilnehmer eine Vielzahl von Einzelfragen über Organisation und personelle Besetzung.
In der Nacht vom 5. zum 6. Juni verfaßte Anton Ackermann den Entwurf des Gründungsaufrufs der Kommunistischen Partei Deutschlands. Es folgten erneut Gespräche mit Mitgliedern des sowjetischen Politbüros, diesmal ohne Stalin, und mit Dimitroff, dem früheren langjährigen Generalsekretär der Kommunistischen Internationale, der seit ihrer Auflösung im Jahre 1943 für die Verbindung der sowjetischen Führung mit ausländischen Kommunistischen Parteien zuständig war.
Nach der Rückkehr von Ulbricht, Ackermann und Sobottka ging es in der Prinzenallee 80 zu wie in einem Bienenhaus. Eine Sitzung jagte die

andere. Dann wurde uns die neue, von den Moskauer Instruktionen des Frühjahrs 1945 stark abweichende Linie bekannt gegeben:

- In wenigen Tagen soll die Kommunistische Partei Deutschlands gegründet werden.
- Auch die SPD wird als selbständige Partei neu entstehen.
- Die Bildung bürgerlicher Parteien soll gefördert werden; man rechnete mit der Neugründung der früher bestehenden »Demokratischen Partei« und des »Zentrums«.
- Danach soll aus den vier Parteien ein »antifaschistisch-demokratischer Block« gebildet werden.
- Alle Kräfte müssen zuerst für die Gründung der Kommunistischen Partei eingesetzt werden. Mit der Publikation einer Parteizeitung ist sofort zu beginnen.
- Unmittelbar nach der Gründung der KPD muß mit der Schulungsarbeit begonnen werden.
- Anschließend sollen die Vorbereitungen für die Durchführung einer Bodenreform einsetzen, die bereits im Sommer 1945 durchgeführt werden soll.

Von dem früher im Mittelpunkt stehenden »Block der kämpferischen Demokratie« war keine Rede mehr; an ihre Stelle traten nun KPD und »antifaschistisch-demokratischer Block«. Erstaunt nahm ich zur Kenntnis, daß die Bodenreform, ursprünglich für 1946 vorgesehen, nun schon im Sommer und Herbst 1945 durchgeführt werden sollte.
Der KPD-Gründungsaufruf legte zunächst die Folgen des Hitler-Regimes und des Hitler-Krieges dar: Es komme darauf an, die Fehler von 1918 nicht zu wiederholen und gegenüber dem Nazismus und der Reaktion keinerlei Nachsicht zu üben. Neben der Vernichtung des »Hitlerismus« sollten die bereits 1848 begonnene bürgerlich-demokratische Umwälzung zu Ende geführt, feudale Überreste völlig beseitigt und der reaktionäre altpreußische Militarismus vernichtet werden.
Danach die entscheidende Ankündigung: »Wir sind der Auffassung, daß der Weg, Deutschland das Sowjetsystem aufzuzwingen, falsch wäre, denn dieser Weg entspricht nicht den gegenwärtigen Entwicklungsbedingungen in Deutschland.« Ziel sei vielmehr die Errichtung »eines antifaschistisch-demokratischen Regimes, einer parlamentarisch-demokratischen Republik mit allen demokratischen Rechten und Freiheiten für das Volk«.
Die anschließenden zehn Forderungen gingen nicht über ein allgemein antifaschistisch-demokratisches Programm hinaus. Marx und

Engels wurden nicht erwähnt, ja nicht einmal der Begriff »Sozialismus«.

Zur Überwindung des Nazismus wurde gefordert: Säuberung aller öffentlichen Ämter von aktiven Nazis, Bestrafung der Kriegsverbrecher, Enteignung des gesamten Vermögens von Nazibonzen und Kriegsverbrechern und Übergabe dieser Vermögen in die Hände der kommunalen und provinzialen Selbstverwaltungsorgane.

Im ökonomisch-sozialen Bereich stand der Kampf gegen Hunger, Arbeitslosigkeit und Obdachlosigkeit im Vordergrund; die Produktion sollte wieder in Gang gebracht werden, und zwar auf Basis privater Unternehmerinitiative: »Völlig ungehinderte Entfaltung des freien Handels und der privaten Unternehmerinitiative auf der Grundlage des Privateigentums.«

Gleichzeitig wurde Schutz der Werktätigen vor Unternehmerwillkür und Ausbeutung verlangt. Betriebsvertretungen sollten durch freie demokratische Wahlen der Arbeiter, Angestellten und Beamten in allen Betrieben, Büros und Behörden geschaffen, freie Gewerkschaften wiederhergestellt werden.

Als besonders wichtig erwies sich Programmpunkt 7: »Liquidierung des Großgrundbesitzes, der großen Güter der Junker, Grafen und Fürsten und Übergabe ihres ganzen Grund und Bodens sowie des lebenden und toten Inventars an die Provinzial- bzw. Landesverwaltung zur Zuteilung an die durch den Krieg ruinierten und besitzlos gewordenen Bauern.« Grundbesitz und Wirtschaft der Großbauern sollten nicht berührt werden.

Das Gerichtswesen müsse die Gleichheit aller Bürger vor dem Gesetz gewährleisten; alle Äußerungen des Rassenhasses sollten streng bestraft werden.

Das Erziehungs- und Bildungswesen müsse von faschistischem und reaktionärem Unrat gesäubert werden; die Pflege eines wahrhaft demokratischen, fortschrittlichen und freiheitlichen Geistes in allen Schulen und Lehranstalten, die Freiheit der wissenschaftlichen Forschung und künstlerischen Gestaltung seien sicherzustellen. Notwendig sei »die Schaffung einer festen Einheit der Demokratie für die endgültige Liquidierung des Nazismus und zum Aufbau eines neuen demokratischen Deutschlands.«

Das bevorstehende KPD-Aktionsprogramm könne einem »Block der antifaschistisch-demokratischen Parteien« als Grundlage dienen, wobei von einer Kommunistischen und der Sozialdemokratischen Partei, dem Zentrums »und anderen« Parteien ausgegangen wurde.

Nach seiner Rückkehr aus Moskau verlas Walter Ulbricht im Gasthaus »Rose« diesen Aufruf vor den versammelten aktiven Kommunisten Berlins. Zunächst war es still. Ich glaubte zu spüren, daß vor allem jene Genossen, die während der Nazi-Zeit in Deutschland gelebt hatten – und sie stellten in diesem Gremium die Mehrheit – in diesem Programm weitergehende Forderungen erwartet hatten.

Die Diskussion war kurz. Wir erhielten statt dessen Direktiven für die kommende Zeit: Sofortige Bildung eines festen Stamms von Funktionären der Partei in den einzelnen Stadtteilen und Bezirken bilden; sicherstellen, daß bei Erscheinen des Gründungsaufrufs umgehend Parteiversammlungen einberufen werden können; detaillierte Vorbereitung der Versammlungen und Bestimmung der Versammlungsleitungen; Vorbereitung der »Deutschen Volkszeitung« als neues Zentralorgan der KPD.

Das abbruchreife Gebäude in der Mauerstraße 90-93

Von allen Schauplätzen des Mai und Juni 1945 erwies sich die Suche nach der Mauerstraße 90-93 als besonders schwierig. Das Gebäude ist für mich von besonderer Bedeutung, denn hier wurden nach Kriegsende die ersten Nummern der »Deutschen Volkszeitung« hergestellt, des Zentralorgans der am 11. Juni 1945 neu gegründeten Kommunistischen Partei Deutschlands.

Das Gebäude war im Zweiten Weltkrieg zur Hälfte zerstört worden; es befand sich unmittelbar an der Grenze zwischen dem sowjetischen und den westlichen Sektoren Berlins: Seit dem 13. August 1961 verlief hier die inzwischen niedergerissene Berliner Mauer, was aber die Suche nach dem Gebäude kaum erleichterte. Erst im Juli 1991, bei meiner fünften Fahrt in die ehemalige DDR, gelang es mir nach langem Suchen, den Sitz der Redaktion der »Deutschen Volkszeitung« zu finden – einer Ankündigung entnahm ich, daß das Haus bald abgerissen werde.

Die Gruppe Ulbricht befand sich noch in der Prinzenallee 80, als ich um den 10. Juni 1945 einen »Sonderauftrag« erhielt. Überraschend war Paul Wandel, mir in der Kominternschule von 1942/43 als »Klassner« bekannt, in Berlin eingetroffen. Er war in Moskau von Wilhelm Pieck dazu bestimmt worden, Chefredakteur der »Deutschen Volkszeitung« zu werden. Ihn unterstützte Fritz Erpenbeck, zuvor Journalist der Rund-funkstation »Freies Deutschland«, und auch ich wurde hinzugezogen. Ulbricht wandte sich an Erpenbeck und mich: »Haltet Euch solange für unser neues Zentralorgan bereit, bis wir Euch ersetzen können.« Paul Wandel, Fritz Erpenbeck und ich fuhren zu dem Haus Mauerstra-ße 90-93 in der Innenstadt. Dort wartete bereits ein Genosse, der uns für »praktische Fragen« zugeteilt war und sich als äußerst tüchtig er-wies. Noch am selben Tag wurden die Räume provisorisch eingerichtet, und nach einer weiteren Stunde trafen schon zwei Stenotypistinnen zur Arbeit ein. Wir waren uns schnell einig, was jeder von uns zu schreiben hatte. Neben den beiden entscheidenden Texten, dem Aufruf der Kom-munistischen Partei Deutschlands und dem Artikel Wilhelm Piecks »Feste Einheit der demokratischen Kräfte«, sollten wir weitere Materia-lien verwenden: Schon eine Stunde später zeigte das Klappern der Schreibmaschinen an, daß die Redaktion des neuen Zentralorgans der KPD die Arbeit aufgenommen hatte. In der ersten Nummer der »Deut-schen Volkszeitung« vom 13. Juni 1945 – ein Teil der Ausgabe wurde je-doch bereits am 12. Juni spätabends in Berlin vertrieben – erschienen denn auch, wie vorgesehen, der Pieck-Artikel und der Gründungsauf-ruf der KPD.

13 von 16 Unterzeichnern des Aufrufes, der Mitglieder des Zentralkomi-tees also, hatten die Hitler-Zeit in der sowjetischen Emigration ver-bracht. An ihrer Spitze standen Wilhelm *Pieck*, Walter *Ulbricht* und An-ton *Ackermann*. Zu den aus der Moskauer Emigration heimgekehrten Funktionären gehörten Hermann *Matern*, ehemaliger KPD-Landtags-abgeordneter aus Ostpreußen; Gustav *Sobottka*, früher KPD-Land-tagsabgeordneter aus dem Ruhrgebiet und seit Anfang Mai Leiter der »Gruppe Sobottka« in Mecklenburg; Edwin *Hörnle*, KP-Reichstagsab-geordneter aus Stuttgart, der sich seit langem mit Landwirtschafts-fragen beschäftigte; der Dichter Johannes R. *Becher*; Elli *Schmidt*, die damalige Frau Anton Ackermanns, die den Aufruf mit ihrem Moskauer Parteinamen Irene Gärtner unterzeichnete; Martha *Arendsee*, eine da-mals 60jährige Kampfgefährtin Clara Zetkins, die von 1924-30 KP-Ab-geordnete im Deutschen Reichstag gewesen war, und Bernhard *Koenen*, damals 56, mein früherer Lehrer an der Kominternschule.

Aus der »Gruppe Ulbricht« traten neben Walter Ulbricht nur zwei Mit-glieder als Unterzeichner in Erscheinung: Otto *Winzer* und Hans *Mahle* – Karl Maron und Richard Gyptner jedoch eigentümlicherweise nicht.

Neben jenen 13 Emigranten gab es im ZK drei Funktionäre, die in

Deutschland illegal tätig oder im KZ gewesen waren: Franz Dahlem, der – wenige Wochen zuvor von den Amerikanern aus dem KZ Mauthausen befreit – zunächst nach Moskau ging und kurz darauf in Ost-Berlin eintreffen sollte; Ottomar Geschke und Hans Jendretzky, die beide während der Nazizeit in Haft gewesen waren und unmittelbar nach ihrer Befreiung Mitte Mai 1945 zu den Aktivisten der erweiterten »Gruppe Ulbricht« gehörten.

Aus dem halb zerstörten Gebäude der Redaktion führte damals ein Trampelpfad über Trümmerberge zur Setzerei in der Schützenstraße, die möglicherweise in der DDR-Zeit umbenannt wurde.

In der Redaktion waren wir, wie gesagt, nur zu dritt. Ich erhielt den Auftrag, in früheren Nummern der Zeitung »Freies Deutschland« Texte zu suchen, die ich für die »Deutsche Volkszeitung« umschreiben konnte. Eine Reihe von Artikeln schrieb der unermüdliche Fritz Erpenbeck. Am zweiten Tag erhielt ich den ungewöhnlichen Auftrag, durch Berlin zu fahren und Äußerungen der Bevölkerung zum KPD-Aufruf zu notieren. »Möglichst wenig Erklärungen von Genossen. Interviewe doch einfach Menschen auf der Straße, auch aus dem Mittelstand. Unten steht der Wagen.«

Die Reportage erwies sich als keineswegs leicht: Die Passanten, die ich ansprach, hatten andere Sorgen. »Uns wär lieber, dat wir mehr Kartoffeln kriegen.« »Haben sie denn jar keene andere Sorjen, junger Mann?« Erst durch Mithilfe eines Funktionärs einer Berliner Bezirksverwaltung konnte ich am nächsten Tag wenigstens einige brauchbare Antworten von Berlinern bekommen, die sich eigene Gedanken über den Gründungsaufruf der KPD gemacht hatten – mit durchaus unterschiedlichen Akzenten.

In meinem Artikel, der am 16. Juni 1945 unter der dreispaltigen Überschrift »Stimmen zum Aufruf der KPD« erschien, faßte ich die Meinungen so zusammen:

»Es wäre jedoch verfehlt zu glauben, daß es nur Zustimmungen und Begrüßungen sind, die über den Aufruf gesprochen werden. Vielfach hört man auch Bemerkungen zu den einzelnen Programmpunkten, die zum Teil dahin gehen, daß das Programm zu weitgehend sei, aber auch häufig, daß das Aktionsprogramm der KPD in der heutigen Lage nicht weit genug gehe. Über die Fragen, die in diesem Zusammenhang auftauchen, wird in den Spalten unserer Zeitung noch berichtet werden.«

Soweit meine Darstellung vom 16. Juni 1945. Meine Hoffnung aber sollte sich schon bald als Illusion erweisen. Weder die »Deutsche Volkszeitung« oder das seit April 1946 erschienene Nachfolgeorgan »Neues

Deutschland« noch Historiker haben in 40 Jahren SED-Herrschaft eine sachliche, kritische Betrachtung des Aktionsprogrammes der KPD vom 11. Juni 1945 unternommen. Die Frage, ob das Zehn-Punkte-Programm den Bedingungen Deutschlands angemessen und korrekt formuliert war, wurde in 40 Jahren DDR nie diskutiert. Es gab – leider – nur Lobeshymnen.

Parochialstraße 1-3:
Ulbricht verkündet die KPD und die »antifaschistisch-demokratische Einheitsfront«

Nach der Prinzenallee 80 (heute Einbeckerstraße 41) und der ehemaligen Gaststätte »Rose« suchte ich ein weiteres im Sommer 1945 wichtiges Gebäude auf: Das »neue Stadthaus« in der Parochialstraße 1-3, in dem sich in den Maitagen 1945 der Berliner Magistrat unter der Leitung von Oberbürgermeister Dr. Arthur Werner befand. Selbst nach 45 Jahren fiel es nicht schwer, das Gebäude zu finden; auch heute noch sind zwei Ämter des Berliner Magistrates hier untergebracht – und das Haus hat sich seit 1945 praktisch nicht verändert.

Ich ging in den Vorraum, der Pförtner aber wollte mich nicht hineinlassen, zumal ich mit einem Kamerateam kam. Es folgten zahlreiche Telefonanrufe mit vorgesetzten Dienststellen. Wir mußten längere Zeit warten, bevor wir endlich die Erlaubnis bekamen, uns in dem Gebäude umzusehen. Ich suchte zunächst den früheren Versammlungssaal, in dem Ulbricht den Gründungsaufruf der KPD vorstellte. Es gab zwar mehrere größere Räume, aber keiner sah aus wie der Gesuchte. Endlich, im dritten Stock, fand ich ihn: »Kein Zweifel – das ist der Saal.« Gewiß, die einfachen Holzstühle waren inzwischen durch bessere, elegante Sitzgelegenheiten ersetzt worden – aber das Podium an der Stirnseite sah noch genau aus wie damals.

Hier, im Saal des damaligen Berliner Magistrats, verkündete Walter Ulbricht am 12. Juni 1945 den Gründungsaufruf der KPD. Etwa 160-180 Personen waren aus diesem Anlaß erschienen: Die erste offizielle politische Veranstaltung Berlins nach dem Ende des Zweiten Weltkrieges. Von der KPD-Seite nahmen neben Walter Ulbricht auch Otto Winzer, Ottomar Geschke, Johannes R. Becher und Hans Jendretzky teil, als Vertreter der kommunistischen jugendlichen Funktionäre Heinz Kess-

Parochialstraße 1-3: Im damaligen »Neuen Stadthaus« wurde am 13. Mai die Bildung des ersten Gesamt-Berliner Magistrat verkündet. Anschließend fand hier die erste politische Versammlung anläßlich der Neugründung der KPD statt (12. Juni 1945).

Der Veranstaltungssaal im dritten Stock. Hier verkündete Walter Ulbricht am 12. Juni 1945 den Gründungs-aufruf der KPD und rief zur antifaschistisch-demokratischen Einheit auf.

ler, später Verteidigungsminister der DDR, und Erich Honecker. Unter den Sozialdemokraten befanden sich Erich W. Gniffke, damals »erster Mann« der SPD, der die SED mitbegründete und im Oktober 1948 enttäuscht in den Westen floh; Gustav Dahrendorf, der bereits während der Vereinigungskampagne im Februar 1946, über zunehmenden Druck enttäuscht, in den Westen ging; Max Fechner, später DDR-Justizminister; Otto Meier und Josef Orlopp, zu dieser Zeit Dezernent für Handel und Versorgung im Berliner Magistrat.

Von denjenigen, die wir »Bürgerliche« nannten, waren drei Persönlichkeiten anwesend, die zwei Wochen später, Ende Juni 1945, die CDU gründen sollten: Jakob Kaiser und Ernst Lemmer, die nach verstärktem Druck der sowjetischen Besatzungsmacht im Dezember 1947 in den Westen gingen, dort die Exil-CDU gründeten und in der westdeutschen Politik eine wichtige Rolle spielten; Dr. Vockel, ebenfalls Mitbegründer der CDU, der später gleichfalls in den Westen ging und von 1950 bis 1952 Bevollmächtigter des Bundes in West-Berlin war. Auch zwei Geistliche waren gekommen: Der katholische Prälat Peter Buchholz und Heinrich Grüber von der Bekennenden Kirche, von 1949 bis 1958 Bevollmächtigter des Rates der Evangelischen Kirche bei der DDR-Regierung.

Als ich am 12. Juni 1945 den Saal betrat, erkannte und begrüßte ich viele der Anwesenden. Sie alle gehörten zu den »Männern der ersten Stunde« – mit Ausnahme von Dr. Andreas Hermes, Ferdinand Friedensburg und den beiden Liberalen Waldemar Koch und Wilhelm Külz waren alle in den Mai- und Juni-Tagen 1945 aktiven Persönlichkeiten Berlins hier anwesend.

Walter Ulbricht sprach an diesem 12. Juni nur kurz – es war die kürzeste Rede, die ich von ihm je erlebte. »Herr Oberbürgermeister! Verehrte Anwesende!«, begann er seine Ansprache, »Wir haben Sie zu einer informatorischen Zusammenkunft gebeten. Der Anlaß ist die Zulassung antifaschistischer, demokratischer Parteien gemäß dem Befehl des obersten Chefs der sowjetischen militärischen Verwaltung, Marschall Shukow.« Ulbricht sprach die Hoffnung aus, daß die Bildung antifaschistischer Parteien dazu beitragen möge, »die antifaschistische Einheit zu fördern«. Die großen Aufgaben könnten nur durch Zusammenarbeit aller antifaschistischen und demokratischen Parteien gelöst werden. »Wir unterbreiten den Vertretern der antifaschistischen Parteien den Vorschlag, einen Block der KPD, der SPD, der Zentrumspartei und anderer antifaschistischer demokratischer Parteien zu schaffen.« Anschließend verlas Walter Ulbricht den Text der zehn Punkte des

KPD-Aktionsprogramms – als »Vorschlag zur gemeinsamen Arbeit«. Ein Block der antifaschistisch-demokratischen Parteien sei, so Ulbricht, feste Grundlage »für die Aufrichtung eines demokratischen Regimes«.

Anschließend wurde Gustav Dahrendorf, damals 44, als Vertreter der in Kürze zu gründenden SPD angekündigt; seit 1924 sozialdemokratischer Redakteur, gehörte er 1932 bis 1933 dem Deutschen Reichstag an, wurde 1933 bereits für drei Monate im KZ inhaftiert und war seit 1934 im Berliner Kohlehandel tätig; 1944 zu sieben Jahren Zuchthaus verurteilt, war er nach seiner Befreiung im Jahre 1945 sofort wieder aktiv. In seiner lebendigen, knappen Art erklärte Dahrendorf:

»Die neue Sozialdemokratische Partei verbindet nichts mit der letzten Phase der politischen Praxis der alten Sozialdemokratischen Partei. Es verbindet sie auch nichts mit der Emigrantenpolitik. Niemand im Ausland ist berechtigt, für die Sozialdemokratische Partei zu sprechen. Die neue Linie ergibt sich aus dem Vermächtnis der Toten, die aus dem Lager der SPD das Opfer ihres Lebens gebracht haben. Die Sozialdemokratische Partei will die politische und, wenn es sein kann, die organisatorische Einheit der Werktätigen in Stadt und Land. Wir sind rückhaltlos bereit, über den Vollzug dieser Einheit insbesondere mit unseren kommunistischen Freunden zu sprechen. Es darf sich nicht wiederholen, daß die Gegner der Demokratie die Demokratie wieder für ihre Zwecke benutzen.«

Dahrendorf sprach den Wunsch der meisten aus der sozialistischen Bewegung kommenden aktiven Antifaschisten aus: Die Bildung einer einheitlichen sozialistischen Partei. Leider, so erklärte Dahrendorf, sei dies jedoch nicht möglich, da die Vertreter der Kommunistischen Partei dies abgelehnt hätten und erst eine Periode politischer Klärung wünschten, bevor man die Frage einer Vereinigung stellen könne. Aus diesem Grunde werde sich die SPD als selbständige Partei formieren und in den nächsten Tagen mit einem Gründungsaufruf an die Öffentlichkeit treten.

In der folgenden Aussprache traten alle vier Diskussionsredner für die Bildung einer einheitlichen sozialistischen Partei ein.

In die Redaktion der »Deutschen Volkszeitung« zurückgekehrt, schrieb ich einen Bericht, der zwei Tage später, am 14. Juni erschien. Die Hinweise auf die gewünschte Bildung einer einheitlichen sozialistischen Partei waren jedoch gestrichen worden.

Ich wurde nachdenklich – vor allem vom späteren Standpunkt aus wirkte die ablehnende Haltung, die von Ulbricht ausging, grotesk. Offensichtlich rechnete er damit, daß die KPD in der Sowjetzone schon bald stärkste Partei werde und damit die weitere Entwicklung diktieren könne. Aber schon wenige Monate später, im November 1945, war das Bild drastisch verändert: Die Sozialdemokraten hatten die Kommunisten in der Sowjetzone längst überflügelt. Ulbricht schaltete um – nun sollte jene Vereinigung von SPD und KPD durchgepeitscht werden, die er am 12. Juni 1945 im »neuen Stadthaus« so vehement abgelehnt hatte.

Mit der Gründung der KPD war der erste Aufgabenbereich der »Gruppe Ulbricht« beendet. Aber wir blieben weiter in unserer Zentrale in der Prinzenallee 80, der heutigen Einbeckerstraße 41. Andere Fragen rückten in den Vordergrund: Die Unterstützung der Gründung anderer antifaschistisch-demokratischer Parteien – der SPD, CDU und LDP – die Bildung der antifaschistisch-demokratischen Einheitsfront, die Gründung von Massenorganisationen und Vereinigungen, wie des »Kulturbunds zur demokratischen Erneuerung Deutschlands«, die Bildung von Einheitsgewerkschaften und antifaschistischen Jugendausschüssen, aus denen später die FDJ hervorging, sowie schon Anfang Juli 1945 die Gründung der Zentralverwaltungen für die Sowjetzone. All dies wurde weiterhin von der Prinzenallee 80 aus vorbereitet, bis wir am 10. Juli 1945 in ein großes Gebäude in der Wallstraße 76-79 umzogen, wo das Zentralkomitee der KPD nun seinen offiziellen Sitz hatte.

Was geschah später mit den Mitgliedern der »Gruppe Ulbricht«?

Über 45 Jahre sind seit diesen Ereignissen vergangen. Das weitere Schicksal einiger Mitglieder der »Gruppe Ulbricht« konnte ich, seit 1950 im Westen lebend, anhand ihrer Veröffentlichungen in der DDR verfolgen – nicht selten sah ich sie auch in der »Aktuellen Kamera«.

Von den zehn Mitgliedern der »Gruppe Ulbricht« vom Mai/Juni 1945 stand *Walter Ulbricht* ein Vierteljahrhundert lang im Mittelpunkt. Mit Gründung der SED im April 1946 wurde er stellvertretender Parteivorsitzender, stand jedoch zunächst noch im Schatten Wilhelm Piecks und Otto Grotewohls, die beide über größere Ausstrahlungskraft verfügten. Erst seit 1947, als der bürokratische Apparat errichtet war, stieg Ulbricht zum Spitzenführer auf und trug von 1950 bis 1953 den Titel »Generalsekretär«.

Als einzigem der 1945 von Stalin eingesetzten Funktionäre gelang es ihm, sich bis 1971 an der Macht zu halten. Ulbricht traf sich wiederholt mit Stalin; er verhandelte 1953/54 mit Stalins Nachfolgern Malenkow, Berija und Molotow. Nach deren Absetzung durch Chruschtschow überlebte er auch dessen Sturz im Oktober 1964 und tauschte mit Breshnjew den Bruderkuß aus. Die Sowjetführer wechselten – Ulbricht aber blieb.

Allerdings: Auch sein Aufstieg war einmal gefährdet. Im späten Frühjahr 1953, kurz nach Stalins Tod, als die sowjetische Führung den »neuen Kurs« in der Sowjetzone Deutschlands anstrebte, kam Ulbricht in Schwierigkeiten: Sein Sturz und die Übergabe der Führung an Herrnstadt und Zaisser war damals in Vorbereitung. Zu Ulbrichts 60. Geburtstag am 30. Juni 1953 wurde vom sowjetischen Bevollmächtigten Semjonow angeordnet, auf alle Feierlichkeiten für Ulbricht zu verzichten; bereits vorbereitete Glückwunschbücher wurden eingestampft.

Aber der Rückschlag war von nur kurzer Dauer. Gewiß mußte Ulbricht seit Juni 1953 mit dem bescheideneren Titel »Erster Sekretär des Zentralkomitees« vorlieb nehmen – aber er überlebte die Entstalinisierung des Jahres 1956, wurde am 11. Februar 1960 Erster Vorsitzender des »Nationalen Verteidigungsrates« und kurz darauf, im September 1960, Vorsitzender des von ihm geschaffenen »Staatsrates der DDR«. Er konnte 1960 die Kollektivierung durchpeitschen und war für die Errichtung der Berliner Mauer am 13. August 1961 politisch verantwortlich, wenn auch die organisatorischen, militärischen, technischen und propagandistischen Maßnahmen bereits damals in den Händen Erich Honeckers lagen.

Ulbrichts Geburtstage wurden wieder mit großem Pomp gefeiert; seine gesteigerte Machtfülle im Ostblock war nicht zu übersehen. Immer häufiger trat Ulbricht jetzt als oft rechthaberischer Lehrmeister auf. Der »Prager Frühling« von 1968, der wohl bedeutsamste Versuch einer Reformierung des Systems, wurde von Ulbricht verurteilt; für die Unterstützung der DDR bei der Okkupation der Tschechoslowakei am 21. August 1968 trägt er die Verantwortung.

Seit Ende der 6oer Jahre aber begann Ulbricht, sich etwas zu wandeln. Er erstrebte eine System-Synthese zwischen Parteibürokratie, Wirtschaftskräften und Technokraten. In zunehmendem Maße zog er Ingenieure, Techniker und Wissenschaftler heran, verkündete die These vom »entwickelten gesellschaftlichen System des Sozialismus«, befürwortete eine sachbezogene Leistungsgesellschaft, förderte Informationstheorie, Datenverarbeitung und Kybernetik. Die Heranziehung dieser neuen Kräfte unterstrich er mit seiner These von der »sozialisti-schen Menschengemeinschaft«, die immer stärker die frühere einseitige Klassenbetrachtung ersetzte. So wurde allmählich aus dem getreuen Gefolgsmann Moskaus ein selbstbewußter Führer der DDR.

Während des 24. Parteikongresses der KPdSU Ende März 1971 wurde Ulbricht in gemeinsamer Absprache zwischen Breshnjew und Honek-ker abgelöst und mußte schließlich am 3. Mai 1971, bei der 16. Plenarta-gung des SED-Zentralkomitees, seinen Rücktritt erklären. Sein Name wurde in den Hintergrund gedrängt; im Oktober 1972 verlor er den Vorsitz im Staatsrat. Ulbricht-Stadion und Ulbricht-Akademie wurden umbenannt, und auch die Bezeichnung »Gruppe Ulbricht« ver-schwand aus den Geschichtsbüchern der DDR.

So hatte Walter Ulbricht selbst jenes Schicksal ereilt, das er in seinem Leben so häufig anderen hatte zuteil werden lassen. Ohnmächtig muß-te er zusehen, wie Erich Honecker die Früchte eines mühsamen Weges als eigene Erfolge deklarieren konnte. Ulbricht erlebte Triumph und Tragik eines vom Stalinismus geprägten Führers: Er wurde von eben-dem System gestürzt, dem er sein ganzes Leben gedient und das er in einem Drittel Deutschlands errichtet hatte. Walter Ulbricht starb am 1. August 1973 im Alter von 80 Jahren.

Otto Winzer, während der Mai- und Juni-Tage 1945 engster Gefolgs-mann Ulbrichts, wurde zunächst Stadtrat für Volksbildung beim Magi-strat für Groß-Berlin und wirkte nach der Gründung der SED im April 1946 als hauptamtlicher Mitarbeiter des SED-Zentralsekretariats. Von Mai bis Dezember 1949 war er stellvertretender Chefredakteur des SED-Zentralorgans »Neues Deutschlands«, anschließend sieben Jahre lang (1949-56) Chef der Privatkanzlei des damaligen DDR-Präsidenten Wilhelm Pieck. Seit 1956 war er führend im Außenministerium der DDR tätig – zunächst als Stellvertretender Minister, seit Juni 1965 als Außenminister, bis er im März 1975, kurz vor seinem 73. Geburtstag, starb.

Richard Gyptner war von 1946 bis Anfang 1949 Sekretär des Zentralko-mitees der SED, danach, bis Mai 1950, Vizepräsident der Volkspolizei, Hauptabteilungsleiter des Amtes für Information (1951-53) und Haupt-abteilungsleiter im Außenministerium der DDR (1953-55). Anschlie-ßend war er im diplomatischen Dienst der DDR tätig: Als Botschafter der DDR in China (1955-58), in arabischen Staaten (1958-61) und Polen (ab 1961). Er starb, 71jährig, im Jahre 1972. Von allen Mitgliedern der

»Gruppe Ulbricht« schien er besonders an den Mai-Tagen 1945 zu hängen; mehr als jeder andere veröffentlichte er Erinnerungsartikel.

Karl Maron begann im Mai 1945 als Stellvertretender Oberbürgermeister Berlins, war anschließend SED-Fraktionsvorsitzender in der Berliner Stadtverordnetenversammlung und, nach der Teilung Berlins im Sommer 1948, Stadtrat für Wirtschaft beim Ost-Berliner Magistrat. Kurze Zeit war er stellvertretender Chefredakteur des SED-Zentralorgans »Neues Deutschland« (Ende 1949 bis Mitte 1950), um dann eine militärische Richtung einzuschlagen. Von August 1950 bis Sommer 1955 war Maron Generalinspekteur der Volkspolizei, anschließend Innenminister der DDR (1955-63). In seinen letzten zehn Lebensjahren leitete er das Institut für Meinungsforschung beim SED-Zentralkomitee; er verstarb, 72jährig, am 2. Februar 1975.

Der Aufstieg von *Hans Mahle* verlief nicht gradlinig, sondern wurde im Juli 1951 jäh unterbrochen. Mahle, seit dem 13. Mai 1945 Intendant des Berliner Rundfunks, stieg 1947 zum Generalintendanten aller Sender in der damaligen Sowjetzone, später der DDR auf. Im Juli 1951 fiel er in Ungnade, verlor sämtliche Funktionen und wurde in die Konsumgenossenschaften von Schwerin beordert. Nach Stalins Tod stieg er zum Chefredakteur des SED-Bezirksorgans »Schweriner Volkszeitung« auf. Im Februar 1959 erfüllte sich sein innigster Wunsch: Er konnte nach Berlin zurückkehren und war anschließend in der Sozialistischen Einheitspartei West-Berlins (SEW) tätig. Als Mitglied der SEW-Bezirksleitung und Chefredakteur der in West-Berlin erscheinenden SEW-Zeitung »Die Wahrheit« trat er im Oktober 1981 aus Gesundheitsgründen zurück.

Gustav Gundelach wurde unmittelbar nach seiner Tätigkeit in der »Gruppe Ulbricht« Anfang Juli 1945 zum Präsidenten der Zentralverwaltung für Arbeit und Sozialfürsorge in der SBZ ernannt. Dann aber, im Mai 1946, wurde er aus bisher noch unbekannten Gründen nach West-Deutschland beordert. Von Mai 1946 bis 1949 war er Landesvorsitzender der KPD Hamburgs, von 1949 bis 1953 Abgeordneter der KPD im ersten Deutschen Bundestag und, gleichzeitig, in der Hamburger Bürgerschaft. Nach dem Verbot der KPD in der Bundesrepublik vom Juli 1956 gehörte er dem »Zentralverband zum Schutz demokratischer Rechte« an. Er starb mit 73 Jahren am 8. Juli 1962; fünf Tage später, am 13. Juli, fand die Trauerfeier im Ohlsdorfer Krematorium statt. Weder im Nachruf des »Neuen Deutschland« noch in der Westdeutschen KP-Zeitung »Blinkfuer« vom 20. Juli 1962 wurde erwähnt, daß Gundelach einst Mitglied der »Gruppe Ulbricht« und Präsident der Zentralverwaltung für Arbeit und Sozialfürsorge in der Sowjetischen Besatzungszone Deutschlands gewesen war.

Fritz Erpenbeck hielt sich nach 1945 aus dem Apparat heraus und blieb, was er zuvor auch gewesen war: Theaterkritiker. Er war Mitarbeiter verschiedener Zeitungen und Zeitschriften, nur vorübergehend Leiter der Hauptabteilung »Darstellende Kunst und Musik« in der Kunstkommission. Seit Herbst 1959 wirkte er als Chefredakteur der Monatsschrift »Theater der Zeit« und Chefdramaturg der Berliner Volksbühne. Er starb 78jährig im Jahre 1975.

Walter Köppe war zunächst in der Berliner Bezirksleitung der KPD tätig und von 1947 bis 1950 Wirtschaftsleiter der Parteihochschule »Karl Marx«. Danach wurde er zum Wirtschaftsleiter der Verwaltungsakademie Forst Zinna ernannt und verstarb, 79jährig, im Jahre 1970.

Schließlich ich selbst: Als einziger der »Gruppe Ulbricht« brach ich mit dem System. Von Herbst 1945 bis September 1947 war ich für die Parteischulung zuständig – zunächst in der Abteilung Agitation und Propaganda des Zentralkomitees der KPD, seit Gründung der SED (April 1946) in der Abteilung Werbung und Schulung des Zentral-Sekretariats der SED; vom September 1947 bis März 1949 war ich Dozent der SED-Parteihochschule »Karl Marx«, zunächst in Liebenwalde, seit Anfang 1948 in Kleinmachnow. Aus Protest gegen zunehmende Stalinisierung floh ich im März 1949 nach Jugoslawien, das sich im Sommer 1948 von der Stalin-Führung in Moskau losgesagt hatte. In Jugoslawien, von März 1949 bis November 1950, war ich Redakteur der deutschsprachigen Sendungen von Radio Belgrad und redigierte jugoslawische Broschüren und Materialien in deutscher Sprache.
Seit November 1950 im Westen Deutschlands lebend, war ich Kommentator für Probleme der Sowjetunion und des internationalen Kommunismus. Von 1956 bis 1958 besuchte ich als Post Graduate Student das St. Antony's College der Universität Oxford, von 1963 bis 1964 als Senior Research Fellow das Institut für Rußland-Forschung der Columbia-Universität. 21 Jahre lang, von Januar 1966 bis Juni 1987, lehrte ich jeweils im Frühjahrssemester (von Januar bis Juni) als Professor für Geschichte der Sowjetunion und des internationalen Kommunismus an

der bekannten amerikanischen Yale Universität. In diesen Jahren verfaßte ich eine Vielzahl von Büchern über Einzelprobleme der Sowjetunion und der Geschichte der kommunistischen Weltbewegung.

Besuch in der »Gedenkstätte der Sozialisten« in Berlin-Friedrichsfelde

Nun blieb mir nur noch eines zu tun: Zum Zentralfriedhof nach Berlin-Friedrichsfelde, offiziell »Gedenkstätte der Sozialisten« genannt, zu gehen, um zu sehen, wo sich die Grabstätten der inzwischen verstorbenen Mitglieder der »Gruppe Ulbricht« befinden. Als ich mich am 3. November 1990 dorthin auf den Weg machte, hatte ich noch eine gewisse Hoffnung, die verstorbenen Mitglieder der »Gruppe Ulbricht« gemeinsam in einer Grabreihe bestattet zu finden. Aber diese Hoffnung trog. Nach ihrem Tode wurden die Mitglieder der »Gruppe Ulbricht«, die im Mai und Juni 1945 gleichberechtigt gewirkt hatten, durch unterschiedliche Grabsteine hierarchisch voneinander geschieden.

Zunächst ging ich zum Zentrum des Friedhofes. Hier sah ich ein großes Rondell, das für die allerhöchsten führenden Persönlichkeiten errichtet war. Ich sah dort große Grabplatten für Karl Liebknecht, Rosa Luxemburg, aber auch, in gleicher Größe, für Wilhelm Pieck, Otto Grotewohl und, was mir eigentümlich erschien, Walter Ulbricht. Dieses zentrale Grabmal umschließt kreisförmig eine Mauer, bereits verwittert und von Efeu überwachsen, an dieser eine größere Zahl Grabplatten.

Ich ging die große Mauer-Anlage entlang, um zu sehen, welche Namen von Mitgliedern der »Gruppe Ulbricht« dort angebracht wären. Schließlich fand ich zwei Grabplatten, direkt nebeneinander hängend: Für Karl Maron und Otto Winzer. Nur Maron und Winzer, beide 1975 verstorben, wurde die Ehre zuteil, an der Mauer der wichtigeren Funktionäre, in manchem der Kreml-Mauer ähnlich, verewigt zu werden.

Dann ging ich über den Friedhof zu einer großen Parkanlage. Hier werden weniger wichtige Funktionäre gewürdigt – mit Gedenksteinen von etwa einem Meter Höhe und 40 Zentimetern Breite. Nach einigem Suchen fand ich die Namen zweier weiterer Mitglieder der »Gruppe Ulbricht«. Versteckt hinter einem großen Rhododendron-Busch, dessen Zweige ich beiseite schieben mußte, entdeckte ich den Grabstein für Richard Gyptner (1901-1972), nicht weit davon entfernt den kleinen Grab-

Das besonders herausgehobene Grab Walter Ulbrichts im zentralen Rondell des Friedhofs.

Der Eingang zur Gedenkstätte der Sozialisten in Berlin-Friedrichsfelde, in der fast alle Mitglieder der Gruppe Ulbricht begraben sind.

DIE TOTEN MAHNEN UNS

GEDENKSTÄTTE DER SOZIALISTEN

stein für Walter Köppe (1891-1970) und Berta Köppe (1903-1980), die –
eine Ausnahme – gemeinsam einen Grabstein erhalten hatten.

Wo aber war der Grabstein für Fritz Erpenbeck? Verzweifelt suchte ich ihn
in der weitläufigen »Gedenkstätte für Sozialisten«, konnte ihn aber nicht
entdecken. Bei meinem nächsten Besuch in Friedrichsfelde ging ich systematisch durch alle Grabreihen. Fritz Erpenbecks Name war nicht zu finden. Ich erfuhr, daß er überhaupt nicht in der Gedenkstätte der Sozialisten,
sondern auf dem Dorotheen-Friedhof begraben worden sei, jenem Friedhof, auf dem sich die Gedenkstätten vieler Schriftsteller, Dichter und
Künstler befinden. Dort fand Fritz Erpenbeck, obwohl seit 1926 Mitglied
der Kommunistischen Partei, seine letzte Ruhestätte.

Blieb Gustav Gundelach; auf dem Friedhof von Hamburg-Ohlsdorf,
inmitten einer Gartenanlage, fand ich das Familiengrab. Neben Gustav
Gundelach (1888-1962) sind hier auch seine Mutter Maria (1860-1945)
und seine Frau Alwine (1894-1964) bestattet; Als einziges Mitglied der
»Gruppe Ulbricht« hatte er auf seinem Grabstein einen Spruch: »Ge-
liebt und unvergessen«.

Der Eiertanz der DDR-Historiker:
Das groteske Verwirrspiel
um die »Gruppe Ulbricht« in der DDR

Für die Geschichtsschreibung sollte die »Gruppe Ulbricht« ohne besondere Schwierigkeiten darzustellen sein. Im Flugzeug aus Moskau
saßen Ulbricht und acht politische Mitarbeiter, insgesamt also neun
Personen, sowie ein technischer Sekretär. Flug, Landung und Tätigkeit
der »Gruppe Ulbricht« in Bruchmühle und Berlin dürften angesichts
zahlreicher Veröffentlichungen, biographischer Notizen und historischer Arbeiten unzweifelhaft sein. Auch der Name »Gruppe Ulbricht«
ist die damals offizielle Bezeichnung, und zwar nicht nur von Wilhelm
Pieck und der Emigrationsführung der KPD in Moskau, sondern auch
von der Hauptverwaltung der sowjetischen Streitkräfte in Deutschland
einschließlich des damaligen Oberbefehlshabers, Marschall Shukow,
verwendet.

Gleichwohl tat sich die Geschichtsschreibung der DDR schwer mit der
»Gruppe Ulbricht«. Im ersten Jahrzehnt, bis Mai 1955, wurde die Existenz der Gruppe gänzlich verschwiegen – zu dieser Zeit schien es of-

fenbar nicht ratsam, die Rolle der kommunistischen Emigranten in Moskau in dieser Weise zu betonen. In der Folgezeit erschienen dann unterschiedlichste Darstellungen: Vor allem die Frage, wer zur »Gruppe Ulbricht« gehört habe, bereitete DDR-Historikern offenbar besondere Schwierigkeiten. Da ich im März 1949 aus der damaligen SBZ geflohen war und als »Renegat« galt, wurde meine Mitgliedschaft in der »Gruppe Ulbricht« einfach verschwiegen. Damit nicht genug – wie die nachfolgende Übersicht zeigt, fielen zuweilen auch andere Mitglieder heraus. Und: Es gelang den DDR-Historikern sogar, nachträglich einen Funktionär in die »Gruppe Ulbricht« einzubeziehen, der nie dazu gehörte. Verwirrend blieb auch die Reihenfolge der Namensnennung: Bei veränderten politischen Konstellationen rückte das eine oder andere Mitglied auf, während ein anderes an niedrigerer Position genannt wurde.

Hier die wichtigsten Versionen:

1. *Die Professor-Engelberg-Version vom April* 1960: Am 29. April 1960, anläßlich des 15. Jahrestages der »Gruppe Ulbricht«, veröffentlichte die »Berliner Zeitung« einen ganzseitigen Artikel des damaligen Direktors des Instituts für Geschichte bei der Akademie der Wissenschaften, Professor Ernst Engelberg, unter dem Titel »Die Aktivisten der ersten Stunde«; von den Mitgliedern der »Gruppe Ulbricht« erwähnte er allerdings nur sechs: Walter Ulbricht, Karl Maron, Otto Winzer, Richard Gyptner, Walter Köppe und Fritz Erpenbeck. Nicht nur ich, sondern auch Hans Mahle und Gustav Gundelach waren aus der Nennung herausgefallen. Dann aber, und ich rieb mir beim Lesen erstaunt die Augen, wurde Arthur Pieck erwähnt, der Sohn Wilhelm Piecks, der nie der »Gruppe Ulbricht« angehörte, sondern mit den sowjetischen Truppen in sowjetischer Uniform nach Berlin gekommen war.

2. *Die Zimmermann-Version vom 8. Mai* 1962: Zwei Jahre später, zum 17. Jahrestag der »Gruppe Ulbricht«, erschien erneut ein ganzseitiger Bericht in der »Berliner Zeitung«, diesmal unter dem Titel »Das Haus in der Einbeckerstraße«. Auch hier wurden neben Ulbricht wiederum nur Maron, Winzer, Gyptner, Köppe und Erpenbeck erwähnt, während Gundelachs, Mahles und mein Name gestrichen waren. Wie in der Version von 1960 war fälschlicherweise Arthur Pieck eingefügt worden.

Die Grabsteine für die Mitglieder der Gruppe Ulbricht Karl Maron und Otto Winzer, beide 1975 gestorben. Die beiden Grabplatten befinden sich an der Mauer mit den wichtigeren Funktionären.

Gustav Gundelach, das einzige Mitglied der Gruppe Ulbricht, dessen Grabstein sich im Westen (in Hamburg-Ohlsdorf) befindet.

Grabstein von Walter Köppe und seiner Frau Berta Köppe.

Wolfgang Leonhard am Grabstein von Richard Gyptner.

3. *Die Winzer-Version vom Juni 1963*: Am 23. Juni 1963 erschien anläßlich des 70. Geburtstags Walter Ulbrichts ein annähernd ganzseitiger Artikel im SED-Zentralorgan »Neues Deutschland«; der Titel: »Für die neue Macht des Volkes. Mit der Gruppe Ulbricht in die Heimat«. Mit Otto Winzer kam nun ein Mitglied der Gruppe Ulbricht selbst zu Wort. Immer wieder wurde Ulbricht genannt, sonstige Mitglieder wurden lediglich in einem einzigen Satz erwähnt: »Hans Mahle, Fritz Erpenbeck und ich erhielten den Auftrag, in die westlichen Bezirke zu fahren.« So sehr ich mich freute, daß nun, 1963, Hans Mahle wieder auftauchte, noch dazu an erster Stelle, so hatte doch die Mitgliedszahl der Gruppe Ulbricht einen Tiefstand erreicht: Es waren nur noch vier.

4. *Die Pfau-Moll-Version vom April 1964*: »Wo unser neues Leben begann. Die großen Tage des Säulenhauses in Bruchmühle« – ein ganzseitiger Artikel in der »BZ am Abend«. Als Autoren zeichneten Gerd Pfau und Herbert Moll, die Richard Gyptner nach Bruchmühle begleitet hatten und sich in ihrer Darstellung ausdrücklich auf ihn beriefen. Außer mir wurden alle Mitglieder der »Gruppe Ulbricht« genannt, beginnend mit Maron, Winzer und Gyptner, während Hans Mahle mit dem vorletzten, Walter Köppe mit dem letzten Platz vorlieb nehmen mußten. Der ominöse Arthur Pieck war inzwischen weggefallen. So waren es nun wieder acht.

5. *Die Gyptner-Version vom April 1964*: Am 30. April 1964 kam Richard Gyptner in einem ganzseitigen Artikel im »Neuen Deutschland« direkt zu Wort: »Die ersten Tage in der Heimat. Das Wirken der »Gruppe Ulbricht« im Mai 1945«. Auch hier wurden acht genannt: Ulbricht, Maron, Winzer, Gyptner, Gundelach, Mahle, Erpenbeck und Köppe – also alle außer mir. Hans Mahle aber wurde diesmal vor Fritz Erpenbeck erwähnt.

6. *Die Kießling-Version vom April 1965*: Vorübergehend schien eine gewisse Stabilität einzukehren, denn in dem ausführlichen Artikel von Wolfgang Kießling im »Neuen Deutschland« vom 4. April 1965 (»Die letzte und die erste Stunde«) wurden, wie im April 1964, acht Mitglieder in gleicher Reihenfolge aufgeführt.

7. *Die Keiderling-Version von 1965*: Im Laufe des Jahres 1965 ergaben sich jedoch neue Nuancen. In dem Aufsatz »Überwindung von Schutt und Chaos. Gruppe Ulbricht in Berlin« von Gerhard Keiderling, her-

ausgegeben von der Humboldt-Universität, Nr. 17/1965, standen nun bei der Aufzählung der Mitglieder der »Gruppe Ulbricht« Otto Winzer an erster, Karl Maron an zweiter Stelle, während es bis dahin stets umgekehrt gewesen war; zu meinem maßlosen Erstaunen tauchte Arthur Pieck wieder in der Nennung auf. Damit waren es nun – wenn auch mit einem falschen Mitglied – neun.

8. *Die »Sozialistische Demokratie-Version« von* 1965: Kurz darauf, in der Zeitschrift »Sozialistische Demokratie« (Nr. 18/1965), wurden nur Maron, Winzer, Gyptner, Erpenbeck »und andere« erwähnt. Erneut waren außer mir auch Gustav Gundelach und Hans Mahle »weggefallen«.

9. *Die Siegfried-Thomas-Version von* 1967: Endlich eine akademisch fundierte wahrheitsgetreue Geschichtsdarstellung, dachte ich erfreut, als ich die Schrift von Siegfried Thomas »Entscheidung in Berlin. Zur Entstehungsgeschichte der SED in der deutschen Hauptstadt 1945-46« in den Händen hielt.
Die Studie war immerhin von der Deutschen Akademie der Wissenschaften herausgegeben und erschien im Rahmen der »Schriften des Instituts für Geschichte« im Akademieverlag. Ich staunte daher nicht schlecht, als ich auf Seite 30 über die »Gruppe Ulbricht« las: »Ihr Leiter war das Politbüromitglied Walter Ulbricht. Zu den weiteren Mitgliedern der Gruppe gehörten u. a. Karl Maron, Otto Winzer, Richard Gyptner, Fritz Erpenbeck, Arthur Pieck und Walter Köppe.« Wieder fehlten, neben mir, Hans Mahle und Gustav Gundelach, wieder war nachträglich Arthur Pieck hineingeschmuggelt worden. Siegfried Thomas bescheinigte der »Gruppe Ulbricht«, weit über das unmittelbare Aufgabengebiet hinausgegangen zu sein: »Sie bildete in den ersten Wochen faktisch die zentrale Parteiführung der KPD in Deutschland«.

10. *Die Doernberg-Version von* 1968: In seinem außerordentlich weit verbreiteten Buch »Kurze Geschichte der DDR«, herausgegeben vom »Deutschen Institut für Zeitgeschichte« und erschienen im SED-Verlag Dietz (erste Auflage 1964, dritte Auflage 1968), sprach Doernberg – was sich später als wichtig erweisen sollte – nicht mehr von der »Gruppe Ulbricht«, sondern von einer »Gruppe von Beauftragten des Zentralkomitees der KPD unter Leitung von Walter Ulbricht«. Als Mitglieder genannt wurden lediglich Richard Gyptner, Karl Maron und Otto Winzer, verbunden mit dem Hinweis »u. a.«. Damit waren es nur noch vier – und Gyptner stand diesmal vor Maron und Winzer.

11. *Die »Vierer-Version« vom April* 1971: Die Beschränkung auf vier Mitglieder wurde in einem ganzseitigen Artikel der Zeitung »Sozialistische Demokratie« vom 16. April 1971 fortgeführt. Dort hieß es: »Am 30. April traf auf dem Luftweg eine Gruppe von Beauftragten des ZK der KPD unter Leitung von Walter Ulbricht in Deutschland ein, die »Gruppe Ulbricht«. Ihr gehörten Richard Gyptner, Karl Maron, Otto Winzer und andere Funktionäre an.« Erneut blieben außer mir, Hans Mahle und Gustav Gundelach auch Fritz Erpenbeck und Walter Köppe ungenannt.

12. *Die »Akademie-Version« von* 1974: »Genug der Berichte von Einzelpersonen«, dachte ich mir. Vor mir lag ein wissenschaftlich-historisches Werk. Unter dem Titel »DDR – Werden und Wachsen. Zur Geschichte der Deutschen Demokratischen Republik« war dieses Buch von der Akademie der Wissenschaften der DDR, Zentralinstitut für Geschichte, herausgegeben; verantwortlich zeichnet ein Autorenkollektiv von sechs Historikern unter Leitung von Heinz Heitzer.
Ich hoffte, ein vollständiges, wahrheitsgetreues Bild zu erhalten. Aber wieder nichts. Denn auf Seite 17 fand ich folgenden Satz: »Am 30. April 1945 traf die ›Gruppe Ulbricht‹ in der Nähe von Strausberg ein und nahm am folgenden Tag ihre Tätigkeit in Berlin auf. Richard Gyptner, Karl Maron, Otto Winzer gehörten dazu« – erneut rangierte Gyptner vor Maron und Winzer, und wiederum wurden nur vier Mitglieder der »Gruppe Ulbricht« genannt.

13. *Die »Beauftragten-Version« seit* 1980: Im Frühjahr 1971 wurde Ulbricht aus der Position des Parteiführers entfernt; Anfang August 1973 verlor er den Vorsitz im Staatsrat; kurz darauf wurden das »Ulbricht-Stadion« und die »Ulbricht-Akademie« umbenannt: Walter Ulbricht wurde während der Honecker-Periode zunehmend in den Hintergrund gedrängt. Würde die »Gruppe Ulbricht« das gleiche Schicksal ereilen? Nein, beruhigte ich mich, so weit kann man nicht gehen! Doch, man kann – die DDR-Geschichtsschreibung machte es möglich: Ende der 70er Jahre verschwand die real existierende »Gruppe Ulbricht«, war einfach weg, wie vom Erdboden verschluckt. An ihre Stelle traten die »Beauftragten des ZK der KPD«, etwa in den »Beiträgen zur Geschichte der Arbeiterbewegung« (Heft 3, März 1980) oder in der »Zeitschrift für Geschichtswissenschaften« (Heft 4, April 1980). Eine derartige Bezeichnung hat es in den ersten Nachkriegsmonaten nicht gegeben – und sie wäre auch sachlich falsch gewesen, denn im Sommer 1945 gab es kein funktionierendes Zentralkomitee in Moskau; von den ur-

sprünglichen Mitgliedern war zu jener Zeit einzig Wilhelm Pieck in Moskau verblieben. Ich nahm an, daß der Prozeß »historischer Entfremdung« damit seinen Höhepunkt erreicht habe. Aber ich sollte mich erneut täuschen. Eine weitere Überraschung stand mir bevor.

14. *Die »Aus-drei-mach-eins-Version« von* 1981: Kurz vor Kriegsende flogen aus Moskau bekanntlich drei Gruppen deutscher Kommunisten in Richtung Westen: zunächst, am 30. April 1945, die »Gruppe Ulbricht«, zuständig für den Bereich der I. Belorussischen Front und Marschall Shukow, für Berlin und Brandenburg also; es folgte am 1. Mai 1945 die »Gruppe Ackermann« für den Bereich der I. Ukrainischen Front unter Marschall Konjew (Sachsen); schließlich die »Gruppe Sobottka« am 6. Mai 1945, zuständig für den Bereich der II. Belorussischen Front, für Mecklenburg. Diese drei Gruppen arbeiteten völlig selbständig. Mehr noch: Mit Ausnahme der Leiter wußten die Mitglieder nicht, wer zu der jeweils anderen Gruppe gehörte; sie erfuhren zudem nichts über deren Tätigkeit.

Zwischen Mitgliedern der Gruppen gab es, mit Ausnahme der Moskau-Reise der Leiter vom 4. bis 10. Juni 1945, keinerlei Kommunikation – erstens, weil die Mitglieder von früh morgens bis abends aktiv tätig waren; zweitens, weil während der unmittelbaren Nachkriegswochen im Mai und Juni 1945 Besuche von Funktionären in Berlin, Mecklenburg und Sachsen schon angesichts der Verkehrsverhältnisse überhaupt nicht vorstellbar waren.

Selbst jene realen Schwierigkeiten wurden von der DDR-Geschichtsschreibung im Flug genommen. In der von einem Autorenkollektiv unter Leitung von Rolf Badstübner herausgegebenen »Geschichte der Deutschen Demokratischen Republik« (VEB Deutscher Verlag der Wissenschaften, Berlin 1981) wurden die Mitglieder aller drei Gruppen kurzerhand zusammengewürfelt.

Das Autorenkollektiv fischte aus den Gruppen die genehmen Mitglieder heraus, etwa nach dem Motto: »Die Guten ins Töpfchen – die Schlechten ins Kröpfchen«. Von der »Gruppe Ulbricht« wurden Karl Maron und Otto Winzer ausgewählt, aus der »Gruppe Ackermann« sogar vier Mitglieder: Kurt Fischer, Hermann Matern, Fred Oelssner und Peter Florin; die »Gruppe Sobottka« stellte Willi Bredel und Kurt Bürger – der übrigens nicht mit dem ersten Flugzeug flog, sondern erst später in Deutschland ankam. Die »Badstübner-Auslese«, besser: der »Badstübner-Verschnitt« von 1981 umfaßte somit Personen, die im Mai/Juni 1945 nicht die geringste Verbindung zueinander hatten – aber zumindest kamen auf diese Weise sogar elf Personen zusammen.

15. *Der »Benser-Durchbruch« von 1985*: 40 Jahre waren inzwischen seit der Tätigkeit der »Gruppe Ulbricht« vergangen. Im Jahr 1985 erschien das Buch von Dr. Günther Benser »Die KPD im Jahre der Befreiung«, herausgegeben vom »Institut für Marxismus-Leninismus« beim Zentralkomitee der SED, erschienen im parteieigenen Dietz-Verlag. Gewiß: Auch in Bensers Veröffentlichung wurde der inzwischen verfemte Begriff »Gruppe Ulbricht« nicht erwähnt; es wurde, gemäß der Honekker-Parteilinie, von »Beauftragten des Zentralkomitees der KPD« gesprochen. Auf Seite 94 des Buches entdeckte ich gleichwohl den entscheidenden Durchbruch: »Entsprechend der Einsatzliste vom 27. April 1945 wurde für den Bereich der I. Belorussischen Front eine Gruppe unter der Leitung Walter Ulbrichts gebildet. Ihr gehörten Fritz Erpenbeck, Otto Fischer, Gustav Gundelach, Richard Gyptner, Walter Köppe, Wolfgang Leonhard, Hans Mahle, Karl Maron und Otto Winzer an. Diese Gruppe startete am 30. April 1945 in Moskau.« Es folgte die Quelle: IML, ZPA, NL 36/500; 35/517.
Nun also, 40 Jahre später, war es endlich heraus! Erstmals wurden alle zehn Mitglieder der »Gruppe Ulbricht« erwähnt. Nicht nur, daß ich endlich als Mitglied angeführt wurde – durch diesen Beitrag erfuhr ich erstmals, daß der schweigsame technische Sekretär Otto Fischer hieß. Günther Benser verzichtete auf die bis dahin geübte hierarchische Staffelung der Nennung und führte die zehn Mitglieder in alphabetischer Reihenfolge auf.
Ich hatte eben dieses Buch von Günther Benser unter dem Arm, als ich bei dem internationalen Historiker-Kongreß in Stuttgart im August 1985 zum Stand der DDR-Historiker ging. Ich stellte mich vor und bat um ein kurzes Gespräch mit Dr. Otto Reinhold, dem damaligen Direktor des Instituts für Gesellschaftswissenschaften beim Zentralkomitee der SED.
Wenige Minuten später kam Dr. Reinhold zum Stand. Die Zeiten hatten sich anscheinend doch etwas geändert; so wurde ich, bis dahin stets als »Renegat« verfemt, von Dr. Reinhold – wenn auch etwas zurückhaltend – mit Handschlag begrüßt.
»Sie wünschen, Herr Professor Leonhard?«
»Ich wollte Ihnen und den DDR-Historikern gratulieren.«
Otto Reinhold verwundert: »Gratulieren? Darf ich fragen wozu?«
»Ich wollte Ihnen gratulieren, daß Sie und die DDR-Historiker es nach

40 Jahren fertiggebracht haben, hier, in dem Buch von Günther Benser, festzustellen, wer im Mai 1945 tatsächlich Mitglied der ›Gruppe Ulbricht‹ war.«

Otto Reinhold, etwas überrascht, faßte sich sofort und meinte jovial; »Aber Herr Leonhard, das haben wir doch alle die ganze Zeit gewußt.«

Genau darum aber geht es mir: Natürlich haben sämtliche DDR-Historiker, die sich mit 1945 beschäftigten, das gewußt. Aber sie haben es nicht geschrieben. Sie betrieben statt dessen den hier skizzierten Eiertanz, tischten eine falsche Version nach der anderen auf. Ich kenne die Diktatur zu gut, um mit erhobenem Zeigefinger Vorwürfe zu erheben. Ich möchte lediglich wissen, wie diese Verfälschungen vor sich gingen, wer sie angeordnet hat, was sich DDR-Historiker bei ihren Verfälschungen eigentlich gedacht haben – wobei es nicht um Interpretationen, sondern um die Verfälschung von Tatsachen geht.

Zunächst: Gab es Anweisungen (»Direktiven«), die entsprechenden Fälschungen vorzunehmen? Wenn ja: Von wem gingen diese Direktiven aus? Wie wurden sie übermittelt – schriftlich oder mündlich? Falls es aber keine derartigen Direktiven gab – einige Historiker aus Ost-Berlin bestreiten deren Existenz –, warum haben dann die DDR-Historiker von sich aus gefälscht? Hatten die Historiker eine »Schere im Kopf«, so daß sie von sich aus alles, ohne Anweisung der Parteiführung, in der jeweils gewünschten Form schrieben? Aus Parteidisziplin? Aus der Annahme heraus, man könne es sowieso nicht anders machen? Waren Fälschungen eine alltägliche Selbstverständlichkeit, über die man sich gar keine Gedanken mehr machte?

Haben nicht vielleicht einige Historiker doch Gewissensbisse erlebt, im Parteijargon »politische Bauchschmerzen« genannt? Gab es nicht zumindest Versuche, wenn auch vielleicht vorsichtige, sich für eine korrekte und wahrheitsgetreue Darstellung einzusetzen?

Gewiß: Auch in der westdeutschen DDR-Forschung gab es mitunter Fehleinschätzungen, darunter, in den 70er Jahren, bedauerliche Beschönigungen der diktatorischen SED-Herrschaft. Auch hier wäre eine Klärung wünschenswert. Aber es gibt einen wichtigen Unterschied: In der Bundesrepublik wurde dies nicht »von oben« bestimmt, und Einseitigkeiten der Geschichtsschreibung haben nie das Ausmaß der DDR-Verfälschungen angenommen. Der erste Schritt müßte daher von Seiten der DDR-Historiker erfolgen.

So würde ich mir die baldige Herausgabe einer Anthologie maßgeblicher Historiker der ehemaligen DDR wünschen, etwa unter dem Titel:

»Wie und warum wir Geschichte gefälscht haben« – mit offenherzigen Beiträgen, wie, durch welche Anweisungen, mit welchen Methoden die DDR-Geschichte im allgemeinen, vor allem aber die SED-Parteigeschichte gefälscht wurden und was sich die jeweiligen Historiker dabei gedacht haben. Je früher ein solches Buch erscheinen würde, desto besser. Erst wenn aufrichtige Darstellungen der wichtigen DDR-Historiker vorliegen, würde ich, sofern ich dies zu bestimmen hätte, diesen Historikern die Möglichkeit geben, sich an historischen Forschungen und Veröffentlichungen aktiv zu beteiligen – diesmal aber, bitte schön, wahrheitsgetreu.

III

AUF SPURENSUCHE
IM ZENTRALKOMITEE 1945 BIS 1946

Am 21. März 1990, nur wenige Wochen nach der Wende in der DDR, fuhr ich erstmals zum Gebäude Wallstraße 76-79, in dem sich von Juli 1945 bis April 1946 das Zentralkomitee der Kommunistischen Partei Deutschlands befand. Nach der Gründung der SED im April 1946 wurden die Abteilung Werbung und Schulung und der Dietz-Verlag hier untergebracht. In diesem Hause war ich vom 10. Juli 1945 bis zum September 1947 tätig – zunächst als stellvertretender Leiter der Informationsabteilung des Zentralkomitees, ab Oktober 1945 als Redakteur der Schulungsmaterialien der Partei.

42 Jahre später nähere ich mich dem Gebäude; auch hier der Befund: Von außen hat sich das Haus kaum verändert; es wirkt inzwischen heruntergekommen. Selbst hier, am früheren Sitz des Zentralkomitees, waren Renovierungsarbeiten nur begrenzt erfolgt.

Gleich links neben dem Eingang fand ich die obligate Gedenktafel:

HIER BEFAND SICH
VON JULI 1945 BIS APRIL 1946
DER SITZ DES VON WILHELM PIECK GELEITETEN
ZENTRALKOMITEES
DER KOMMUNISTISCHEN PARTEI
DEUTSCHLANDS

Auf Höhe der ersten Etage, über die Breite mehrerer Fenster hinweg, las ich die Aufschrift »Dietz-Verlag«. Offensichtlich gehörte das frühere ZK-Gebäude nunmehr allein dem SED-Verlag. Bereits bei meinem nächsten Besuch, nur wenige Wochen später, war die Aufschrift entfernt. An ihre Stelle trat im Haupteingang eine wachsende Zahl von Schildern, die auf Büroräume privater Firmen hindeuteten: Selbst in das Zentralkomitee-Gebäude zog die Privatwirtschaft ein.

Ich wollte hineingehen, wurde daran aber beim ersten Besuch vom Pförtner gehindert: »Hier findet eine wichtige Sitzung statt. Niemand

Das mit den Bildern von Marx, Engels und August Bebel geschmückte Gebäude des Zentralkomitee der KPD, Wallstraße 76-79, Ende 1945. Die Bilder von Lenin und Stalin gab es damals auf dem zentralen KPD-Gebäude nicht.

darf herein.« Die Szene erinnerte mich an vergangene Zeiten in Moskau und Ost-Berlin.

Das änderte sich rasch. Bereits bei den folgenden Besuchen – am 29. August und 12 September 1990 – gab es keine Schwierigkeiten mehr. Der Pförtner erkannte und begrüßte mich; er führte mich zum Fahrstuhl: Tatsächlich, der mir schon damals, 1945 bis 1947, alt erscheinende Fahrstuhl war noch immer in Funktion.

Wie früher fuhr ich zum zweiten Stock, kannte mich sofort wieder aus und ging in ein am Ende der Etage gelegenes Bürozimmer: Hier residierte einst Fred Oelssner, Leiter der Abteilung Agitation und Propaganda. Ich wurde von Herrn Fiebig, dem neuen Leiter des Dietz-Verlages, begrüßt. Liebenswürdig und freundlich zeigte er mir das ganze Gebäude. »Und wo haben Sie damals gearbeitet?« Ich zeigte ihm mein früheres Arbeitszimmer in der zweiten Etage, am anderen Ende des Flures. Einiges war zwischenzeitlich modernisiert, die Veränderungen hielten sich jedoch in Grenzen. Besonders überrascht war ich, als ich aus dem Fenster sah: Die Silhouette hatte sich seit meiner Tätigkeit von Juli 1945 bis September 1947 kaum verändert.

Meine Anwesenheit sprach sich bald herum. Niemand erwähnte, daß ich gerade in den hier erschienenen Veröffentlichungen über 40 Jahre lang als »Renegat« diffamiert worden war. Es schien mir, als wolle niemand, dem ich begegnete, darüber sprechen – ja vielleicht schämten sich meine Gesprächspartner sogar etwas.

Gehalt und Verpflegungssätze für die Mitarbeiter des Zentralkomitees im Juli 1945

»Das würde Sie doch sicher interessieren – die Liste der Gehälter und Verpflegungssätze für die Mitarbeiter des Zentralkomitees vom Juli 1945.« Dr. Inge Pardon vom zentralen SED-Archiv im Institut für die Geschichte der Arbeiterbewegung überreichte mir einige fotokopierte Seiten.

Und ob mich das interessierte! Als ich mein Buch »Die Revolution entläßt ihre Kinder« schrieb, erinnerte ich mich noch gut daran, daß in der obersten Etage des Hauses die vier entscheidenden KPD-Führer residierten: Wilhelm Pieck, für die Gesamtleitung und allgemeine Politik verantwortlich; Walter Ulbricht, für Wirtschaft, Landwirtschaft und den Staatsapparat zuständig; Franz Dahlem für Partei-Organisation und Anton Ackermann für Presse, Kultur, Volksbildung und Partei-schulung. Aber wie viele Mitarbeiter gab es außerdem? Ich schätzte zwanzig bis fünfundzwanzig, konnte mich aber daran ebensowenig erinnern wie an mein Gehalt als politischer Mitarbeiter des Zentralkomitees.

Nun lag der »Beschluß der Sekretariatssitzung vom 26. Juli 1945« vor mir: Alle Funktionäre des Apparats des Zentralkomitees vom 1. August 1945 waren darin aufgeführt. Die vier Spitzenführer Pieck, Ulbricht, Dahlem und Ackermann erhielten je 600 Mark monatlich, es folgten sechs führende Funktionäre mit jeweils 450 Mark Monatsgehalt, danach vier höhere Funktionäre, darunter auch ich, mit je 400 Mark. Schmunzelnd stellte ich fest, daß ich auf dieser Liste vor Erich Honecker rangierte; dann aber wurde ich stutzig: Honecker war lediglich als »Mitglied des Sekretariats«, nicht aber als Leiter der Jugendabteilung ausgewiesen – offensichtlich war die endgültige Funktion Honeckers noch Ende Juli 1945 unklar!

Angesichts späterer bürokratisch-zentralistischer Gigantomanie der Parteiführung scheint es mir wichtig festzuhalten, daß sich das Zentralkomitee am 1. August 1945 auf nur 26 Funktionäre einschließlich technischer Mitarbeiter und Stenotypistinnen beschränkte. Auch die Bezahlung der Funktionäre im Zentralkomitee – zwischen 300 und 600 Mark monatlich – hielt sich, wie mir scheint, in Grenzen. Gewiß war, wenn ich mich recht erinnere, die Verpflegung im Speisesaal des Zentralkomitees kostenlos und wir erhielten »Pajoks«, Geschenkpakete der sowjetischen Militäradministration mit Lebensmitteln, Wein, Cognak und Zigaretten. Aber immerhin: Gegenüber den späteren gewaltigen Privilegien war die frühe Zeit der zentralen Parteiführung im August 1945 doch recht bescheiden.

Die »Verpflegungsliste« umfaßte insgesamt 51 Funktionäre und basierte, wie schon die Auflistung der Gehälter, auf dem Sekretariatsbeschluß vom 26. Juli 1945. Aber: Eine Reihe der angeführten Genossen war nicht im Gebäude des Zentralkomitees Wallstraße 76-79 tätig, sondern beim KPD-Organ »Deutsche Volkszeitung«, im damaligen KPD-Verlag »Neuer Weg«, bei dem neugegründeten FDGB – in der Liste unter »Gewerkschaften« aufgeführt –, in der KPD-Bezirksleitung Berlin oder der KPD-Bezirksleitung Brandenburg in Potsdam.

Offensichtlich hielt ich die Verpflegungsliste für verantwortliche KP-Funktionäre in Händen, die damals »Pajoks« erhielten. Es fällt auf, daß zu den zwölf Mitgliedern der Gruppe A, der Spitzenfunktionäre, auch

Das Gebäude des
ehemaligen
Zentralkomitees
der KPD in der
Wallstraße 76-79 –
wie es heute
aussieht.

HIER BEFAND SICH
VON JULI 1945 BIS APRIL 1946
DER SITZ DES VON WILHELM PIECK GELEITETEN
ZENTRALKOMITEES
DER KOMMUNISTISCHEN PARTEI
DEUTSCHLANDS

Die Archivarin R. Sch. überreicht dem Autor die von ihm damals verfaßten »Vortragsdispositionen« der KPD und seit April 1946 die »Sozialistischen Bildungshefte«.

Wolfgang Leonhard nach 45 Jahren in seinem früheren Arbeitszimmer in der Wallstraße 76-79.

Das Sitzungszimmer in der Wallstraße 76-79, in dem Otto Grotewohl Ende Oktober 1946 vor den Mitarbeitern der Abteilung »Werbung und Schulung« den neuen Schulungsplan verkündete – darunter die Aufgabe, in kürzester Frist 130 Internatskreisparteischulen zu gründen und innerhalb von nur vier Wochen ein Lehrbuch für die Kreisparteischulen auszuarbeiten.

Beschluß der Sekretariatssitzung von 26.7.1945

Apparat des ZK am 1. August 1945

Name	Funktion		Betrag
Pieck, Wilhelm	Vorsitzender des ZK	RM	600,--
Ulbricht, Walter	Mitgl.d.Sekretariats des ZK	"	600,--
Ackermann, Anton	"	"	600,--
Dahlem, Franz	"	"	600,--
Gyptner, Richard	Sekretär d.Sekretariats des ZK	"	450,--
Hahn, Sepp	Geschäftsführer	"	450,--
Oelssner, Alfred	Hauptkassierer	"	450,--
Oelssner, Fred	Leiter d.Agitpropabteilung	"	450,--
Wyschka, A.	Mitarbeiter der Abt.f.Kommunal-politik und Wirtschaft	"	450,--
Gundelach, G.	Mitarbeiter des Sekretariats f.d.Fragen d.Reichsbezirke	"	450,--
Leonhard, W.	stellv.Leiter d.Inform-Abt.	"	400,--
Honecker, Erich	Mitarbeiter des Sekretariats für Jugendfragen	"	400,--
Ulbricht-Kühn, Lotte	Leiter d.Sekreten Abteilung	"	400,--
Keilson, Grete	stellv.Leiter d.Kader-Abt.	"	400,--
Vosseler, Walter	Mitarbeiter d.Kader-Abt.	"	350,--
Baum, Bruno	Mitarbeiter d.Agitpropabt.	"	350,--
Winter, Willi	Sekretär d.Agitpropabteilg.	"	350,--
Neumann, Lotte	Sekretärin bei Ulbricht	"	300,--
Lentzsch, Illa	Sekretärin bei Hahn	"	300,--
Gropp, Maria	Sekretärin bei Dahlem	"	300,--
Thoma, Emmy	Sekretärin bei Wyschka-Gundelach		300,--
Knopp, Margarete	St.notypistin	"	225,--
Semmrich, Elfriede	"	"	225,--
Rottey, Waltraud	"	"	200,--
Förster, Edith	"	"	200,--
Töpfer, Edith	"	"	200,--

46A ZPA, NL 36/661

Die Gehaltsliste der 21 Mitarbeiter (zusätzlich 5 Stenotypistinnen) des Zentralkomitees der KPD vom 1. August 1945. Auffällig sind die bescheidenen Gehälter sowie die personelle Beschränkung des ZK-Apparates. Bei Erich Honecker (unmittelbar hinter dem Namen des Autors) fällt auf, daß er noch am 1. August nicht als *Leiter* sondern lediglich als *Mitarbeiter* des Sekretariats für Jugendfragen aufgeführt wurde, d. h. daß zu jenem Zeitpunkt seine genaue Funktion noch nicht feststand.

Richard Gyptner und Gustav Gundelach von der »Gruppe Ulbricht« gehörten; ebenso Paul Wandel, schon damals für Volksbildung zuständig – und Lotte Ulbricht.

Bei den 39 Mitgliedern der Gruppe B waren Erich Honecker an dritter, ich an vierter Stelle aufgeführt; zur Gruppe B gehörten ferner neben anderen Elli Schmidt, für Frauenarbeit zuständig; Elli Winter, die Tochter Wilhelm Piecks; Grete Keilson, Kaderabteilung, und der Schriftsteller Theodor Plivier, der 1947 in den Westen floh. Neben mir gehörten zwei weitere Mitglieder der »Gruppe Ulbricht« in Gruppe B der Verpflegungsliste: Fritz Erpenbeck und Walter Köppe.

Kritisches Durchblättern
meiner früheren Schulungshefte

Bei den nachfolgenden Besichtigungen im ehemaligen Zentralkomitee-Gebäude Wallstraße 76-79 – am 29. August, am 12. September 1990 und wiederholt im Jahre 1991 – nahm ich mir mehr Zeit. Ich wollte nicht nur mein früheres Arbeitszimmer wiedersehen, sondern auch meine eigene damalige Tätigkeit unter die Lupe nehmen. Die Schulungshefte, die ich seit Oktober 1945 verfaßte, erschienen zunächst als »Vortragsdispositionen« des Zentralkomitees der KPD und, nach der Vereinigung von KPD und SPD zur SED im April 1946, als »Sozialistische Bildungshefte«.

Wieder besuchte ich Herrn Fiebig, den Leiter des Dietz-Verlages. »Haben Sie ein Bildarchiv mit Fotos aus der unmittelbaren Nachkriegszeit?« Sofort wurde ich zu einer »Bildstelle« geführt, in der mir Karl Heinz Boden eine Vielzahl von Fotos aus der damaligen Zeit vorlegte: Bilder von Demonstrationen, Kundgebungen, Transparenten – und natürlich vor allem von den Führern der Partei. Das Foto Erich W. Gniffkes trug auf der Rückseite einen Vermerk: »Wegen parteifeindlicher Tätigkeit im Oktober 1948 ausgeschlossen« – ein deutlicher Hinweis, dieses Foto nicht zu verwenden.

»Noch einen Wunsch, Herr Leonhard?«, fragte mich Herr Fiebig. »Ja, einen sehr wichtigen. Könnte ich hier vielleicht im Archiv die damaligen Veröffentlichungen einsehen?« Auch das wurde mir ermöglicht. Ich ging in das Archiv im fünften Stock, unter das Dach: Hier befand sich im Herbst 1945 die Jugendabteilung, der Erich Honecker und Hermann

Axen angehörten. Die Archivarin, R. Sch., die bei meinem nächsten Besuch leider bereits »abgewickelt« war, leitete mich an langen Bücherregalen vorbei, die alle Publikationen des Partei-Verlages, systematisch geordnet, enthalten.

»Und die Publikationen vom Herbst 1945 und 1946?« Frau Sch. führte mich zu den hintersten Regalen und zog einige Pakete heraus – tatsächlich: Vor mir lagen die »Vortragsdispositionen« des Zentralkomitees der KPD von Sommer 1945 bis April 1946 und die von der SED herausgegebenen »Sozialistischen Bildungshefte«. Frau Sch. schnürte immer neue Päckchen auf und legte den Inhalt auf einem einfachen großen Holztisch im Vorraum des Archivs aus.

Ein eigentümliches Gefühl, die von mir damals verfaßten Schriften zu sehen – nachdenklich und auch kritisch blätterte ich in den von mir verfaßten »Vortragsdispositionen« der KPD von 1945. »Keine Wiederholung der Fehler von 1918«, »Demokratische Schulreform« und – darauf war ich fast ein wenig stolz – »Die Frau im neuen Deutschland«.

Dann fand ich von mir verfaßte »Sozialistische Bildungshefte« aus der Zeit von Anfang 1946 bis Sommer 1947. Ich war schockiert und erleichtert zugleich. Schockiert darüber, mit welcher Schnelligkeit und Unbekümmertheit ich damals innerhalb von nur zwei Wochen Bildungshefte unterschiedlichster Inhalte schrieb. Gewiß, Themen wie »Das Wesen der Sozialistischen Einheitspartei«, »Die antifaschistisch-demokratische Republik« oder »Unser Kampf gegen den Militarismus« waren mir geläufig; dann aber sah ich auch das damals viel diskutierte Bildungsheft »Unsere Stellung zu den nominellen PGs« mit der Unterteilung früherer Nazis in drei Kategorien – Kriegsverbrecher, aktivistische Nazis und nominelle PGs – und Anweisungen, wie man sich ihnen gegenüber zu verhalten habe. Mit Verwunderung sah ich mir das ebenfalls von mir verfaßte Bildungsheft »Unsere Ernährungspolitik« an – ein Thema, über das ich heute wohl kaum schreiben würde.

Weitere von mir damals verfaßte Bildungshefte: »Die SED und die anderen Parteien«, »Die SED und die Gewerkschaften«, »Die Gleichberechtigung der Frau« und schließlich ein Heft, dem ich besonders kritisch gegenüberstehe, mit dem Titel »Der Sozialismus«; es enthält all jene Begriffe, die damals den »Sozialismus« charakterisierten.

Beim kritischen Durchblättern war ich aber zumindest über eines erleichtert: Meine damaligen Schulungshefte enthielten weder den Begriff »Marxismus-Leninismus« noch Aufrufe zu »Kritik und Selbstkritik« oder zu Wachsamkeitskampagnen. Beruhigt stellte ich auch fest, daß ich in all meinen Schulungsheften von der Einheit Deutschlands

V e r p f l e g u n g s l i s t e
==

Gruppe A

1. Pieck
2. Ulbricht
3. Dahlem
4. Ackermann
5. Gyptner
6. Hahn
7. Oelssner, Alfred
8. Oelssner, Fred
9. Wyschka
10. Gundelach
11. Ulbricht, Lotte
12. Wandel

Gruppe B

1. Arendsee, Martha
2. Schmidt, Elli
3. Honecker
4. Leonhard
5. Keilson, Grete
6. Vosseler
7. Winter, Elli
8. Baum
9. Homeyer
10. Lübkemann
11. Neumann, Lotte
12. Lentzsch, Ella
13. Gropp, Maria
14. Thoma, Emmy
15. Grap
16. Plivier
17. Plivier, Frau
18. Erpenbeck   Redaktion
19. Keilson, Max   "
20. Leitner   "
21. Zweiling   "
22. Kind   "
23. Gäbler   "
24. Schletter, Lotte   "
25. Reinert   "
26. Linz   "
27. Kroh   Verlag
28. Hotz   "
29. Chwaleck   Gewerkschaften
30. Walter   "
31. Köppe   Berlin
32. Schmidt, W.   "
33. Sägebrecht   Brandenburg
34. Sucker, Gerda   "
35. Brockhoff   "
36. Seibt   "
37. Krummel   "
38. Hesse   "
39. Stamm

-2-

Verpflegungsliste der 39 wichtigsten KPD-Funktionäre vom 26. Juli 1945. In der Gruppe B sind unter 3 Erich Honecker und unter 4 Wolfgang Leonhard aufgeführt. Diese Liste enthält eine Vielzahl von Funktionären, die nicht im Gebäude des Zentralkomitees in der Wallstraße 76-79 tätig waren.

Zur Frage der Informations-Abteilung.

Die Informations-Abteilung begann ihre Tätigkeit am 20. Juni. Vom 20. Juni bis heute sind 39 Informations-Bulletins erschienen, in denen aus der Sowjetpresse wichtige außenpolitische Artikel, Dokumente unserer Bruderparteien und anderes wichtiges Material übersetzt wurde. In den wenigen Fällen, wo es uns gelang, englische Zeitungen zu erhalten, habe ich auch aus der englischen Presse wichtige Artikel übersetzt und in die Informations-Bulletins eingereiht.

Jedoch seit dem 14. August - dem Beginn des Erscheinens der "Täglichen Rundschau" im Groß-Format - werden alle Artikel aus der Sowjetpresse, die für uns von Wichtigkeit sind (deutsche Fragen, Arbeiterbewegung in anderen Ländern usw.) einschl. auch die außenpolitischen Artikel aus der Sowjetpresse regelmäßig von der "Täglichen Rundschau" veröffentlicht. Nur in sehr seltenen Ausnahmefällen erscheinen in der Sowjet-Presse Artikel, die für uns von Interesse sind und nicht in der "Täglichen Rundschau" veröffentlicht sind. Das Material würde höchstens für ein Bulletin einmal in der Woche reichen. Es muß also die Frage gestellt werden, welche Aufgabe die Informationsabteilung unter diesen Bedingungen zu erfüllen hat.

Da in der letzten Zeit nur selten Informations-Bulletins erschienen sind, habe ich für die DVZ eine Reihe von Artikeln geschrieben und vor Lehrer-Vollversammlungen Vorträge über das Schulwesen in der UdSSR gehalten, die von den Lehrern mit großem Interesse aufgenommen wurden.

Ich bitte zu entscheiden, ob ich die Arbeit unter den Lehrern und die Mitarbeit an der DVZ weiterführen kann und wie die Frage mit den Informationsbulletin geregelt werden soll.

W.L.

17.9.45

Wolfgang Leonhard

Schreiben des Autors an Wilhelm Pieck vom 17. September 1945 mit dem Vorschlag, ihn von der Tätigkeit in der Informationsabteilung zu entbinden. Unmittelbar danach wurde er in der Abteilung Agitation und Propaganda, verantwortlich für die Schulungshefte (damals »Vortragsdispositionen«), eingesetzt.

Vortragsdisposition des Zentralkomitees der KPD im Herbst 1945.

Heft 1 und 11 der nach Gründung der SED erscheinenden »Sozialistischen Bildungshefte«
(von Wolfgang Leonhard verfaßt und vor dem Druck von Anton Ackermann durchgesehen).

ausgegangen war; es gab nicht den geringsten, auch keinen indirekten Hinweis auf die Errichtung eines ostdeutschen Separatstaates.

Mehrfache Besuche in der Wallstraße 76-79 frischten meine Erinnerung an die damalige Zeit auf. Meine Tätigkeit als Verfasser der Schulungshefte ist untrennbar mit *Fred Oelssner* verbunden, dem ausgeprägt ideologischsten Funktionär, den ich bis dahin je getroffen hatte. Fred Oelssner, 1903 in Leipzig geboren, war damals 42. Schon seit Ende der 20er Jahre war seine Parteitätigkeit praktisch ausschließlich der Ideologie gewidmet. Er studierte mehrere Jahre Marxismus-Leninismus mit dem Schwerpunkt »Politische Ökonomie« an der Lenin-Schule und am »Institut der roten Professur« in Moskau. Bereits 1930, mit 27 Jahren, war er Dozent an der Lenin-Schule in der Moskauer Worowski-Straße, Vorläuferin der späteren Kominternschule. Hier bildete er auch zwei junge KPD-Funktionäre aus, die später Spitzenführer werden sollten: Anton Ackermann und Erich Honecker. »In der Leninschule fühlte ich mich gleich zu Hause«, erinnerte sich Erich Honecker in seinen 1980 erschienenen Memoiren; er berichtete, daß er in einem Zimmer mit Anton Ackermann wohnte und von einigen »roten Professoren« mit dem Leninismus vertraut gemacht wurde; Fred Oelssner hob er dabei ausdrücklich hervor. (Erich Honecker: Aus meinem Leben, Ost-Berlin 1980, S. 63).

Nach vorübergehender Tätigkeit in Deutschland emigrierte Oelssner 1935 in die Sowjetunion und setzte seine Lehrtätigkeit an der Lenin-Schule in Moskau fort. Während der großen Säuberung (1936 bis 1938) wurde er im Jahre 1937 unter Anschuldigung »ideologischer Fehler« abgesetzt. Später hörte ich, daß er in einer geopolitischen Arbeit über eine »norddeutsche Tiefebene« geschrieben habe, die bis nach Nordrußland reiche. Dies wurde ihm als »deutscher Expansionismus« vorgeworfen. Er verlor nicht nur seine Arbeit, sondern wurde aus Moskau ausgewiesen und erhielt die damals häufige Strafe der »100-Kilometer-Zone«: Er durfte in keinem Ort leben oder arbeiten, der weniger als 100 Kilometer von Moskau entfernt lag. Mehrere Jahre war Oelssner Arbeiter in einer Papierfabrik, durfte dann aber nach Moskau zurückkehren.

Während des II. Weltkrieges war er unter dem Namen »Fred Larew« bei den Deutschlandsendungen im Moskauer Rundfunk tätig. Am 1. Mai 1945 kehrte Oelssner mit der »Gruppe Ackermann« nach Dresden zurück, war Redakteur der damals von der Politischen Hauptverwaltung der Sowjetarmee herausgegebenen »Tageszeitung für die deutsche Bevölkerung«, wurde aber schon im Juli 1945 nach Berlin beordert, um die Parteischulung zu übernehmen. Hier, in der Wallstraße 76-79, lernte ich Fred Oelssner als unmittelbaren Vorgesetzten kennen. Energisch, aber doch recht umgänglich teilte er mir jede Woche das Thema für die nächste »Vortragsdisposition« mit und gab mir manchmal Hinweise dazu. Alles übrige blieb mir überlassen – ein Thema jagte das andere.

Für die Ausarbeitung hatte ich eine Woche Zeit; mit meinem Manuskript ging ich, meist sonntagabends, zu Anton Ackermann nach Niederschönhausen. In dessen Haus ging es gemütlich und freundschaftlich zu; nach dem Abendessen gingen wir in ein Nebenzimmer, Ackermann sah das Manuskript meines Schulungsheftes durch, machte hie und da einige kleine Korrekturen und zeichnete es dann für den Druck mit »A. A.« ab. Am Montagmorgen kam dann, meist aufgeregt und in Eile, ein Vertreter des Partei-Verlages »Neuer Weg« zu mir ins Büro, riß mir das neue Manuskript regelrecht aus der Hand und stellte es für den Druck fertig – anfangs in einer Auflage von 70.000, später 120.000 und mehr Exemplaren.

Ich hatte die Arbeit rationalisiert: Alle von der Partei herausgegebenen Bücher, Broschüren und Materialien wertete ich nach Themen, die möglicherweise in einem Schulungsheft behandelt werden könnten, aus und katalogisierte sie entsprechend. Nach ähnlichem System hatte ich die wichtigsten Zitate aus den Werken von Marx, Engels, Lenin, Stalin, Karl Liebknecht, Rosa Luxemburg, Ernst Thälmann und Wilhelm Pieck geordnet, da ich ja in jedem dieser Schulungshefte passende Zitate der »Klassiker des Marxismus-Leninismus« und der wichtigsten Parteiführer wiedergeben sollte.

Ich war zu jener Zeit überzeugt, um nicht zu sagen optimistisch bei der Arbeit. Ich glaubte, daß die bestehenden Konzeptionen langfristig, ja endgültig seien: Die »antifaschistisch-demokratische Republik« mit allen Rechten und Freiheiten für das Volk; die Zusammenarbeit zwischen KPD, SPD, CDU und LDP in einem antifaschistisch-demokratischen Block; das einheitliche Deutschland; das Versprechen, das Sowjetsystem in Deutschland nicht einzuführen; ein demokratisch-humanistisches Schulwesen. Gewiß: Ich war schon damals erschüttert von den Übergriffen der sowjetischen Truppen beim Einmarsch in Deutschland, über die Demontagen, die Einmischung der sowjetischen Besatzungsbehörden und hatte – allerdings längst nicht in dem wirklichen Ausmaß – von Verhaftungen gehört. Aber dies verstand ich als tragische, kaum vermeidbare Übergangserscheinungen, die schon bald überwunden werden würden – und ich war nicht der einzige, der damals in diesen Illusionen lebte.

Die Vereinigungskampagne von SPD und KPD

Seit Mitte Oktober 1945 stand die Vereinigung von KPD und SPD im Vordergrund. Für uns, die Mitarbeiter der Abteilung Agitation und Propaganda, bedeutete dies vor allem, sozialdemokratische Bücher und Schriften »mit einzubeziehen«. Mit einem Male, zur Überraschung vieler KP-Mitglieder und auch mir selbst, druckte der Parteiverlag nun in Zehntausenden Exemplaren alte sozialdemokratische Dokumente: Das Eisenacher Programm von 1869, das Gothaer Programm von 1875 und das Erfurter Programm von 1891 – Materialien, die 90 Prozent aller Kommunisten zuvor noch nie gelesen hatten.

Im Verlag erschienen Bücher von Kautsky und Bebel. Fred Oelssner gab uns die Direktive, aus den Schriften von August Bebel, Wilhelm Liebknecht, Karl Kautsky und Rudolf Hilferding Zitate herauszusuchen, die für die nunmehr abrollende »Einheits-Kampagne« förderlich schienen. Oelssner legte uns vor allem Bebel ans Herz: »Wir müssen Bebel wie ein rohes Ei behandeln«, lautete seine Anweisung.

Meine optimistischen Zukunfterwartungen wurden im November 1945 durch mehrfache Besuche bei Anton Ackermann in Niederschönhausen gestärkt. Er war zu dieser Zeit freudig erregt, denn er arbeitete an seinem zurecht berühmt gewordenen Artikel »Gibt es einen besonderen deutschen Weg zum Sozialismus?« Nie hatte ich Anton Ackermann so glücklich erlebt wie in diesen Wochen. Noch bevor sein Artikel im Januar 1946 erschien, las er mir, im Wohnzimmer sitzend, entscheidende Teile seines Manuskripts vor.

Ackermann ging von der Leninschen These aus, die russischen Erfahrungen besäßen nicht unbedingt Allgemeingültigkeit. Daraus lasse sich folgern, so Ackermann, daß es einen besonderen deutschen Weg zum Sozialismus gebe. Dieser werde sich nicht durch bewaffnete Aufstände und Barrikadenkämpfe, sondern auf demokratischem Wege vollziehen. Der besondere deutsche Weg werde sich vor allem in zwei Besonderheiten von der Entwicklung in der Sowjetunion unterscheiden: In Deutschland gebe es eine weit größere Zahl von qualifizierten Arbeitskräften, so daß ein hohes Niveau der Produktion schneller erreicht werden könne. Daher werde »das Anwachsen des sozialistischen Wohlstandes« unter Umständen »rascher vor sich gehen«. Zweitens – und dies interessierte mich besonders – werde sich aufgrund der unterschiedlichen Sozialstruktur und verbesserter Anfangsbedingungen der politische Kampf »weniger opferreich gestalten«; dies könne »die Entfaltung der sozialistischen Demokratie beschleunigen.«

Für Anton Ackermann und mich, seinen interessierten und faszinierten Zuhörer, ging es nicht um deutschen Nationalismus, sondern um einen eigenständigen Weg der sozialistischen Entwicklung: Keine Übernahme sowjetischer Institutionen und Methoden; schnellere Entwicklung zum Wohlstand; weniger Opfer; eine beschleunigte Entfaltung der sozialistischen Demokratie.

Für mich und für viele andere bedeutete das damals, daß alles, was wir tagtäglich erlebten – Übergriffe der Roten Armee bei der Besetzung, Demontage, Kontrolle durch politische Offiziere – nur vorübergehende Erscheinungen waren, die höchstens wenige Jahre dauerten: Danach würden die Besatzungstruppen abziehen, und der Weg zur sozialistischen Demokratie könne – gemäß eigenen Bedingungen und Traditionen – beschritten werden.

Aufmerksam verfolgte ich nach der Veröffentlichung des Ackermann-Artikels die Reaktionen innerhalb der SED. Fast alle meine Freunde begrüßten, ja bejubelten die Ackermann-These, weil sie eine Abgrenzung von der stalinistischen Entwicklung bedeutete. Stalinistische Funktionäre versuchten dagegen, die Ackermann-Thesen herunterzuspielen; sie betrachteten diese nur als vorübergehend notwendige Taktik. Leider sollten sie, wie die Entwicklung der nächsten Jahre zeigen sollte, recht behalten.

Aber noch war ich voller Hoffnung. Am 21. Dezember 1945 wurde auf der »60er Konferenz« – es nahmen je 30 Funktionäre der SPD und der KPD daran teil – das frühere kommunistische Organisationsprinzip des »demokratischen Zentralismus« durch das neu geschaffene Konzept des »demokratischen Bestimmungsrechts der Mitglieder« ersetzt. Staunend und erwartungsvoll las ich folgende Sätze des damals gefaßten Beschlusses: »Die Einheitspartei wird eine unabhängige deutsche sozialistische Partei sein ... Der Aufbau der Einheitspartei erfolgt nach demokratischen Grundsätzen. Freie Meinungsbildung, freie Wahl aller Instanzen, sind unveräußerliche Rechte der Mitglieder ... Die Einheitspartei will die parlamentarisch-demokratische Republik. Ihr Ziel ist die Verwirklichung des Sozialismus in der sozialen Demokratie.« Als selbstverständlich galt damals und dies wurde häufig nachdrücklichst wiederholt: Alle gewählten Parteileitungen der zukünftigen Einheitspartei sollen auf sämtlichen Ebenen paritätisch und gleichberechtigt aus Kommunisten und Sozialdemokraten zusammengesetzt werden.

Piecks Geburtstag und mein erstes Treffen
mit einem Liberalen

Nur wenige Tage nach der »60er Konferenz« vom Dezember 1945 nahm ich an der Feier zum 70. Geburtstag Wilhelm Piecks im Admiralspalast in der Berliner Friedrichstraße teil. Ein Glückwunsch folgte an jenem 3. Januar 1946 dem anderen. Wenn ältere Kampfgefährten sprachen, die Wilhelm Pieck noch aus früheren Zeiten kannten, lebte er auf. Im übrigen hatte ich den Eindruck, daß ihm die meist steife Feier eher unangenehm war. Oberbürgermeister Werner überreichte Pieck feierlich den Ehrenbürgerbrief Berlins, im Anschluß sprach Otto Grotewohl im Namen der SPD: »Wenn wir auch keinen Ehrenbürgerbrief zu überreichen haben, so haben wir dafür etwas Schlichteres, aber von Herzen Kommendes zu überreichen, nämlich Dir, lieber Wilhelm Pieck, einen Händedruck – einen Händedruck, der nicht nur für heute Bedeutung haben soll, sondern der einmal so lange währen soll, daß die Hände sich nicht mehr trennen.«

Die Fotografen stürzten nach vorne, um die Szene aufzunehmen – das Foto wurde in sämtlichen Zeitungen und Zeitschriften veröffentlicht: Es war jener Händedruck, der später Symbol der Vereinigung von SPD und KPD wurde und von Grotewohl und Pieck mehrfach wiederholt werden sollte.

Nach langatmigen Grußworten fand abends im Schloß Hohenschönhausen ein Empfang zu Ehren Piecks statt. Bald war der offizielle Teil beendet, und die Kapelle spielte zum Tanz – es gab Möglichkeiten ungezwungener Gespräche zwischen Kommunisten und Sozialdemokraten, aber auch mit den Führern der Blockparteien und hohen Vertretern der sowjetischen Militäradministration.

Während des Abends wurde ich überraschend zum sowjetischen Kommandanten gebeten, um bei einem Gespräch mit Wilhelm Külz, dem Vorsitzenden der Liberal-Demokratischen Partei, zu übersetzen. Ich war gespannt und interessiert, denn es war meine erste Begegnung mit einem Liberalen überhaupt. Külz war von 1920 bis 1932 Reichstagsabgeordneter der Deutschen Demokratischen Partei und viele Jahre Oberbürgermeister in Dresden gewesen; bereits im März 1933 wurde er von den Nazis abgesetzt und war in der Nazizeit wiederholt inhaftiert. Wir setzten uns an einen etwas abseits stehenden Tisch. Anfangs übersetzte ich Wort für Wort, dann aber erwachte mein politisches Interesse. Mir schien der sowjetische Kommandant von Berlin gegenüber dem LDP-Vorsitzenden nicht höflich genug zu sein und zu harte politische

Formulierungen zu benutzen. So begann ich, seine Sätze in höflichere Formen zu kleiden und fügte hie und da Nebensätze ein. Wilhelm Külz blickte immer ernster drein. Als der Sowjetkommandant von Berlin für einen Moment aufstand, um Getränke zu bestellen, flüsterte mir Külz zu: »Ich danke Ihnen, daß Sie versuchen, die Haltung des Kommandanten in eine freundlichere Form zu bringen und auch von sich aus die Blockpolitik so stark betonen, aber ich verstehe etwas Russisch und möchte in diesem Fall doch lieber die Ansichten des Kommandanten wörtlich wissen!«

Ich ging nach dem Gespräch wieder in den großen Saal zurück: Es schien, daß sich Kommunisten und Sozialdemokraten immer besser verstanden, und ich setzte große Hoffnung in die erwartete Sozialistische Einheitspartei. Die neue Einheitspartei werde, so dachte ich, die kämpferische Aktivität der Kommunisten mit der demokratischen Tradition der Sozialdemokraten in einer höheren Synthese vereinigen.

Kritisches Nachdenken über die Vereinigungskampagne von 1945/46

Erst Jahre später, als ich längst im Westen lebte, mußte ich feststellen, daß ich in der Ost-Berliner Schulungsabteilung und bei festlichen Anlässen eigentlich nur die »Schokoladenseite« der Vereinigungskampagne miterlebt hatte: Ideologische Konzessionen, die These vom »besonderen deutschen Weg zum Sozialismus«, festliche Veranstaltungen und gesellige Zusammenkünfte.

Die Wirklichkeit konnte ich dort nicht wahrnehmen. Erst im Westen, nach unzähligen Gesprächen mit Zeugen der damaligen Ereignisse, mit enttäuschten und verfolgten Sozialdemokraten, mit Vertretern der Blockparteien und anhand später veröffentlichter Dokumente ergab sich ein anderes, ein realistisches Bild.

Bei der Vereinigungkampagne spielten Druck und Einschüchterung eine weit größere Rolle, als ich damals angenommen hätte. Sowohl von sowjetischer Seite als auch von Seiten der deutschen KP-Führung wurde in dieser Periode eine bewußte Irreführung betrieben; SPD-Führer wurden gegeneinander ausgespielt, einheitswillige sozialdemokratische Funktionäre wurden belohnt und gefördert, unabhängige Sozialdemokraten in der Presse verleumdet und diffamiert. Gegenüber Einheits-

Ende 1945: Wilhelm Pieck hält eine Ansprache vor dem Gebäude des Zentralkomitees der KPD
in der Wallstraße 76-79.

Feier zum 70. Geburtstag Wilhelm Piecks am 3. Januar 1946.
Links der sowjetischen Stadtkommandant, in der Mitte Wilhelm Külz, Vorsitzender der Liberal-Demokratischen
Partei, rechts Wolfgang Leonhard, der als Übersetzer hinzugezogen worden war.

gegnern wurden Drohungen und Repressalien angewandt – auch Verhaftungen blieben nicht aus.

Zunehmend erkannte ich die Methoden, die von der KPD-Führung und der sowjetischen Besatzungsmacht in der Vereinigungskampagne angewandt worden waren:

1. Die Methode, Führer der SPD gegeneinander auszuspielen

Mitten in der Vereinigungskampagne, am 10. November 1945, kehrte der Sohn Erich W. Gniffkes, Gerd Gniffke, in einem Sonderflugzeug aus sowjetischer Gefangenschaft zurück. Wenige Tage später erhielt Erich W. Gniffke eine Einladung zu Oberst Tulpanow, der ihn äußerst liebenswürdig empfing und versuchte, ihn gegen Otto Grotewohl in Stellung zu bringen, der im November 1945 einer Vereinigung sehr kritisch gegenüberstand; Gniffke solle, so der Vorschlag, selbst als entscheidender SPD-Führer hervortreten. Dabei würden ihm die Sowjets behilflich sein.

Am 12. November wurde Max Fechner zu einer ähnlichen Aussprache bei Tulpanow eingeladen. Nach seiner Rückkehr ins SPD-Büro zeigte er stolz den großen BMW, der ihm geschenkt worden war; er berichtete vom Versprechen Tulpanows, sein Buch »Wie konnte es geschehen?« in hoher Auflage herauszubringen und ihm ein Honorar von 300.000 Mark zu bewilligen. Auch Grotewohl wurde wiederholt zu Tulpanow eingeladen – später stellte sich heraus, daß er die übrigen SPD-Führer über diese Unterredungen nicht oder nur unvollständig informierte.

Ende Januar 1946 führte Otto Grotewohl ein längeres Gespräch mit Marschall Shukow. Auf Einladung des Marschalls sprach man über die Vereinigung, wobei der Sowjetoffizier Schwierigkeiten erwähnte und unvermittelt meinte: »Ist Ulbricht nicht genehm? Soll er zurückgezogen werden?« Auch über dieses Gespräch hat Otto Grotewohl dem SPD-Zentralausschuß nicht berichtet; erst viel später erfuhr Erich W. Gniffke davon. Grotewohl erhielt bei dem Gespräch mit Shukow offensichtlich weitgehende Zusagen, denn von diesem Zeitpunkt an wurde er zum Haupteinpeitscher der Vereinigung (Vgl. Erich W. Gniffke: Jahre mit Ulbricht, Köln 1966, S. 137).

2. Verlogene Versprechungen

Wiederholt wurden von Seiten der KPD-Führung Versprechungen gemacht, wohl wissend, daß sie nicht eingehalten würden. Ein typisches Beispiel: Bei einem Treffen von SPD- und KPD-Führern am 5. Dezember 1945 kamen sozialdemokratische Besorgnisse über die Vereinigungskampagne zum Ausdruck. Wilhelm Pieck versprach, man werde die Vereinigung von Seiten der KPD nicht überstürzen. Auf die Frage Otto Grotewohls, ob es einen bestimmten Termin für die Vereinigung gebe, antwortete Wilhelm Pieck: »Natürlich nicht« – obwohl der Termin schon in Aussicht genommen war.

3. Bespitzelung und Diffamierung
Gustav Dahrendorf – zusammen mit Gniffke Wiederbegründer der SPD im Jahre 1945 – war besorgt und schockiert, als er erfuhr, daß einer seiner Söhne vom sowjetischen Staatssicherheitsdienst zur Mitarbeit aufgefordert worden war, um den eigenen Vater zu bespitzeln. Als Dahrendorf am 14. Februar 1946 während der Vereinigungskampagne aus Enttäuschung nach Hamburg floh, hatte die KPD-Führung bereits einen Artikel gegen ihn bereit und übersandte Grotewohl, Fechner und Gniffke je eine Kopie. Gniffke und Fechner waren zu tiefst erschüttert, ihren engsten Freund durch diese Flucht verloren zu haben. Grotewohl jedoch redigierte unbekümmert den vorbereiteten Artikel und gab auch seine Zustimmung zu folgendem diffamierenden Satz: »Es ist bemerkenswert, daß Dahrendorf den gleichen Weg ging wie gewisse Kreise der Großgrundbesitzer und Konzernherren, die sich im sowjetisch besetzten Gebiet nicht wohl fühlten.«

4. Bruch von Vereinbarungen
Im Vorfeld der für den 9. Februar 1946 vorgesehenen Gewerkschafts-Delegiertenkonferenz war es Ziel Ulbrichts, bei den Wahlen eine kommunistische Mehrheit zu erhalten, um dann bei der Konferenz den Einheitsbeschluß durchsetzen zu können. Trotz der Vereinbarung, paritätisch Sozialdemokraten und Kommunisten zu wählen, wurde am Vortag der Gewerkschaftswahlen bei der Berliner Berzirksleitung der KPD ein Telefondienst eingerichtet, um die Verbindung zu den KPD-Büros in den Berliner Bezirken zu gewährleisten. Ulbricht gab damals die fernmündliche Direktive: »Nur Kommunisten wählen, nur Kommunisten – jetzt entscheidet sich alles.« Nicht wenige hatten Bedenken: »Wir haben mit den Sozialdemokraten abgemacht, die Gewerkschaftsleitung paritätisch zusammenzusetzen. Unsere Genossen wollen deswegen auch für Sozialdemokraten stimmen.« Ulbrichts scharfe Antwort: »Kommt überhaupt nicht in Frage. Ganz fest sein – nur Kommunisten wählen.« Erneut gab es Gegenstimmen aus den Berliner Bezirken: »Wenn wir uns nicht an unsere Abmachung mit den Sozialdemokraten halten, machen wir die Einheit kaputt.« Ulbricht: »Die

Einheit wird um so fester, je mehr Kommunisten wir in der Leitung des Freien Deutschen Gewerkschaftsbundes haben.« Er setzte sich durch. Auf dem FDGB-Kongreß erhielt die KPD die Mehrheit und konnte problemlos den von Ulbricht vorbereiteten Beschluß über die Vereinigung von SPD und KPD durchsetzen.

5. Geheim-Mitglieder in den anderen Parteien

Die KPD verfügte über eine Reihe von Geheim-Mitgliedern, die offiziell in anderen Parteien – SPD, Ost-CDU und LDP – tätig waren, um erstens die KPD über die Vorgänge dort zu informieren und zweitens bei besonders wichtigen Anlässen in anderen Parteien in einer Weise aufzutreten, die den Interessen der KPD dienlich war. Zahl und Personenkreis dieser geheimen Mitglieder lassen sich – solange die Archive daraufhin nicht genau untersucht sind – dokumentarisch nicht belegen, aber die Existenz von Geheim-Mitgliedern ist unbestreitbar. Sie sollte bei der Analyse so wichtiger Vorgänge wie der Vereinigung der beiden Parteien und der Gründung der SED in Betracht gezogen werden.

6. Die Methode des »Druckes von unten«

Beim häufig erwähnten »Druck von unten«, vermeintlich von den Mitgliedern ausgehend, handelte es sich in Wahrheit um einen kombinierten Druck von »oben« und von »unten«. Für die Sowjetische Militäradministration (SMA) und die KPD erwies es sich meist als verhältnismäßig leicht, auf untere und mittlere Ebenen der SPD Druck auszuüben. Daher wurden diese Entscheidungsebenen als »Hebel« benutzt, um den SPD-Zentralausschuß vor vollendete Tatsachen zu stellen.

Das bekannteste Beispiel: Die Tagung des SPD-Zentralausschusses am 10. und 11. Februar 1946 mit den Landesvorsitzenden, auf der vor allem Heinrich Hoffmann (Thüringen), Otto Buchwitz (Sachsen) und Bruno Böttcher (Sachsen-Anhalt) für eine sofortige Vereinigung eintraten und sich damit gegen die offizielle SPD-Linie wandten, erst einen Reichsparteitag abzuwarten. Die drei Funktionäre drohten gar, sich vom SPD-Zentralausschuß loszusagen und eine Vereinigung von SPD und KPD auf Länderebene – ohne Zustimmung des SPD-Zentralausschusses – zu vollziehen. Durch diesen von oben organisierten »Druck von unten«, nicht selten durch Druck auf Kreisvorstände verstärkt, wurde die Entscheidung zugunsten der Vereinigung gefördert, ja regelrecht durchgepeitscht.

7. Verbot der Urabstimmung

Trotz des versprochenen »demokratischen Bestimmungsrechts der Mitglieder« wurde die für den 31. März 1946 geplante sozialdemokratische Urabstimmung über die Frage der Vereinigung von KPD und SPD im Sowjetsektor Berlins und in der Sowjetzone verboten. Die Abstimmung der SPD-Mitglieder konnte daher nur in den westlichen Bezirken Berlins stattfinden.

Zwei Fragen wurden den Sozialdemokraten vorgelegt. Die erste: »Bist Du für den sofortigen Zusammenschluß beider Arbeiterparteien?« wurde von 82,2% verneint. Die zweite Frage lautete: »Bist Du für ein Bündnis beider Parteien, welches gemeinsame Arbeit sichert und den Bruderkampf ausschließt?« 62,1% der Westberliner SPD-Mitglieder antworteten mit ja. Das heißt: Fast zwei Drittel der Sozialdemokraten optierten zwar für eine Zusammenarbeit von SPD und KPD, vor allem vor dem Hintergrund der grauenvollen Erfahrungen der Vergangenheit. Ein sofortiger Zusammenschluß aber – im Sinne der Bildung der SED – wurde mit überwältigender Mehrheit abgelehnt: Nur 17,8% der Befragten sprachen sich für die Vereinigung aus. Trotz dieses Ergebnisses wurde der von oben bestimmte Plan durchgepeitscht; zwischen dem 8. und 14. April fanden in den Ländern der Sowjetzone und in Berlin SPD-Landesparteitage statt, auf denen mit Hilfe »gesiebter« Delegierter die Vereinigung mit der KPD zur SED beschlossen wurde.

All dies zeigt eines: Es hat keine freiwillige Vereinigung von Sozialdemokraten und Kommunisten in der Sowjetzone gegeben. Zwar gab es zweifellos Sozialdemokraten, die aufgrund der Erinnerungen an die schreckliche Nazi-Vergangenheit eine Vereinigung ehrlich anstrebten, aber sie stellten nur eine Minderheit. Die Vereinigung von KPD und SPD wurde gegen den Willen der Mehrheit der Sozialdemokraten durchgesetzt.

Gründungsparteitag der SED im April 1946: Frühere Hoffnungen, spätere Erkenntnisse

Auch beim Vereinigungsparteitag am 21. und 22. April 1946 gab es jenen tiefen Zwiespalt zwischen meinen damaligen Hoffnungen als Teilnehmer des Kongresses und späteren, ernüchternden Erkenntnissen. Am Morgen des 21. April 1946 um 10 Uhr kam ich, wie mehr als tausend

Delegierte und Hunderte von Gästen, in den Admiralspalast. Kommunisten und Sozialdemokraten saßen bunt nebeneinander, und zur Eröffnung des Kongresses spielte ein Orchester die Fidelio-Ouvertüre von Ludwig van Beethoven. Hier wiederholte sich der berühmte Händedruck zwischen Pieck und Grotewohl, den ich schon bei der Geburtstagsfeier Wilhelm Piecks am 3. Januar 1946 miterlebt hatte. Wilhelm Pieck mahnte die Kommunisten zu harmonischer Zusammenarbeit in der nunmehr zu schaffenden SED, »so daß nicht mehr zu unterscheiden ist, wer Sozialdemokrat und wer Kommunist ist«. Er rief dazu auf, den Geist der Kameradschaft, der Freundschaft und der Geduld zu pflegen.

Otto Grotewohl, der noch nicht die trockene Parteisprache benutzte, sprach undogmatisch, lebendig, mit einer Fülle brillanter Formulierungen über Gegenwart und Zukunft Deutschlands. Den größten Beifall erntete er mit der Erklärung, »daß die heute geschaffene Sozialistische Einheitspartei mindestens in der sowjetischen Besatzungszone durch ihre riesengroße politische Stärke eine so große Sicherheit für unseren Bestand in der sowjetischen Zone darstellt, daß wir auf die Bajonette der Russen nicht mehr angewiesen sind«. Viele der Delegierten, darunter auch ich, hofften nach dieser Erklärung, daß die deutschen Sozialisten mit Gründung der SED bald Herren im eigenen Hause sein würden, um aufgrund eigener Traditionen einen selbständigen Weg zum Sozialismus gehen zu können. Neu und beeindruckend war für mich der Hinweis Grotewohls, die Partei habe die Aufgabe, »die freie Persönlichkeit zu entwickeln und zu entfalten«. Später erinnerte ich mich noch häufig an den Satz Otto Grotewohls: »In keiner deutschen Partei lebt die Achtung vor den Lebensrechten der Menschen heißer und stärker als in der Sozialistischen Einheitspartei.«

Abschließend wurde ein Parteivorstand aus achtzig Mitgliedern bestätigt – je vierzig von der KPD und vierzig von der SPD – und ein aus vierzehn Mitgliedern bestehendes Zentralsekretariat, das sich ebenfalls paritätisch aus sieben Sozialdemokraten und sieben Kommunisten zusammensetzte.

Abends kamen Delegierte und Gäste des Parteitages zu einem »frohen Ausklang« im Friedrichstadt-Palast zusammen: Bis auf den letzten Platz war das dreitausend Menschen fassende Gebäude besetzt. Hoffnungsvoll, so schien mir und vielen anderen, war dieser ereignisreiche Tag zu Ende gegangen. Vieles schien damals für die baldige Erfüllung unserer Hoffnungen zu sprechen: Die paritätische Besetzung aller Leitungen; die mahnenden Worte über Kameradschaft und Vertrauen, die Pieck an die Kommunisten gerichtet hatte; die These vom besonderen deutschen Weg zum Sozialismus, die nun in der programmatischen Erklärung der SED ihren Niederschlag gefunden hatte; das Bekenntnis zur parlamentarisch-demokratischen Republik und zur Verwirklichung des Sozialismus in einer sozialen Demokratie; die Beteuerung Grotewohls über die Freiheit der Persönlichkeit in der neuen Partei; das bekräftigte demokratische Bestimmungsrecht der Mitglieder und die Andeutung Grotewohls über das vielleicht nahe Ende der sowjetischen Besatzung.

Jede Hoffnung aber erwies sich als Illusion: Alle Versprechungen während der Vereinigungskampagne und auf dem Gründungsparteitag selbst wurden schon innerhalb weniger Jahre gebrochen.

- Die These vom besonderen deutschen Weg zum Sozialismus wurde im August 1948 als »falsch« und »parteifeindlich« verurteilt; Anton Ackermann mußte Selbstkritik üben und wurde degradiert. Seine Konzeption wurde ersetzt durch die Losung »Von der Sowjetunion lernen heißt siegen lernen!«
- Die angekündigte Abkehr vom »demokratischen Zentralismus« und die Verkündung des »demokratischen Mitbestimmungsrechtes der Mitglieder« wurde Anfang 1949 rückgängig gemacht, der »demokratische Zentralismus« erneut zum Grundprinzip der Partei erhoben. In der Praxis bedeutete dies ein bürokratisch-zentralistisches Unterordnungssystem in der SED.
- Ideologische Konzessionen, etwa die weitgehende Einbeziehung der Texte Wilhelm Liebknechts, August Bebels und Rudolf Hilferdings sowie früherer sozialdemokratischer Parteiprogramme, wurden aufgehoben und durch die totale Übernahme des Marxismus-Leninismus stalinistischer Prägung ersetzt.
- Das Versprechen einer absoluten Parität von Sozialdemokraten und Kommunisten in der SED, auf dem Gründungsparteitag selbst bestätigt, wurde bereits im Oktober 1948 aufgehoben und durch das Prinzip »sieben zu zwei« ersetzt – sieben Kommunisten auf zwei Sozialdemokraten. Die Sozialdemokraten wurden in den Jahren 1948 bis 1950 auf allen Ebenen abgehalftert; nur jene wurden belassen, die bereit waren, sich völlig in den bürokratischen Machtapparat zu integrieren und sich der Führung unterzuordnen.
- Alle Umbenennungen, die den neuen Charakter der SED bekräftigen sollten, wurden bereits seit Anfang 1949 rückgängig gemacht. Seitdem gab es in der SED – wie in allen kommunistischen Staatsparteien – ein Politbüro, ein Zentralkomitee, ein ZK-Sekretariat; der

**IN DIESEM HAUSE
VEREINIGTEN SICH AM
21.-22. APRIL 1946
DIE KPD UND SPD ZUR

SOZIALISTISCHEN
EINHEITSPARTEI
DEUTSCHLANDS**

Gedenktafeln zur Erinnerung
an den Vereinigungsparteitag am
21. und 22. April 1946.
Beide Gedenktafeln wurden
unmittelbar nach der Wende abmontiert
und entfernt und befinden sich heute
im Keller des Märkischen Museums
Am Köllnischen Park 5

**In diesem Haus,
dem früheren Admiralspalast,
vereinigten sich am 21./22. April 1946
die KPD und SPD zur
Sozialistischen
Einheitspartei
Deutschlands**

Delegierte und Gäste beim Vereinigungsparteitag von KPD und SPD am 21. April
1946 vor der deutschen Staatsoper.

Das Metropol-Theater, in dem der
Vereinigungsparteitag stattfand.

Vereinigungsparteitag am 21. und 22. April 1946: Wilhelm Pieck und Otto Grotewohl wiederholen den Händedruck vom 3. Januar 1946. Rechts sitzend: Walter Ulbricht.

Bildausschnitt-Vergrößerung
mit Wolfgang Leonhard:
2. Reihe, Mitte.

Vereinigungsparteitag am 21. und 22. April 1946:
Die Delegierten und Gäste.
In der vorderen Reihe politische Offiziere
der Sowjetischen Militäradministration
in Deutschland (SMAD).

organisatorische Aufbau wurde den stalinistisch-kommunistischen Parteien Osteuropas angeglichen.

– Anstelle der von Otto Grotewohl beschworenen »freien Persönlichkeit« und der »Achtung vor den Lebensrechten der Menschen« begann schon zwei Jahre später die Unterdrückung von Sozialdemokraten – unter der diffamierenden Bezeichnung »Schumacher-Agenten« – durch große Säuberungskampagnen, von denen nicht nur jene betroffen waren, die der Einheit kritisch gegenüber gestanden hatten, sondern auch diejenigen, die zunächst für die Vereinigung und Gründung der SED gewesen waren, gleichwohl aber ihre Selbständigkeit bewahrt hatten. Ihr Schicksal teilten später auch selbständig gebliebene Kommunisten.

– Die Erklärung Grotewohls auf dem SED-Gründungsparteitag, die SED stelle eine so große Sicherheit dar, daß man auf die Bajonette der Russen nicht mehr angewiesen sei, erwies sich als unwahr. Noch 43 Jahre später, beim 40. Jahrestag der Gründung der DDR im Oktober 1989, standen 20 sowjetische Divisionen in dem von der SED kontrollierten Machtbereich.

Aber nicht nur alle feierlichen Versprechungen der Jahre 1945 und 1946 wurden gebrochen; auch die Menschen, die bei der Gründung der SED an der Spitze standen, damals von den Parteitagsdelegierten umjubelt, fielen später Absetzungen, Degradierungen, Säuberungen zum Opfer.

Von den 14 Mitgliedern des Zentralsekretariats waren sieben Sozialdemokraten. *August Karsten* trat 1947, wie es hieß, aus Gesundheitsgründen zurück – als Parteiveteran lebte er seitdem ohne jeden politischen Einfluß in Kleinmachnow bei Berlin; *Erich W. Gniffke* floh im Oktober 1948 nach Westdeutschland, zutiefst enttäuscht über die Entwicklung in der Sowjetzone; *Otto Meier* verlor die Mitgliedschaft im Zentralsekretariat der SED und damit seine politische Einflußmöglichkeit im Jahr 1950; *Käthe Kern*, später in der Gesundheitsverwaltung tätig, wurde im Januar 1949, *Helmut Lehmann* in der Folgezeit auf minder wichtige Positionen abgeschoben. *Max Fechner* wurde im Januar 1949 aus dem Zentralsekretariat entfernt, im Juli 1953 verhaftet und als »Feind der Partei und des Staates« aus der SED ausgeschlossen; erst im April 1956 wurde er aus der Haft entlassen, zwei Jahre danach erneut in die SED aufgenommen. Nur Otto Grotewohl blieb.

Von sieben Kommunisten in der ersten SED-Führung wurde *Paul Merker* am 24. August 1950 unter der Anschuldigung, kein Vertrauen zur

Sowjetführung gehabt zu haben, und »als Werkzeug des Klassenfeindes« aller Funktionen enthoben. Merker leitete zwei Jahre lang eine HO-Gaststätte in Luckenwalde, bevor er am 20. Dezember 1952 als »feindlicher Agent« und »Subjekt der USA-Finanzoligarchie« verhaftet wurde. 1956 aus dem Gefängnis entlassen, arbeitete er seit 1957 als Lektor in dem Ost-Berliner Verlag »Volk und Welt«. *Franz Dahlem* wurde auf dem 13. ZK-Plenum am 14. Mai 1953 von allen Parteifunktionen abgesetzt, weil er »gegenüber den Versuchen imperialistischer Agenten, in die Partei einzudringen, völlige Blindheit« bewiesen habe. »Die Untersuchung wird fortgesetzt«, hieß es drohend. Nach Ausschluß aus Zentralkomitee, Politbüro und ZK-Sekretariat erhielt er im Jahre 1954 eine strenge Rüge der Parteiführung. Ende Juli 1956 rehabilitiert, wurde Dahlem Ende Januar 1957 erneut in das Zentralkomitee der SED, nicht jedoch in die Spitzenführung, kooptiert. *Anton Ackermann* wurde 1949 degradiert und 1953 aus der Parteiführung entfernt, da er eine »versöhnliche Position« vertreten habe; Anfang 1954 erhielt er eine strenge Parteirüge, verbunden mit dem Ausschluß aus dem Zentralkomitee der SED. Auch *Elli Schmidt* wurde aus der Führung gedrängt, im Zusammenhang mit den Ereignissen vom 17. Juni 1953 auf einen unbedeutenden Posten abgeschoben und erhielt im Januar 1954 eine strenge Rüge der Parteiführung.

So wurden von den 14 Mitgliedern des Zentralsekretariats zehn Spitzenfunktionäre im Verlauf von nur wenigen Jahren ihrer Positionen enthoben, degradiert, teilweise sogar als »Parteifeinde« entlarvt und aus der Partei ausgeschlossen. Nur vier blieben: Pieck, Grotewohl, Ulbricht und Matern, Leiter der »Zentralen Partei-Kontrollkommission«. Aber auch viele Mitglieder des achtzig-köpfigen Parteivorstandes und der über tausend Delegierten des Vereinigungsparteitages wurden später Opfer jener SED, die sie mit so großer Aktivität, Erwartung, ja Begeisterung im April 1946 geschaffen hatten.

Wir 24 von der Abteilung
»Werbung und Schulung«

Die Gründung der SED im April 1946 wirkte sich ganz praktisch auf unsere Tätigkeit aus: Für den sich nunmehr schnell erweiternden Personalbestand der SED-Führung erwies sich das Gebäude in der Wall-

Auf dem Gründungsparteitag der SED vom 21.-22. April 1946 wurden 14 Mitglieder des Zentralsekretariats gewählt, darunter sieben aus der ehemaligen KPD und sieben aus der ehemaligen SPD. Die Mehrheit dieser Mitglieder wurde später degradiert und ihre Namen ausgelöscht.

Wilhelm Pieck (KPD)

Otto Grotewohl (SPD)

Walter Ulbricht (KPD)

Max Fechner (SPD),
im Juli 1953 verhaftet.

Franz Dahlem (KPD),
im Mai 1953 sämtlicher
Funktionen enthoben,
1954 strenge Rüge.

Erich W. Gniffke (SPD),
im Oktober 1948 aus
Enttäuschung in den
Westen geflohen.

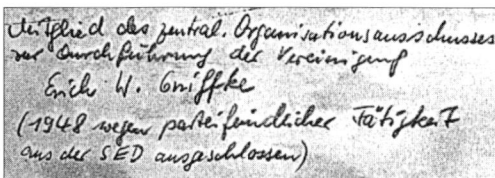

Notiz im Bildarchiv des Dietz Verlages.

Paul Merker (KPD), im
August 1950 abgesetzt,
1952 verhaftet.

Helmut Lehmann (SPD),
im Juli 1950 aus der
Führung entfernt.

Anton Ackermann
(KPD), 1953 degradiert,
1954 Parteirüge.

Otto Meier (SPD), 1950
aus der Führung entfernt.

Hermann Matern (KPD),
der spätere Vorsitzende
der Zentralen Partei-Kon-
troll-Kommission.

August Karsten (SPD),
1947 zurückgetreten.

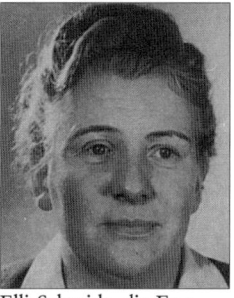

Elli Schmidt, die Frau
Anton Ackermanns
(KPD), 1953 degradiert.

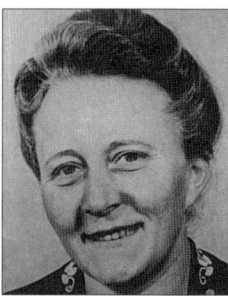

Käthe Kern (SPD), im
Januar 1949 auf unwichti-
gen Posten abgeschoben.

straße als zu klein. Schon kurz nach der Vereinigung zogen die meisten Mitarbeiter in ein neues, viel größeres Parteigebäude um: In das »Jonas-Haus«, inzwischen in »Haus der Einheit« umbenannt, damals im Volksmund »Glaspalast« genannt; es befand sich in der Lothringer Straße 1-3, der späteren Wilhelm-Pieck-Straße. Unser Gebäude in der Wallstraße, das früher die Mitarbeiter des gesamten Zentralkomitees der KPD beherbergt hatte, diente nur noch unserer Abteilung und dem Parteiverlag, der nun Dietz-Verlag hieß.

Aber auch unsere Abteilung, die jetzt »Werbung und Schulung« hieß, wurde personell vergrößert. Aus dem SED-Dokument »Abt. Werbung und Schulung«, das ich kürzlich erhielt, ersah ich, daß die Abteilung im Frühjahr und Sommer 1946 aus insgesamt 24 Mitarbeitern bestand. Von Parität konnte dabei allerdings keine Rede sein. Gewiß hatte man dem Leiter Fred Oelssner als Stellvertreter den aus der Sozialdemokratie kommenden Paul Lenzer beigegeben, aber sonst herrschten die aus der KPD stammenden Funktionäre eindeutig vor. Die Gehälter waren gegenüber 1945 gestiegen. Oelssner und sein Stellvertreter Lenzer erhielten jetzt 1.100 DM, die sieben »Hauptreferenten«, darunter Rudolf Lindau, später Direktor der SED-Parteihochschule, und Rudolf Dölling, der die erste diplomatische Vertretung der DDR in Moskau leiten sollte, erhielten zwischen 700 und 900 DM, die neun »Referenten«, darunter auch ich, zwischen 500 und 600 DM, die Stenotypistinnen und Sekretärinnen zwischen 250 und 400 DM monatlich. Insgesamt waren wir nun einschließlich technischer Hilfskräfte 24 Mitarbeiter, die für die Bereiche Massenagitation, Propaganda, Presse und Parteischulung zuständig waren.

Nur drei Wochen nach der Gründung der SED, am 14. Mai 1946, beschloß der SED-Parteivorstand, das politische Schulungssystem, jetzt »Bildungssystem« genannt, neu zu gestalten. Otto Meier, der aus der Sozialdemokratie kommende, gutmütige, jahrzehntelang in Bildungsfragen erfahrene Funktionär des Zentralsekretariats gab die neuen Richtlinien bekannt: Die früheren Schulungstage, jetzt »Politische Bildungsabende« genannt, sollten für die damals 1,6 Millionen SED-Mitglieder nicht mehr wöchentlich, sondern nur noch zweimal monatlich stattfinden. Lokale Funktionäre sollten in Kreisschulen in zwei bis drei Wochen Lehrdauer ausgebildet werden, für qualifiziertere Funktionäre war eine Weiterbildung von sechs Wochen in den SED-Landesschulen vorgesehen. Die Parteihochschule in Liebenwalde sollte höhere Funktionäre in sechsmonatigen Lehrgängen ausbilden.

Aber dieser in der späteren DDR-Geschichtsschreibung häufig zitierte

»Schulungsbeschluß« blieb Makulatur. Gewiß wurden die sechs Landesschulen erweitert; ansonsten aber verlief alles im früheren Trott. Die SED hatte damals andere Sorgen. Eine Kampagne jagte die andere. Am 30. Juni 1946 fand in Sachsen der Volksentscheid über die »Enteignung der Kriegs- und Nazi-Verbrecher« statt. Im September folgten die Gemeindewahlen, am 20. Oktober die Landtagswahlen in den damaligen fünf Ländern der Sowjetzone und, vor allem, die entscheidenden Wahlen in Berlin.

Für die Wahlkampagne standen der SED alle nötigen Hilfsmittel in beliebiger Menge zur Verfügung, während die beiden anderen Parteien, CDU und LDP, dem kaum etwas entgegenzusetzen hatten. So konnte sich die SED in den Ländern der Sowjetzone Deutschlands, unter eindeutig besseren Bedingungen, gegenüber den anderen Parteien gerade noch durchsetzen – mehr nicht. Bei den entscheidenden Wahlen in Berlin, unter gleichberechtigten Bedingungen also, erlitt die SED eine entscheidende Niederlage. Als Sieger gingen die Sozialdemokraten mit 48,7% aus der Wahl hervor, die CDU folgte mit 22,1%, während die SED mit 19,8% nur den dritten Platz erreichen konnte; die LDP kam auf etwa 9, 4%. Diese Niederlage bedeutete für viele Parteimitglieder einen tiefen Schock, der jedoch durch den Stamm absolut überzeugter Parteiaktivisten überwunden werden konnte.

Eines aber war offensichtlich: Die Wahl hatte gezeigt, daß der »Frontalangriff«, das Überschwemmen der Bevölkerung mit Millionen von Flugblättern, nicht zum Ziel geführt hatte. Jetzt begann ein zeitweiliger Rückzug, um die Kräfte zu formieren und zu festigen. Dies sollte durch Schulung geschehen.

So stand Ende Oktober 1946 unerwartet die Parteischulung im Mittelpunkt der gesamten Tätigkeit der SED. Am 25. Oktober 1946 kam es zu einem Durchbruch, der zur Bildung eines gewaltigen Schulungsimperiums führen sollte.

Ackermann - Meiner

Abt. Werbung und Schulung

Gehalt:

Oelßner, Fred	Leiter	RM	1.100.—
Lenzner, Paul	stellvertr.Leiter	"	1.100.—
Lindau, Rudolf	Hauptreferent	"	900.—
Heckert, Otto	"	"	800.—
Dölling, Rudolf	"	"	800.—
Wloch, Karl	"	"	800.—
Jungmann, Erich	" "	"	800.—
Einig, Anton	"	"	700.—
Harig, Gerhard	"	"	700.—
Leonhard, Wolfgang	Referent	"	600.—
Leonhardt, Heinz	"	"	600.—
Hinze, Paul	"	"	600.—
Winkler, Herbert	"	"	500.—
Masuk, Karl	"	"	500.—
Schneidewind, Kurt	"	"	500.—
Mischke, Georg	"	"	500.—
Linden, Nuscha	Referentin	"	500.—
Hahnheiser, Elly	"	"	500.—
Semmrich, Elfriede	Sekretärin	"	400.—
Schumacher, Lucie	"	"	350.—
Lüdicke, Erna	"	"	350.—
Nikulla, Lieselotte	Stenotypistin	"	275.—
Kockrow, Eva	"	"	250.—
Gollan, Irma	"	"	250.—

HGA, ZPA, NL 36/661

Liste der 24 Mitarbeiter der Abteilung »Werbung und Schulung« im Zentralsekretariat der SED nach ihrer Gründung Ende April 1946. Diese 24 Personen (einschließlich Sekretärinnen und Stenotypistinnen) waren damals für die Leitung von Presse, Bildung, Kunst und Kultur, Ideologie und Parteischulung zuständig. Später sollte daraus ein aufgeblähter Apparat mit einem riesigen Mitarbeiterstab entstehen.

IV

AUFSTIEG UND NIEDERGANG DES SED-SCHULUNGSIMPERIUMS

Frühsommer 1990, Brandenburger Tor. Diesmal gehe ich vom Ostteil Berlins in Richtung Westen. Kurz vor der früheren Sektorengrenze sehe ich stapelweise auf der Straße liegende ideologische Lehrbücher und sorgfältig ausgearbeitete, hektografierte methodologische Anleitungen für SED-Parteischulen. Die übrigen Passanten gehen achtlos vorbei – ich bleibe stehen. Die Umstehenden wundern sich, als ich mehrere der Schriften aufhebe und in meine Aktentasche stecke. In Buchläden frage ich nach früheren SED-Lehrbüchern. Die Verkäufer konsterniert: »Natürlich haben wir so etwas nicht.« Die staunenden, nicht selten ungläubigen Gesichter der Buchhändler angesichts meiner Frage werden mir in Erinnerung bleiben.

Die Episode berührte mich tief, denn es wurde mir klar: Ich hatte im Herbst 1945 den Anfang, die ersten Schritte der Parteischulung erlebt und sollte nun auch Augenzeuge ihres Endes sein. Vor mir sah ich noch, wie Fred Oelssner im Spätsommer 1945 in einer Ecke des Beratungszimmers das erste Schulungsheft für die neu gegründete Kommunistische Partei diktierte, um die Genossen »mit der neuen Linie bekannt zu machen«. Ich erinnerte mich an den Umzug in die Wallstraße Mitte Juli 1945, an die Bildung der Abteilung »Agitation und Propaganda«, an die Ausarbeitung der KPD-»Vortragsdispositionen« und, nach der Schaffung der SED im April 1946, die »Sozialistischen Bildungshefte« – an die viele Arbeit, die mir damals die Erstellung dieser Materialien gemacht hat, an die Hoffnungen, die ich damit verband.

Ich dachte an die oft überhastete, aber mit großem Eifer erfolgte Gründung von Ausbildungsstätten – an die FDJ-Schule in Bogensee, die Landesparteischule von Brandenburg in Schmerwitz, die Berliner Parteischule in Karolinenhof, die Thüringsche Landesparteischule in Bad Berka, vor allem aber an die SED-Parteihochschule – zunächst in Liebenwalde und später, ab Januar 1948, in Kleinmachnow.

Inzwischen ist das gewaltige SED-Parteischulungssystem wie ein Kartenhaus zusammengestürzt – schneller und endgültiger als das System selbst. Meine Spurensuche galt nun dem Beginn und Ende des ehemaligen SED-Schulungsimperiums.

Ende Oktober 1946: Otto Grotewohl und das Netz der Kreisparteischulen

Bei meinem dritten Besuch in der Wallstraße 76-79 äußerte ich einen Wunsch: »Hier war irgendwo noch ein Sitzungszimmer; nicht sehr groß, für dreißig Personen vielleicht.« Und ich erzählte Herrn Fiebig von der für mich persönlich und für das gesamte Schulungssystem entscheidenden Sitzung im Oktober 1946, als Otto Grotewohl zur Wallstraße kam, um eine Besprechung mit den Mitarbeitern der Abteilung »Werbung und Schulung« zu führen. »Das ist nicht schwer zu finden; der Raum liegt gegenüber meinem Arbeitszimmer«, meinte Herr Fiebig und führte mich in einen Saal. »Ja, hier war es«, sagte ich und schaute mich in dem Konferenzsaal um, der inzwischen etwas modernisiert worden ist.

Grotewohls Besuch hing mit dem Beschluß der SED-Führung vom 25. Oktober 1946 zusammen – ich glaube mich daran zu erinnern, daß er sogar an eben dem Tag kam, als dieser Beschluß veröffentlicht wurde. In den letzten Monaten, so hieß es in dem Beschluß, sei die Bildungsarbeit »in den Hintergrund gedrängt worden«. Der frühere Schulungsbeschluß vom 24. Mai 1946 sei – und diese Behauptung stimmte nun wirklich – »nur sehr ungenügend durchgeführt worden«. Dann kam der entscheidende Satz: Die Bildungs- und Schulungsarbeit ist »die *wichtigste* (im Original hervorgehoben!) Aufgabe der gesamten Partei«. Der Besuch des »politischen Bildungsabends« sei für jedes SED-Mitglied »selbstverständliche Verpflichtung«; für den regelmäßigen Besuch müsse »in der gesamten Parteipresse eine systematische Werbekampagne« eingeleitet werden.

Am wichtigsten aber war der Hinweis auf Internats-Parteischulen. Die Lehrgänge in den sechs Landesparteischulen – Berlin, Brandenburg, Sachsen, Sachsen-Anhalt, Thüringen und Mecklenburg – sollten in kürzester Frist von sechs Wochen auf drei Monate verlängert werden. Im Mittelpunkt stand die Verpflichtung, in allen 130 Kreisen unverzüglich Kreisschulen auf Internatsbasis zu errichten, in denen jeweils 60 bis 80 Teilnehmer einen zweiwöchigen Schulungskurs zu absolvieren hätten. »Wir haben uns die Aufgabe gestellt«, erklärte Grotewohl mit einer an ihm bis dahin nicht gekannten schneidenden Stimme, »im Verlaufe eines einzigen Jahres 180.000 SED-Mitglieder in vierzehntägigen Kursen in den Kreisschulen auszubilden. Diese Aufgabe muß und wird durchgeführt werden.«

Während er noch sprach, rechnete ich nach: 130 Kreisschulen mit durchschnittlich 60 Kursanten in 14tätigen Lehrgängen, das bedeutete 24 Lehrgänge pro Jahr. Wenn dieser Vorschlag zu 100 Prozent verwirklicht würde, ergäbe dies tatsächlich 187.200 in Kreisparteischulen ausgebildete SED-Mitglieder. Als ich das damals hörte, war ich skeptisch. Aber der Beschluß wurde tatsächlich in Jahresfrist verwirklicht – wenn auch nicht vollständig, so doch zu fast 90 Prozent.

Die »Schulungsabteilung«, wie die Abteilung »Werbung und Schulung« meist von uns genannt wurde, konnte sich nun vor Konferenzen, Direktiven und neuen Aufgaben kaum mehr retten. Schon kurze Zeit später erhielten wir vom Zentralsekretariat einen ungewöhnlichen »Sonderauftrag«: Innerhalb von nur vier Wochen sollten wir das zukünftige obligatorische Lehrbuch für die zu gründenden 130 Kreisschulen der SED ausarbeiten.

Fred Oelssner entwarf, wie immer, sofort einen Plan. Die von ihm vorgesehenen acht Kapitel wurden gleichmäßig auf die damals in der Abteilung beschäftigten Funktionäre aufgeteilt. Das erste Kapitel »Einführung in den Marxismus« schrieb Oelssner selbst, das siebente Kapitel »Der Sozialismus« wurde mir übertragen. Oelssner hatte auch gleich die drei Unterkapitel bereit, die ich auszuarbeiten hatte: »Du beginnst mit ›Unser Endziel, der Sozialismus‹; dann schreibst Du zum Thema ›Der Weg zum Sozialismus‹; als letztes Kapitel folgt dann ›Unser Kampf gegen bürgerliche Verfälschungen und Verleumdungen der sozialistischen Idee‹.« Wie die übrigen machte ich mich sofort an die Arbeit.

In diesen Wochen des Spätherbstes 1946 arbeiteten wir alle bis spät nachts. Gleichzeitig wurden Gebäude requiriert und Lebensmittellieferungen »sichergestellt«. Schon wenige Wochen später trafen erste Meldungen über die Eröffnung von Kreisparteischulen ein.

Ende Mai 1947 waren bereits 105 der 130 vorgesehenen Kreisparteischulen in Funktion. Unser Lehrbuch war längst in über 100.000 Exemplaren ausgeliefert. Im März 1948 – daran kann ich mich gut erinnern – prangte in der SED-Parteihochschule »Karl Marx« die Losung: »In 120 Kreisschulen, 6 Landesschulen und einer Parteihochschule werden die Waffen des ideologischen Kampfes geschmiedet.«

All das erwies sich jedoch erst als Anfang. Mit jedem Monat wuchsen die Zahl der Gebäude, der Lehrkräfte, der Kursanten, der ausgearbeiteten Materialien – aber auch Disziplin, Unterordnung, die Ersetzung der Seminare durch Indoktrination. So entstand aus den ersten Anfängen, die ich erlebte, bis zu den 80er Jahren ein riesiges, hierarchisch abgestuftes, auf eine einheitliche Linie verpflichtetes Schulungsimperium.

Seit Frühjahr 1990, vor allem im Jahre 1991, besuchte ich jene Parteischulen, deren Beginn ich mitgestaltet habe, erneut – die FDJ-Schule am Bogensee und die am 14. Mai 1946 gegründete Parteihochschule in Liebenwalde, die später nach Kleinmachnow umzog.

29. August 1990: Überraschungen in der verwaisten FDJ-Schule Bogensee

Am 29. August 1990 machte ich mich gemeinsam mit dem Fotografen Gerhard Weber aus Colditz bei Leipzig auf den Weg zur FDJ-Schule in Bogensee. Wir fuhren zuerst nach Bernau, von dort über Biesenthal und – über eine sehr schlechte Straße – nach Lanke.

Auf der Hinfahrt erzählte ich Gerhard Weber über die Anfänge der Einrichtung. Hier am Bogensee, unweit der späteren SED-Prominentensiedlung Wandlitz, hatte NS-Reichspropagandaminister Josef Goebbels Mitte der 30er Jahre begonnen, ein Jagdhaus zu errichten; 1939 war es fertiggestellt. Im Frühjahr 1945 wurde die Goebbelsche Villa von den Truppen der 61. sowjetischen Armee und polnischen Einheiten eingenommen. Zunächst befand sich dort ein sowjetisches Armeelazarett, jedoch nur kurze Zeit. Am 9. März 1946 wurde, laut Befehl Nr. 322 der Stadtkommandantur Bernau, das Gebäude übergeben – anfänglich als »Provinzialschule für Funktionäre, die in der Jugendarbeit tätig sind«.

Inzwischen war Erich Honecker auf der Suche nach einer Jugendschule für die Freie Deutsche Jugend (FDJ), die Pfingsten 1946 in Brandenburg auf dem Ersten Parlament gegründet werden sollte. »Wenige Tage vor Beginn des I. Parlaments konnten wir am Bogensee bei Bernau die Jugendhochschule der FDJ, heute Jugendhochschule ›Wilhelm Pieck‹ eröffnen«, erinnerte sich Erich Honecker in seinen 1980 veröffentlichten Memoiren. »Mit Heinz Kessler war ich mehrmals nach hierfür geeigneten Gebäuden in der Berliner Umgebung auf die Suche gegangen. Diese hier entsprachen unseren Vorstellungen und dem geplanten Zweck. Der Parteivorstand der SED stimmte zu und unterstützte uns bei der Einrichtung.« (Erich Honecker: Aus meinem Leben, Ost-Berlin 1980, S. 208).

Tatsächlich wurde am 22. Mai 1946 der erste Lehrgang eröffnet, der jedoch nur aus 22 Jugendlichen bestand; einige von ihnen – darunter der damals 17jährige Hermann Weber, später ein bekannter DDR-Forscher – kamen aus dem Westen. Schon einen Monat nach Eröffnung hielt Wilhelm Pieck seinen ersten Vortrag in der Villa am Bogensee.

Auch ich war häufiger dort zu Vorträgen und Seminaren – dies gehörte zu den angenehmeren und schönen Episoden meiner damaligen Tätigkeit. Die Jugendlichen waren in der Regel zwischen 18 und 20 Jahren alt; ich selbst war zu dieser Zeit erst 25 und freute mich stets darauf, die Jugendschule zu besuchen.

Die Schule lag an einem schönen See, von Wäldern umgeben. Die Jugendlichen waren aufgeschlossen, und wir konnten noch frei und ungezwungen diskutieren. Zwar gehörten die beiden Leiter Hans Jäschke und Werner Götze der SED an, aber die FDJ-Schule Bogensee war damals noch keineswegs »kommunistische Kaderschmiede«. Unter den Jugendlichen gab es Anhänger unterschiedlichster Richtungen, und im Lesesaal sah man nicht nur die SED-Zeitung »Neues Deutschland« und das FDJ-Organ »Junge Welt«, sondern auch »Den Morgen« der Liberaldemokraten und die »Neue Zeit« der Ost-CDU.

In den Seminaren diskutierten die Jugendlichen über »Demokratie«, die »antifaschistisch-demokratische Republik«, über »den Kampf gegen den Nazismus« und die »Blockpolitik«. Begriffe wie »Kaderschmiede« und »Kampfreserve der Partei« gab es ebenso wenig wie einen Unterricht in »Marxismus-Leninismus«. Nach den Vorträgen hagelte es Fragen, die Diskussionen waren engagiert und offen. Neben Wilhelm Pieck und Otto Grotewohl kamen auch Wilhelm Külz von der Liberal-Demokratischen Partei und Jakob Kaiser von der Ost-CDU – unnötig zu erwähnen, daß Jakob Kaisers Tätigkeit dort, genau wie meine, in späteren DDR-Veröffentlichungen verschwiegen wurde. Ich erinnere mich, daß wir nach Seminaren und Aussprachen gemeinsam mit den Jugendlichen durch den Wald gingen, im See badeten und uns ungezwungen unterhielten.

Im August 1990 befand ich mich in eben jenem Wald auf dem Weg zur Bogensee-Schule; an der Kreuzung vor der Einfahrt war eine große offensichtlich neu errichtete Tafel zu sehen: »Internationales Jugendzentrum (IJC)«, darunter in gelber Schrift auf grünem Hintergrund ein

Das Goebbelsche Jagdhaus, 1939 fertiggestellt, seit Frühjahr 1946 die FDJ-Schule Bogensee.

Wilhelm Pieck 1946 beim Besuch der FDJ-Schule in Bogensee;
links im Bild der damalige FDJ-Vorsitzende Erich Honecker.

Wolfgang Leonhard als Referent an der FDJ-Schule in Bogensee 1947.

Hinweis auf das »Restaurant Bogensee«. Gleiche Hinweisschilder standen unmittelbar vor der Einfahrt.

Ich hatte bereits gehört, daß die ursprünglich kleine FDJ-Schule in eine größere Jugendhochschule »Wilhelm Pieck« umgestaltet worden war. Was ich aber am 26. August 1990 sah, ging über alles Erwartete weit hinaus. Wir fanden uns auf einem riesigen Areal inmitten majestätisch anmutender Gebäude im nach-stalinistischen Baustil. Das Ganze erinnerte mich – sonst verzichte ich auf solche Vergleiche, aber hier ist er angebracht – an das Reichsparteitagsgelände in Nürnberg: Ein gespenstischer, erdrückender Anblick.

»Also hierher floß das Geld, hier wurde gebaut, und wir konnten nicht einmal primitivste Renovierungen und Sanierungen vornehmen«, meinte mein aus Leipzig stammender Begleiter. Die surrealistische Szene wurde dadurch verstärkt, daß wir beide die einzigen auf dem gigantischen Gelände zu sein schienen. Unsere Schritte hallten laut wider. Gerhard Weber schoß ein Foto nach dem anderen.

Über der Fassade des Hauptgebäudes befand sich eine große Statue dreier Jugendlicher, die ein Banner trugen; unterhalb des Simses war die frühere Aufschrift JUGENDHOCHSCHULE WILHELM PIECK bereits abmontiert. Noch vorhanden: Die Gedenktafel vor dem Hauptgebäude mit einem Relief Wilhelm Piecks, das seinen Geburtstag (3. Januar 1876) und das Todesdatum (7. September 1960) nennt.

Wir gingen die riesige Freitreppe zum Hauptgebäude hinauf. Niemand war zu sehen. Als wir eintraten – die Halle war majestätisch und kahl – wähnten wir uns in einer versunkenen Stadt. Endlich hörten wir aus der Ferne Stimmen: Zwei weibliche Angestellte der Bibliothek. Sie waren, nicht anders als wir, erstaunt, hier andere Menschen anzutreffen. Die Bibliothek war, wie ich es jetzt häufig erlebte, bereits »gesäubert«. Viele leere Regale, aus denen Bücher und Broschüren entfernt worden waren. Die Bibliothekarinnen, offensichtlich erfreut, Besucher zu haben, zeigten uns Veröffentlichungen über die Einrichtung in Zeitungen, Zeitschriften und Festschriften. Sie legten uns Fotos aus der früheren Zeit der Jugendhochschule vor.

Wir trafen einen etwa 30jährigen Mann, der sich als Dr. Ulrich Kasper vorstellte, früher Lehrer der Jugendhochschule. Gemeinsam gingen wir durch lange leere Korridore. Alles, was an frühere Zeiten erinnerte, war entfernt worden. Keine Transparente, keine Standbilder, keine Losungen, keine Gemälde, keine Plakate. »Wo ist denn hier das historische Kabinett?« fragte ich, denn ich wußte, daß in den Institutionen der DDR – besonders einer wichtigen wie der Jugendhochschule »Wilhelm

Pieck« – alles über die Geschichte der Einrichtung sorgfältig gesammelt und archiviert wurde. Aber Dr. Kasper schien davon nichts zu wissen, und auch die Bibliothekarinnen reagierten verlegen, als ich danach fragte. »Ja, die Sachen sind wohl irgendwo hingeschafft worden«, erhielt ich zur Antwort. Später hörte ich, die Materialien seien »eingemauert worden«. Alle Nachfragen aber blieben unbeantwortet.

Dezember 1981: Das Pressezentrum für Helmut Schmidt und Erich Honecker

Während unseres Rundgangs sprach Dr. Kasper über die Größe der Jugendhochschule. Im zentralen Veranstaltungsgebäude gab es einen Tagungssaal mit 525 Plätzen und Simultan-Übersetzungsanlagen mit 18 Kanälen, einen Plenarsaal mit 100 Plätzen und sechs Übersetzungskanälen, Räume mit 20 bis 40 Plätzen und eine Vielzahl von Arbeits- und Seminarräumen sowie Tagungsbüros. Dr. Kasper führte uns in den großen Saal, eine Art Auditorium Maximum, modern eingerichtet mit komfortablen Sitzen, einem großen Podium, Projektoren und Filmleinwänden – einer der luxuriösesten Säle, die ich je irgendwo in der DDR gesehen habe.

»Das sieht ja aus wie ein großes internationales Pressezentrum«, sagte ich erstaunt und beeindruckt. Ulrich Kasper sah mich an: »Das war es auch einmal.« »Hier in der Jugendhochschule – ein internationales Pressezentrum?«

»Doch«, meinte Dr. Kasper etwas verschmitzt, »hier in diesem Saal gab es eine internationale Pressekonferenz – anläßlich des Besuches von Helmut Schmidt und seiner Begegnung mit Erich Honecker am 13. Dezember 1981. Hier saßen Hunderte von westdeutschen und ausländischen Journalisten aus Dutzenden von Ländern.«

»Aber die müssen doch bemerkt haben, daß es sich hier um die Jugendhochschule ›Wilhelm Pieck‹ handelte.«

»Nein«, meinte der frühere Lehrer, »die Schulleitung hatte die Schüler für diese Zeit ausquartiert, alle Plakate, Führerbilder und Transparente abmontieren lassen, die Installationen für eine internationale Pressekonferenz eingerichtet, und das ganze wurde einfach in ›Internationales Pressezentrum Biesendorf‹ umbenannt.« Biesendorf ist ein Nachbarort.

Der Eingang zum zentralen Gebäude
der Jugendhochschule Wilhelm Pieck vor
der Wende.

Das zentrale Gebäude der ehemaligen
Jugendhochschule Wilhelm Pieck.
Unmittelbar nach der Wende: Die große
Aufschrift »Jugendhochschule Wilhelm Pieck«
ist bereits entfernt, die Büste Wilhelm Piecks
blieb noch einige Monate stehen.

Die Eingangshalle eines der Gebäude der ehemaligen Jugendhochschule Wilhelm Pieck.

»Und keiner der Journalisten hat danach gefragt, wieso ausgerechnet hier, in einem abgelegenen Waldgebiet bei Bernau, ein so riesiges Pressezentrum existiert?«

»Nein, keiner fragte danach.« Es war keine Schadenfreude, daß man ausländische Journalisten hereingelegt habe, sondern eine fast entschuldigende, achselzuckende Verwunderung: »Sie haben offensichtlich geglaubt, im Internationalen Pressezentrum Biesendorf zu sein.«

In weiteren Gesprächen erfuhr ich von den Bibliothekarinnen, daß bereits 1948 mit der Errichtung weiterer Gebäude auf dem Gelände am Bogensee begonnen wurde. Zunehmend war aus der anfangs überparteilichen Jugendschule tatsächlich die »Kaderschmiede« der Parteijugend geworden. Anstelle dreiwöchiger Kurse gab es bereits seit 1951 »Ein-Jahres-Lehrgänge«. Aus anfangs nur wenigen Lehrgangs- und Seminardozenten wuchs ein riesiger Lehrkörper mit fünf Lehrstühlen: Marxistisch-leninistische Philosophie, Marxistische Politische Ökonomie, Wissenschaftlicher Kommunismus, Geschichte der internationalen Arbeiter- und Jugendbewegung sowie »Wissenschaftliche Führungsmethoden der FDJ«. Bei einem Besuch Wilhelm Piecks am 14. September 1950 erfolgte die feierliche Namensverleihung: Die »Jugendhochschule Wilhelm Pieck« war geboren und wurde als »Kaderschmiede der Freien Deutschen Jugend« bezeichnet.

Erinnerungen an die Jugendhochschule »Wilhelm Pieck«: 1951 und 1958

Zum ersten Ein-Jahres-Lehrgang der Jugendhochschule Anfang 1951 kam auch der damals 18jährige Hermann von Berg, der später Professor für Politökonomie an der Humboldt-Universität in Ost-Berlin werden sollte. Gemeinsam mit Egon Bahr bereitete er 1972 als Berater des damaligen DDR-Ministerpräsidenten Stoph den Grundlagenvertrag vor und kam anschließend wegen angeblicher »landesverräterischer Beziehungen zur SPD und zur Bundesregierung« in Haft. Nach seiner Rehabilitierung gelang es ihm im Frühjahr 1986, die DDR zu verlassen.

In seinem Buch »Vorbeugende Unterwerfung« erinnert sich Hermann von Berg an die FDJ-Jugendhochschule »Wilhelm Pieck« im Jahre 1951: »Unser ganzes Lehrprogramm war nach sowjetischem Muster aufgebaut. Der Kommunistische Jugendverband der UdSSR galt der FDJ, sowie die KPdSU der SED als unübertreffbares Vorbild. Als Losung stand überall: Von der Sowjetunion lernen heißt siegen lernen!«

Die damaligen Lehrer waren, so schreibt Hermann von Berg, zum größten Teil Kriegsgefangene, die während der Umschulung in der Sowjetunion und ihrer Tätigkeit beim »Nationalkomitee Freies Deutschland« für die zukünftige Aufgabe in der DDR vorbereitet wurden. Geschichte spielte dabei eine dominierende Rolle: Ausgewählte Probleme der Weltgeschichte, die Geschichte Deutschlands, der deutschen Arbeiterbewegung und, besonders ausführlich, die Geschichte Rußlands, der UdSSR und der KPdSU nach Stalins »Kurzem Lehrgang«.

Sinn dieser Ausbildung war Hermann von Berg zufolge, die Menschheitsgeschichte als gesetzmäßigen Vorgang, als Vorstufe für den kommenden Sieg des Sozialismus und Kommunismus darzustellen: »Dabei war die Grundtendenz darauf gerichtet, die Abfolge der gesamten Menschheitsgeschichte als eine Kette gesetzmäßig ablaufender Revolutionen darzustellen, die in der Endkonsequenz die seit 1917 herrschende Epoche ›des Übergangs vom Imperialismus zum Sozialismus‹ eröffneten«.

Jener Sozialismus sollte dann in den Kommunismus übergehen, der Gleichheit und soziale Gerechtigkeit garantiere, indem der einzelne nicht mehr nach seiner Leistung bezahlt werde, sondern sich aufgrund des produzierten Überflusses in der Lage sehe, ohne Geld nach seinen Bedürfnissen zu leben. Alle Repressivvorgänge, die die Freiheit beschnitten – wie Staat, Zuchthäuser, Gefängnisse, Polizei – würden überflüssig, weil der Mensch dem Menschen nun nicht mehr Feind und Gegner sei, sondern Freund, Bruder, Genosse. »Und wir waren berufen, auserwählt, dieses Leben, den Höhepunkt der Menschheitsentwicklung, zu gestalten! Wir glaubten der Utopie.«

Auch die übrigen Disziplinen – Ökonomie, Philosophie, Pädagogik, Literatur und Kultur – schienen, nach einem ähnlichen Schema dargestellt, intellektuell schlüssig zu sein: »Der Stoff war so ausgewählt, raffiniert verfälscht, daß Widerspruchsgeist, kritisches Denken, Zweifel überhaupt nicht aufkommen konnten.« Zu jedem Thema wurde zudem eine genau umgrenzte Pflicht- und Zusatzliteratur angegeben, damit niemand auf die Idee komme, Quellen zu lesen. Ohnedies blieb den Studenten gar keine Zeit zum Quellenstudium, das ohne Sondergenehmigung nicht einmal für Hochschullehrer möglich war. Strafbar war der Bezug von Westliteratur ohne Sondergenehmigung. Selbst Sport wurde politisch ausgerichtet: »Zur Erholung war der Sport da. Mit dem Leistungsabzeichen in Gold wurde die bestandene Sportprüfung belohnt: ›Bereit zur Arbeit und zur Verteidigung des Friedens‹, so stand da geprägt.«

Hermann von Berg beschreibt die totale Isolierung und minutiöse Planung des gesamten Schulbetriebes: »Wir hatten in dieser Schule außer einer kurzen Ferienwoche im Jahr keinen privaten Kontakt zu unseren Angehörigen oder Freunden, waren von jeder Information aus dem Westen abgeschnitten und wurden von früh bis abends auf eine genau dosierte Art in allen Wissensbereichen unter ideologischen Vorzeichen indoktriniert. Die Ersatzreligion des Marxismus-Leninismus betrachteten wir so bald gläubig als Wahrheit, als Wissenschaft.« (Hermann von Berg: Vorbeugende Unterwerfung, München 1988, S. 32-37)

Nach diesem ersten Lehrgang im Jahre 1951 verstärkte sich, wie mir Dr. Ulrich Kaspar mitteilte, die Bautätigkeit. Ein Gebäude nach dem anderen wurde neu errichtet, die Zahl der Teilnehmer und Dozenten stieg ständig. Aus der einst freimütig diskutierenden kleinen Jugendschule entstand ein riesiges zentralistisches Instrument der Indoktrinierung. Aus der anfangs betonten Überparteilichkeit wurde die »Kaderschmiede«, eine »Kampfreserve« der Partei.

Die Kursteilnehmer der Jugendhochschule wurden immer häufiger für Sonderaufgaben zum Schutz des Regimes eingesetzt. Die erste dieser Art: Die Teilnahme an der Niederschlagung des Volksaufstandes vom 17. Juni 1953. Offizielle Formulierung: »Bei der Niederschlagung des faschistischen Putsch-Versuches.« Auch andere »Einsätze« folgten, darunter im Senftenberger Braunkohlerevier, offiziell gepriesen als »erste große Bewährungsprobe« und »Beweis der Einsatzbereitschaft«. Seit 1958 kamen auch Jugendliche aus anderen Ländern, entsandt von den dortigen Kommunistischen Jugendverbänden, zur Ausbildung in die FDJ-Hochschule.

Das äußere Bild aber trog – je bombastischer der Ausbau, je deutlicher die Unterordnung unter die Parteiführung, desto mehr klafften Anspruch und Wirklichkeit auseinander, desto mehr vergrößerte sich der Widerspruch zwischen Losungen und Realität, zwischen offiziellen Erklärungen und wirklichem Denken. So erlebte Michael Mara, geboren 1940, die FDJ-Jugendhochschule »Wilhelm Pieck« im Jahre 1958 bereits ganz anders als Hermann von Berg sieben Jahre zuvor.

Michael Mara kam als gläubiger überzeugter FDJler zur Jugendhochschule, wurde aber schon bald enttäuscht: »Fast schlagartig änderten sich mein politisches Wissen und meine politische Meinung im 18. Lebensjahr«, erinnert er sich. »Am ersten Tag meines Studiums merkte ich, daß ich bis auf einige Ausnahmen unter Menschen geraten war, die nach außen hin fest auf dem Boden des Marxismus-Leninismus standen, in Wirklichkeit aber mit vielen Zweifeln behaftet waren und kaum eine von den moralischen Eigenschaften besaßen, die, nach Lenin, einen Kommunisten auszeichnen.«

Bestürzt stellte Mara fest, daß sich seine Hoffnung, ehrliche und überzeugte Funktionäre kennenzulernen, in keiner Weise erfüllte. In der Jugendhochschule häuften sich Diebstähle; vor allem Westeuropäer wurden bestohlen, die westliche Erzeugnisse wie bügelfreie Hemden besaßen. Mehrmals verschwanden größere Geldbeträge, ja sogar Damenunterwäsche. Der Schulleiter, Theo Neumann, mußte über den Hochschulfunk bekanntgeben, daß »Wertgegenstände aus Sicherheitsgründen zu verschließen seien«. Michael Mara: »Diese Vorfälle und regelmäßige nächtliche Saufgelage der Funktionäre, die sich bis in die frühen Morgenstunden erstreckten, enttäuschten mich tief. Ich verachtete die Menschen, die Tag für Tag heucheln, um Karriere zu machen.«

Auch der Unterricht machte ihn nachdenklich und kritisch: »Der historische Materialismus, die Lehren von Feuerbach und Hegel und selbst die von Marx und Engels spielten in der Ausbildung kaum eine Rolle. Das Studium war im wesentlichen auf die ›ruhmreiche Geschichte der KPdSU‹ und die Entwicklung des Komsomol abgestimmt ... Aus erklärlichen Gründen versuchte ich, von hier Abstand zu gewinnen und hinter die Kulissen des Marxismus-Leninismus zu schauen.« Im Arbeitspraktikum – Mara arbeitete an der Walzstraße des Kabelwerks Oberspree – war er bestrebt, die Arbeiter so kennenzulernen, wie sie wirklich sind: »In meinen schriftlichen Arbeiten und während der Seminare bemühte ich mich, die Wahrheit zu finden. Auch in meinen persönlichen Gesprächen mit Mitstudenten kam diese Wandlung zum Ausdruck.«

Dies blieb nicht unbemerkt. Nach Abschluß der Schule im Januar 1960 wurde er zur »Bewährung« in einen besonders zurückgebliebenen Landstrich, die altmärkische Wische, versetzt, bis es ihm am 25. Dezember 1961 – vier Monate nach Errichtung der Mauer – gelang, nach West-Berlin zu fliehen. (Michael Mara: Fluchtstation Grenzpolizei, SBZ Archiv Nr. 10, Mai 1962)

Nachdem Michael Mara die Jugendhochschule verlassen hatte, folgten die Einsätze der Jugendhochschüler im Rahmen der Kollektivierung und beim Bau der Berliner Mauer am 13. August 1961. Sie wurden an entscheidenden Brennpunkten eingesetzt: Einige in einer »Kampfgruppeneinheit« nahe des Brandenburger Tores, andere zum Schutz »verbandseigener Objekte«, wieder andere hatten die Aufgabe, in der Berliner Bevölkerung den Bau der Mauer zu rechtfertigen; in offizieller Terminologie: »Sie über die neue politische Situation zu informieren und ihnen diese gerechtfertigten Maßnahmen bewußt zu machen.«

Der Niedergang: Bürokratische Gängelung, Einseitigkeit und Indoktrination

Drei Tage nach dem Bau der Mauer folgte das »Kampfaufgebot« unter der Losung »Das Vaterland ruft – schützt die sozialistische Republik«. Teilnehmer des damaligen Lehrgangs am Bogensee wurden, wie es offiziell hieß, »zum Ehrendienst in der NVA verabschiedet«. Auch in der Schule selbst gab es nun »Kampfappelle«; manche erhielten für ihre Tätigkeit eine »Ehrenurkunde des Zentralrats der FDJ« mit dem Text: »In Würdigung des Kampfgeistes und der Einsatzbereitschaft zum Schutz der Staatsgrenze der DDR«.

Selbst durchaus Vernünftiges, etwa die inhaltliche Aufbereitung historischer Ereignisse, artete zum grotesken Ritual aus. Eine Jubiläumsfeier jagte die andere. Als Beispiel sei die kurze Zeit von Anfang 1969 bis Frühjahr 1970 genannt: Feier zum 50. Jahrestag der Kommunistischen Partei Deutschlands (Januar 1969); »Tag der nationalen Volksarmee« (1. März 1969); »20. Jahrestag der Gründung der DDR« (Oktober 1969); »50. Jahrestag der Gründung der Kommunistischen Jugendinternationale« (November 1969) und der »100. Geburtstag von W. I. Lenin« (April 1970) – mit vorgestanzten, sich stets wiederholenden Parolen, Wettbewerbe, Staffetten »Banner des Sieges« und angeblich »wissenschaftliche Kolloquien«, in denen jedoch nie Probleme diskutiert, sondern nur offizielle Formulierungen wiederholt wurden. Je häufiger diese Feierlichkeiten wurden und je länger sie dauerten, desto mehr verloren sie jeglichen Inhalt: Sie wurden zu leeren Ritualen, zur Staffage.

Auch die – an und für sich begrüßenswerte – Zielsetzung, Jugendliche aus unterschiedlichen Ländern zusammenzubringen, verlor dadurch jeglichen Sinn. Bei den »Freundschaftsbesuchen« aus den Ländern Asiens, Afrikas und Lateinamerikas hielten die Funktionäre in der jeweiligen Sprache ihre obligaten Reden; der Inhalt aber entsprach stets dem, was in der FDJ-Hochschule gelehrt wurde. Die ausländischen Teilnehmer paßten sich dem inzwischen festgefügten FDJ-Ritual an. So organisierten die in Bogensee versammelten Jungkommunisten aus Chile und Argentinien einen Wettbewerb um den Titel des »revolutionären Vorbilds«. Nachbarschaftshilfe, gemeinsames Leben mit ausländischen Jugendlichen, Studium gesellschaftlicher Probleme – all das wurde durch bürokratische Gängelei, Einseitigkeit und Indoktrination in das Gegenteil verkehrt. Trotz bombastischer Feiern, steter Wiederholung der Losungen und trotz neuer Gebäudekomplexe wurde der Inhalt der FDJ-Schule zunehmend nichtssagend. So war es auch nicht erstaunlich, daß bei der Wende alles von einem Tag auf den anderen wie ein Spuk endete.

Aber auch das neue »Internationale Jugendzentrum«, das wir am 29. August 1990 besuchten, sollte nicht lange bestehen. Elf Monate später, am 19. Juli 1991, besuchte ich die ehemalige Jugendhochschule »Wilhelm Pieck« am Bogensee ein weiteres Mal. Schon an der Einfahrt stutzte ich. Das große Schild »Internationales Jugendzentrum IJC« war verschwunden. An dessen Stelle prangte nun eine neue Tafel: »Internationales Bildungs-Centrum Bogensee«; die neue Abkürzung: IB. Lediglich die frühere Adresse »Platz der Freundschaft, 1281 Bogensee« war geblieben.

Erneut betrat ich den riesigen Gebäudekomplex – aber er war bei weitem nicht mehr so menschenleer und verlassen wie bei meinem ersten Besuch. Überall quirlte bereits das Leben. Die Wohnhäuser hatten inzwischen neue, unpolitische Namen erhalten: »Potsdam«, »Budapest«, »Wien«, »Reggio di Calabria« und »Landhaus«; das Hauptgebäude mit Tagungs- und Plenarsaal hieß nun »Berlin«. Die große Skulptur auf dem Dach mit den drei Bannerträgern war ebenso verschwunden wie die früher im Mittelpunkt stehende Büste Wilhelm Piecks.

Wie bei meinem ersten Besuch nach der Wende ging ich in das Restaurant der ehemals Goebbelschen Villa, wo vor Jahrzehnten die Vorlesungen, Seminare und Diskussionen der Jugendschule stattfanden. Das Lokal war diesmal überfüllt – ich sah junge Leute, die hier, im »Internationalen Bildungszentrum«, an einer Ausbildung im Rahmen des Jugend-Sozialwerks teilnahmen.

Ein im Restaurant ausliegender farbiger Prospekt schilderte das neue Bildungszentrum: Es wird darin auf die »wald- und seenreiche Landschaft der Bogener Heide im Landkreis Bernau, einer der schönsten Gegenden des Landes Brandenburg« hingewiesen. Aber auch die Vergangenheit wurde erfreulicherweise nicht verdrängt – im Prospekt heißt es wahrheitsgemäß, das Internationale Bildungszentrum liege »auf dem Gelände der ehemaligen FDJ-Hochschule«.

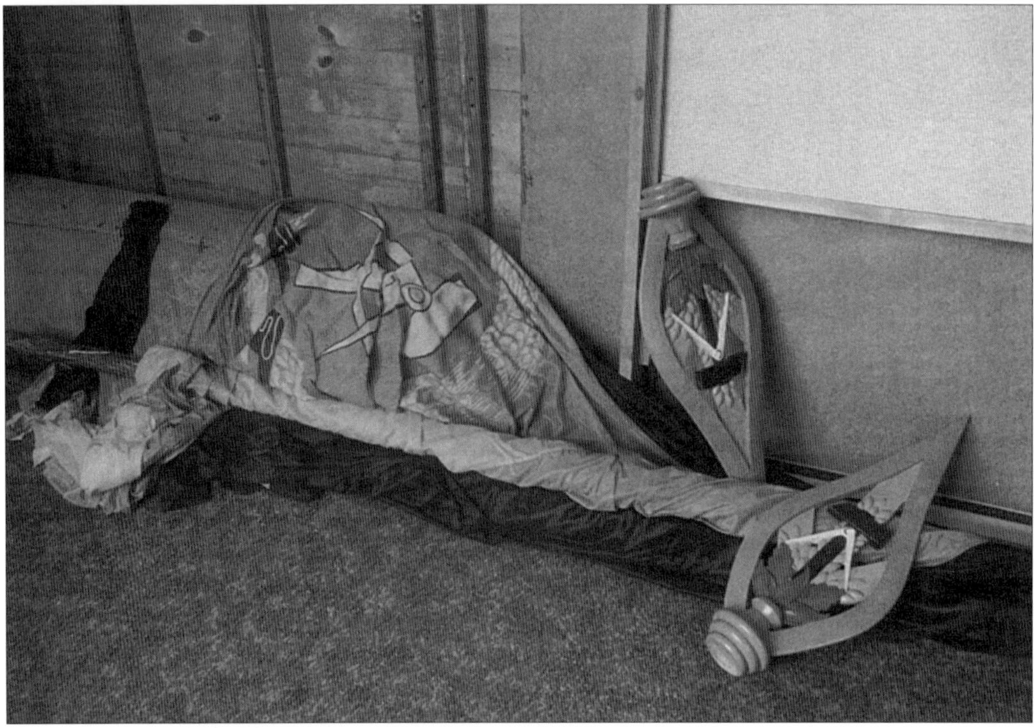

Die letzten Fahnen und Embleme der ehemaligen FDJ-Jugendhochschule Wilhelm Pieck werden weggeschafft.

Die ersten Monate nach der Wende: Statt der Jugendhoch-schule das »Internationale Jugendcentrum« (IJC).

Seit 1991: Internationales Bildungs-Centrum Bogensee

Besuch in Liebenwalde: Von der SED-Partei-hochschule zur »Bauernakademie«

Am 26. August 1990 fuhr ich nach Liebenwalde, dem ersten Sitz der SED-Parteihochschule »Karl Marx« – zunächst über die Autobahn, dann durch Oranienburg und Sachsenhausen. Als ich in Liebenwalde eintraf, war ich ohne große Hoffnung, die frühere Parteischule schnell zu finden, denn diese hatte sich – daran erinnere ich mich gut – außerhalb des Ortes in einem abgelegenen Gutshof in der Nähe eines Kanals befunden. Was nun? Ich wußte aus Erfahrung, daß man nach der Wende nicht gerade freundlich angesehen wird, wenn man nach ehemaligen Parteieinrichtungen fragt. Die Jüngeren kannten die Parteihochschule nicht, die älteren wären kaum bereit, darüber zu sprechen. Aber ich hatte Glück. Auf dem Marktplatz von Liebenwalde traf ich zwei ältere Damen. Vorsichtig, etwas umschreibend, stellte ich meine Fragen. Aber die Damen wußten sofort, wovon ich sprach und beschrieben mir den etwas komplizierten Weg. Ich fuhr noch etwa zwei bis drei Kilometer an einem Kanal entlang, dann durch eine Allee. Die frühere Parteihochschule war auf einem ehemaligen Gutshof untergebracht. Als ich den großen Gebäudekomplex erreichte, bestand kein Zweifel: Hier war einst die SED-Parteihochschule »Karl Marx« in Liebenwalde.
Im Zentrum befand sich, genau wie vor 44 Jahren, ein großer, von Bäumen umrahmter Platz, der einem kleinen Park ähnelte. Rechteckig um diesen Platz angeordnet: Vier große, vierstöckige Gebäude. In dem Gebäude links befanden sich früher die Bibliothek und einige Wohnzimmer, in einem langgestreckten, einstöckigen Haus die Seminarräume. Auf der gegenüberliegenden Seite des Mittelhofs liegt ein mehrstöckiges Haus mit Wohn- und Wirtschaftsräumen. Rechts befanden sich früher Küche und Speisesaal, und das Gebäude auf dieser Seite bot der Aula und einem weiteren Vorlesungssaal Platz. Alle Gebäude schienen jetzt leer zu stehen.
So ging ich zum Speisesaal des Hauptgebäudes, der heute eine allgemein zugängliche Gaststätte beherbergt. Ich trat ein, bestellte einen Kaffee und entdeckte zu meiner Verwunderung, daß die früher übliche Teilung des Speisesaals in einen großen Raum für die »Kursanten«, wie die Studenten genannt wurden, und einen kleineren, besser ausgestatteten für die Dozenten, erhalten geblieben war.
Ich war allein – ähnlich wie bei meinem ersten Besuch in der FDJ-Hochschule Bogensee. Kein Mensch war zu sehen – es schien, als ob

der ganze Komplex stillgelegt sei. Die Häuser standen offen: Ich konnte ungehindert hineingehen und mir jene Räume ansehen, die früher als Vortragssäle und Seminarräume gedient hatten. Lediglich das Haus, in dem sich vor Jahrzehnten die Schlafräume der Studenten befanden, war verschlossen. Alles sah noch so aus wie damals, wie im Herbst 1947.

Das Anwesen in Liebenwalde war bereits Anfang 1946, schon vor der Vereinigung von KPD und SPD zur SED, von Wilhelm Pieck als zentrale Parteischule der KPD unter dem Namen »Rosa Luxemburg« eröffnet worden – allerdings mit nur einem einzigen Lehrgang. Nach Gründung der SED wurde die Parteischule Liebenwalde im Juni 1946 in die Parteihochschule »Karl Marx« umgewandelt.

Meine Entsendung als Dozent der SED-Parteihochschule erfolgte Anfang September 1947. Franz Dahlem, damals »Kader-Chef« der SED, hatte mir kurz zuvor die Direktive gegeben, für zwei Jahre zur Verstärkung der Parteihochschule nach Liebenwalde zu gehen – mit dem Recht, mir die Fakultät selbst auszusuchen. Ich entschied mich für die Fakultät Geschichte und weiß noch, wie froh ich war, mich in Distanz zur SED-Tagespolitik auf die Geschichte der Arbeiterbewegung konzentrieren zu können.

Als ich kurz nach meiner Ernennung in Liebenwalde eintraf, wurde ich von *Rudolf Lindau*, den ich bereits in der Sowjetunion unter dem Namen Paul Grätz kennengelernt hatte, empfangen. Lindau, der kurze Zeit später die Leitung der Parteihochschule übernehmen sollte, war einer der wenigen überlebenden KP-Veteranen: schon 1916 gehörte er dem Gründungsausschuß des Spartakusbundes an, war KPD-Mitglied seit Gründung der Partei im Dezember 1918, wirkte in den Jahren der Weimarer Republik als Redakteur kommunistischer Zeitungen in Berlin, Leipzig, Dresden und Chemnitz und war KPD-Abgeordneter in der Hamburger Bürgerschaft. 1934 emigrierte er in die Sowjetunion und war dort mit Vorarbeiten für eine »Geschichte der Kommunistischen Partei Deutschlands« beauftragt.

»Anstelle der bisherigen sechsmonatigen Lehrgänge werden nun die ersten Zwei-Jahres-Lehrgänge beginnen«, berichtete Rudolf Lindau nicht ohne Stolz. Sie sollten vor allem der Ausbildung jüngerer, wie man damals sagte, »entwicklungsfähiger« Funktionäre dienen. Daneben würden die Halbjahres-Lehrgänge weitergeführt – für höhere und ältere Genossen, die mit den neuen politischen Aufgaben und Erkenntnissen vertraut gemacht werden sollten. »Etwa ein Viertel aller Lehrgangteilnehmer sind KPD-Funktionäre aus den Westzonen, die hier allerdings unter einem anderen Namen studieren«, fügte Rudolf Lindau hinzu. Dasselbe galt auch für vier norwegische KP-Mitglieder, deren Ausbildung die SED-Parteihochschule übernommen hatte, weil die KP Norwegens nur über Wochenendschulen verfügte.

Ich war überrascht, wie gut bereits im September 1947 der Lehrbetrieb organisiert war: Vor jeder Vorlesung erhielten die Kursanten ein hektografiertes Vorlesungsprogramm mit Angabe der entsprechenden Literatur. Außerdem gab es hektografiertes Lesematerial für das Selbststudium.

Die SED-Parteihochschule umfaßte zu jener Zeit vier Fakultäten. Die Geschichtsfakultät wurde von *Erich Paterna* geleitet, mit dem ich bereits im Herbst 1945 in der Abteilung »Agitation und Propaganda« des Zentralkomitees der KPD zusammengearbeitet hatte; er war damals Referent für Schulfragen. Paterna, ursprünglich Sozialdemokrat, war während der Weimarer Republik Schuldirektor in Frankfurt/Oder und an der Mittelschule Sorau. Er war ein Verfechter der Schulreform und trat 1931 zur KPD über. Während der Nazizeit war er mehrere Jahre im Zuchthaus Brandenburg inhaftiert. Nun, so hoffte er, könne er endlich seine pädagogischen Ziele verwirklichen; mit Eifer und Sachkenntnis arbeitete er an einer marxistischen Betrachtung der deutschen Geschichte, vor allem der Geschichte der deutschen Arbeiterbewegung.

Unter seiner Leitung gaben wir, die Lehrer der Geschichtsfakultät, einen allgemeinen Überblick über entscheidende revolutionäre Erhebungen in der Geschichte: Die Hussitenbewegung, den deutschen Bauernkrieg von 1525, die englische Revolution, den amerikanischen Unabhängigkeitskrieg, die große französische Revolution und, bereits ausführlicher, die Revolution von 1848 in den verschiedenen Ländern Europas. Bei der Behandlung der deutschen Geschichte unterstrichen wir den militärischen Charakter der Gründung der Mark Brandenburg, die Vertreibung der Slawen, den »reaktionären Charakter des Preußentums« und hatten die Aufgabe, die »Legende von Friedrich dem Großen« zu entkräften. Damals gab es, im Unterschied zur späteren Zeit, weder eine »Nationale Front« noch die Anfang der 80er Jahre unter Honecker einsetzende positivere Betrachtung Friedrichs des Großen. Die Geschichte der deutschen Arbeiterbewegung wurde, dies wäre später undenkbar gewesen, nicht eigens behandelt, sondern im Rahmen der allgemeinen deutschen Geschichte von 1848 bis zur Gegenwart.

Auch *Frida Rubiner*, die in der Parteihochschule zunächst die »Lehrmittelabteilung«, später die Fakultät »Grundfragen des Marxismus-Leninismus« leitete, kannte ich bereits aus der Sowjetunion. Ich hatte sie dort während des Krieges kennengelernt, als sie Mitarbeiterin der 7. Ab-

teilung der Politischen Hauptverwaltung der Roten Armee war. Sie gehörte, ebenso wie Rudolf Lindau, seit 1918 der KPD an, war Redakteurin verschiedener kommunistischer Zeitungen und Zeitschriften; sie
lebte seit 1930 in der Sowjetunion und war lange Jahre in der Presseab-
teilung der Kommunistischen Internationale tätig. Offensichtlich konnte sie sich nur schwer an die neue Situation gewöhnen und hielt politische Vorlesungen über »Klasse und Klassenkampf«, die »marxistische
Lehre vom Staat«, die »führende Rolle der Arbeiterklasse«, die »Lehre
von der Partei« und »den Kampf gegen Opportunismus und Reformis-
mus«, über »politische Strategie und Taktik«, die »Bauernfrage« und
die »nationale und koloniale Frage«.

Wie Frida Rubiner und Rudolf Lindau hatte ich auch *Viktor Stern* bereits in der sowjetischen Emigration kennengelernt. Stern, in der Parteihochschule für Philosophie zuständig, gehörte der KPD seit 1919 an,
war aber im Laufe der 20er Jahre von der Komintern in die Tschechoslowakei entsandt worden, wo er sogar zum Mitglied des Politbüros der
tschechslowakischen KP aufstieg. Ende 1938 kam er in die Sowjetunion
und arbeitete erneut in der Komintern. Während des Krieges kamen
wir einige Male zusammen, zumal ich zusammen mit seinem Sohn,
Heinz Stern, an der Hochschule für Fremdsprachen studierte. Nach
Kriegsende wurde Viktor Stern überraschenderweise nicht in die
Tschechoslowakei, sondern in die Sowjetzone Deutschlands geschickt;
dort veröffentlichte er schon bald eine Schrift über den dialektischen
Materialismus, später ein Buch: »Stalin als Philosoph«. In Liebenwalde
wirkte er als ideologischer Dogmatiker par excellence.

Erstmals bekannt gemacht wurde ich mit dem Lehrstuhlleiter für Politische Ökonomie, dem damals 42jährigen *Alfred Lemnitz*. Auch er gehörte, wie Erich Paterna, zunächst der SPD an und trat 1931 zum Kommunistischen Jugendverband (KJVD), kurz darauf zur KPD über. 1932 war
er Leiter des Kommunistischen Jugendverbandes im Rheinland und
Funktionär des KPD-Unterbezirks Duisburg. Zunächst illegal tätig,
wurde er im September 1934 von den Nazis verhaftet und bis 1937 in
den KZs Börgermoor und Esterwegen inhaftiert. 1941 erneut verhaftet
und zu zwölf Jahren Zuchthaus verurteilt, mußte er, diesmal im Zuchthaus Brandenburg-Görden, viele Jahre als Häftling verbringen.

Im Vergleich zur Komintern-Schule von 1942/43 kam mir der Lehrbetrieb im Herbst 1947 in Liebenwalde verhältnismäßig liberal und
tolerant vor. Teilnehmer aber, die nicht über derartige Vergleichsmög-
lichkeiten verfügten und naturgemäß nicht ahnen konnten, wie die Parteihochschule in einigen Jahren aussehen würde, waren ganz anderer

Kursanten der Parteihochschule Karl Marx in Liebenwalde 1947, beim Mittagessen.

Dozenten der SED-Parteihochschule gemeinsam mit Otto Grotewohl (Mitte) vor dem Eingang der Partei-hochschule in Liebenwalde 1947.

Eröffnung des zweijährigen Lehrgangs an der SED-Parteihochschule »Karl Marx« in Liebenwalde
am 8. Oktober 1947. An der Stirnseite die Losung »Sich zu den Besten seines Volkes bekennen, verpflichtet
für Einheit, Freiheit und Fortschritt zu streiten«. Portraits von Lenin und Stalin gab es damals in
Liebenwalde noch nicht.

Eine ungewöhnliche Anzeige am 23. Juli 1992 in der FAZ: Die Treuhandanstalt bietet die ehemalige
SED-Parteihochschule »Karl Marx in Liebenwalde zum Verkauf an.

Meinung. Ein früherer Sozialdemokrat stöhnte: »Ich komme mir hier wie in einer Zwangsjacke vor.« Er erzählte mir von sozialdemokratischen Bildungsstätten während der Weimarer Republik. Danach verstand ich ihn.

Unter dem Namen »Wunderlich« studierte auch Hermann Weber, heute führender Forscher im Bereich der Geschichte des deutschen Kommunismus, an der Parteihochschule. Im August 1928 in Mannheim geboren, gehörte er bereits seit 1945 der KPD an, nahm am ersten Lehrgang der FDJ-Schule Bogensee im Frühjahr 1946 teil und war an der Gründung der FDJ auf dem I. Parlament in Brandenburg Pfingsten 1946 beteiligt. Er kehrte nach Mannheim zurück, wurde jedoch bereits im September 1947 zur Parteihochschule in Liebenwalde delegiert. In einem 1963 veröffentlichten Aufsatz erinnert er sich:

»Schließlich schickte mich die KPD-Leitung 1947 auf die SED-Parteihochschule ›Karl Marx‹, die damals noch in Liebenwalde und später in Kleinmachnow als Kaderschmiede der Partei fungierte . . . Dabei herrschte auf der Schule selbst am Anfang durchaus noch ein liberales Klima. Zwar wurden wir Westdeutschen – in unserem Kurs waren es sechs – mit dem Fluidum der Konspiration umgeben; so lebte ich die ganze Zeit unter dem Namen Wunderlich. Aber es war mir zum Beispiel möglich, in einem Vortrag über West-Deutschland ausführlicher auf die kommunistischen Oppositionsgruppen einzugehen. Ein älterer Schüler hatte bei der Vorstellung selbstbewußt betont, daß er 1929 aus der KPD ausgetreten sei und sich der Kommunistischen Opposition (KPO) angeschlossen hatte, da die KPD damals eine völlig falsche Gewerkschaftspolitik betrieben habe. Niemand widersprach 1947 solchen Thesen. Ein Jahr später, nach dem Bruch Jugoslawiens mit dem Kominform-Büro, als die SED beschloß, eine Partei neuen Typus' zu werden, änderte sich die Atmosphäre.« (Horst Krüger, Hrsg.: Das Ende einer Utopie, Olten und Freiburg i. Br. 1963, S. 121).

Nur drei Monate blieb ich in Liebenwalde. Schon Ende Dezember 1947 rüsteten wir zum Aufbruch, zur Übersiedlung der Parteihochschule nach Kleinmachnow.

Im August 1990 konnte ich diese erste Stätte der Parteihochschule in Liebenwalde wieder besuchen. Nichts erinnerte mehr an die frühere Parteihochschule: Es gab keine Losungen mehr, keine Führerbilder, keine Fahnen, keine Transparente, auch das in Parteischulen übliche »Kabinett«, in dem Dokumente gesammelt und ausgestellt wurden, existierte in Liebenwalde nicht mehr. Als ich im Restaurant meinen Kaffee trank, entdeckte ich eine große Tafel mit unterschiedlichen Aushängen; aus Gesprächen erfuhr ich, was sich inzwischen geändert hatte.

Zunächst blieb das Gutsanwesen Liebenwalde nach dem Umzug der Parteihochschule als »zentrale Parteischule« der SED-Führung bestehen und soll vorübergehend »Institut des Zentralkomitees« geheißen haben. Bis Ende 1989 wurden die Kurse dieses Instituts hier abgehalten. Dann, zwei Monate nach der Wende, im Januar 1990, wurde die Schule zunächst der VdgB, der »Vereinigung der gegenseitigen Bauernhilfe«, übergeben. Die VdgB war während der Bodenreform 1945 gegründet worden, um die Interessen der Neubauern zu vertreten und die Landbevölkerung in das System zu integrieren.

Aber die »VdgB-Schule« bestand nicht lange. Bereits im Juni 1990 löste sich auch die VdgB auf, die ehemalige Parteihochschule in Liebenwalde wurde dem »Deutschen Bauernverband« übergeben. Sie fungierte nun als »Genossenschaftsakademie des Deutschen Bauernverbandes«. An der Tafel sah ich die Liste der Kurse und bemerkte keinen Unterschied zu ähnlichen Institutionen der alten Bundesrepublik – aus der Parteihochschule »Karl Marx« ist eine landwirtschaftliche Akademie westlichen Typs geworden.

März 1990:
Erstes Wiedersehen der SED-Parteihochschule »Karl Marx« in Kleinmachnow

Als ich mich am 21. März 1990, drei Tage nach den ersten Volkskammerwahlen in der DDR, dem Gebäudekomplex der früheren SED-Parteihochschule in Kleinmachnow näherte, war ich gespannt und aufgeregt. Seit der Wende waren nicht einmal fünf Monate vergangen: Die Mauer gab es zwar nicht mehr, aber es existierten noch manche Sperranlagen. Ohne große Mühe fuhr ich von Berlin-Zehlendorf nach Kleinmachnow. Den Weg von Zehlendorf nach Kleinmachnow kannte ich gut – häufig hatte ich ihn in der Zeit vom Januar 1948 bis März 1949 zurückgelegt. Leicht und sicher konnte ich dem Taxifahrer den Weg erklären, als ob ich gerade erst von einer einwöchigen Dienstreise zurückgekehrt wäre.

In Kleinmachnow fuhren wir gleich zum Haupteingang der ehemaligen

SED-Parteihochschule; hier hatten sich früher die Kontrollposten befunden.

Was ich jetzt sah, hätte ich mir in meinen kühnsten Träumen nicht vorstellen können. In dem früheren Verwaltungsgebäude der SED-Parteihochschule, wo die besonders wichtigen Besprechungen stattfanden, entdeckte ich – ein Interhotel! Auch hier deutete nichts mehr auf die jüngste Vergangenheit hin. Vor dem Eingang sah ich ein offensichtlich kurz zuvor errichtetes großes Schild: »Internationales Touristen-Centrum (ITC)«. Anfangs zögernd, gleichwohl erfreut, meinen Ausweis nicht vorzeigen zu müssen, betrat ich die ehemalige Parteihochschule. Das frühere Verwaltungsgebäude, die Hakeburg, war inzwischen schmuck hergerichtet worden. Zu dieser Zeit dürfte es zu den bestrenovierten Gebäuden der DDR gehört haben.

Mich interessierte jedoch vor allem das große Areal der ehemaligen SED-Parteihochschule: Ein etwa 40 Hektar umfassendes Gelände mit zahlreichen großen Gebäuden. Am 26. März 1990 – 41 Jahre und zwei Wochen nach meiner Flucht, die hier begonnen hatte – sah auf den ersten Blick vieles noch aus wie damals. Ich kam zu einem Häuserkomplex: Fünf außerordentlich große Gebäude mit großen Fenstern in einem Park; Garagen; röhrenartige oberirdische Verbindungsgänge. Die Parteihochschule »Karl Marx« war hier Anfang Januar 1948 eingezogen – in das ehemalige Versuchsgelände des NS-Reichspostministers Ohnesorge. Hier waren, wie man uns damals sagte, Teile der V-Waffen entwickelt worden.

Einige hundert Studenten wohnten hier in relativ modern eingerichteten Zimmern – je eine Wohnung für zwei bis drei Studenten. In Halle 2 befand sich einst der große Speisesaal für die Kursanten der Parteihochschule und, wie üblich etwas abgegrenzt, für uns Dozenten. Unverändert fand ich einen Speisesaal an derselben Stelle. Gewiß, er war modernisiert worden. Anstelle von Holzstühlen gab es jetzt Metallrohrstühle, die Säulen in der Mitte des Saals aber waren unverändert. Neu: Neonlampen; das Buffet befand sich unverändert an derselben Stelle wie 1948/49.

Auch dieser riesige Gebäudekomplex stand annähernd leer. Die Korridore schienen mir endlos lang, und die tunnelartigen geschlossenen Gänge aus Felsstein, die die einzelnen Häuser verbanden und die ich früher als angenehm empfunden hatte, erschienen mir diesmal, weitgehend verdunkelt, geradezu unheimlich. Nach vier Jahrzehnten im Westen fiel mir die Architektur besonders ins Auge: Der riesige Gebäudekomplex, von den Nazis errichtet, sollte nach außen den Charakter einer Trutzburg haben. Ich ging von einem der riesigen Häuser zum anderen, besuchte die große Aula mit 400 bis 500 Plätzen, die übrigen Vorlesungssäle und Seminarräume. Aber von der ehemaligen SED-Parteihochschule waren, nicht anders als in Bogensee und Liebenwalde, keine Spuren mehr zu entdecken.

Als ich mich dem Ausgang des Geländes auf der anderen Seite näherte, wurde ich unwillkürlich an früher erinnert: Ich sah ein Wärterhäuschen mit einer Sperre. Obwohl ich diesmal von innen kam, hielt ich fast automatisch inne. Eine ältere, recht resolut aussehende Frau, die schon in früheren Zeiten diese Funktion ausgeübt zu haben schien, fragte mich, welche Angelegenheiten mich hierher gebracht hätten. Ihr Tonfall wirkte wie eine Mischung aus vormals geübter Kontrolle und einer neuen Anweisung, gegenüber Gästen höflich zu sein: »Ich war früher, von Anfang 1948 bis Frühjahr 1949, Dozent an der SED-Parteihochschule.« Sie fuhr zusammen, schaute mich zuerst erstaunt, dann zunehmend freundlich an. »Dann sollten Sie sich doch alles einmal ruhig ansehen.« Ich drehte mich schon zum Weggehen um, als sie plötzlich hinzufügte: »Eigentümlich, seit der Wende war niemand hier, der sich nach der ehemaligen SED-Parteihochschule erkundigte, und ausgerechnet heute sind Sie schon der zweite, der danach fragt.«

»Und wer war heute bei Ihnen?«

»Zwei Herren vom deutschsprachigen Dienst der BBC London, die sich auch nach der ehemaligen SED-Parteihochschule erkundigten.«

»Und aus West-Deutschland?«

»Noch niemand – die gehen ja durch den anderen Eingang, um zum Interhotel zu kommen.«

Rückblick: Verschärfter Kurs seit Frühjahr 1948

Hier, in der Parteihochschule »Karl Marx«, verbrachte ich die letzten 15 Monate meines Lebens in der damaligen Sowjetzone. Ende Dezember 1947 waren wir aus Liebenwalde hierher umgezogen, und Anfang Januar 1948 begann in dem neuen großen Gebäudekomplex der Unterricht der SED-Parteihochschule. Am 10. Januar 1948 fand die offizielle Einweihung statt. Die Mitglieder des Zentralsekretariats der SED waren gekommen: Einer der letzten gemeinsamen Auftritte des (noch) paritätischen Zentralsekretariats mit sieben Funktionären aus der ehe-

Die »Hakeburg«, das zentrale Verwaltungsgebäude der SED-Parteihochschule in Kleinmachnow, inzwischen »Interhotel«.

Die Hakeburg als Interhotel.

Flur und Sitzungssaal
in der Parteihochschule
Klein-Machnow.

Eines der Gebäude
der SED-Parteihochschule, früher
Versuchsanstalt des
NS-Reichspostministers Ohnesorge.

Teil eines Gebäudes der
SED-Parteihochschule mit den oberirdischen
tunnelartigen Verbindungsgängen.

Die tunnelartigen Wandelgänge zwischen den fünf großen Gebäuden der Parteihochschule.

Die Aula der SED-Parteihochschule Karl Marx.

Seminare in der
Parteihochschule »Karl Marx«
in Kleinmachnow 1948.

Der heutige Speisesaal der Parteihochschule in Kleinmachnow, der sich gegenüber 1948-49 nur wenig verändert hat.

Kursanten der SED-Parteihochschule »Karl Marx« in Kleinmachnow.

maligen KPD (Pieck, Ulbricht, Dahlem, Ackermann, Elli Schmidt, Matern und Merker) und sieben Spitzenführern aus der ehemaligen SPD (Grotewohl, Fechner, Gniffke, Meier, Käthe Kern, Lehmann und Karsten). Aber im Januar 1948 war den meisten von uns bereits klar, daß die Parität nur noch formal bestand und die aus der KPD stammenden Führer – gemeinsam mit dem auf ihre Seite übergegangenen Otto Grotewohl – die Meinungsführerschaft übernommen hatten.

Ähnliches galt für den Lehrkörper. Die Fakultätsleiter, alle aus der früheren KPD kommend, waren dieselben wie in Liebenwalde: Alfred Lemnitz (Ökonomie), Erich Paterna (Geschichte), Viktor Stern (Philosophie) und Frida Rubiner, die nun offiziell den neu eingerichteten Lehrstuhl für »Marxismus-Leninismus« leitete.

Schritt um Schritt, Monat für Monat, veränderte sich die Atmosphäre, »die Schrauben wurden fester angezogen«, um einen Lieblingsausspruch des ehemaligen Sowjetführers Molotow zu zitieren. Der Ton wurde härter und schärfer, die Konzessionen an die Sozialdemokraten schrittweise zurückgenommen, Lenin, vor allem aber Stalin und die »führende Rolle der Sowjetunion« immer klarer und kompromißloser in den Vordergrund gestellt.

Vieles von dem, was ich in Liebenwalde in Seminaren zur Diskussion gestellt hatte, konnte ich in Kleinmachnow nur noch mit Freunden in »Unter-uns-Gesprächen« erörtern: Ein Gefühl wie eine Schlinge, die ruckweise fester angezogen und zur Knebelung wurde. Es kam nicht zu einem großen »Knall«, der entscheidenden, jähen Wendung; eine Vielzahl kleiner, miteinander verbundener Verhärtungen war es, die untrüglich in die Richtung einer bürokratischen Diktatur stalinistischer Prägung wies.

Die Ereignisse liefen planmäßig ab. Im Februar 1948 fand ein mit der Sowjetführung abgesprochener KP-Umsturz in der Tschechoslowakei statt. Die bis dahin bestehende Koalitionsregierung wurde durch eine KP-Diktatur ersetzt. Zur gleichen Zeit wurde in der Sowjetzone die bis dahin bestehende lockere »Ständige Wirtschaftskommission« in die »Deutsche Wirtschaftskommission« (DWK) mit weitreichenden Vollmachten umgewandelt und als Kern einer zukünftigen Regierung herausgestellt. Erstmals wurde auf paritätische Besetzung verzichtet: Die Leitung der DWK lag ausschließlich in Händen ehemaliger KPD-Funktionäre. Im März 1948 schied Marschall Sokolowski aus dem Alliierten Kontrollrat für Deutschland aus, seit April 1948 wurde der Verkehr von West-Deutschland nach West-Berlin zunehmend behindert und eine Entwicklung eingeleitet, die im Juni 1948 zur Blockade Berlins führen sollte.

Mitten in dieser Zeit beginnender Verschärfung kam Walter Ulbricht am 16. April 1948 zur Parteihochschule, um uns in einem mehrstündigen Referat auf die bevorstehenden Veränderungen vorzubereiten. Der Kernpunkt seiner Darlegungen: Bis 1947 seien die »Grundlagen einer antifaschistisch-demokratischen Ordnung« geschaffen worden. Jetzt beginne eine neue Phase. Durch die bisherigen Veränderungen hätten sich Form und Methoden des Klassenkampfes geändert: »Wir haben jetzt die Möglichkeit, unsere Forderungen mit Hilfe des Staatsapparates durchzusetzen«, erklärte Ulbricht triumphierend.

Kurz darauf kam Oberst Sergej Tulpanow, zu jener Zeit Chef der Informations- und Propagandaabteilung der Sowjetischen Militäradministration in Deutschland (SMAD), zu einem fünfstündigen Vortrag über die »Konzeption der Volksdemokratie« in die Parteihochschule. Nach einer längeren Analyse stellte er gegen Ende des Vortrages unverblümt fest, daß eine volksdemokratische Entwicklung, »wenn sie sich ohne Hindernisse entwickelt, zwangsläufig in eine sozialistische Revolution übergeht.« Die Volksdemokratie sei eine Übergangsform zur Diktatur des Proletariats. Beim Übergang zum Sozialismus gäbe es zwar spezifische Eigenheiten, der Weg zum Sozialismus aber sei in allen Ländern gleich. Tulpanow deutete eine bevorstehende Verschärfung der internationalen Beziehungen und eine »schnellere politische Entwicklung« der Sowjetzone an.

Der zunehmend härtere Kurs wirkte sich auch auf die Atmosphäre in der Parteihochschule aus. Hermann Weber schildert die Angst, die ihm damals schlagartig bewußt wurde. Er suchte in Berliner Antiquariaten nach kommunistischen Schriften, die »nicht offiziell« waren, etwa diejenigen Trotzkis, Bucharins oder frühe, noch unverfälschte Protokolle von Kongressen der Kommunistischen Internationale. Hermann Weber brachte die erstandenen Bücher zur Bibliothekarin der SED-Parteihochschule, einer Genossin, die viele Jahre in sowjetischer Emigration gelebt hatte und während des Krieges in das Karaganda-Gebiet zwangsumgesiedelt war: »Als ich ihr meine Erwerbungen zeigte, schrak sie sichtlich zusammen. ›Weißt Du denn nicht, daß Trotzki ein Agent war?‹, fragte sie mich. ›Was glaubst Du wohl, was die Sowjetsoldaten mit Dir machen, wenn solche Bücher bei der Grenzkontrolle bei Dir gefunden werden?‹« Die Furcht der Bibliothekarin schockierte Hermann Weber: »Sie nahm mir die Bücher weg. Ich bin überzeugt, daß sie sie vernichtet hat. Noch heute aber bin ich ihr dankbar, denn es dauerte nicht lange und mir wurde klar, wovor sie mich bewahrt hat. Was wäre mir passiert, wenn sie den Vorfall 1948 gemeldet hätte?«

Mitglieder des Zentralsekretariats der SED besuchen die Parteihochschule »Karl Marx« am 10. Januar 1948 anläßlich der Eröffnungsfeier. Von links nach rechts: Otto Meier, Elli Schmidt, Walter Ulbricht, Paul Lenzner (aus der Sozialdemokratie kommender stellvertretender Direktor der SED-Parteihochschule), Rudold Lindau (Direktor der Parteihochschule, von 1947 bis Sommer 1950), Wilhelm Pieck, Max Fechner, Käthe Kern, Erich W. Gniffke und Franz Dahlem.

Wolfgang Leonhard mit Dozenten und Assistenten in der Parteihochschule »Karl Marx« in Kleinmachnow im Januar 1949, gefilmt für den »Augenzeuge«, Vorläufer der »Aktuellen Kamera«.

(Horst Krüger, Hrsg.: Das Ende einer Utopie, Olten und Freiburg i. Br. 1963, S. 122-123).

Hermann Weber setzte seine Studien zur Geschichte des Kommunismus fort. Er stellte fest, daß »das Politbüro, das beim Tode Lenins die Partei leitete, aus sieben Personen bestand, von denen sechs später als ›Agenten‹ bezeichnet wurden. Das Zentralkomitee zählte zur Zeit des Bürgerkrieges 25 Mitglieder, von denen nicht weniger als 18 später als ›Agenten‹ hingerichtet oder verbannt wurden. Die Absurdität ließ mir keine Ruhe. Hätten die stalinistischen Historiker recht, dann war die Oktoberrevolution zu neun Zehnteln von ›Agenten‹ durchgeführt worden.«

Er zog weitere Schlußfolgerungen – es mußte Gründe für die Verdrehung geben: »So waren es vor allem die Geschichtsfälschungen, die mich veranlaßten, die Problematik von allen Seiten zu untersuchen«, erinnert er sich. »In mir wuchs die Überzeugung, daß all das, was ich schon lange ablehnte, eben keine ›Fehler‹ waren, sondern das System selbst und daß dieses System nicht der Übergang zu einer klassenlosen Gesellschaft war, sondern der Herrschaft des Apparates. Ich sah den Stalinismus nicht mehr als Fehler oder Abweichung, sondern als politische Konterrevolution.«

Zur gleichen Zeit hegte auch ich ähnliche Gedanken – allerdings verknüpft mit der Hoffnung, es werde einmal eine kommunistische Partei geben, die den Teufelskreis des Stalinismus durchbrechen, einen anderen Weg zum Sozialismus beschreiten und eine Alternative entwickeln würde. Damals hoffte ich auf Jugoslawien, wo sich eine eigenständige Revolution vollzog; hier hatten sich nach 1945 selbständige Akzente entwickelt.

Immer häufiger erwähnte ich nun Jugoslawien, und dies führte schon wenige Monate später zu einem Verhör durch die Zentrale Partei-Kontrollkommission.

Wie so oft in kommunistisch regierten Ländern gab es kleine Anzeichen für bevorstehende dramatische Ereignisse. Seit Frühjahr 1948 war eine große Kampagne unter der Losung »Die besten 150 FDJler nach Jugoslawien« gestartet worden. Mit einem Male war davon keine Rede mehr. Fiebrig erwartete ich die Leipziger Frühjahrsmesse, auf der, wie ich wußte, die volksdemokratischen Länder mit eigenen großen Pavillons vertreten waren. Meine Vorahnungen wurden bestätigt: Alle volksdemokratischen Länder waren vertreten – mit Ausnahme Jugoslawiens.

Die stalinistische Gleichschaltung

Am 28. Juni 1948 folgte der lang vorbereitete Schlag Stalins: Die Resolution des Kommunistischen Informationsbüros, kurz Kominform genannt, »Über die Fehler der KP Jugoslawiens«. Beim Lesen der Kominform-Resolution war ich entsetzt über deren Verlogenheit und Primitivität; unbekümmert wurden den jugoslawischen Genossen einmal »Rechtsabweichungen«, dann wieder »Linksabweichungen« vorgeworfen; einmal eine »opportunistische Einstellung«, dann, sie seien »abenteuerlich«. Mir lief es kalt über den Rücken. Die Kominform-Resolution endete mit einem Aufruf an die »gesunden Kräfte der KP-Jugoslawiens« – womit selbstverständlich pro-sowjetische Kreise gemeint waren –, die jugoslawische KP-Führung zum Eingeständnis ihrer Fehler zu zwingen oder, falls diese sich weigere, »sie abzusetzen« und »eine neue internationale Führung der KP Jugoslawiens aufzustellen«. Das Ziel war klar: Die Kommunistische Partei Jugoslawiens sollte zum Gehorsam, zur totalen Unterordnung unter Moskau gezwungen werden; gleichzeitig wollte die Stalin-Führung auch allen anderen kommunistischen Parteien eine deutliche Warnung geben und sie zu einem eindeutigen pro-stalinistischen Kurs veranlassen.

Zwei Tage später, am 30. Juni 1948, wurde die Antwort der jugoslawischen Kommunisten bekannt. Ich jubelte. Ruhig und sachlich wiesen sie alle Moskauer Vorwürfe zurück und gingen ihrerseits zur Kritik an der sowjetischen Politik in Jugoslawien über. So beschwerten sie sich etwa darüber, daß jugoslawische Parteimitglieder »von Organen des sowjetischen Informationsdienstes« hemmungslos angeworben worden seien.

Innerhalb meines Bekanntenkreises kam es zu einer deutlichen Differenzierung: Einige nahmen sofort die sowjetische Position ein, andere traten auf die Seite der jugoslawischen Kommunisten, während wieder andere zutiefst verwirrt waren und zunächst einmal abwarteten. Schon bald folgte für mich eine zweite große Enttäuschung. Am 4. Juli 1948 erklärte sich das SED-Zentralsekretariat eindeutig für die sowjetische Seite, behauptete, »die Verurteilung« der jugoslawischen KP sei »richtig« und fügte – was von Stalin beabsichtigt war – hinzu, »daß die klare und eindeutige Stellungnahme für die Sowjetunion heute die einzig mögliche Position für jede sozialistische Partei ist«.

Danach wußte ich, was weiter geschehen würde. Die SED-Führung würde nun einem eindeutig stalinistischen Kurs folgen. Schlag auf

Schlag folgte nun, in bis dahin nicht bekannter Schnelligkeit und Planmäßigkeit, eine Maßnahme der anderen.

Schon Anfang Juni 1948 hatte Walter Ulbricht in Halle den Beginn der »Parteisäuberung« bekanntgegeben. Unter Bezugnahme auf die Entwicklung in anderen mittel- und osteuropäischen Ländern kritisierte er die bis dahin in der SED sakrosankte Parität zwischen ehemaligen Sozialdemokraten und Kommunisten und rühmte das in anderen osteuropäischen Ländern geltende Verhältnis 7:2; sieben Kommunisten auf zwei Sozialdemokraten. Von diesem Tag an verstärkte sich die Säuberung ehemaliger Sozialdemokraten als, so die neue Bezeichnung, »Schumacher-Agenten«.

Ende Juli 1948 verkündete Ulbricht auf einer Arbeitstagung von Innenministern und führenden Verwaltungsfunktionären in Verdern an der Havel die Bildung von Kontrollkommissionen bei der Deutschen Wirtschaftskommission mit der Aufgabe, »Wirtschaftsverbrechen« aufzudecken und in der Verwaltung »Agenten, Schumacher-Leute, Spione, Saboteure« zu entlarven und zu entlassen.

Der zunehmend stalinistische Kurs wurde organisatorisch und ideologisch untermauert. Am 16. September beschloß die SED-Führung, eine Zentrale Partei-Kontrollkommission (ZPKK) nach sowjetischem Vorbild, geleitet von Hermann Matern, einzuführen. Gleichzeitig wurden Partei-Kontrollkommissionen zur Überwachung der Parteimitglieder auf Landes- und Kreisebene (LPKK und KPKK) geschaffen. Am 20. September 1948 folgte der Beschluß »Über die Verstärkung des Studiums der Geschichte der KPdSU«: Parteimitglieder und Funktionäre wurden verpflichtet, den unter Stalins Leitung im November 1938 veröffentlichten »Kurzen Lehrgang der Geschichte der KPdSU« zu studieren. Die Parteipresse sollte eine Kampagne zur Förderung dieser Maßnahme einleiten, die »Sozialistischen Bildungshefte« laufend einzelne Kapitel aus dem »Kurzen Lehrgang« behandeln. Das von uns 1946 ausgearbeitete Lehrbuch für die SED-Kreisschulen war in entsprechender Weise »umzuarbeiten«. Sowohl die SED-Landesschulen als auch die Parteihochschule »Karl Marx« mußten den »Kurzen Lehrgang« zur »Grundlage des Studiums« machen.

Weitere vier Tage später, am 24. September, veröffentlichte Anton Akkermann – sicher unter starkem Druck stehend – einen selbstkritischen Artikel unter dem Titel »Über den einzig möglichen Weg zum Sozialismus«. Er sagte sich von seinen bisherigen Auffassungen über den besonderen deutschen Weg zum Sozialismus, die mich so tief beeindruckt hatten, los: »Diese Theorie enthält das Element einer Abgrenzung von der Arbeiterklasse und von der bolschewistischen Partei der Sowjetunion«, schrieb Ackermann im SED-Zentralorgan »Neues Deutschland«.

Die Verschärfung und Verhärtung wirkte sich, für jeden sichtbar, auf die SED-Parteihochschule in Kleinmachnow aus. Immer häufiger fanden hier Versammlungen und Konferenzen über die »jugoslawische Frage«, die Verurteilung des »besonderen deutschen Weges zum Sozialismus«, die Verherrlichung der Sowjetunion und den Kampf gegen »Schumacher-Agenten« statt.

Die entscheidenden Referate hielt Fred Oelssner, den ich nun in einem ganz anderen Licht sah als in den ersten beiden Nachkriegsjahren. Immer deutlicher trat er nun als ideologischer Einpeitscher hervor. Nach seinem Referat sprachen Diskussionsredner; alles verlief planmäßig – ein wenig zu planmäßig. Ich spürte: Diese »Diskussionsreden« waren vorbereitet und organisiert. Das kannte ich aus der Sowjetunion, aber in der Parteihochschule hatte es das bisher nicht gegeben. Die SED war in ihrer Angleichung an die KPdSU erneut einen deutlichen Schritt weitergegangen.

Nach diesen Geschehnissen weniger Wochen wußte ich, was nun folgen würde. Immer häufiger würden ehrliche, selbständig denkende Funktionäre abgesetzt, aus der Partei ausgeschlossen, als Agenten diffamiert; harte und disziplinierte, der Führung absolut ergebene, willenlose Funktionäre würden ihre Plätze einnehmen, die Macht in der SED festigen und ein bürokratisch-diktatorisches System Stalinscher Prägung errichten.

Heimliche »Unter-uns-Gespräche«: »Ich hasse Stalin!«

Die Vorlesungen und Seminare an der Parteihochschule hielt ich weiterhin, ohne jedoch innerlich noch daran beteiligt zu sein. Längst war ich von Kritik zu direkter Opposition übergegangen. Mit der SED hatte ich innerlich bereits gebrochen, mich klar und deutlich für ein eigenständiges Modell des Sozialismus, für eine Alternative zum Stalinismus bekannt. Mein Entschluß zur Flucht nach Jugoslawien stand fest. Heimlich besuchte ich Bekannte von der jugoslawischen Militärmission – dazu mußte ich die Dunkelheit abwarten und zu Fuß gehen, um nicht entdeckt zu werden. Inzwischen hatte ich in Jugoslawien erschienene, deutschsprachige Broschüren erhalten, die ich nach »Unter-uns-Gesprächen« an kritische Freunde und Bekannte weitergab.

Unvergeßlich blieb mir eines dieser Gespräche auf dem Territorium der SED-Parteihochschule. Ich hatte einem Parteifunktionär, der über jeden Verdacht erhaben schien, die jugoslawischen Broschüren gegeben, die er inzwischen auch gelesen hatte. Er schaute sich um. Es war niemand in der Nähe: »Ich halte das hier nicht mehr aus«, sagte er mit gepreßter, erregter Stimme. »Diese Jugoslawien-Sache ist eine Gemeinheit; aber es sind nicht nur die politischen Verleumdungen. Dahinter steht etwas anderes, dahinter steht Stalin, dieser Halbgebildete, dieser Barbar, der es nicht verwinden kann, daß eine andere Partei, die Jugoslawen und ein anderer Führer, Tito, bei den westeuropäischen Kommunisten viel beliebter sind als er. Wenn Du wüßtest, wie ich Stalin hasse. Ja – ich hasse Stalin!«

Mein Gesprächspartner war bleich vor Zorn – und ich vor Schrecken. Solche Worte hatte ich noch nie gehört – und das in der SED-Parteihochschule »Karl Marx« in Kleinmachnow! Dann faßte er sich: »Unter uns?« Er streckte mir die Hand entgegen. »Unter uns!« bekräftigte ich.

Über 40 Jahre habe ich verschwiegen, mit wem ich damals dieses unvergessene Gespräch führte. Heute, nach dem Ende der SED-Herrschaft, kann ich seinen Namen nennen: Es war Matthäus Klein, damals Assistent der philosophischen Fakultät an der Parteihochschule, der nach meiner Flucht Redaktionsmitglied der SED-Zeitschrift »Einheit« (1956-60), Chefredakteur der »Deutschen Zeitschrift für Philosophie« und Stellvertretender Direktor des Zentralinstituts für Philosophie bei der Akademie der Wissenschaften der DDR wurde. Oft habe ich in den vergangenen 40 Jahren an ihn gedacht: Wie muß Matthäus Klein unter dem tiefen Zwiespalt zwischen wahrer Überzeugung und offizieller Funktion gelitten haben!

Der tiefe Widerspruch zwischen offiziellen Erklärungen und eigenem Denken war offensichtlich verbreiteter als ich damals ahnte. Matthäus Klein und ich waren nicht die einzigen.

Auch Hermann Weber berichtet, daß er in der SED-Parteihochschule im Herbst 1948 etwas Neues kennenlernte: »Schon früh hatte ich auf der Parteihochschule bemerkt, daß es verschiedene Kreise gab. Da war eine Gruppe ehemaliger Sozialdemokraten, die sich eng zusammenschlossen und regelrechte Besprechungen abhielten. Nach dem Abfall Titos sammelte sich um Wolfgang Leonhard die neue Richtung der ›Titoisten‹, aber schon früher hatten sich ehemalige Funktionäre kommunistischer Splittergruppen in zwanglosen Gesprächen zusammengefunden. Ihnen schloß ich mich an … Natürlich bildeten wir keine ›organisierte‹ Oppositionsgruppe, aber wir diskutierten doch alle Probleme durch.« (Horst Krüger, Hrsg.: Das Ende einer Utopie, S. 121)

Meine Flucht im März 1949

Die Schlinge zog sich unaufhaltsam zusammen. Auch ich wurde davon betroffen. Am 22. November 1948 entdeckte ich in der neuen Nummer der Wandzeitung der Parteihochschule, die in der Eingangshalle des Hauptgebäudes ausgehängt war, einen groß aufgemachten Artikel mit der Überschrift »Jugoslawien und der Genosse Leonhard«. Sein Verfasser, der Kursant Rudolf Fritsche aus der Fakultät Ökonomie, behauptete, an der SED-Parteihochschule seien »die Fehler der KP Jugoslawiens gründlich durchdiskutiert« und »eine einheitliche Auffassung erzielt« worden. Es sei jedoch »eine klare und offene Stellungnahme des Genossen Leonhard vermißt worden«. Ich hätte, so wurde mir vorgeworfen, früher die Entwicklung in Jugoslawien positiv dargestellt. Nun aber sei es an der Zeit, »aus seinem eigenen Munde eine klare und präzise selbstkritische Meinung zu hören, die wir bis jetzt so schmerzlich vermißt haben«.

Sofort war mir klar, daß der Kursant Rudolf Fritsche diesen Artikel nicht aus eigenem Antrieb geschrieben hatte, sondern daß es sich um einen »Warnschuß von oben« handelte. Zu dieser Zeit bereitete ich schon meine Flucht nach Jugoslawien vor. Es waren für mich schwere Wochen und Monate. Mit Ausnahme meiner kritischen Freunde konnte ich mit niemandem über meine wirklichen Auffassungen sprechen.

Die stalinistische Entwicklung ging inzwischen verschärft weiter. Am 29. Oktober 1948 floh Erich W. Gniffke, Wieder-Begründer der SPD im Juni 1945 und, nach ihrer Gründung, einer der SED-Spitzenführer, aus tiefer Enttäuschung in den Westen. Am 11. November wurde der LDP-Student Wolfgang Natonek, der kurz zuvor erneut zum Vorsitzenden des Studentenrates von Leipzig gewählt worden war, verhaftet und zu 25 Jahren Zwangsarbeit verurteilt; seine Verhaftung war der Startschuß einer Verfolgungswelle von Mitgliedern der LDP und Ost-CDU. Schließlich folgte die entscheidende I. Parteikonferenz der SED (25.-28. Januar 1949). Hier wurde unverblümt der Übergang zur »Partei neuen

Typus« verkündet und damit die Angleichung an die stalinistische Partei der Sowjetunion offiziell bekräftigt. Die 1946 beschlossene und beschworene Parität zwischen ehemaligen SPD- und KPD-Funktionären wurde aufgehoben. An die Stelle des 14köpfigen Zentralsekretariats der SED trat nun das in kommunistischen Parteien übliche »Politbüro«, bestehend aus vier ehemaligen KP-Funktionären (Pieck, Ulbricht, Dahlem und Merker) und drei aus der ehemaligen SPD (Grotewohl, Lehmann und Ebert). Zusätzlich wurde ein »Sekretariat des Politbüros« unter Führung Walter Ulbrichts eingesetzt, in dem Franz Dahlem und Fred Oelssner eine entscheidende Rolle spielten. Die zentrale Parteikontrollkommission unter Leitung Hermann Materns wurde bestätigt. Die SED sollte eine »Kampfpartei des Marxismus-Leninismus« werden; das Prinzip des »demokratischen Zentralismus« und eine »straffe Parteidisziplin« seien zu verwirklichen.

Zur Erläuterung dieser Beschlüsse kam Wilhelm Pieck zu uns in die SED-Parteihochschule. In seinem Referat unterlief ihm ein aufschlußreicher Versprecher. Statt von der »Partei neuen Typs« sprach Wilhelm Pieck von einer »Kommunistischen Partei neuen Typs«; er wurde rot, verlegen und verbesserte sich sofort. Aber Pieck hatte die wahren Absichten zum Ausdruck gebracht. Unter kritischen Kommunisten im Saal, vor allem aber unter den vielen Sozialdemokraten der Parteihochschule, machte sich betretenes Schweigen breit.

Dies war die letzte Maßnahme der SED, die ich in der Sowjetzone Deutschlands erlebte. Schon kurz darauf kam es zum Eklat. Der neu geschaffenen Zentralen Partei-Kontrollkommission wurde, wahrscheinlich durch einen Spitzelbericht, bekannt, daß ich an der Parteihochschule jugoslawische Materialien verteilt und kritische Diskussionen geführt hätte. Anfang März 1949 stand ich einer Kommission, bestehend aus fünf Funktionären, gegenüber. Einen von ihnen kannte ich: Herbert Henschke, der mit mir 1942/43 in der Kominternschule gewesen war und seitdem in »Kaderabteilungen« Karriere machte.

Die Methode der Selbstkritik kannte ich. Nach dem üblichen Ritual gab es zunächst lange ausführliche politisch-ideologische Ausführungen. Plötzlich, ohne Überleitung, folgten knappe harte präzise Fragen, auf die mit »ja« oder »nein« zu antworten war. Es war, daran erinnere ich mich heute noch, eine gespenstische Situation – innerlich aber blieb ich trotz allem völlig ruhig. Ich hatte mit dem Stalin-System und der SED-Führung gebrochen, hatte meine eigenen Gegenkonzeptionen aufgebaut, dachte nur darüber nach, wie ich Zeit gewinnen könne, um nach Jugoslawien zu fliehen.

Nach einer weiteren Aussprache wurde mir erklärt: »Der Bericht über Deine parteifeindlichen Äußerungen und über die heutige Besprechung wird dem Politbüro unterbreitet. Von dort wird Dir in einigen Tagen die Entscheidung über Deinen Fall mitgeteilt.« Ich atmete auf: »In einigen Tagen«.

Schon am nächsten Tag begann die bereits vorbereitete Flucht. Am 12. März 1949 verließ ich die SED-Parteihochschule Kleinmachnow, fuhr zunächst zu meiner Wohnung nach Berlin-Pankow, von dort nach Dresden und weiter zur Grenze zwischen der Sowjetzone Deutschlands und der Tschechoslowakei, die ich illegal überschritt. Ich fuhr mit dem Zug von Decin nach Prag und von dort mit Hilfe von Freunden weiter, bis ich endlich 13 Tage später, am 25. März 1949, in Belgrad eintraf.

Nach 42 Jahren:
Die Zentrale Partei-Kontrollkommission über den »Fall Leonhard«

42 Jahre nach meiner Flucht, im Frühjahr 1991, erfuhr ich durch Mitarbeiter des SED-Zentralarchivs Näheres über deren Folgen in der Parteihochschule und in der SED. Ich war am 12. März 1949 geflohen, aber es dauerte offensichtlich eine Zeitlang, bis meine Flucht bekannt wurde; zunächst wurde möglicherweise angenommen, ich hätte einen Sonderauftrag erhalten und sei daher abwesend. So kam es, daß mein »Fall« erst auf der 5. Sitzung der Zentralen Partei-Kontrollkommission am 5. April 1949 behandelt wurde – dafür aber besonders gründlich.

Von dem mehr als fünf eng beschriebene Schreibmaschinenseiten umfassenden Protokoll befassen sich fast drei ausschließlich mit mir. Zunächst wurde festgestellt, ich sei »wegen trotzkistischer Tätigkeit aus der Partei ausgeschlossen«, da ich versucht hätte, »die Partei zu zersetzen.« Herholz, damals Lehrer an der SED-Parteihochschule, wurde gerügt, weil er von mir jugoslawische Broschüren in deutscher Sprache erhalten und hierüber keine Meldung an Partei oder Schulleitung gemacht hatte. Als zweiter Schwerpunkt meiner Tätigkeit galt der Zentralrat der FDJ. Die offizielle Formulierung: »Der Kreis der durch Leonhard ideologisch stark beeinflußten Jugendlichen geht hinein bis in die Reihen des Zentralrats der FDJ.« Namentlich wurde eine Reihe Ju-

P r o t o k o l l

der

5. Sitzung der Zentralen-Partei-Kontrollkommission
am 5.4.1949

========================

Anwesend waren: Gen. Hermann Matern
                    Gen. Otto Buchwitz
                    Gen. Herbert Wittholz
                    Gen. Herta Geffke
                    Gen. Felix Stanislawski
                    Gen. Ernst Schmidt
                    Gen. Ernst Altenkirch
                    Gen. Kurt Riemer

                    ferner war anwesend Gen. Karl Müller

Tagesordnung: 1. Bestätigung des Protokolls der 4. Sitzung
                    2. Verlauf der Tagung der ZPKK mit den LPKK
                       in Potsdam am 6. und 7.4.49
                    3. Laufende Untersuchungen

9. Wolfgang L e o n h a r d, Lehrer an der Parteihochschule "Karl Marx" Klein-Machnow
1. Wolfgang Leonhard und Ilse Streblow werden weg
   trotzkistischer Tätigkeit aus der Partei ausgesch
   sen. Beide haben versucht, die Partei zu zersetz

2. Der Gen. Manfred S t a m b u l a, Lehrer an de
   hochschule in Klein-Mach   gehörte

- 5 -

Eine seltene Form des Parteiaus-
schlusses: vom Sekretariat des Politbüros der SED. Bei der ebenfalls
genannten Ilse Streblow handelt es
sich um Ilse Spittmann-Rühle, seit
1968 Chefredakteurin der Zeitschrift
»Deutschland-Archiv«.

dass nach Feststellung der trotzkistischen Täti
keit weder von der Schulleitung noch von den
Abteilungen Personalpolitik und Parteischulung
die in diesen Fällen notwendigen Massnahmen sofort durchgeführt wurden.

12. Die Landesvorstände sind über die trotzkistische Tätigkeit Leonhards zu informieren und auf
zufordern, alle Genossen, die in Jugoslawien
waren zu überprüfen, inwieweit sie von der jugo
slawischen Agentur beeinflusst werden und Mater
lien erhalten.

Berlin, den 11.4.49
Oe.

Protokoll der 5. Sitzung der Zentralen Partei-Kontrollkommission vom 5. April 1949 (Ausriß).

gendfunktionäre genannt, mit denen »eine gründliche ideologische Diskussion« zu führen sei. Auch die SED-Betriebsgruppen im FDJ-Zentralrat und in der Landesleitung der FDJ Berlin wurden beauftragt, »alle Mitglieder unserer Partei zu überprüfen, in Bezug auf Verbindungen zu Leonhard und ideologische Verseuchung«. In der »Gesellschaft zum Studium der Kultur der Sowjetunion« sei ebenfalls »eine gründliche Untersuchung« über die durch »Leonhard erfolgte ideologische Verseuchung durchzuführen«.

Besonders weitgehend waren die Folgen für die Parteihochschule. Das Parteisekretariat der SED-Parteihochschule wurde beauftragt, »nach Rückkehr der Genossen des Zweijahreslehrgangs aus der praktischen Arbeit alle Genossen und Genossinnen, die in engster Verbindung zu Leonhard standen, zu überprüfen«. Die besonders wichtigen Personen könnten durch »Kontrolle des Schriftverkehrs des Leonhard« gefunden werden. Die abschließende Direktive ging in ihrer Wirkung über Berlin hinaus und richtete sich an alle SED-Landesvorstände: »Die Landesvorstände sind über die trotzkistische Tätigkeit Leonhards zu informieren und aufzufordern, alle Genossen, die in Jugoslawien waren, zu überprüfen, inwieweit sie von der jugoslawischen Agentur beeinflußt werden und Materialien erhalten.«

Unter Punkt 10 beschloß damals die Zentrale Partei-Kontrollkommission in Übereinstimmung mit dem Sekretariat des Zentralkomitees, meinen Ausschluß aus der SED »mit politischer Begründung zu veröffentlichen«. Tatsächlich erschien im SED-Zentralorgan »Neues Deutschland« am 26. April 1949 mein Parteiausschluß »wegen trotzkistischer Tätigkeit« – obwohl ich bis dahin noch nicht einmal einen Trotzkisten gesehen, geschweige denn gesprochen hatte. Der entscheidende Hinweis lautete: »Wie die Untersuchung des parteifeindlichen Verhaltens Leonhards ergab, hat L. mit der jugoslawischen Mission in Berlin in Verbindung gestanden und in ihrem Auftrage trotzkistische Literatur vertrieben. Er wurde dafür mit jugoslawischen Zigaretten und Lebensmitteln entlohnt.« Damals, am 26. April 1949, war ich längst in Belgrad. Ich las den Text ohne jede Anteilnahme; der Ausschluß berührte mich nicht mehr. Denn auf die wirklichen Probleme war nicht nur nicht eingegangen worden – sie wurden nicht einmal erwähnt.

Professor Dr. Helmut Neef, damals und viele weitere Jahre an der SED-Parteihochschule »Karl Marx« tätig, berichtete mir Ende Dezember 1991, mein Parteiausschuß sei am 23. März 1949 wegen »trotzkistischer Tätigkeit« erfolgt. Gleichzeitig wurden in der SED-Parteihochschule Parteiversammlungen zum »Fall Leonhard« für den 29. und 30. März

1949 einberufen. Helmut Neef zu den anschließenden Aktivitäten in der Parteihochschule: »Fortgeführt wird die Diskussion vom 2. bis 7. April in den Parteigruppen aller Lehrgänge. Das Lehrerkollektiv befaßte sich damit in drei Versammlungen, deren letzte am 6. April 1949 stattfand. In einer allgemeinen Versammlung am 10. April wurden die Ergebnisse der Parteigruppenversammlungen zusammengefaßt, nochmals kritisch und selbstkritisch diskutiert und eine Resolution angenommen.«

Meine Flucht nach Jugoslawien und mein Leben im Westen seit November 1950 unterbrach jede Verbindung zu früheren Bekannten in der Sowjetzone und zur SED-Parteihochschule in Kleinmachnow. Aber schon bald trafen Flüchtlinge ein, die mir aus eigenem Erleben über die weitere Entwicklung der Parteihochschule erzählten.

Hermann Weber, von September 1947 bis Sommer 1949 Kursant der Parteihochschule, berichtete, wie sich meine Flucht auf das Leben in der Parteihochschule auswirkte: »Es war ein Einschnitt im Leben der Parteihochschule. Was uns an stalinistischer Praxis vorher das Leben schwer gemacht hatte, war nichts gegen das, was nun über uns hereinbrach. Es wurde unerträglich. Kritik und Selbstkritik waren gewissermaßen zum ›Hauptfach‹ geworden. Die Suche nach ›Agenten‹ wurde zur Manie, und keiner war sicher, ob nicht irgendein Wort, das er früher zu einem anderen gesagt hatte, bei einer Selbstkritik-Veranstaltung wieder auftauchen und nun sein Verhängnis sein werde. Man darf nicht übersehen, daß später tatsächlich einige Lehrer und Schüler der Parteihochschule für lange Jahre in die Zuchthäuser des Staatssicherheitsdienstes verschwanden.«

Hanna Wolf: Direktorin der Parteihochschule 1950 bis 1983

Im Spätsommer 1950 wurde der bisherige Parteihochschul-Direktor Rudolf Lindau abgelöst und durch Hanna Wolf ersetzt. Sie war seit frühester Jugend im Kommunistischen Jugendverband Deutschlands (KJVD), seit 1930 Mitglied der KPD; 1933 in die Sowjetunion emigriert, teilte sie dort zunächst das bittere Leben vieler deutscher Emigranten. In der Sowjetunion hatte sie einen deutschen kommunistischen Emigranten geheiratet. Bei Kriegsbeginn 1941 war sie unter schrecklichen

Bedingungen wochenlang nach Zentralasien unterwegs; sie wurde später jedoch aus Usbekistan nach Moskau zurückgerufen und als Lehrerin in der »Antifa-Zentralschule« in Krasnogorsk eingesetzt.

Einige der in Krasnogorsk ausgebildeten Kursanten berichteten über den tiefen Widerspruch zwischen Hanna Wolfs offiziellem Auftreten und ihrem Verhalten in persönlichen Gesprächen. »Sehen Sie«, erklärte sie einem Kursanten, »ich lese auch gern Rilke. Aber ich tue es abends in meinem Kämmerlein. Natürlich, diese Sprache ist wundervoll – aber wer ist Rainer Maria Rilke? Ein dekadenter idealistischer Dichter, eine Sumpfblüte des verfaulenden Kapitalismus.« Wenn sie Rilke lese, so werde sie damit in ihren eigenen politischen Anschauungen keineswegs beeinflußt. Dies machte sie an einem erschreckenden Beispiel deutlich. Falls einmal Rainer Maria Rilke wegen seiner konterrevolutionären Tätigkeit zum Tode verurteilt werden sollte, werde sie, Hanna Wolf, »so sehr ich Rilkes Verse liebe, sein Todesurteil ohne mit der Wimper zu zucken unterzeichnen.« (Klaus Berger: Wer leitet die SED-Parteihochschule Karl Marx?, Die Neue Zeitung, Berlin, 26. Oktober 1952).

Nach Deutschland zurückgekehrt, war Hanna Wolf zunächst als Referentin von Paul Wandel in der deutschen Zentralverwaltung für Volksbildung der Sowjetzone tätig und leitete von 1949 bis 1950 das Konsultationsbüro für Geschichte der Sowjetunion in der Abteilung »Parteischulung« des SED-Zentralkomitees, bevor sie im August 1950 zur Direktorin der SED-Parteihochschule »Karl Marx« ernannt wurde. Einer der ersten, der sie dort, im Jahreslehrgang 1951/52, erlebte, war Michael Miller: »Die Leiterin der Parteihochschule war die Genossin Hanna Wolf, in der Sowjetunion zur Professorin ernannt«, erinnert sich Miller. »Ihre Vorlesungen waren platt und oberflächlich. Kalt und arrogant. Mit maskulinem Auftreten ließ sie immer durchblicken, daß sie in Moskau persona grata war. Dieser Tatsache verdankte sie auch ihre Position.« (Horst Krüger, Hrsg.: Das Ende einer Utopie, Olten und Freiburg i. Br. 1963, S. 203).

Heinz Brandt besuchte Hanna Wolf 1956, nach Chruschtschows Abrechnung mit Stalin. Überrascht sah er in ihrer Wohnung ein Stalin-Bild: »Ich habe das Stalin-Bild bei mir an der Wand hängenlassen«, sagte Hanna Wolf zu Heinz Brandt, »wenn es jetzt auch modern geworden ist, es zu entfernen.« Ihre – erstmals – von der offiziellen Parteilinie abweichende Einstellung begründete sie mit einem, wenngleich aus dem historischen Zusammenhang herausgerissenen Ausspruch Lenins: »Wem nützt es?« Sie erklärte Heinz Brandt: »Lenin hat uns gelehrt, zu allererst immer dieses ›Wem nützt es?‹ zu klären, bevor wir einen politischen Schritt tun. Nutzt die Abwertung Stalins unserer Bewegung oder nützt sie nicht vielmehr

231

dem Klassenfeind?« Das Resümee Heinz Brandts: »Hanna Wolf war Stalins pragmatisch-skrupellose Methode in Fleisch und Blut übergegangen.« (Heinz Brandt: Ein Traum, der nicht entführbar ist. Mein Weg zwischen Ost und West, München 1967, S. 322).

Die tiefe Spaltung zwischen öffentlichem Auftreten und privater Natur Hanna Wolfs blieb allem Anschein nach bestehen. Jahrzehnte später berichtete Markus Wolf, der Hanna Wolf bereits aus der sowjetischen Emigration kannte, in seinen 1991 erschienenen Erinnerungen: »Immer wenn ich Hanna Wolf traf, war für mich der Unterschied zwischen privater Begegnung im Freundeskreis und offiziellem Auftritt frappierend.« Hatte sie privat ein lockeres Mundwerk, so war sie hinter ihrem Schreibtisch als Direktorin der Parteihochschule »die Gestrenge, die jede Verzerrung der Linie konsequent ahndete«. Markus Wolf schrieb über ihre gefühlvollen Zeilen zum Tode seines Bruders Konrad Wolf und ihre Hoffnung auf seinen geplanten Film über Rosa Luxemburg: »Ein Mensch voller Widersprüche: Witzig, geistreich, lebendig im persönlichen Umgang, beinahe fanatisch ihre Reden auf den verschiedensten Plenartagungen des Zentralkomitees… Unduldsam, streng gegenüber Andersdenkenden.« (Markus Wolf: Im eigenen Auftrag, München 1991, S. 99)

Unter Leitung Hanna Wolfs wurde auf Anweisung der SED-Führung die Parteihochschule ausgebaut. Die früheren Zwei-Jahres-Lehrgänge wurden auf drei Jahre erweitert, die sechsmonatigen Weiterbildungslehrgänge für Funktionäre zu einjährigen Kursen verlängert, der Lehrkörper auf 60 bis 70 Lehrer und Assistenten vergrößert. Der Lehrstuhl »Geschichte der KPdSU« erhielt zentrale Bedeutung, Lehrstühle für ökonomische und politische Geografie, Kunst und Literatur sowie Staatsrecht wurden geschaffen.

Die Parteihochschule unter Hanna Wolf:
Erinnerungen

Besonders farbig und anschaulich schildert Carola Stern die damalige Situation in der SED-Parteihochschule. Carola Stern, 1946 in die SED eingetreten, Geschichtslehrerin und Schulreferentin des SED-Landesvorstandes Brandenburg, kam in die SED-Parteihochschule, als Hanna Wolf bereits ein Jahr Direktorin war. Aus Opposition floh sie 1951 nach

dem Westen, studierte Soziologie und Politikwissenschaft an der Freien
Universität Berlin, veröffentlichte drei Bücher über die frühere Entwicklung der DDR: Über Aufbau und Organisation der SED, die Geschichte der SED und eine Biographie Walter Ulbrichts. Seit 1970 war
sie Redakteurin der Hauptabteilung Politik im Westdeutschen Rundfunk. Im Jahre 1963 schilderte sie zwei typische Episoden aus der SED-
Parteihochschule.

»Auf dem Tagesplan der Schule stand noch vor dem Frühstück der
Frühsport. Ich drückte mich – einmal, viermal, das sechste Mal. Das Ergebnis: ›Kritik und Selbstkritik‹. Ein recht unsportlich wirkender, etwa
60jähriger Genosse hielt die Anklagerede. Sport, so sagte er, stähle alle
bolschewistischen Eigenschaften: Kollektivgeist, eiserne Disziplin,
Ausdauer, Kampfgeist usw. Ohne Sport kein guter Bolschewik! Es war
rührend, es war komisch, es war zum Lachen. Und harmlos lachend
fragte ich den Ankläger nach den sportlichen Leistungen der Genossen
Stalin und Pieck. Die Gesichter versteinerten sich! In den Köpfen der
Linientreuen schlugen sich Merkbücher auf, die Lawine rollte. Die An-
klage lautete nun: Kleinbürgerlicher Individualismus, Überheblichkeit,
mangelndes Vertrauen und Verunglimpfung führender Genossen, man-
gelnder Glaube an die Kraft der Arbeiterklasse. Hier einige der Beweise: Die Hochfrisur, die aufgeschlagenen Haare zeugten vom klein-
bürgerlichen Individualismus, ebenso einige Kleidungsstücke und die
Freizeitliteratur.«

Das ursprüngliche soziale Anliegen des Kampfes der Arbeiterschaft
war längst in den Hintergrund gerückt. Erschüttert erinnert sich Carola Stern an ein Seminar: »Ein anderes Mal leitete ich ein Seminar über
Engels' Werk ›Die Lage der arbeitenden Klasse in England‹. Ich hatte
das Buch mit großer innerer Bewegung gelesen. Ich glaubte, den Arbei-
tersöhnen da vor mir müsse es genauso gegangen sein. Ich glaubte, ich
würde etwas spüren von ihrem Eifer für soziale Gerechtigkeit, von ihrer Empörung über das Schicksal der englischen Klassenbrüder, von ihrer Erschütterung über das Elend. Nichts – ich war erregt, ich war em-
pört – sie waren gelangweilt. Ihre Lieblingsthemen waren andere: ›Der
Kampf gegen die parteifeindlichen Abweichungen‹, oder ›Die Organi-
sationsprinzipien der Partei neuen Typs‹. Da waren sie in ihrem Element.« (Horst Krüger, Hrsg.: Das Ende einer Utopie, Olten und Freiburg i. Br. 1963, S. 226-228).

Die damalige Atmosphäre in der SED-Parteihochschule »Karl Marx«,
vor allem die erniedrigenden Formen der »Kritik und Selbstkritik«,
schildert Michael Miller, der 1951 als 28jähriger zur Parteihochschule

kam. Geboren 1923, besuchte er schon als Jugendlicher die Landesparteischule Mecklenburg und war nach deren Abschluß selbst Dozent an
dieser Einrichtung. Er besuchte von 1951 bis 1952 den Einjahreslehrgang
der SED-Parteihochschule und war später Mitarbeiter der sogenannten
»Westabteilung« beim Zentralkomitee der SED, jener Abteilung, die für
die Anleitung der westdeutschen KP zuständig war. Aus tiefer Enttäuschung und nach langen inneren Auseinandersetzungen – vor allem
über die sowjetische Niederschlagung der ungarischen Revolution im
Jahre 1956 – mußte er sich monatelangen Verhören durch die stellvertretende Vorsitzende der Partei-Kontrollkommission, Herta Geffke, un-
terwerfen, wurde aus dem Apparat des Zentralkomitees ausgeschlossen, vom Staatssicherheitsdienst überwacht und floh 1958 in die Bundesrepublik.
Michael Miller über die Situation an der SED-Parteihochschule in den
Jahren 1951 bis 1952: »Die meisten Dozenten waren schwerfällige, eng-
herzige und stupide Dogmatiker, bar jeder menschlichen Regung. Man
hatte immer den Eindruck, daß sie selbst ständig unter einem moralischen Druck standen, innerlich nicht an alles von ihnen Gelehrte glaubten, doch einfach nicht aus sich heraus konnten und deshalb ihr Inneres
mit einer Maske verhüllten.«
Vor allem erinnerte sich Michael Miller an den moralischen Druck und
die Angst, die damals an der Parteihochschule herrschte: »Mein bisheri-
ges Dasein in der kommunistischen Bewegung war frei von morali-
schem Druck, frei von Angst. Jetzt lernte ich sie erstmals kennen. Eine
Angst, von der man nicht weiß, ob sie Angst vor anderen, etwa Vorgesetzten oder auch Kameraden, oder Angst vor sich selbst, vor seinem
eigenen Gewissen, vor seinem eigenen Wesen ist.«
Als wichtigste Methode unterstreicht Michael Miller »Kritik und
Selbstkritik«, die jedoch in der Realität etwas ganz anderes war als es
der Begriff zum Ausdruck bringt: »Charakteristisch für die Seelenmas-
sage einer solchen kommunistischen Erziehungsanstalt ist ein Vorgang,
der mit dem abgegriffenen und zum Klischee gewordenen Begriff Kritik und Selbstkritik bezeichnet wird, wobei der Nachdruck auf der
Selbstkritik liegt. Rein menschlich betrachtet, dürfte sie zunächst nichts
Negatives an sich haben, denn die ernsthafte kritische Betrachtung seines eigenen Ich kann nur zur Selbsterkenntnis, einer fundamentalen
Form jeder menschlichen Erkenntnis führen. Doch nicht so im Kommunismus.«
Bei der Selbstkritik stünden zwei Besonderheiten im Vordergrund:
»Erstens unterzieht sich das Individuum hier nicht aus freiem Willen

dieser Selbstbetrachtung. Zweitens steht das Ergebnis dieser seelischen Durchleuchtung in den weitaus meisten Fällen schon vorher fest. Es wird von den Vorgesetzten festgelegt, die schon zuvor über das Opfer zu Gerichte sitzen. Kritik und Selbstkritik im Kommunismus ist eine Form, vergleichbar einer öffentlichen Gerichtsverhandlung. Das sogenannte Kollektiv tritt zusammen, vor dem der Missetäter Rede und Antwort zu stehen hat. Entweder hat er durch eine deplazierte Äußerung oder durch Inaktivität, mangelhaftes Studium, Gleichgültigkeit oder ›moralische Verfehlungen‹ das Mißfallen erregt. Die Sünden im kommunistischen Katechismus sind gar viele, z. B. das Lesen ›feindlicher‹ Zeitungen und Bücher, die in den ›Giftschrank‹ gehören. Wer so etwas liest, besitzt oder weiterverbreitet, wird zum Träger feindlicher Argumente und objektiv zum ›Agenten des Klassenfeindes‹. Zu Lebzeiten Stalins galt es schon als Todsünde, seinen Namen nicht mit genügender Ehrfurcht auszusprechen.«

Michael Miller wies auf entscheidende Unterschiede zwischen der Beichte gegenüber einem Priester und einer Selbstkritik in einer Parteihochschule hin: »Wer bei einem Priester die Beichte ablegt, offenbart sich ihm unter vier Augen, um Absolution zu finden. Er kann sich seinen Beichtvater frei wählen und ist sich dessen Verschwiegenheit sicher. Nicht so die Beichte im Kommunismus. Vor dem Kollektiv, in aller Öffentlichkeit muß sie abgelegt werden. Der an den Pranger Gestellte muß sein Inneres nackt und bloß darbieten, sich geißeln und Vergehen bezichtigen, die er in den meisten Fällen niemals begangen hat. Entwürdigende Selbstzerfleischung verlangte damals der Kommunismus von seinen Anhängern ... Am Schluß der Kasteiung mußte der Gestrauchelte selbst einen Vorschlag unterbreiten, welche Parteistrafe er für sich angebracht hielt. Er fuhr nicht gut dabei, wenn er zu niedrig griff.«

Überraschung im Sommer 1991: Interhotel, Modesalon und Burg-Akademie

40 Jahre sind seither vergangen. Nach meinem ersten Besuch kam ich in der zweiten Jahreshälfte 1990 und im Jahre 1991 noch insgesamt dreimal zur ehemaligen SED-Parteihochschule in Kleinmachnow. Bei meinem ersten Besuch in dem verwaisten, leerstehenden Gebäudekomplex wirkten sowohl eigene Erinnerungen von 1948 und 1949 als auch die

Schilderungen von Hermann Weber, Carola Stern und Michael Miller, die die Parteihochschule in einer noch bedrückenderen Atmosphäre erlebt hatten, nach. Alles erinnerte mich noch sehr stark daran.

Mit jedem neuen Besuch rückten diese Erinnerungen weiter in die Vergangenheit. Der bedrückende, riesige Gebäudekomplex, der einst der Produktion von Teilen der V-Waffen, später vier Jahrzehnte lang der Indoktrinierung von Parteifunktionären diente, paßte sich schrittweise und unübersehbar den neuen, westlichen Verhältnissen an. Die Schranke am hinteren Eingang wurde hochgezogen – jeder konnte nun beliebig passieren. Die fünf kurz zuvor noch leerstehenden riesigen Gebäude begannen sich langsam zu füllen; ein Seminarraum nach dem anderen wurde an Privatfirmen vermietet. In Räumen der Halle 1, in der früher dialektischer Materialismus unterrichtet wurde, hatte ein West-Berliner Modeatelier seine neuen Räumlichkeiten gefunden. In Halle 3 gab es nun eine »Burg-Akademie«, und in dem großen zentralen Areal sonnten sich Bundesbürger.

Bei meinem zweiten Besuch konnte ich nicht widerstehen, in dem neu eröffneten »Interhotel« zu speisen, ja sogar zu übernachten. Mit jedem neuen Besuch stellte ich fest: Das Haus begann immer mehr den Charakter eines gewöhnlichen Hotels anzunehmen – fast ausschließlich von Bundesbürgern frequentiert, da die Übernachtungspreise für Bewohner der fünf neuen Länder zumeist unerschwinglich waren.

Inzwischen hatte ich durch den »Spiegel« erfahren, daß die Bewohner Kleinmachnows nach der Wende forderten, die Liegenschaft der ehemaligen Parteischule der Gemeinde zu übergeben. Das 40 Hektar große Gelände mit den zahlreichen Gebäuden und dem Gästehaus Hakeburg sollte nach Plänen der Bürgerbewegung für soziale Zwecke genutzt werden. Dazu aber sollte es nicht kommen. Das Anwesen blieb Eigentum der PDS, geleitet von Horst Danzmann, der kurzfristig nach Honeckers Sturz als Stellvertretender Bildungsminister fungierte. Die Hakeburg wurde von einer privaten GmbH als Hotel vermarktet, und die Bildungs-, Informations- und Tourismus-GmbH zog ein; ihr Geschäftsführer: Horst Danzmann. (»Die reichste Partei Europas«, Der Spiegel, Nr. 34, 20. August 1990).

Aber auch ohne den »Spiegel«-Artikel war es für mich nicht schwer zu erkennen, daß fast alle Mitarbeiter – vom Rezeptionschef zur Serviererin – ehemalige Genossen und Genossinnen waren. Sie hatten sich jedoch schnell umgestellt: Sie arbeiteten effektiv, flexibel, sachlich, geschäftsmännisch nach der Devise »Der Kunde ist König«.

Beim zweiten Besuch wagte ich den Vorstoß: »Ich kenne das Gebäude hier. Ich war Dozent der SED-Parteihochschule. Was war denn hier in den letzten Jahren?« Einige Sekunden verlegene Pause, dann der Hinweis, daß man das leider nicht genau wisse. Aber meine Frage wurde nicht vergessen. Beim dritten Besuch wurde ich angesprochen: »Herr Professor Leonhard, Sie interessieren sich für die Geschichte dieses Gebäudes? Da kann ich Ihnen eine für Sie sicher interessante Schrift zu lesen geben.«

Ich wartete mit Spannung, nun endlich eine Festschrift oder Chronik der SED-Parteihochschule zu erhalten. Aber weit gefehlt. Höflich wurden mir die Memoiren des ehemaligen Besitzers der Hakeburg übergeben – ein Buch, das, in gotischer Schrift, 1936 in Berlin erschienen war. Ich überflog den Text: »Es endet 1936 – und was geschah danach?« Jetzt war man vorbereitet. Blitzschnell erfolgte die Antwort: »Darüber haben wir keine Unterlagen.«

Warum versagte die SED-Parteischulung?

Bei meinen Besuchen ehemaliger Parteischulen und der FDJ-Schule Bogensee ergab sich stets das gleiche Bild: Von den früheren Schulungsaktivitäten war nicht eine Spur zu finden – die Einrichtungen waren allesamt »umfunktioniert«. Nach meinen Besichtigungen und nicht wenigen Gesprächen mit früheren Schulungsteilnehmern gab es für mich keinen Zweifel: Das gesamte riesige Schulungsimperium war wie ein Kartenhaus zusammengefallen. Gewiß gilt dies auch für viele andere Bereiche des ehemaligen SED-Systems – aber nirgends verlief der Zusammenbruch so schnell, so widerspruchslos und so total wie beim Schulungssystem der SED.

Bei allen Besuchen dachte ich daran, welche gewaltigen finanziellen Mittel, welche Anstrengung und Energie in das Schulungsimperium gesteckt worden waren, mit welch eiserner Konsequenz es ausgedehnt, erweitert und ausgebaut wurde – mit immer neuen Gebäuden, immer größeren Lehrkörpern, immer ausgefeilteren Schulungsmaterialien, stets wachsenden Studentenzahlen – und wie wenig das alles letztendlich bewirkte, wie nutzlos alles gewesen war.

Im Verlaufe von mehr als vier Jahrzehnten hatten Zehntausende, ja Hunderttausende von Menschen die unterschiedlichen ideologischen Internatsschulen auf Kreis- und Bezirksebene bis hin zu den zentralen Schulen besucht. Hätte die Schulung für die Kursanten auch nur das Geringste bedeutet, so wären sie bei der Wende in ihre ehemaligen

Schulungsstätten geeilt, hätten versucht, sie vor Zweckentfremdung zu bewahren und zu beschützen, hätten Protestversammlungen organisiert und in Zeitungen Leserbrief-Aktionen gestartet, um ihre Schulen zu retten. Aber nichts, gar nichts von alledem geschah.

Es geht mir nicht um hämische Schadenfreude oder propandistische Pauschalverurteilungen, sondern um einen Erklärungsversuch dieses Phänomens. Bei meinen Besuchen versuchte ich, mich in die – sehr unterschiedlichen – Dozenten und Kursanten hineinzudenken: In die harten, schneidenden, karrieresüchtigen Einpeitscher-Funktionäre; in die vielen Dozenten und Kursanten, die innerlich gespalten waren und längst nicht mehr glaubten, was sie offiziell unterrichteten, die aber nicht die Kraft fanden, einen Trennungsstrich zu ziehen; in jene, die bereits Zweifel hatten, gleichwohl aber die Grundlinie für richtig hielten und hofften, daß sich das System reformieren werde; in diejenigen, die bis zum Schluß an die Ideologie glaubten und der Meinung waren, durch ihre Schulungsarbeit einen gesellschaftlich positiven Beitrag zu leisten.

Die Gründe für den schnellen und völligen Zusammenbruch liegen, wie mir scheint, auf zwei Ebenen: Zum einen im *Inhalt* der Schulung, in der einseitigen Darstellung, den vielen Verfälschungen, dem Widerspruch zwischen Anspruch und Realität, zwischen ideologischen Thesen und Wirklichkeit; zum anderen in der *Methode*, in der Atmosphäre, die in diesen Schulen herrschte, in der Angst, der entwürdigenden »Kritik und Selbstkritik«, der totalen »Verplanung« jener Menschen, die in diesen »Kaderschmieden« ausgebildet worden waren.

Beim Inhalt der Schulung scheinen mir fünf Aspekte von besonderer Bedeutung:

1. Ideologischer Anspruch und Realität

Viele Studenten und Dozenten begannen, teils schneller, teils langsamer, den tiefen Widerspruch zwischen der offiziell verkündeten Ideologie des »Marxismus-Leninismus« auf der einen und der Praxis in der DDR auf der anderen Seite zu erkennen; ihnen wurde in unterschiedlichem Tempo und auf unterschiedliche Weise bewußt, daß der Anspruch, in der DDR sei der »reale Sozialismus« verwirklicht, mit der Realität nicht zu vereinbaren sei.

Wie sind, so fragten sie sich, angesichts dieses Anspruchs die offenkundigen Mängel in der Wirtschaft zu erklären, das Zurückbleiben der ökonomisch-technologischen Entwicklung, die ökologischen Mißstände, die Privilegien der Funktionäre, die sozialen Unterschiede in der Gesellschaft? Wie ließ sich der im Unterricht so gepriesene »sozialistische Humanismus« in Einklang bringen mit der Berliner Mauer, den Tötungsanlagen an der Grenze, der Gängelung der Menschen? Wie konnte man von »sozialistischer Demokratie« sprechen, wenn in der Realität ein System ständiger Kontrolle der Bevölkerung herrschte, der Bespitzelung und Unterdrückung, der Verhinderung jeder freien, fruchtbaren Diskussion, der Willkür und Unterordnung?

Der tiefe, immer größer werdende Widerspruch zwischen der offiziell verkündeten Gesellschaft des »realen Sozialismus« und der in der DDR tatächlich herrschenden Zustände war so deutlich, kraß und tiefgreifend, daß keine auch noch so ausgeklügelte ideologische Rechtfertigung diesen Widerspruch aus der Welt zu schaffen vermochte.

2. Parteigeschichte

Die Darstellung der eigenen Parteigeschichte – der KPD in der Weimarer Republik und der SED seit 1946 – nahm in der Schulung einen zentralen Platz ein. Alle wirklichen Probleme und Auseinandersetzungen wurden jedoch ausgeklammert, tabuisiert, nicht diskutiert. Gelehrt wurde ein vermeintlicher »Siegeszug«, hie und da unterbrochen durch gewisse Rückschläge, die »Gegnern«, »Parteifeinden«, »Abweichlern« oder gar »Agenten des Klassenfeindes« in die Schuhe geschoben wurden.

Anstelle der wirklichen Geschichte der Partei wurde ein realitätsfernes, ideologisiertes, beschönigtes Bild gezeichnet. Wichtige historische Ereignisse wurden, je nach Notwendigkeit der jeweils gültigen Parteilinie, völlig verschwiegen, unwesentliche Nebenaspekte ins Zentrum gerückt; bedeutsame Vorkämpfer, die später kritisch wurden, strich man kurzerhand aus der Geschichte, primitive Bürokraten rückten, nur weil sie Ja-Sager waren, in den Mittelpunkt und wurden als positive Kämpfer verherrlicht.

Entscheidende Ereignisse blieben »ausgeklammert«. In den Parteischulen wurde nichts oder fast nichts über die kritischen Betrachtungen Rosa Luxemburgs zum russischen Bolschewismus berichtet, über die nutzlosen und opferreichen revolutionären »Offfensivaktionen« der KPD von 1918 bis 1923, die zunehmende Unterordnung der KPD unter Moskau, über die kritischen Oppositionsgruppen in den 20er Jahren, den verhängisvollen Kampf gegen einen angeblichen »Sozialfaschismus«, über die Teilnahme der KPD am Nazi-Volksentscheid gegen die Sozialdemokraten im Herbst 1931, die wirklichen Ursachen für die Niederlage der KPD beim Machtantritt Hitlers im Januar 1933 sowie schließlich die riesige Verhaftungswelle unter den in die Sowjetunion emigrierten deutschen Kommunisten, von denen Hunderte in Stalins Lagern umkamen.

Krasser noch waren die Verfälschungen der SED-Geschichte. Neben der einseitig beschönigenden Darstellung über die Vereinigung von Sozialdemokraten und Kommunisten wurden verschwiegen: Die Unterdrückung eigenständiger Sozialdemokraten als »Schumacher-Agenten«; die zunehmende Unterordnung der Blockparteien unter die SED-Führung; die Folgen der »Säuberungen« kritisch und selbständig denkender SED-Mitglieder; die fehlende demokratische Legitimation bei Gründung der DDR im Oktober 1949; die abenteuerliche Verkündung des »Aufbaus des Sozialismus« im Sommer 1952; die Wahrheit über den Volksaufstand im Juni 1953; die Verhinderung einer Entstalinisierung nach 1956; Ursachen und Folgen des Berliner Mauerbaus vom August 1961; die Rolle der SED-Führung bei der Bekämpfung des Prager Frühlings 1968; die Hintergründe der Absetzung Ulbrichts und der Ernennung Honeckers im Frühjahr 1971 und schließlich die Kluft zwischen der Politik der SED-Führung und Reformführung in Moskau in der Phase der beginnenden Perestroika in der Sowjetunion.

3. Die Darstellung der Sowjetunion

So wichtig die Rolle der Sowjetunion im Rahmen der Parteischulung genommen wurde, so erstaunt war ich, als ich bei meinen Reisen nach der »Wende« feststellen mußte, wie wenig Absolventen der Parteischulen, einschließlich der SED-Parteihochschule, über die Sowjetunion und ihre Geschichte wußten.

Auch hier waren wichtige Ereignisse tabuisiert, darunter das wirkliche Geschehen bei der bolschewistischen Machtübernahme im Oktober 1917; die Auflösung der Konstituierenden Versammlung; die Entwicklung zu einem Einparteiensystem; die Schaffung der Tscheka; die Wandlung der Partei während des Bürgerkrieges; der 10. Parteitag im März 1921 mit dem Übergang zur »Neuen Ökonomischen Politik« bei gleichzeitiger Verschärfung der Parteiherrschaft; die zunehmende Bürokratisierung des Sowjetsystems; die Bedeutung des Leninschen Testaments; die Ursache für die Ausschaltung der Lenin-Garde und die Machtergreifung Stalins und seines Apparates; die grauenvolle Zwangskollektivierung; die Hintergründe der Ermordung Kirows; Ursachen und Verlauf der »großen Säuberung« von 1936 bis 1938; die Auswirkung des Hitler-Stalin-Pakts; die Gründe für die katastrophalen Niederlagen der Roten Armee in den ersten beiden Kriegsjahren; die Verhärtung des Kurses unter Stalin in den Nachkriegsjahren; Ursachen und Verlauf der Entstalinisierung unter Chruschtschow; die Hintergründe des Sturzes von Chruschtschow; Entwicklung und Folgen der Stagnationsperiode während der Breshnjew-Ära; das Wirken der Bürgerrechtler (»Dissidenten«) und ihre Reformpläne sowie Ursachen und Verlauf von Glasnost und Perestroika.

Darstellung und Analyse dieser entscheidenden Ereignisse blieben »ausgeklammert«. An deren Stelle wurde die grotesk verfälschende Darstellung eines vermeintlichen »Siegeszugs« vermittelt, unterbrochen lediglich durch die Aktivität von »Parteifeinden«. Es fehlte jegliche Diskussion darüber, wie angesichts des sowjetischen Anspruchs auf »Sozialismus«, »entwickelten Sozialismus« und »Übergang zum Kommunismus« die Diktatur Stalins zu erklären sei, der Massenterror, die große Säuberung, das Zurückbleiben der Wirtschaft, die permanente Krise der Landwirtschaft, die Privilegien der Funktionäre, die zunehmenden nationalen Konflikte.

4. Die modernen westlichen Industriestaaten

Die realitätsferne und einseitige Darstellung erfolgte auch bei der Behandlung der westlichen Industriegesellschaften – an die Stelle von Schönfärberei trat hier eine ebenso einseitige Schwarzmalerei.

Die gewaltigen Unterschiede der einzelnen Länder in Geschichte und Tradition, ökonomischem Entwicklungsstand und Sozialstruktur und die Manigfaltigkeit des politischen Spektrums – all dies wurde in der Parteischulung nicht oder allenfalls beiläufig erwähnt. An die Stelle einer Analyse der westlichen Staaten trat die These: Kapitalismus, Imperialismus und »staatsmonopolistischer Kapitalismus«, deren Widersprüche sich verschärften, leiteten den Übergang zur höheren Gesellschaft des Sozialismus ein.

Die »führende Rolle der Arbeiterklasse« blieb unverändert bestehen, unabhängig von der Tatsache, daß die Zahl der Industriearbeiter sowohl im Verhältnis zu anderen Schichten als auch in absoluten Ziffern beständig zurückging, daß längst neue, andersartige soziale Schichten entstanden waren, daß der Klassenkampf durch neue Probleme, neue soziale Kräfte und neue Widersprüche ersetzt worden war. Das breite politische Spektrum der westlichen Industrieländer – von konservativen, christlich-demokratischen, liberalen, sozialdemokratischen und sozialistischen bis hin zu grünen Strömungen – wurde nie objektiv untersucht, sondern durch willkürlich ausgesuchte Zitate verächtlich gemacht und, in meist äußerst primitiver Form, »widerlegt«.

Die neuen sozialen Bewegungen im Bereich der Umwelt, der Frauenemanzipation, der Jugend, die Diskussionen auf Kirchentagen und die neuen Probleme der Entfremdung in modernen Industriegesellschaften blieben Dozenten und Kursanten von SED-Parteihochschulen bis zuletzt fremd.

Das Bild, das in Parteischulen von den modernen westlichen Industriegesellschaften vermittelt wurde, entsprach einer nur oberflächlich modernisierten Darstellung des 19. Jahrhunderts. So waren die Absolventen aller Parteischulen einschließlich der Parteihochschule trotz jahrelangen Studiums völlig außerstande, die Probleme westlicher Industriegesellschaften zu verstehen. Für die Begegnung mit der westlichen Welt nach dem Fall der Mauer waren sie weder ideologisch noch politisch vorbereitet.

5. Begriff und Inhalt des »Marxismus-Leninismus«

Eine verzerrte und verfälschte Darstellung erfolgte selbst bei Vermittlung der eigenen Ideologie des »Marxismus-Leninismus«. Schon der Begriff »Marxismus-Leninismus« beruht auf Unwahrheit: Die Theorien und Konzeptionen von Marx und Engels, die spätere Wandlung zum Leninismus, die entscheidenden Konzeptionen Lenins und seiner Mitkämpfer, die erneute Umkehrung der Ideologie zur Rechtfertigung des bürokratisch-terroristischen Systems Stalins wurden im Rahmen der Parteischulung nie untersucht.

Statt dessen wurde eine Ideologie dargeboten, die einige wenige, zufällig »passende« Äußerungen von Marx und Engels beinhaltete. Entscheidende Thesen der beiden Theoretiker waren dagegen tabuisiert: Die Entfremdung des Menschen; die Befreiung der menschlichen Persönlichkeit; die Konzentration auf soziale Bewegungen (nicht auf eine Partei!); die soziale Umgestaltung der Gesellschaft; das Absterben des Staates; die Assoziation der freien Produzenten.

Die bedeutsamen Nachfolger von Marx und Engels – wie Kautsky, Bernstein, Plechanow, Labriola und Rosa Luxemburg – wurden, wenn überhaupt, nur kurz erwähnt, während Lenin als einziger »Fortsetzer« der Ideen Marx' und Engels' in den Mittelpunkt gestellt wurde. Aber auch die Auswahl der Ansätze Lenins blieb einseitig: Seine Doktrin von einer revolutionären Elitepartei, die Organisationsstruktur des »demokratischen Zentralismus«, die gewaltsame Revolution, die Errichtung der Diktatur des Proletariats, Lenins Resolution über die »Einheit der Partei« und das Verbot der Fraktionen wurden unverhältnismäßig in den Mittelpunkt gestellt. Die strikte Ablehnung jeglicher Kollektivierung der Bauernschaft, Lenins vehementes Eintreten für die Rechte der nicht-russischen Völker, seine entschiedene Ablehnung jeder Einmischung der Partei in Literatur und Kunst und jeglichen Personenkults (auch gegenüber seiner eigenen Person!), sowie seine erstaunlich offenen Eingeständnisse über die vielen schwerwiegenden Fehler der bolschewistischen Partei kamen in den Unterrichtsplänen der Parteischulen nicht vor.

In diesem verfälschten »Schmalspur-Marxismus-Leninismus« standen die offiziellen Thesen und Konzeptionen der Moskauer KP-Führung und der SED-Führung im Mittelpunkt. Die Auffassungen Trotzkis und Bucharins galten als »parteifeindlich«; wichtige Theorien von Antonio Gramsci, Karl Korsch, der »Frankfurter Schule«, Milovan Djilas, Ernst Bloch, Ernesto Ragioneri, den Philosophen der »Praxis«-Gruppe, Robert Havemann, der Vielzahl humanistischer Marxisten und die Konzeptionen des »Prager Frühlings« von 1968 wurden als »revisionistisch« verunglimpft. Was blieb, waren allein die Rechtfertigungskonzeptionen eines bürokratisch-diktatorischen Systems – in der DDR als »realer Sozialismus« bezeichnet.

Die Funktion des »Marxismus-Leninismus«
Die skizzierten inhaltlichen Perversionen sind nicht zufällig; sie wirkten sich nicht zuletzt auch in der Methodik des Unterrichts und der Auswahl der ideologisch geschulten Funktionäre aus.

Der Marxismus-Leninismus im SED-Schulungssystem: Keine Gesellschaftstheorie der Befreiung von Ausbeutung und Unterdrückung, sondern nur Legitimierung des Regimes. Drei Funktionen standen dabei im Vordergrund:

1. Die Ideologie hatte die Aufgabe, den bürokratischen Unterdrückungscharakter des Regimes zu verschleiern, schwierige ökonomische Bedingungen und ökonomisch-politische Rückschläge zu rechtfertigen und mit dem Anspruch einer »wissenschaftlichen Theorie« psychologische Unsicherheiten zu verringern oder zu überwinden.
2. Die Ideologie war Begründung und Rechtfertigung zuvor von der Parteiführung aus praktischer Notwendigkeit gefaßter Beschlüsse und Maßnahmen, die nachträglich mit der Behauptung gerechtfertigt wurden, die Führung betreibe eine »wissenschaftliche Politik«.
3. Die Ideologie diente der Oktroyierung von Denkschablonen und Denkkategorien. Dabei war nicht nur von Bedeutung, was man glauben sollte, sondern vor allem auch, was man *abzulehnen* hatte:

Es gab vorgeschriebene, genau definierte »Abweichungen«. Anhänger dieser Ideologie lehnten dabei gleichsam automatisch alle Auffassungen ab, die nicht in die vorgefaßten Schemata paßten. Ungenehme Gedanken und Vorschläge konnten Führungskräfte somit ohne Schwierigkeit als »Abweichung« deklarieren; unliebsame oder gar kritische Diskussionen wurden so vermieden.

Methoden der Ausbildung

Parteischulen waren angesichts dessen nicht Stätten der Ausbildung, sondern der *Indoktrination;* freie, ungehinderte Diskussionen und Erörterungen waren nicht zugelassen. Die Parteilinie war sakrosankt – allenfalls konnte über Einzelfragen der Durchführung diskutiert werden, nicht aber über die Problematik selbst.

Die entwürdigende *»Kritik und Selbstkritik«* brach den Willen, das eigenständige Denken der Kursanten, eine Psychose der Angst und Unsicherheit wurde geschaffen, Furcht, sich durch eigene Gedanken in Gefahr zu bringen: Die Kursanten wurden zu willenlosen, gefügigen Instrumenten der Parteiführung.

Dies wiederum führte zu *Lüge und Zwiespalt.* Bei einer derart einseitigen, die Tatsachen entstellenden, ja verlogenen ideologischen Ausbildung blieb es nicht aus, daß eine immer größere Zahl von Dozenten und Kursanten schrittweise den Widerspruch zwischen Ideologie und Realität erkannten und innerlich, möglicherweise auch gegenüber sehr vertrauenswürdigen Freunden, eine andere Meinung als bei öffentlichen Vorlesungen und Seminaren vertrat.

Unter solchen Bedingungen wurden Dozenten und Kursteilnehmer regelrecht zur Verlogenheit gezwungen: Der Widerspruch zwischen öffentlich geäußerter Meinung und tatsächlichen Auffassungen führte zu einem tiefen Zwiespalt der eigenen Persönlichkeit mit ernsten psychologischen Konsequenzen.

Die »Kader-Auslese«

Nach Abschluß der Lehrgänge an Parteischulen wurden die Absolventen von Kader-Kommissionen anhand sorgfältig erstellter Charakteristiken in Partei- oder Staatsfunktionen eingesetzt. Diese »Kader-Auswahl« förderte die disziplinierten, fügsamen, rückgratlosen Absolventen, die der Führung und ihrer wechselhaften Politik vollkommen ergeben waren; sie wurden nach Abschluß der Ausbildung in entscheidende Positionen eingesetzt.

Umgekehrt wurden eigenständig denkende, aktive, mutige, kritische

Fragen stellende Absolventen, die eigentlich die konstruktivsten Mitglieder der Partei sein sollten, in minderwichtige Positionen eingesetzt oder sogar gänzlich »ausgeschaltet«.

Das Ergebnis dieses Prinzips: Eine »negative Kaderauswahl«. Zwar konnte sich die Führung auf die servilen, sich stets unterordnenden Funktionäre völlig verlassen – wie auf jene Schräubchen einer großen Maschine, von der einst Stalin sprach. Aber weil diese Funktionäre innerlich nicht wirklich überzeugt waren und keinen eigenen Willen mehr hatten, ordneten sie sich nach der Wende sofort den neuen Machtstrukturen unter, liefen mit fliegenden Fahnen von der Plan- zur Marktwirtschaft über. Die Parteischulen selbst hatten die »Wendehälse« hervorgebracht, die Totengräber des eigenen Systems.

Das Zusammenwirken von verfälschter, realitätsfremder Ideologie und Indoktrination, von Angst und Furcht erzeugender »Kritik und Selbstkritik« und einer »Kaderauswahl«, die stets die gehorsamen, gefügigen Absolventen förderte, führte konsequenterweise dazu, daß das gigantische Schulungsimperium schneller, endgültiger und lautloser zusammenbrach als alle anderen Komponenten des Systems.

Mit dem Ende des Systems verschwand jedoch nicht nur die Ideologie des »Marxismus-Leninismus«, der niemand eine Träne nachweinte, sondern auch Ideen und Symbole der Linken, die durch die Parteischulung gänzlich diskreditiert worden waren: Die Begriffe »Fortschritt« und »Sozialismus« etwa; die Anrede »Genossinnen und Genossen«; das Symbol der roten Fahne; die Theorien von Marx und Engels – obwohl diese für den verfälschten »Marxismus-Leninismus« nun wirklich nicht verantwortlich waren.

Das Parteischulungssystem der SED diskreditierte Ideen, Symbole und Begriffe der Linken mehr als es Konservative in einem ganzen Jahrhundert je vermochten.

V

WIEDERSEHEN MIT DEN »AKTIVISTEN DER ERSTEN STUNDE« VON 1945

Zu den aufwühlendsten und wohl interessantesten Erlebnissen meiner Reisen nach Ost-Berlin und in die ehemalige DDR gehören die Begegnungen mit »Aktivisten der ersten Stunde« von 1945. Einige von ihnen kannte ich schon seit der sowjetischen Emigration in meiner Jugend, andere lernte ich als 24jähriger im Jahre 1945 kennen. Während meiner Tätigkeit in der Sowjetischen Zone Deutschlands von 1945 bis 1949 waren sie junge Aktivisten, die sich aktiv in Partei, Presse, antifaschistischen Jugendausschüssen (und der späteren FDJ) engagierten – meist mit großen Hoffnungen und zuweilen überschäumendem Enthusiasmus.

Nach meiner Flucht im März 1949 brachen alle direkten Verbindungen zu ihnen ab. Im Westen erlebte ich nun manche Aktivisten der frühen Nachkriegszeit in Reden, Artikeln oder in der »Aktuellen Kamera« – meist bei feierlichen Anlässen, Parteikonferenzen, pompösen Gedenkfeiern. Ich versuchte, mich in jene inzwischen so gewandelten Menschen hineinzudenken, aber dies war nicht leicht: Sie waren offizielle Repräsentanten des bürokratischen SED-Systems geworden, hatten meist ihre einstige Individualität und Spontaneität verloren und sprachen oder schrieben in vorgestanzten Formulierungen.

Seit einigen Monaten besuche ich meine früheren Jugendgefährten und später führenden Repräsentanten des SED-Regimes. Mich interessierte vor allem ihr Werdegang in den vergangenen vier Jahrzehnten: Was war die Motivation ihrer Tätigkeit? Materielle Privilegien konnten, wie mir scheint, nicht entscheidende Triebkräfte gewesen sein. Also Machtstreben? Vielleicht – aber war das wirklich alles? Welche Rolle spielte dabei die Ideologie? Wie und warum haben sich die früheren Aktivisten zu bürokratischen Funktionären gewandelt? Glaubten sie alles, was sie offiziell vertraten, auch selbst? Falls sie kritisch waren: Haben sie versucht, dringend notwendige Reformen des Systems einzuleiten? Wie ist zu erklären, daß diese höheren Funktionäre, die doch über ein ausgezeichnetes Informationsnetz verfügten, so wenig über die wirklichen Stimmungen der DDR-Bevölkerung wußten? Wieso wurden sie vom Zusammenbruch des SED-Regimes überrascht? Fühlen sie Mitschuld oder Mitverantwortung angesichts ihrer jahrzehntelangen Tätigkeit im Apparat? Und vor allem: Was denken sie heute, was glauben sie heute – nach dem Zusammenbruch der DDR?

Bei meinen meist längeren Besuchen in der ehemaligen DDR habe ich mit Dutzenden dieser »Aktivisten der ersten Stunde« von 1945 gesprochen. Aus der Vielzahl der Gespräche habe ich repräsentativ fünf ausgewählt, die jeweils einen Tätigkeitsbereich der ehemaligen DDR besonders anschaulich illustrieren.

Zunächst besuchte ich *Paul Wandel*, meinen ehemaligen Lehrer in der Kominternschule 1942 bis 1943 – damals mit dem Parteinamen »Klassner« –, der schon 1945 zum Präsidenten der Zentralverwaltung für Volksbildung ernannt wurde und später, nach Gründung der DDR im Oktober 1949, fast ein Jahrzehnt als Minister für Volksbildung fungierte.

Meinen zweiten Gesprächspartner, *Hans Mahle*, kannte ich ebenfalls bereits aus der Sowjetunion; dort war er Mitglied der Rundfunkredaktion »Freies Deutschland«. Anschließend, in den Maitagen 1945, gehörten wir beide zur »Gruppe Ulbricht«. Schon im Mai 1945 wurde Mahle Intendant des ersten Berliner Nachkriegs-Rundfunks, dann Generalintendant aller Sender der Sowjetzone Deutschlands. Er wurde im Oktober 1951 abgesetzt, aller Funktionen entbunden und tauchte erst viele Jahre später als führender Parteifunktionär in West-Berlin wieder auf.

Mein dritter Gesprächspartner: *Stefan Doernberg*, den ich aus der Kominternschule in Kuschnarenkowo kannte; er rückte mit der Roten Armee nach Berlin vor, wurde später Stellvertretender Direktor des Instituts für Geschichte bei der Akademie der Gesellschaftswissenschaften der DDR und erlangte als »Chefhistoriker« der DDR, vor allem durch sein Buch »Kurze Geschichte der DDR«, allgemeine Bekanntheit.

Auch *Peter Florin* kannte ich noch aus der Jugendzeit in der Sowjetunion. Wir sahen uns 1944 bis 1945 häufig im Nationalkomitee »Freies Deutschland«, wo er als Redakteur der Wochenzeitung tätig war, verloren uns jedoch nach der Rückkehr nach Deutschland aus den Augen. Erst als ich längst im Westen war, erfuhr ich, daß Peter Florin als Stellvertretender DDR-Außenminister und Vertreter der DDR bei den Vereinten Nationen tätig war.

Abschließend gebe ich meine Gespräche mit *Markus Wolf* wieder, den wir stets »Mischa« nannten. Auch wir kannten uns aus gemeinsamer Jugendzeit in Moskau und sahen uns nach 1945 gelegentlich im Berliner Rundfunk, wo er als führender Kommentator unter dem Namen »Mi-

chael Storm« arbeitete. Lange Zeit nach meiner Flucht aus der Sowjetzone Deutschlands im März 1949 erfuhr ich zu meinem Erstaunen, ja
zu meiner Bestürzung von seiner Karriere bis zum General und Leiter
der »Hauptabteilung Aufklärung«, zuständig für Spionage im westlichen Ausland, im Staatssicherheitsdienst der DDR.

Bei meinen Gesprächen verzichtete ich bewußt auf Polemik oder harte
Diskussion – ich wollte von den Menschen, die ich seit meiner Jugend
persönlich kenne, Näheres über Werdegang, Hoffnungen und Enttäu-
schungen, über Zustimmung und Kritik hören. Ich wollte *sie* sprechen
lassen, um mir (und auch den Lesern dieses Buches) Einblick in die Gedanken jener zu geben, die bis zur Wende in der DDR an die Grundlinien der offiziellen Ideologie glaubten und in diesem System aktiv tätig
waren.

Mischa (Markus) Wolf, nach 1945 führend im Berliner Rundfunk, 1949-1951 Erster Botschaftsrat in der DDR-Vertretung in Moskau, anschließend 33 Jahre in der Hauptverwaltung Aufklärung im Staatssicherheitsdienst der DDR.

Helene Berner, nach 1945 Dozentin an der Schule der Sowjetischen Militäradministration SMA in Königswusterhausen, anschließend führend in der Gesellschaft für Deutsch-Sowjetische Freundschaft.

Marianne Lange-Weinert, Tochter des kommunistischen Dichters und Präsidenten des Nationalkomitees Freies Deutschland, Erich Weinert, nach 1945 im Haus der Sowjetkultur in Ost-Berlin tätig, anschließend im künstlerischen Bereich. Autorin des in der DDR weit verbreiteten, in mehreren Auflagen erschienenen Buches »Mädchenjahre«.

Jan Vogeler, Sohn des Worpsweder Malers Heinrich Vogeler, kehrte nach kurzem Aufenthalt in Deutschland 1945 wieder in die Sowjetunion zurück, Professor für Philosophie an der Moskauer Staatsuniversität.

Peter Florin, Leiter der Abteilung Außenpolitik im Zentralkomitee der SED, stellvertretender Außenminister und Vertreter der DDR bei den Vereinten Nationen.

Stefan Doernberg, nach 1945 Mitarbeiter der »Täglichen Rundschau«, stellvertretender Leiter der Fakultät Geschichte in der Akademie der Gesellschaftswissenschaften, Autor des weit verbreiteten (propagandistischen) Buches »Kurze Geschichte der DDR«.

Paul Wandel, langjähriger Minister für Volksbildung der DDR, in führender Position der Akademie der Gesellschaftswissenschaften, Dozent an der SED-Parteihochschule, DDR-Botschafter in China.

Erinnerungsfoto deutscher kommunistischer Emigranten in der Sowjetunion, 20 Jahre nach ihrer Rückkehr in Ost-Berlin (darunter Paul Wandel, Stefan Doernberg, Jan Vogeler, Peter Florin, Markus Wolf, Helene Berner, Marianne Weinert).

1. Paul Wandel – Komintern-Lehrer und Volksbildungsminister der DDR

Zu den ungewöhnlichsten Wiederbegegnungen gehört jene mit Paul Wandel, meinem ehemaligen Lehrer an der Komintern-Schule in Kuschnarenkowo 1942 und 1943, mit dem ich auch nach Kriegsende 1945 in Ost-Berlin wiederholt zusammengetroffen bin.

Am 21. März 1990, mehr als 40 Jahre nach meiner Flucht, traf ich Paul Wandel wieder. Er wohnt in jenem Villenviertel in Berlin-Niederschönhausen, das seit 1945 für die Spitzenführer der damaligen SBZ reserviert war. Zu jener Zeit wohnten auch Pieck, Grotewohl, Ulbricht, Dahlem und Ackermann in diesem Viertel – der Umzug der DDR-Führer nach Wandlitz erfolgte erst Ende Mai 1960.

21. März 1990. Ich halte vor dem Haus, klingele und warte nachdenklich ab, wie ich wohl von Paul Wandel empfangen werden würde. Die Tür öffnet sich und Paul Wandel tritt mir – beide Arme ausgestreckt – freundlich lächelnd entgegen. Er umarmt mich mit den Worten: »Die letzten 15 Jahre, die werden wir einfach mal vergessen.« Das klang, als wolle er mir eine Absolution erteilen – eigentlich sollte es ja umgekehrt sein. Aber ich wollte diesen Aspekt nicht in den Mittelpunkt stellen, sondern korrigierte: »Paul, es waren keine 15, sondern 40 Jahre.« Er sah mich erstaunt, fast erschreckt an: »Ist das schon 40 Jahre her?«

»Ja, im März 1949 bin ich aus der damaligen Sowjetzone geflohen, und jetzt haben wir März 1990 – genau genommen sind es sogar schon 41 Jahre.«

»Macht nichts«, meinte er beschwichtigend, »komm nur herein.« Paul Wandel bewohnte ein relativ gut eingerichtetes Einfamilienhaus. Sofort bemerkte ich die umfangreiche Bibliothek – viele Hundert Bücher. Ich sah mich um. Das meiste kam mir bekannt vor: Die gesammelten Werke von Marx, Engels und Lenin, ganze Regale russischer Bücher über die Geschichte der Sowjetunion und der kommunistischen Weltbewegung und alles, was seit 1945 in der DDR über diese Themen erschienen ist.

»Die Bücher kenne ich: Die Geschichte der Sowjetunion und der Kommunistischen Weltbewegung – das sind auch die Themen, über die ich an der Yale Universität gelehrt habe.« Paul Wandel sah mich interessiert an: »Ich bin in den letzten 15 Jahren Dozent für die Geschichte der Sowjetunion und der Kommunistischen Weltbewegung an der SED-Parteihochschule gewesen.«

Ich sah mir die Bände der Bibliothek noch einmal genau an und war verblüfft. Es fehlten die vielen Veröffentlichungen im Westen – auch die Erinnerungen ehemaliger KP-Funktionäre aus unterschiedlichen Ländern, die mit dem System gebrochen hatten. Paul Wandels Blick verfinsterte sich etwas. »Diese Bücher brauche ich nicht«, meinte er. Ich sah ihn an: »Darfst Du sie nicht lesen? Gibt es denn selbst für einen Dozenten der SED-Parteihochschule keine Möglichkeit, an solche Bücher zu kommen?«

»Doch, durchaus«, meinte Paul Wandel, als ob dies selbstverständlich sei: »Ich habe Zugang zu einer Bibliothek beim Zentralkomitee und kann jedes Buch ungehindert erhalten; aber für solche Dinge habe ich einfach keine Zeit.«

»Klassner« in der Komintern-Schule 1942 bis 1943

Ähnliches hatte ich schon einmal erlebt, 1942 bis 1943 an der Komintern-Schule in Kuschnarenkowo, 60 Kilometer nördlich von Ufa. Hier war Paul Wandel, ein damals 37jähriger Dozent mit leicht ergrauten Schläfen, dunklen Augen und süddeutschem Akzent, der in der Komintern-Schule »Klassner« hieß, Leiter der »deutschen Gruppe«. Die Ausbildungsstätte der Kommunistischen Internationale befand sich während des Zweiten Weltkrieges in Baschkirien etwa fünf Kilometer von dem kleinen Ort Kuschnarenkowo entfernt. Auf einer kleinen Anhöhe in einem verwahrlosten Gutshof untergebracht, verfügte die Schule über ein zentrales und zwei oder drei Nebengebäude. In der Mitte befand sich ein größerer Platz.

In völliger Abgeschiedenheit wurden während des Krieges 120 ausländische Kommunisten für ihre zukünftige Arbeit ausgebildet. Jeder Teilnehmer, »Kursant« genannt, erhielt schon beim Eintreffen die entscheidenden Verhaltensmaßregeln: Niemals das Schulgebäude verlassen; Briefe geöffnet für die Weiterleitung abgeben; niemals über frühere Tätigkeit berichten; keinen Alkohol zu sich nehmen; keine auch noch so geringfügigen und unschuldigen Beziehungen zu Kursanten weiblichen Geschlechts aufnehmen. Vor allem aber: Nichts über sich erzählen. Jeder von uns erhielt einen Decknamen, durfte ausschließlich diesen Decknamen benutzen und sich damit anreden lassen. In unserer deutschen Gruppe kannte ich eine ganze Reihe früherer Schulkameraden, deren neue Namen ich mir nun fest einprägen mußte: »Danilow« war der Deckname meines früheren Schulfreundes Jan Vogeler; Marianne

Paul Wandel, ehemaliger Parteisekretär der Lenin-Schule, engster Mitarbeiter Piecks in der Kommunistischen Internationale, Lehrer an der Kominternschule 1942-43, in der DDR-Zeit langjähriger Volksbildungsminister.

Besuch bei Paul Wandel am 21. März 1990. Paul Wandel zeigt dem Autor einige seiner veröffentlichten Schriften. Im Hintergrund sämtliche Werke von Marx und Engels sowie Lenins und eine Büste von Marx.

Weinert hieß nun »Li Flammer«; »Peter Zahl« war Helmut Gennys, mit dem ich im Kinderheim Nr. 6 zusammen war; Mischa Wolf hieß jetzt »Förster«; Stefan Doernberg, später »Chefhistoriker« der DDR, hieß zu jener Zeit »Adler«.

Neben der deutschen Gruppe gab es ähnliche Gruppen der Österreicher, Tschechen und Slowaken, Spanier, Polen, Ungarn, Rumänen, Bulgaren, Franzosen und Italiener; eigentümlicherweise auch eine eigene Gruppe der »Sudetendeutschen« – ein Zeichen dafür, daß die 1945 erfolgte Aussiedlung damals noch nicht geplant war.

Wir wurden einer harten, spartanischen Ausbildung unterzogen. Wenn ich mich recht erinnere, wurden wir um 6.30 Uhr geweckt und gingen anschließend zum gemeinsamen Frühsport. Danach gab es fast ununterbrochen Unterricht. Die Hälfte der Unterrichtszeit diente gemeinsamen Vorlesungen für alle Kursanten der Kominternschule. Sie fanden entweder in der Bibliothek oder im Eßsaal statt und wurden in russischer Sprache gegeben. Wir Jüngeren, die Russisch konnten, saßen in der vorderen Reihe, während für die älteren Genossen an den hinteren Tischen die Vorträge spanisch, deutsch, französisch, italienisch, rumänisch, tschechisch, slowakisch, polnisch, ungarisch oder bulgarisch übersetzt wurden.

Neben der Geschichte der Kommunistischen Internationale, die vom Direktor der Schule, dem »Genossen Michailow« gelesen wurde – erst sehr viel später erfuhr ich, daß es sich um den Bulgaren Awramow handelte, der in der bulgarischen KP-Führung nach 1945 für die Ideologie zuständig war –, gab es die wichtigen Vorlesungen in »Marxismus-Leninismus«, Geschichte der Kommunistischen Partei der Sowjetunion sowie Vorträge über aktuelle Themen, meist von höheren Komintern-Funktionären gehalten, die aus Ufa zu uns anreisten.

Der Lehrstoff sollte, wie immer wieder betont wurde, »unmittelbar mit der Praxis verbunden werden«. Dies geschah im Rahmen der »politischen Gegenwartsfragen«: Dabei konzentrierten wir uns auf die illegale Arbeit; die »Bündnispolitik«, das heißt die Zusammenarbeit von Kommunisten mit anderen sozialen und politischen Kräften; die Bildung illegaler »Volksausschüsse«; das Abfassen von Flugblättern – wir mußten in der Lage sein, innerhalb einer Stunde ein politisch »richtiges« Flugblatt zu einem beliebigen Thema zu verfassen.

Für unsere Ausbildung erhielten wir geheime Informationsbulletins mit den Verordnungen der Hitler-Regierung, den Reden und Artikeln der Nazi-Führer und Stimmen der neutralen und westlichen Presse über die Situation in Hitler-Deutschland. Besonders wichtig für uns:

Hektographierte, mit der Aufschrift »Sekretno« (»Geheim«) versehene Bulletins, die Auszüge aus Briefen deutscher Soldaten und Offiziere an ihre Angehörigen und Briefe aus der Heimat an die Front enthielten, gegliedert nach verschiedenen Rubriken wie Bombardierung, Ernährung, ausländische Arbeiter in Deutschland und etlichen mehr.

Es kam vor, daß ein Kursant der Gruppe Thesen der Nazi-Ideologie vorzutragen hatte – und zwar so gut und überzeugend wie möglich. Die anderen hatten dann die Aufgabe, diese Argumente zu entkräften. Gelegentlich übernahm Klassner (Paul Wandel) selbst die Rolle des Nazi-Referenten, und weil er die Thesen sehr geschickt vortrug – wahrscheinlich geschickter als es ein Nazi selbst je hätte tun können –, war es zuweilen schwierig, gute und effektive Gegenargumente zu finden.

In der Kominternschule erhielten wir in russischer Übersetzung – für Sowjetbürger damals kaum vorstellbar – ausführliche Materialien aus westlichen und neutralen Ländern: Reden führender Politiker, Erklärungen bürgerlicher und sozialdemokratischer Parteien verschiedener Länder, die Enzykliken des Papstes.

An einer Stelle jedoch hörte die Toleranz auf: Bei kommunistischen Oppositionsgruppen. Klassner nannte zwar die Namen Brandlers, Thalheimers, Ruth Fischers, Maslows und anderer Oppositioneller, die in den 20er Jahren aus der KPD ausgetreten oder ausgeschlossen waren und oppositionelle Gruppierungen gebildet hatten – was aber diese Richtungen inhaltlich wollten, davon hörten wir kein Wort. Dasselbe galt für die Oppositionsgruppen der bolschewistischen Partei. Weder von der »Arbeiter-Opposition« unter Schljapnikow (1920-1921) oder der Gruppe »Demokratischer Zentralismus« unter Ossinski noch von Trotzki oder Bucharin bekamen wir auch nur eine Zeile der Originalschriften zu lesen.

Bei den Seminaren über »Trotzkismus« war Klassner nicht wiederzuerkennen. Seine sonst klaren Analysen fehlten; seine Stimme war von Haß erfüllt. Sein Vortrag wurde, was sonst in der Komintern-Schule nie der Fall war, zur wüsten Beschimpfung. Die Literatur-Liste zum Thema »Trotzkismus« enthielt alle negativen Äußerungen Lenins über Trotzki – seine viel häufigeren positiven Beurteilungen Trotzkis waren natürlich ausgelassen – sowie Auszüge aus den offiziellen Schriften gegen Trotzki und den Trotzkismus. Keine einzige Zeile von Trotzki und seinen Anhängern! Gegenüber den sonst durchaus seriösen Seminaren beschränkte sich das Trotzkismus-Seminar auf wütende, agitatorische Verdammung der »Abweichung«.

Klassner erschien mir als vollendeter Typ eines intelligenten Stalinisten. Er besaß großes Wissen nicht nur auf dem Gebiet des Marxismus-Leninismus, der Geschichte der Komintern und der KPD, sondern auch der allgemeinen deutschen Geschichte. Darüber hinaus hatte er sich lange Jahre speziell mit dem Balkan beschäftigt. Persönlich war er sympathisch: Er konnte zuhören, war verständnisvoll und stets intellektuell interessiert. Als Parteifunktionär kannte er aber nur eine Aufgabe: Die Anweisungen der Führung zu erläutern und durchzusetzen. Er hatte sich stets unter Kontrolle; unüberlegte oder »ungenaue« Formulierungen gab es bei ihm nicht. Er wählte seine Worte präzise. Sie stimmten stets mit der offiziellen Parteilinie haargenau überein.

Klassner war imstande, rechtzeitig die leisesten Andeutungen ideologischer Wandlung zu erkennen – und sich den neuen Gegebenheiten nicht nur anzupassen, sondern diese auch mit kristallklarer Logik zu vertreten. Er stellte sein ideologisches Wissen zur Verfügung, um die Direktiven, die ihm von oben gegeben wurden, zu begründen, zu erläutern, zu propagieren.

Unter allen Funktionären, die ich damals kennenlernte, gehörte er – neben Fred Oelssner – zum Typ des ideologischen Funktionärs. Paul Wandel, im Februar 1905 in Mannheim geboren und ursprünglich Maschinentechniker, trat bereits 1923, als 18jähriger, dem Kommunistischen Jugendverband (KJVD) bei und gehörte der Kommunistischen Partei seit 1926 an. Er war später Bezirkssekretär der KPD in Baden und Vorsitzender der KPD-Stadtverordnetenfraktion in Mannheim. Er hatte damals auch den jungen Heinz Hoffmann für den Kommunistischen Jugendverband gewonnen – den späteren Minister für nationale Verteidigung der DDR.

Dramatische Abstimmung: Wandels Sieg über den Mongolen Natschew

Wandel emigrierte im Februar 1933 in die Sowjetunion, kam in die höchste politische Ausbildungsstätte für ausländische Kommunisten in der Sowjetunion, die Lenin-Schule, und wurde dort auf dramatische Weise zum Parteisekretär gewählt.

Bei unserem Gespräch am 21. März 1990 erinnerte sich Paul Wandel: »Ich war Parteisekretär der Lenin-Schule«, sagte er nachdenklich und wiederholte den Satz: »Ich war Parteisekretär der Lenin-Schule«.

Tatsächlich war Wandels Ernennung zum Parteisekretär für ihn selbst ein Wendepunkt, zugleich ein wichtiges Ereignis in der Geschichte der Lenin-Schule, das der jugoslawische Kommunist Rodoljub Colakovic in seinen Memoiren erwähnt. Colakovic, bereits seit 1919 Mitglied der KP Jugoslawiens, in den 20er Jahren mehrere Jahre inhaftiert, kam 1933 an die Lenin-Schule nach Moskau. Während des Zweiten Weltkrieges führte er den Aufstand in Bosnien an und war nach 1945 Regierungschef von Bosnien-Herzegowina, gehörte der jugoslawischen Spitzenführung an und veröffentlichte in den 60er Jahren seine Lebenserinnerungen in drei Bänden.

Die Lenin-Schule wurde 1933 von einer eisernen Stalinistin, Kirsanowa, geleitet. Colakovic: »Die Wahlen wurden stets bei allgemeinen Zusammenkünften aller Lehrer und Kursanten in der Parteischule vorgenommen. Bei den Vorschlägen der Wahlen kannte die Mehrheit der Hörer die Kandidaten nicht. Die Abstimmung war öffentlich – durch Erheben der Hand.« Zur allgemeinen Überraschung schlug Kirsanowa vor, daß man ihren Günstling Natschew, einen Mongolen, zum Parteisekretär wählen sollte. Natschew war offiziell Aspirant, studierte aber in Wirklichkeit gar nicht, sondern führte nur sogenannte »vertrauliche Aufgaben« durch. Zunächst ging alles nach Plan: Einer der Mitglieder des Vorstandes schlug wunschgemäß Natschew zum Sekretär des Parteikomitees vor.

Dann aber gab es unerwartet Widerspruch. Alexandrowicz, ein Aspirant der polnischen Gruppe und außerordentlich beliebt, erklärte ruhig und sachlich, er sei gegen die Kandidatur von Natschew. Die westeuropäischen Länder und deren Arbeiterbewegungen seien Natschew nicht bekannt. Auch die Mentalität der Hörer aus diesen Ländern sei ihm fremd. Dies könnte zu Mißverständnissen oder auch Konflikten führen, und daher wäre es besser, den Parteisekretär aus einem der europäischen Länder zu wählen.

Im Saal herrschte gespanntes Schweigen. Alles schaute auf den Vorstandstisch. Da erhob sich Kirsanowa, ging mit zielgerichteten Schritten zur Rednertribüne – aber ihr Gesicht war vor Aufregung und Empörung errötet. Sie lobte Natschew als erfahrenen Parteiarbeiter und fiel über Alexandrowicz her. Er zerstöre die Disziplin; solche niedrigen Manöver würden in dieser Schule nicht zugelassen. Sie begann sogar, mit beiden Fäusten auf das Rednerpult zu schlagen, so daß die elektrischen Lampen zu flimmern begannen. Sie endete: Alexandrowicz solle seine Vorschläge zurücknehmen.

Aber diesmal klappte es nicht. Alexandrowicz meinte ruhig, die Argumente der Kirsanowa hätten ihn nicht überzeugt. Er schlug als Parteisekretär der Lenin-Schule den Kursanten des deutschen Sektors Klassner vor.

Kirsanowa am Vorstandstisch meinte ironisch: »Also gut, wir lassen abstimmen.« Sie war voll Zuversicht, die Mehrheit der Kursanten werde für Natschew stimmen. Es fiel jedoch anders aus. Für Natschew stimmten etwa hundert Hörer, für Klassner dagegen erhob sich ein Wald voller Hände.

»Am Vorstandstisch war man sichtlich verärgert, mußte aber schließlich mitteilen, daß Klassner (Paul Wandel) zum Parteisekretär der Lenin-Schule gewählt worden sei. Kirsanowa verließ, sichtbar gekränkt, den Saal.« (Rodoljub Colakovic: Kazivanje O Jednom Pokolenjo, Band 2, Sarajewo 1968, S. 154-161).

So wurde Klassner (Paul Wandel) 1934 Parteisekretär der Lenin-Schule. Anschließend wirkte er im Marx-Engels-Institut und in der Kommunistischen Internationale, darunter im Büro von Wilhelm Pieck, der damals das Balkan-Sekretariat leitete.

Nachdem er von 1942 bis 1943 Lehrer der deutschen Gruppe der Kominternschule gewesen war, kehrte er nach Moskau zurück, war beim Institut Nr. 205, der Nachfolge-Institution der Kommunistischen Internationale tätig. Am 9. Juni 1945 wurde er nach Berlin beordert, um anläßlich der Neugründung der KPD die ersten Nummern des neuen Zentralorgans »Deutsche Volkszeitung« zu erstellen.

Verantwortlich für Volksbildung

Im August 1945, bei einer Tagung in Karlshorst mit Marschall Schukow und höchsten sowjetischen Offizieren, sah ich Wandel wieder: Er wurde zum Präsidenten der Zentralverwaltung für Volksbildung ernannt.

Nach seiner Ernennung trat Paul Wandel zunächst als überparteilicher Demokrat auf, der sich für den Humanismus einsetzte. So schrieb er in der ersten Nummer der Studentenzeitung »Forum«:

»An der geistigen Pforte der neu erstehenden deutschen Kultur steht leuchtender als jemals die Idee der Humanität, der Freiheit und des Fortschritts. Der wissenschaftliche und schöpferische Mensch, der herangebildet werden soll, sei ein mutiger Streiter für Recht, Wahrheit und Demokratie.« (Forum, Nr. 1, 1. Jahrgang, S. 2).

Seit Ende 1946 wurde die Sowjetisierung beschleunigt vorangetrieben, der Einfluß der SED verstärkte sich, freie Diskussionen wurden zunächst eingeschränkt, später ganz unterbunden, und die seit Frühjahr 1947 für alle Hochschulen verbindliche »Disziplinarstrafordnung« für Studierende trug die Unterschrift Paul Wandels. Im Februar 1948 richtete Wandel ein Schreiben an die Regierungen der fünf damaligen Länder, in denen er den Vertretern der Hochschulen »reaktionären Geist« und »rückständiges Verhalten« vorwarf; im Sommersemester 1948 werde eine eingehende Überprüfung der Dozenten- und Studentenschaft stattfinden, um diese Mißstände zu beseitigen. In der Humboldt-Universität in Berlin sollte es zum Eklat kommen. Die Studentenzeitschrift »Kolloquium« vom Januar 1948 brachte folgendes satirisches Zwiegespräch:

Neujahrswünsche für die Berliner Universität
Der eine Student: »1948 muß ein Wandel kommen an der Universität Berlin.«
Der andere Student: »Nein, ein Wandel muß gehen.«

Mitte April 1948 wurden die Herausgeber des »Kolloquium« in einem Willkürakt der Universität verwiesen. Der Studentenrat sprach sich am 21. April gegen diese Maßnahme der Verwaltung für Volksbildung aus und forderte eine nochmalige Überprüfung der »Angelegenheit Stolz, Schwarz und Heß« – es kam zu einer Protestkundgebung im Hotel Esplanade. Hier wurde erstmals – von dem Studenten Otto Stolz – die Forderung erhoben, daß im Westen Berlins eine neue Hochschule errichtet werden müsse, wenn ein freies Studium in Ost-Berlin nicht möglich sei. Das war der Ausgangspunkt für die Gründung der Freien Universität Berlin.
Im Oktober 1949, bei Gründung der DDR, wurde Wandel feierlich als Minister für Volksbildung der DDR vereidigt. Die Angleichung des Volksbildungssystems an das stalinistische Modell der Sowjetunion setzte er aktiv durch. Eine Episode jener Phase berichtet Alfred Kantorowicz (1899-1979), seit 1931 Mitglied der KPD und Organisator der Parteizelle in der Künstlerkolonie am Laubenheimer Platz in Berlin, der damals auch Arthur Koestler angehörte. Kantorowicz emigrierte 1933 nach Frankreich, wurde Generalsekretär des Schutzverbandes deutscher Schriftsteller, kämpfte von 1936 bis 1938 bei den internationalen Brigaden im Spanischen Bürgerkrieg, war von 1939 bis 1941 in Frankreich interniert und kehrte, nach seiner Flucht in die USA, Anfang 1947 in die Sowjetzone Deutschlands zurück. In Ost-Berlin gab er die bedeutende Kulturzeitschrift »Ost und West« heraus, deren letzte Ausgabe am 20. Dezember 1949 ausgeliefert wurde.

An eben diesem Tag wurde Kantorowiczs Berufung an die philosophische Fakultät der Humboldt-Universität vom Volksbildungsministerium bestätigt. Das Schreiben, das keine Anrede enthielt, hatte folgenden Wortlaut:

»Hiermit ernenne ich Sie zum Professor mit Lehrauftrag für Neueste Deutsche Literatur in der Philosophischen Fakultät der Universität Berlin. Wandel.«

Kantorowicz bemerkte zu dieser Ernennung in seinem Tagebuch: »Wäre ich Minister für Volksbildung, ich würde Hochschullehrer, die von der Fakultät einmütig unter Beifallskundgebungen erwählt wurden, mit höflicheren Worten von ihrer Ernennung unterrichten. Aber so ist ja nun heute der Umgangston der Funktionäre. Selbst die Bestätigung einer ehrenvollen Berufung hat die Form eines Befehls zum Strafantritt.« (Alfred Kantorowicz: Deutsches Tagebuch. Erster Teil, München 1959, S. 668).

Paul Wandel und die »Wahlen« von 1954

In den nächsten vier Jahren wuchsen Wandels Einfluß und seine Machtstellung: Von Juni 1953 bis Oktober 1957 war er neben seiner Position als Volksbildungsminister Sekretär des Zentralkomitees der SED für Kultur und Erziehung und spielte eine wichtige Rolle in der »Akademie der Gesellschaftswissenschaften«, der höchsten ideologischen Ausbildungsstätte. Für das Fach Geschichte zuständig, fielen auch Dissertationen in seinen Verantwortungsbereich.
Einem seiner Aspiranten, Herbert Prauss gegenüber äußerte sich Paul Wandel über Einschüchterungsversuche bei Volkskammerwahlen in der DDR. Prauss, 1927 in Berlin geboren, trat mit 18 Jahren der KPD bei, war zunächst Kursant, später Lehrer an der Berliner Kreisparteischule. Er studierte kurzfristig Jura an der Humboldt-Universität, wurde jedoch im Dezember 1951 an das Institut für Gesellschaftswissenschaften beim Zentralkomitee der SED beordert. Mit seiner Dissertation »Die Verteidigung und Weiterentwicklung der marxistischen Lehre von der Diktatur des Proletariats durch Lenin in der Periode der Vorbereitung und Durchführung der großen sozialistischen Oktoberrevolution« wurde er am 28. Oktober 1957 promoviert und war im ideologischen Apparat des Zentralkomitees tätig. Seit den Volkskammer-

wahlen 1954 und der Niederschlagung des ungarischen Volksaufstandes im Oktober 1956 wurde er zunehmend kritisch. Im Dezember 1958 wurde er entlassen und zur »Bewährung« in die Produktion geschickt. Im Juni 1959 floh Prauss nach West-Berlin und veröffentlichte im August 1960 seine Erinnerungen. In der Bundesrepublik war er seit Anfang der 60er Jahre Redakteur des Informationsdienstes des katholischen Arbeitskreises für zeitgeschichtliche Fragen, seit Anfang der 70er Jahre Referent in der SPD-Fraktion im Deutschen Bundestag.

Herbert Prauss erlebte im Herbst 1954 die Vorbereitung und Durchführung der Volkskammerwahlen – 35 Jahre vor den vieldiskutierten, gefälschten Kommunalwahlen in der DDR vom 7. Juni 1989.

Alle SED-Parteischulen und vergleichbare Institutionen wurden, so Herbert Prauss, für den »Wahlkampf« freigestellt. Das Institut für Gesellschaftswissenschaften übernahm den Berliner Kreis Pankow. Jeder Agitator der Nationalen Front, der Hausbesuche machte, mußte einen detaillierten Bericht über die Ansichten der Besuchten verfassen. Herbert Prauss las einige dieser Berichte, in denen Agitatoren Bürger als »alte Faschisten«, »konterrevolutionäre Elemente« oder »verblödete Kirchgänger« bezeichneten. Die Berichte gingen zunächst an den Kreisausschuß der Nationalen Front, von dort zur Kreisleitung der SED. Bestürzt stellte Prauss fest, daß hier nicht Überzeugungsarbeit geleistet wurde, sondern daß es sich um Bespitzelung und Denunziation handelte.

Anfänglich hielt er dies für »übertriebenen blinden Eifer« einzelner, aber kurz darauf kam der ehemalige Erste Sekretär der SED-Bezirksleitung Berlins, Alfred Naumann, zur Kreisleitung Pankow und wies darauf hin, daß eine permanente präzise Einschätzung der Lage in jedem Betrieb, in jedem Wohnviertel entscheidend sei: »Überall muß man wissen: Wo steht der Feind? Wo hat der Klassenfeind Anknüpfungspunkte? Wie sind die einzelnen Menschen eingestellt? Man muß in jedem Bereich herausbekommen: Wer besucht oft West-Berlin, wer hält zur SPD, wer ist ein Kirchgänger, wer ist ein Anhänger der verbotenen Zeugen Jehovas?«

Die Wahlvorsteher – stets SED-Parteimitglieder – erhielten Herbert Prauss zufolge den Parteiauftrag, die Wahlkabinen möglichst weit von den Urnen entfernt aufzustellen. So mußten Wähler, die eine Kabine aufsuchen wollten, auffallen. Ein Kabinen-Wähler galt häufig bereits als »staatsfeindliches Element«. Die Wahlvorsteher bekamen zusätzlich den Auftrag, in den Kabinen keine Bleistifte auszulegen oder sie abzubrechen. Falls ein Wähler dies beanstandete und um einen Bleistift bat, war seine Identität problemlos festzustellen.

Schließlich gab es auch Direktiven für das Zählen der Stimmen. Ein durchgekreuzter Stimmschein sollte als große Bejahung ausgelegt werden. Falls einzelne Kandidaten gestrichen wurden, war dies nicht anzuerkennen; die ganze Liste galt gleichwohl als gewählt. Stimmscheine, auf die Anti-SED-Losungen geschrieben waren, galten ebenfalls als Zustimmung – zur Begründung wurde angeführt, daß dieser Stimmzettel keine SED-Liste, sondern eine Liste der Nationalen Front sei. All diese Anweisungen, so Herbert Prauss in seinen 1960 erschienenen Memoiren, durften nur *mündlich* erteilt werden.

Herbert Prauss war von der unehrlichen Wahlpraxis so enttäuscht, daß seine kritische Einstellung sich verstärkte. Nach den Wahlen unterhielt er sich, wenn auch vorsichtig, mit Paul Wandel, seinem wissenschaftlichen Betreuer. Paul Wandel verteidigte Wahl-Einschüchterung und Wahl-Fälschung:

»Die Erfahrungen der proletarischen Revolution lehren, daß man seinem Feind nichts in die Hand geben darf, was er gegen die Arbeitermacht verwenden könnte – weder Waffen noch einen Bleistift bei der Wahl. In der Sowjetunion gab es bis 1936 keine geheimen Wahlen. Dort mußte man bis dahin in aller Offenheit wählen. So konnte die Partei ihre offenen Feinde kennenlernen. Es wäre ein Fehler, wenn wir bei uns in Deutschland die eingebürgerten geheimen Wahlen abschaffen würden, denn das würde böses Blut machen. Aber wir müssen auch bei geheimen Wahlen unsere Methoden entwickeln, um unsere offenen Feinde kennenzulernen. Deshalb lassen wir die Kabinen abseits stellen und leihen unseren Feinden nicht einmal einen Bleistift. Wir wären Toren, wenn wir uns anders verhielten.« (Herbert Prauss: Doch es war nicht die Wahrheit, Berlin 1960, S. 116-119).

Im Oktober 1957 aber geriet selbst der parteitreue Paul Wandel in Schwierigkeiten: Bei der 33. Tagung des Zentralkomitees der SED kam es anläßlich der Auseinandersetzung Ulbrichts mit der Schirdewan-Gruppe zu heftigen Vorwürfen gegen ihn, insbesondere vom damaligen ZK-Sekretär Kurt Hager. Am 19. Oktober 1957 wurde Paul Wandel wegen »ungenügender Härte bei der Durchsetzung der kulturpolitischen Linie« von seiner Position als Sekretär des Zentralkomitees entfernt.

Wenige Monate später, im April 1958, wurde er auch als Volksbildungsminister abgesetzt und zum DDR-Botschafter in der Volksrepublik China ernannt. Dort blieb er bis zum Februar 1961, kehrte nach Ost-Berlin zurück und wurde einer der Stellvertretenden Minister für Auswärtige Angelegenheiten. Er trat jedoch in dieser Funktion kaum in

Erscheinung. Sein Abstieg war unübersehbar. Im Januar 1964 – Paul Wandel war inzwischen 59 Jahre alt – erhielt er seine letzte offizielle Funktion: Er wurde Präsident der »Liga für Völkerfreundschaft« der DDR und war gleichzeitig auch in der Leitung der »Deutsch-Sowjetischen Freundschaftsgesellschaft«, in der DDR allgemein als »DSF« bekannt, tätig.

Als ich ihn im März 1990 wiedersah, war er 85 Jahre alt. Gemeinsam fuhren wir nach Bruchmühle, zum ersten Wirkungsort der »Gruppe Ulbricht«. Während der Fahrt kam er immer wieder auf seine Tätigkeit als Volksbildungsminister zu sprechen. Besonders stolz war er auf seinen stets guten Kontakt zur »bürgerlichen Intelligenz« – auch 1990 benutzte er noch diesen Ausdruck! – und daß es ihm gelungen sei, nach längeren Diskussionen die »Deutsche Akademie der Wissenschaften« zu gründen, die spätere »Akademie der Wissenschaften der DDR«. Mein Gespräch mit Wandel fand wenige Tage vor der Auflösung dieser Akademie statt.

Wir fuhren durch trostlose Viertel vom Prenzlauer Berg über Pankow, dann weiter in Richtung Osten. Total verwahrloste Häuser, holprige Straßen: Ich kam mir vor wie in einem primitiven amerikanischen antikommunistischen Film – aber es war Realität. Paul Wandel bemerkte meinen Schock: »Ja, da müßte vielleicht doch etwas getan werden.« Wir fuhren weiter in Richtung Strausberg: Ich hatte den Eindruck, daß auch Wandel etwas bedrückt war von der trostlosen Umgebung. Plötzlich entdeckte er auf der rechten Seite der Straße drei Baugerüste an kleinen, einstöckigen Bauernhäusern. Paul Wandel war beglückt: »Siehst Du, Wolfgang, bei uns wird gebaut.«

Bei späteren Gesprächen merkte ich, wie außerordentlich schwer es Wandel fiel, sich zu eigenständigen kritischen Betrachtungen durchzuringen. Immer wieder benutzte er das Wort »wir«, womit er, wie ich bald feststellen konnte, nicht etwa die DDR meinte, sondern die Partei, und zwar die SED oder, nach der Wende, die PDS.

»Ist nicht die PDS in ihrer Programmatik, ihrem organisatorischen Aufbau, in Zielsetzungen und Arbeitsmethoden doch anders als die SED? Ist es nicht schwierig für die ehemaligen treuen SED-Genossen, sich an diese Neuerungen zu gewöhnen?«

»Nein«, meinte Paul Wandel, »natürlich gibt es ein paar alte Dogmatiker, die diesen Übergang nicht verstehen und nicht mitvollziehen können, aber das ist nur ein kleines Häuflein. Wir anderen wirken heute alle für die PDS.« Er berichtete, daß man sich regelmäßig in der Wohnparteiorganisation treffe; er mied aber den in der PDS längst eingebürgerten Begriff »Basis-Organisation« – das war für Paul Wandel wohl doch zuviel.

»Und die Vergangenheit? Die 40 Jahre SED? Kann man heute wirklich noch die zentralistische Planwirtschaft verteidigen? Wäre nicht eine dezentrale Wirtschaftsleitung, eine Verlagerung der Kompetenzen auf die Betriebe der richtigere Weg gewesen?« Paul Wandel schaute mich erstaunt und ernst an: »Nein, da bin ich völlig anderer Meinung. Die Planwirtschaft – die war ja wohl richtig.«

»Aber gab es denn überhaupt keine Fehler in der 40jährigen Herrschaft der SED?«

»Doch, natürlich, das gebe ich offen zu. Manche nennen mich – ausgerechnet mich! – einen alten Dogmatiker, wo ich doch schließlich offen zugebe, daß auch die SED manchmal Fehler gemacht hat.«

»Auf welchem Gebiet?«

»In der Beziehung zur Intelligenz. Man hätte von seiten der SED manchmal etwas feinfühliger sein sollen.«

Ich glaubte einen Ansatzpunkt gefunden zu haben: »Zum Beispiel Robert Havemann?«

»Robert Havemann habe ich außerordentlich geschätzt, und wir hatten auch eine gute Beziehung zueinander. Dann aber ist er leider einen falschen Weg gegangen – und da trennten sich unsere Wege.«

»Und Wolf Biermann?«

»Wolf Biermann habe ich nie leiden können und nie ernst genommen. Ich war froh, daß er in den Westen ging, nicht mehr zurück konnte und dort blieb. Ein unernster Mann. Es war gut, daß er im Westen blieb.«

Bei den Gesprächen mit Paul Wandel kam mir der Gedanke, daß es offensichtlich Grenzen des Erkennens und der Bereitschaft zu neuen Betrachtungen gibt. Zu sehr sperrte sich Paul Wandel gegen neue kritische Erkenntnisse – denn dies hätte letztendlich bedeutet anzuerkennen, daß sechs Jahrzehnte seines Lebens und seiner Tätigkeit umsonst waren. Seine Biographie ist mit der politischen Idee und Zielsetzung so untrennbar verbunden, daß er mit 85 Jahren offensichtlich kaum die Kraft zu einem kritischen Gesamt-Rückblick finden kann.

2. Hans Mahle: Widersprüchliche Erlebnisse des früheren Generalintendanten aller Rundfunksender der DDR

»Natürlich können wir uns gerne sprechen«, sagte Hans Mahle am Telefon mit der mir bekannten Freundlichkeit und Herzlichkeit. Als ich den nächsten Tag für ein Treffen in seiner Wohnung im West-Berliner Bezirk Steglitz vorschlug, meinte er einschränkend: »Morgen? Nein, morgen geht es nicht. Morgen spreche ich auf einer West-Berliner Konferenz der PDS.« So einigten wir uns auf den übernächsten Tag, den 24. Februar 1991, einen Sonntag.

Schon das Telefongespräch mit Hans Mahle wirkte, als habe es die vergangenen vier Jahrzehnte nie gegeben. Das »Du« war für ihn eine Selbstverständlichkeit, obwohl seit unserer letzten Begegnung fast auf den Tag genau 45 Jahre vergangen waren.

Hans Mahle hatte sich äußerlich nur relativ wenig verändert. Inzwischen 80 Jahre alt, schien er mir aktiv wie eh und je. Offensichtlich wohnte er allein in einer Drei- oder Vier-Zimmer-Wohnung – einfach, aber geschmackvoll eingerichtet. Er ging in die Küche, kochte Kaffee, setzte sich auf das Sofa, und wir begannen, uns zu unterhalten.

Hans Mahle kannte ich bereits aus Moskau. Kurz nach dem deutschen Angriff auf die Sowjetunion am 22. Juni 1941 – ich war damals Student an der Hochschule für Fremdsprachen – besuchte ich ihn einige Male im Moskauer Rundfunk, dessen deutschsprachige Sendungen er leitete. Mahle gefiel mir vom ersten Augenblick an. Im Unterschied zu anderen Funktionären konnte er noch lachen, fröhlich sein. Neben dem Parteijargon fand er Worte, die von eigenem Denken und Fühlen zeugten. Durch seine Arbeit nicht erstarrt, menschlich nicht verkrampft, reagierte er stets spontan und blieb – wenn auch im vorgegebenen Rahmen der Parteilinie – eigener Initiative und Gedanken fähig. In dieser eher sympathischen Form habe ich Hans Mahle in meinem Buch »Die Revolution entläßt ihre Kinder« beschrieben.

»Na, Du hast mir damit manche Unannehmlichkeit bereitet«, meinte er kritisch blickend, aber trotzdem lachend. »Was meinst Du, wie oft ich mit der Frage konfrontiert wurde: ›Warum hat Dich eigentlich der Renegat Leonhard so positiv geschildert?‹«

Nach 45 Jahren Wiedersehen mit Hans Mahle, inzwischen 80, bei einem Besuch in seiner Wohnung in Steglitz am 24. Februar 1991.

Hans Mahle zeigt Wolfgang Leonhard das Manuskript seiner 1974 beendeten Memoiren, die der SED-Verlag zur Veröffentlichung abgelehnt hatte.

Vom Jungpionier zum führenden »Jugendfunktionär«

Hans Mahle war seit den 30er Jahren ein sehr bekannter »Jugendfunktionär« in der Sowjetunion. Am 22. September 1911 in Hamburg geboren, wuchs er in einer kommunistischen Familie auf. Sein Vater gehörte zu den Mitbegründern der KPD in Hamburg, war während der Nazizeit in Konzentrationslagern und wurde im Februar 1945 im KZ Buchenwald ermordet. Hans wuchs in Hamburg-Eppendorf auf und gehörte schon früh zu den kommunistischen »Jungen Pionieren«. Bereits in dieser Zeit kam Hans Mahle mit dem KPD-Vorsitzenden Ernst Thälmann zusammen, der zu jener Zeit in der Siemsenstraße 4 in Hamburg-Eppendorf wohnte und dessen Tochter Irmi ebenfalls zu den »Jungen Pionieren« dieses Stadtteils gehörte. Als Elfjähriger, während des kurzfristigen Hamburger KP-Aufstandes im Oktober 1923, übermittelte Hans als Kurier den Aufständischen in Barmbek eine wichtige Nachricht, und in den 20er Jahren traf er Ernst Thälmann wiederholt persönlich, ja der Parteivorsitzende half ihm sogar beim ideologischen Studium. Schon 1928, Mahle war 17, wurde er Leiter der »Jungen Pioniere« ganz Hamburgs. Drei Jahre später, im Herbst 1931, wurde er Mitglied der »Reichs-Pionier-Leitung« in Berlin und gleichzeitig in das Zentralkomitee des Kommunistischen Jugendverbandes Deutschlands (KJVD) kooptiert.

Das Jahr 1932, das dramatische Ende der Weimarer Republik, erlebte Hans Mahle in Moskau als deutscher Vertreter im »Internationalen Kinderbüro«. Im August 1933 beorderte man ihn zur illegalen Tätigkeit nach Deutschland. Unter großen Schwierigkeiten war er unter ständig wechselnden Namen für den kommunistischen Jugendverband tätig, zunächst in Berlin, dann in Leipzig, schließlich im Ruhrgebiet, wo er – sich selbst in Gefahr bringend – verhaftete Parteileitungen durch neue ersetzte und die Verbindung zwischen den Genossen wiederherstellte. Wiederholt war er als Kurier tätig, vor allem im Grenzgebiet zwischen Deutschland und der Tschechoslowakei, im Erzgebirge, aber auch an den West-Grenzen zu Belgien und Holland. Von 1933 bis 1936 überschritt er 26 mal illegal Grenzen in deutsche Nachbarstaaten, um dort gedruckte Materialien nach Deutschland zu schleusen. 1936 kehrte Mahle nach Moskau zurück: Er arbeitete zunächst in der »Kommunistischen Jugendinternationale« (KJI), später als Redakteur der deutschsprachigen Sendungen des Moskauer Rundfunks.

Bei Kriegsbeginn in Moskau

»Am 22. Juni 1941, am Tag des Überfalls auf die Sowjetunion«, so antwortete Hans Mahle auf meine Frage nach seiner Reaktion auf den Kriegsbeginn, »war ich auf einer Datscha in Saltikowka in der Nähe Moskaus: Ein herrlicher Sonntagmorgen. Ganz in der Nähe lag ein Stausee; ich badete dort und war ungefähr um dreiviertel sechs früh wieder in meinem Zimmer, stellte einen Auslandssender an und hörte vom Überfall Hitler-Deutschlands auf die Sowjetunion. Ich fuhr sofort in unser Rundfunkhaus nach Moskau; die übrigen Sowjetbürger wußten ja noch nichts, denn Molotow sprach erst um 12 Uhr mittags. Ich hörte seine Rede übrigens vor dem Gebäude des Moskauer Sowjets in der Gorkistraße.«

Hans Mahle erinnerte sich an die ersten schweren Kriegswochen: »Die Situation in Moskau war in den letzten Junitagen 1941 außerordentlich gespannt. Die Menschen waren zum Teil fassungslos. Das sowjetische Informationsbüro berichtete ständig von schweren Abwehrkämpfen. Das ganze Ausmaß konnten die Menschen nur schwer begreifen: Der Einbruch in die baltischen Republiken, die Einnahme von Wilna, von Riga, dann der Vormarsch auf den Zugängen zu Leningrad, die hinhaltende Verteidigung – das alles wirkte auf die Menschen bedrückend.«

Hans Mahle wurde zu Beginn des Krieges als Vertreter der »Deutschen Antifaschistischen Jugend« in das »Antifaschistische Komitee der Sowjetjugend« berufen, geleitet vom Zentralkomitee des Komsomol (Kommunistischer Jugendverband der Sowjetunion), von Michail Kotschemasow, dem späteren sowjetischen Botschafter in der DDR.

Am 23. September 1941 sprach Hans Mahle auf der großen Kundgebung der antifaschistischen Jugend im Moskauer Gewerkschaftshaus. Neben vier sowjetischen Jugendlichen kamen zwei Ausländer zu Wort: Der Spanier Ruben, Sohn der spanischen KP-Führerin Dolores Ibarruri, und, als letzter, Hans Mahle, der die jungen deutschen Soldaten aufrief, sich gegen Hitler und den Krieg zu wenden. Er hielt die Ansprache in deutscher, anschließend in russischer Sprache: »Meine Rede wurde von der politischen Abteilung der Sowjetarmee in Millionenauflage gedruckt und über den deutschen Linien abgeworfen«, erinnerte er sich. »Die russische Übersetzung wurde in allen Sowjetzeitungen mit Foto abgedruckt. Die Ausgabe der Prawda, in der meine Rede veröffentlicht wurde, war während des Krieges das beste Dokument: Damit bin ich durch die ganze Sowjetunion gereist, und alle Türen öffneten sich.«

Auf meine Frage nach der Situation im Oktober 1941, als die deutschen Truppen schon vor Moskau standen, antwortete Hans Mahle:
»Du weißt ja, daß die Sowjetregierung am 15. Oktober beschloß, alle wichtigen Moskauer Institutionen, Ministerien und Behörden – darunter übrigens auch die Kommunistische Internationale – in Städte im Osten des Landes zu evakuieren. Ich war in diesen entscheidenden Oktobertagen zum Bau der Verteidigungslinien eingesetzt, habe Panzergräben geschaufelt und Pfähle eingerammt – übrigens an der später berühmt gewordenen Wolokolamski-Chaussee vor den Toren Moskaus.«
»Bliebst Du dann noch länger in Moskau?«
»Nur noch wenige Tage. Kurz nach dem Evakuierungsbeschluß erhielt ich durch den damaligen Moskauer Oberbürgermeister Pronin den Auftrag des Zentralkomitees der KPdSU, mit einem Sonderzug alle noch in Moskau verbliebenen Ausländer zu evakuieren. Zu jener Zeit hatten sich im Vestibül, der berühmten Vorhalle des Hotels ›Lux‹, etwa 250 deutsche kommunistische Emigranten eingefunden, die von ihren Dienststellen abgeschnitten worden waren. Am 26. Oktober fuhr ich vom Hotel ›Lux‹ aus mit rund 250 Emigranten zum Kasaner Bahnhof.«
Übersprudelnd und aufgeregt berichtete Hans Mahle von seiner Odyssee: Als er mit den deutschen Emigranten am Bahnhof ankam, war der bereitgestellte Zug schon mit anderen Passagieren überfüllt. Es gelang ihm unter Schwierigkeiten, in den Zug zu kommen – bestehend aus Wagen der Moskauer S-Bahn ohne Toiletten und ohne Öfen. Es war bereits Schnee gefallen und ziemlich kalt. Während der Fahrt, mehrmals unterbrochen durch Luftalarm, bei dem die Fahrgäste auf das freie Feld herausrennen mußten, sorgte Hans Mahle unter äußerst schwierigen Bedingungen für etwas Verpflegung und versuchte, zumindest primitive Heizmöglichkeiten einzurichten, bis der Zug schließlich nach langen Umwegen und häufigen Wartezeiten in Kurgan, Westsibirien, eintraf.
Hans Mahle blickte plötzlich ernst drein, so daß ich unwillkürlich nachfragte, was ihn bedrücke.
»Ich hatte den Auftrag, drei Waggons des Zugs abkoppeln zu lassen, um mit einigen besonders wichtigen Funktionären wieder in den europäischen Teil Rußlands, nach Kuibyschew zurückzufahren, weil sie dort wichtige Aufgaben übernehmen sollten. Nur mit Problemen habe ich die drei Waggons dann bekommen, aber zwei bekannte KPD-Funktionäre und ZK-Mitglieder, Michael Niederkirchner und Gustav Sobottka, weigerten sich mitzukommen; sie wollten weiter nach Osten. Es hat mich Nerven gekostet, die Enttäuschung zu überwinden.«
Mit den übrigen Funktionären fuhr Hans Mahle nun in die entgegenge-

setzte Richtung über Tscheljabinsk und Ufa in Richtung Kuibyschew, das heute wieder Samara heißt, dem damaligen Sitz der Sowjetregierung, der diplomatischen Missionen und auch führender Kominternfunktionäre. Der Zug hielt 20 km vor der damals wichtigen Stadt. Mahle, der sich bei seiner schwierigen Aufgabe Erfrierungen an Nase und Ohren zugezogen hatte, gelang es, sich allein nach Kuibyschew durchzuschlagen. Mit der letzten Straßenbahn fuhr er vom Bahnhof in die verdunkelte Stadt.

Sonderauftrag: Kriegsgefangenenlager Karaganda

Nach langem Umherirren fand er sein Ziel: Die Redaktionen der für das Ausland sendenden Rundfunkstation. Er wurde freudig begrüßt, kampierte in der ersten Nacht auf einem Schreibtisch in der Redaktion und gedachte, seine Rundfunkarbeiten fortzusetzen. Aber schon am nächsten Tag erhielt er die Aufforderung, sofort zu Walter Ulbricht zu kommen. Die Begrüßung war nicht gerade freundlich: Ulbricht fuhr ihn an, wo er geblieben sei und warum er erst jetzt komme. Hans Mahle berichtete über seinen schwierigen Evakuierungsauftrag, wurde aber von Ulbricht unterbrochen und in eine Kleiderkammer gebracht, wo er warme Winterkleidung und eine Pelzmütze erhielt. Ohne ihm Näheres zu erklären, bugsierte Ulbricht ihn in ein großes Zimmer.
Hans Mahle sah sich plötzlich Dmitrij Manuilski, dem sowjetischen Vertreter bei der Kommunistischen Internationale, und Georgij Dimitroff, Generalsekretär der Komintern, gegenüber. Er wurde mit einer wichtigen Direktive vertraut gemacht: Es gelte, sofort mit der Umerziehung der Kriegsgefangenen zu beginnen. Als erste sollten Walter Ulbricht, seine Frau Lotte Kühn, Otto Winzer, Arthur Pieck (der Sohn Wilhelm Piecks), Max Keilson, später Vorsitzender des Journalistenverbandes der DDR, und Hans Mahle in das Kriegsgefangenenlager Karaganda fahren: »So kam ich nach Karaganda, wo wir uns Mitte Dezember 1941 unerwartet getroffen haben.«
Diese Begegnung mit Hans Mahle sollte für mein weiteres Leben wichtige Bedeutung gewinnen. Kurz nach der Zwangsumsiedlung nach Ossokarowka in Nordkasachstan war es mir gelungen, mich nach Karaganda durchzuschlagen und als Student des dortigen Lehrerinstituts aufgenommen zu werden. Aber schon Mitte Dezember 1941 war es damit vorbei. Zur Milizstation gerufen, knurrte mich der Milizchef an: »Sie müssen Karaganda innerhalb 24 Stunden verlassen.«

Ich sollte mein Studium aufgeben und erneut als Zwangsumgesiedelter in ein entlegenes Dorf zurückkehren. Mutlos ging ich, wie ich meinte zum letzten Mal, an jenem Dezembertag 1941 durch die Stadt, als ich plötzlich in einem Geschäft einen hochgewachsenen Mann sah – in Pelzstiefeln, mit einer Pelzmütze, im gefütterten Mantel. Er sah aus wie ein Polarforscher und sprach russisch mit deutschem Akzent. In diesem Moment erkannte ich ihn: »Hans, das ist ja herrlich, Dich zu sehen.« Hans Mahle ausweichend: »Wir sind hier mit einer Reihe von anderen Genossen und werden wohl einige Zeit in der Karaganda-Gegend bleiben.« Ich erzählte ihm von meinem Mißgeschick. Hans Mahle beruhigte mich: »Na, dann sind wir ja gerade zur rechten Zeit gekommen. Komm' gleich mit. Ich werde Dir den Genossen Ulbricht und die anderen Genossen vorstellen.«

Hans und ich gingen zu dem einzigen Hotel Karagandas und sahen dort fünf oder sechs Personen, die alle wie Mahle gekleidet waren. Ich erkannte sofort Ulbricht, der mir recht gleichgültig die Hand gab und etwas murmelte, das »Guten Tag« heißen konnte – gerade so, als sei es die selbstverständlichste Sache der Welt, wenn sich deutsche kommunistische Emigranten Mitte Dezember 1941 in Karaganda treffen.

Diese Begegnung bewahrte mich vor der Aussiedlung. Schon am nächsten Tag erhielt ich die Erlaubnis, in Karaganda zu bleiben und weiter in der Geschichtsfakultät des Lehrerinstituts zu studieren.

50 Jahre später, am 24. Februar 1991, fragte ich Hans Mahle, was mich schon damals, 1941, brennend interessierte: »Wie war das mit Deiner Reise nach Karaganda? Jetzt können wir ja darüber sprechen.«

Hans Mahle klärte mich auf: »Als wir uns damals trafen, fuhr ich mit Ulbricht und den anderen Genossen in ein Kriegsgefangenenlager, um mit der antifaschistischen Umerziehung zu beginnen. Aber meine Aufgabe war kompliziert.«

In keiner »Geschichte der Kommunistischen Jugendinternationale« ist erwähnt, was mir Hans Mahle nun erzählte. Mahle war wegen seiner Rede in Moskau am 23. September 1941 von der Mehrheit der Führung der Kommunistischen Jugendinternationale auf scharfen Widerspruch gestoßen. Der Vorwurf: Es sei eine nationalistische Abweichung zu glauben, man könne die jungen Soldaten der Hitler-Armee umziehen und für den antifaschistischen Kampf gewinnen. Die deutsche Wehrmacht sei eine Armee von Verbrechern, mit der man abrechnen müsse. Alles andere sei verlorene Liebesmüh'. Dimitroff, so berichtete Hans Mahle, sei mit dieser Auffassung nicht einverstanden gewesen und habe gemeint, man müsse Beweise vorlegen. Die Reise Mahles in das Karaganda-Lager war sehr wichtig, denn nur, wenn es ihm gelang, frühere HJler für eine Erklärung gegen Hitler zu gewinnen, konnte er die Vorwürfe entkräften.

Hans Mahle befand sich auf heikler Mission – aber auch die Reise von Kuibyschew nach Karaganda war im Dezember 1941 nicht einfach. Ulbricht und die kleine Gruppe deutscher Kommunisten flogen mit einer amerikanischen Transportmaschine, die, von einem starken Schneesturm in Bedrängnis gebracht, auf dem Feldflugplatz Kurgan zwischenlanden mußte. In Karaganda selbst konnte das Flugzeug nicht landen, da es keine Kufen, sondern nur Räder hatte und der Flughafen Karaganda bereits in tiefstem Schnee lag. Alle Versuche des Flughafenpersonals, eine Art Piste freizuschaufeln, mißlangen. »Unser Flugzeug flog noch zwei Stunden herum, bis es landen mußte, weil wir keinen Sprit mehr hatten. Wir jagten über die provisorische Landebahn hinaus und standen schließlich, den Propeller nach unten, das Heck nach oben gerichtet, im Schnee. Wir fielen durcheinander, einschließlich des Gepäcks, konnten aber dann doch das Flugzeug verlassen. So kamen wir am 13. Dezember in Karaganda an, blieben dort noch etwa zwei Tage, und ich machte einen Spaziergang durch die Stadt, bei dem wir beide uns getroffen haben – alles weitere weißt Du ja.«

»Und wie hast Du es geschafft, im Kriegsgefangenenlager von Karaganda HJler zu einer Erklärung gegen Hitler zu veranlassen?«

»Wir fuhren von Karaganda aus mit einer Schlittenkarawane, bekamen Decken aus Bärenfell und ein Gewehr, denn in der Steppe herrschte Wolfsgefahr. Tatsächlich wurden wir auf der 50 Kilometer langen Fahrt von Wölfen angefallen, aber unsere Fahrer – und übrigens auch die Pferde – waren auf Wölfe eingestellt, und wir kamen, wenn auch nach vielen Strapazen, wohlbehalten im Lager Karaganda an.«

Die Situation im Lager sei nicht einfach gewesen, denn dort – immerhin zur Zeit des deutschen Vormarsches – waren die Nazis sehr aktiv. Es gab nur eine kleine Antifa-Gruppe, in der Heinz Kessler, damals 21 Jahre alt, eine wichtige Rolle spielte. Mitten während des deutschen Vormarsches, am 15. Juli 1941, sei er aus Überzeugung zur Roten Armee übergelaufen. »Die Stimmung der meisten Kriegsgefangenen mir gegenüber war äußerst feindlich. Nur unter großen Schwierigkeiten gelang es mir, einen kurzen Vortrag zum Thema ›Ist Krupp ein patriotischer Deutscher oder ein Kriegsverbrecher?‹ zu halten.

Den Vortrag hielt ich in einer Lagerbaracke; es gab kein elektrisches Licht, nur eine kleine Funzel. Als ich durch die engen Gänge zwischen den vierstöckigen Pritschen nach vorne ging, wurde ich mit Typhus-

Läusen berieselt, die Gefangene in Zigarettenschachteln gesammelt hatten. Ich ließ mir nichts anmerken, ging an den Tisch mit dem Kerzenstummel und redete. Heinz Kessler leitete die Versammlung. Während ich sprach, ging der Kerzenstummel aus, und in der Dunkelheit habe ich mich dann drei Stunden in Rede und Gegenrede herumgeschlagen, und ganz allmählich machten sich doch viele Kriegsgefangene in den Baracken eigene kritische Gedanken.«

Hans Mahle legte in individuellen Gesprächen den jugendlichen Zuhörern ruhig und sachlich dar, wie ihre Ideale verraten, wie sie für Hitlers Verbrechen mißbraucht wurden. Während seines fast vierwöchigen Aufenthaltes konzentrierte er sich auf einen Bannführer der HJ aus Nauen, der nach anfänglichem Widerstand bereit war, einen Stammführer des Jungvolks aus Wanne-Eickel und einen Fähnlein-Führer der HJ in die Diskussionen mit einzubeziehen. Schließlich gelang es Hans Mahle mit Hilfe des Bannführers, noch 23 Mitglieder der Hitler-Jugend zu gewinnen. »Wir haben gemeinsam mit ihnen ein halbseitiges Flugblatt für die jungen deutschen Soldaten ausgearbeitet, das von den 23 Teilnehmern unterschrieben wurde.«

»Was wurde aus den Anschuldigungen der Kommunistischen Jugendinternationale gegen Dich?«

»Von Karaganda kehrte ich nach Ufa zurück, wo sich damals die Zentrale der Komintern befand. Dort fand eine Tagung des Präsidiums statt, zu der ich als Teilnehmer der Arbeitsgruppe im Karagandalager eingeladen war. Erst jetzt erfuhr ich den vollen Umfang der Anschuldigungen, die gegen mich erhoben worden waren: Man warf mir sogar ›Verniedlichung der Nazi-Verbrechen‹ vor.

Als ich zu Wort kam, sagte ich, ich könne mir nicht vorstellen, daß mir wegen des Versuchs, unter deutschen Soldaten zu wirken, nationalistische Abweichungen vorgeworfen würden. Ich berichtete über meine Tätigkeit im Kriegsgefangenenlager und daß es mir nach größten Schwierigkeiten gelungen sei, eine größere Gruppe früherer Angehöriger der Hitler-Jugend, darunter auch Funktionäre, zu gewinnen, ein Flugblatt auszuarbeiten und zu unterzeichnen.«

Hans Mahle erhielt die Unterstützung von Manuilski, der sich für die deutsche antifaschistische Tätigkeit aussprach. Das Ergebnis der Tagung: Die antifaschistischen deutschen Rundfunksender wurden verstärkt und ein neuer Jugendsender mit dem Namen »Sturmadler« geschaffen, der sich direkt an die Hitlerjugend und an junge deutsche Soldaten wandte. »Die Leitung des Senders wurde mir übertragen mit der Maßgabe, mich in die Denkweise junger deutscher Soldaten hineinzuversetzen und Mentalität, Sprache und Glaubenssätze der Zielgruppe zu berücksichtigen.«

Hans Mahle in der Bewegung »Freies Deutschland«

Im Frühjahr 1943, angesichts des Vormarschs der sowjetischen Truppen, sollte ein zentrales antifaschistisches Komitee der Kriegsgefangenen gebildet werden. Hans Mahle gehörte dem zwölfköpfigen Initiativkomitee an. Er fuhr in mehrere Kriegsgefangenenlager, darunter auch in drei Lager bei Stalingrad, in denen damals Typhus herrschte. Er sprach mit Hunderten von Soldaten und Offizieren, aber viele Gefangene waren tief resigniert und dämmerten nur vor sich hin. Trotzdem gelang es ihm, Delegierte für eine zentrale Konferenz zu gewinnen – eine Entwicklung, die durch die Niederlage der deutschen Truppen im Juli 1943 bei Kursk beschleunigt wurde.

Mahle wirkte nicht nur aktiv an der Vorbereitung des Nationalkomitees »Freies Deutschland« mit, sondern erlebte am 12./13. Juli 1943 auch die Gründungskonferenz im zentralen Klub von Krasnogorsk. Hunderte von Kriegsgefangenen konnten sich in dem Gebäude und vor dem Klub frei bewegen. Von den 38 Mitgliedern des Nationalkomitees waren 25 deutsche Offiziere und Soldaten, 13 kommunistische Emigranten. Von ihnen wurde Erich Weinert zum Präsidenten gewählt. Zu den Mitgliedern gehörten Wilhelm Pieck, Walter Ulbricht, Karl Maron, Otto Winzer, Hans Mahle sowie die Schriftsteller Willi Bredel und Fritz Erpenbeck. Im Manifest wurden der Sturz der Hitler-Regierung, die Beendigung des Krieges und die Bildung einer »wahrhaft deutschen Regierung« gefordert, die aus dem antifaschistischen Kampf des Volkes und den nationalen Kräften der Armee hervorgehen würde. Der Text wurde in Millionen-Auflage gedruckt und über den deutschen Linien und dem deutschen Hinterland abgeworfen.

Im August 1943 wurde der Sender »Freies Deutschland« eingerichtet, geleitet von Anton Ackermann; Hans Mahle war sein Stellvertreter. Regelmäßig fuhr er zu den Offizieren und Soldaten des Nationalkomitees in Lunjowo, besprach die Beiträge mit ihnen und zeichnete sie auf. »Ich vertrat vehement den Standpunkt, mit den kriegsgefangenen Offizieren und Generälen im Nationalkomitee, unseren Bündnispartnern, ehrlich zusammenzuarbeiten«, erinnerte sich Hans Mahle. »Nachträgliche Veränderungen in Manuskripten ohne ausdrückliche Zustimmung der Autoren waren meiner

Meinung nach nicht statthaft und wurden von mir konsequent abgelehnt.«

Das war für Hans Mahle nicht immer leicht, denn Walter Ulbricht verlangte, Beiträge zurückzuweisen, die nicht strikt die offizielle Linie des Nationalkomitees zum Ausdruck brachten. Aber Hans Mahle lehnte wiederholt das von Ulbricht geforderte Parteichinesisch ab. »Ich bin nie über das hinausgegangen, was die Mitglieder der Redaktion in Lunjowo, die Soldaten, Offiziere und Generäle dort selbst erarbeitet hatten.«

»Wie war das damals mit der Jugendkommission, die Vorschläge für eine Jugendbewegung in Nachkriegsdeutschland ausgearbeitet haben soll?«

Hans Mahle bestätigte, daß es eine Jugendkommission im Zentralkomitee gab, deren Vorsitzender er war. Gleichzeitig gab es auch eine Jugendkommission im Nationalkomitee »Freies Deutschland«.

»Ich gebe offen zu, daß ich mir zunächst vorgestellt hatte, in Nachkriegsdeutschland würden unterschiedliche Jugendorganisationen nach parteipolitischen Richtungen entstehen, etwa so wie in der Weimarer Republik«, erzählte mir Hans Mahle. »Aber in Diskussionen mit Soldaten und Offizieren des Nationalkomitees stieß ich dabei auf eine oft wohl begründete Ablehnung. So änderte ich bald meine Meinung.«

Schon damals, bestätigte er, wurden die Bildung von Jugendausschüssen und eine zukünftige deutsche Jugendbewegung diskutiert, in der unterschiedliche Richtungen unter einem Dach zusammengeführt werden sollten. »Auch über eine notwendige Schulreform wurde viel diskutiert und manchmal auch gestritten, denn im Nationalkomitee gab es zahlreiche Lehrer und Schuldirektoren, die nicht selten interessante und gut durchdachte Vorstellungen vorbrachten. Hier wurden auch Papiere für die zukünftige Tätigkeit der Jugend in Nachkriegsdeutschland ausgearbeitet.«

Von einem Jugendpapier mit Ulbrichts Vermerk »unbrauchbar«, das Honecker in seinen 1980 erschienenen Memoiren erwähnte, hatte Mahle jedoch nichts gehört. Wichtig war für mich, was aus diesem Gespräch klar hervorging: Ursprünglich war Hans Mahle für die Leitung einer zukünftigen Jugendbewegung vorgesehen – eine Aufgabe, die später, nach einigem Hin und Her, Erich Honecker übertragen wurde.

Auf der Suche nach Professor Sauerbruch
und Dr. Andreas Hermes

Am 30. April 1945 saßen Hans Mahle und ich im Flugzeug der »Gruppe Ulbricht«, um in Deutschland zunächst die Bildung der Berliner Bezirksverwaltungen zu organisieren.

Erst jetzt, mehr als 45 Jahre später, erfuhr ich von der damaligen Tätigkeit Mahles. Er war zunächst in den Bezirken Tiergarten und Moabit eingesetzt, erhielt dann aber von Walter Ulbricht den Auftrag, so schnell wie möglich Kontakt mit Professor Ferdinand Sauerbruch aufzunehmen, der als Stadtrat für Gesundheitsfragen im neu zu schaffenden Berliner Magistrat vorgesehen war. »Ich wußte nur, daß Sauerbruch Chefarzt der Charité gewesen war und hatte eine Adresse in Grunewald – aber seine Villa war verlassen und teilweise geplündert.« Hans Mahle erhielt jedoch Hinweise, daß Sauerbruch sich möglicherweise in Wannsee aufhalte. Es war schwierig, ihn zu finden. Manche der Befragten befürchteten, Sauerbruch solle wegen Zusammenarbeit mit den Nazis verhaftet werden. Endlich fand sich ein Auskunftswilliger, der Hans Mahle zu Sauerbruch führte: »Wir fuhren zu einem gelben Gebäude, einem kirchlichen Stift. Im Garten sah ich Professor Sauerbruch. Er war sehr erschrocken, als ich an ihn herantrat, vor allem, weil er im Hintergrund ein sowjetisches Fahrzeug sah. Mein Angebot, in der neuen Stadtverwaltung tätig zu sein, mißfiel ihm. ›Ich hab' die Nase voll. Ich bin x-mal irregeführt worden. Ich kann nicht mehr.‹ Aber allmählich taute er auf. Wir fuhren gemeinsam zu seinem Haus in Grunewald.« Anschließend brachte ihn Hans Mahle zu Walter Ulbricht in die Prinzenallee 80 – und kurz darauf übernahm Professor Sauerbruch das Gesundheitsdezernat im Magistrat von Berlin.

Kurz nachdem Hans Mahle mit Professor Sauerbruch zur Prinzenallee gekommen war, erhielt er einen neuen Auftrag: Er sollte Dr. Andreas Hermes, in der Weimarer Republik Minister für Landwirtschaft und Ernährung, finden, da dieser ebenfalls für den Berliner Magistrat vorgesehen war. Hermes war nach dem Attentat auf Hitler am 20. Juli 1944 verhaftet und gerade erst aus dem Gefängnis befreit worden. Hans Mahle suchte viele Stunden vergebens, ehe er unter dem Siegel der Verschwiegenheit erfuhr, daß Hermes in der Platanenallee in Charlottenburg zu finden sei. Auch Dr. Hermes zögerte zunächst, fuhr aber schließlich mit Hans Mahle nach Lichtenberg in die Prinzenallee. Nach einem ausführlichen Gespräch mit Ulbricht sagte Andreas Hermes zu: Im neu gebildeten Berliner Magistrat wurde er Dezernent für Ernährungswesen.

Wenige Wochen später, am 25. Juni 1945, wurde er Begründer und erster Vorsitzender der CDU in der Sowjetzone.

Hans Mahle hatte jedoch nicht nur die wichtigen Treffen Ulbrichts mit Sauerbruch und Hermes ermöglicht, sondern auch Honecker zu Ulbricht geführt: »Ich war auf dem Weg in die Prinzenallee«, erinnerte sich Hans Mahle, »als unser Wagen in der Frankfurter Allee wegen einer sowjetischen Militärkolonne halten mußte. Wir kamen nicht weiter. Ich sah mich um und entdeckte mit einem Male auf dem Bürgersteig Erich Honecker, den ich von früher her kannte. Kurzerhand winkte ich ihm, ließ ihn einsteigen und brachte ihn in die Prinzenallee. Ich habe also an seiner Ernennung ein wenig mitgewirkt.«

Erste Rundfunksendungen nach dem Krieg

Bei der Erinnerung an die Maitage 1945 war Hans Mahle freudig erregt. Es war ihm deutlich anzumerken, daß ihm diese Wochen besonders positiv in Erinnerung geblieben waren. Am 11. Mai 1945 wurde er zum sowjetischen Stadtkommandanten von Berlin, General Bersarin, gerufen. Im Beisein Ulbrichts erhielt er den Auftrag, sofort Rundfunksendungen zu organisieren. Walter Ulbricht stimmte zu, und so verließ Hans Mahle die »Gruppe Ulbricht«, um sich ganz der neuen Aufgabe zu widmen.

Hans Mahle fuhr nach Charlottenburg in die Masurenallee 8-14, dem Gebäude des Berliner Senders. Als er dort ankam, befanden sich noch etwa 3000 Flüchtlinge im Haus. Die technischen Anlagen waren weitgehend zerstört. Er suchte schnell einige Mitarbeiter: Matthäus Klein, damals 34, ein evangelischer Geistlicher, der im Nationalkomitee »Freies Deutschland« im Arbeitskreis für kirchliche Fragen tätig gewesen war, wurde Personalchef, Arthur Mannbar, ein Journalist, kurz zuvor aus dem Zuchthaus Brandenburg befreit, Chefredakteur, und der Ingenieur Erwin Wilke aus der Bewegung »Freies Deutschland« war zur Lösung der technischen Probleme eingesetzt.

Schon bald stellte sich jedoch heraus, daß man von der Masurenallee aus nicht senden konnte, weil sich Sendemasten nur in Tegel befanden. Und es gab eine andere zusätzliche Schwierigkeit: Laut Befehl der Alliierten mußten zu Beginn die Hymnen der vier Siegermächte gesendet werden. Das war nicht einfach – wo sollte Hans Mahle Mitte Mai 1945 im zerstörten Berlin die vier Nationalhymnen auftreiben? Zwar gelang es ihm recht bald, die sowjetische Nationalhymne zu erhalten, danach auch die englische, schließlich sogar die französische – aber ausgerechnet die amerikanische war nicht aufzufinden: Schließlich sollten die amerikanischen Truppen erst am 3. Juli nach Berlin kommen. Während der Fahrt nach Tegel fand Mahle jedoch einen Privatmann, der eine Gramophonplatte mit der gesuchten Hymne besaß. So konnte die erste deutsche Nachkriegs-Rundfunksendung beginnen: Ausgestrahlt von einem Tisch im Freien. Arthur Manbar und Matthäus Klein wirkten als Sprecher mit. Die Sendung begann mit der Verlesung des Texts der Kapitulationsurkunde, der ersten Befehle der Besatzungsmächte und eben jenen Nationalhymnen der Siegermächte.

Schon wenige Tage später konnte ein vollständiges Programm gesendet werden. Bereits am 18. Mai fand in der Masurenallee, im Beisein des sowjetischen Kommandanten General Bersarin, ein Konzert mit bekannten Künstlern statt – darunter auch Viktor de Kowa.

In wenigen Wochen gelang es Hans Mahle, mit den früheren Mitarbeitern des großdeutschen Rundfunks eine erträgliche Arbeitsatmosphäre herzustellen. Bekannt wurden die damals beliebten Wortsendungen: »Was wir wissen müssen« informierte über den Aufbau Berlins, brachte Hinweise und Anregungen; »Der Pulsschlag Berlins« war eine beliebte Reportagesendung; es folgten Jugend- und Kinderfunk, Landfunk, die Unterhaltungssendung »Sorgenpause« und schließlich »Das künstlerische Wort«, eine Sendung, in der Künstler zu Wort kamen, darunter Paul Wegener, Gustav Gründgens und Marianne Hoppe.

Da Hans Mahle nun völlig im Rundfunk aufging, nahm er an der übrigen Tätigkeit der »Gruppe Ulbricht« nicht mehr teil. Als am 11. Juni 1945 der Gründungsaufruf der KPD veröffentlicht wurde, gehörte er zu den 16 Unterzeichnern und war damit Mitglied des neuen Zentralkomitees der KPD.

Zur gleichen Zeit führte er eine Sendung unter dem Titel »Tribüne der Demokratie« ein, an die ich mich heute noch gut erinnere und die tatsächlich informativ und interessant war. Hans Mahle legte die Themen fest und bat dann die Repräsentanten unterschiedlicher politischer Richtungen, ihren Standpunkt darzulegen. Neben Vertretern der KPD und SPD nahmen auch Jakob Kaiser und Ernst Lemmer von der CDU teil sowie Theodor Heuss von den Freien Demokraten, der sozialdemokratische Ministerpräsident Schleswig-Holsteins, Lüdemann, und der SPD-Bürgermeister von Hamburg, Brauer. Manchem aber, unter ihnen Ulbricht, ging das zu weit.

Mahle ließ sich jedoch nicht beirren. Unter seiner Leitung nahmen bald weitere Rundfunksender ihre Tätigkeit auf: Am 1. September der Mitteldeutsche Rundfunk in Leipzig, am 7. Dezember der Sender Dresden, am 24. September der Landessender Schwerin, im Januar 1946 der Sender Weimar, im Mai 1946 der Landessender Potsdam und am 24. Dezember 1946 der Landessender Halle. Hans Mahle leitete seit Sommer 1946 auch das Rundfunkreferat der »Abteilung für kulturelle Aufklärung« im Rahmen der Zentralverwaltung für Volksbildung und wurde Generalintendant des »Deutschen Demokratischen Rundfunks«: Leiter aller Rundfunksender der Sowjetischen Zone.

Im Spätherbst 1946 kam es zu einer Kontroverse mit Ulbricht, der verlangte, daß Mahle in den Ostsektor der Stadt, in ein Haus im Villenviertel der höheren Funktionäre in Niederschönhausen ziehen solle. Hans Mahle weigerte sich mit der Begründung, nicht jeden Tag von Niederschönhausen zur Masurenallee hin- und herfahren zu können. So blieb er im Haus Bayernallee 44, das damals, obwohl im Westen gelegen, den Sowjets unterstand. Es war das gleiche Haus, in dem auch Mischa Wolf wohnte.

1951: Entlassen wegen Spionageverdachts

Als Generalintendant war Hans Mahle im Frühjahr 1947 Teilnehmer einer Konferenz der deutschen Rundfunkintendanten in München. »Während der Sitzung wurde ich von Wilhelm Pieck angerufen, der mir mitteilte, daß ich auf dem bevorstehenden zweiten SED-Parteitag im September 1947 nicht mehr Mitglied des Parteivorstandes sein werde. Das Gespräch war für mich äußerst unangenehm, weil nur Westdeutsche um mich herum saßen.« Wilhelm Pieck, damals 71, begründete das Ausscheiden Hans Mahles, 36, mit dem Hinweis, daß »Jüngere in den Parteivorstand kommen« sollten. Anstelle von Hans Mahle sollte nun Heinz Kessler, damals 27 Jahre alt, aufsteigen. Mahle kam am letzten Tag des zweiten Parteitages der SED in Berlin an und wurde Zeuge seiner Ersetzung durch Kessler. Otto Grotewohl kam zu ihm: »Nimm es nicht so schwer. Als Generalintendant der Rundfunksender bist Du ohnedies bei allen Tagungen des Parteivorstandes dabei.« Das stimmte zwar – aber es schien, als könne dies ein erstes Anzeichen des Abstieges sein.

Hans Mahle bemerkte eine zunehmende Entfremdung, sogar Isolierung aufgrund einer Flüsterpropaganda – vor allem von Gustav Röbelin ausgehend, dem damaligen Sicherheitsbeauftragten der Parteiführung. Offensichtlich waren manche höhere Funktionäre gegen ihn eingestellt: Erstens, weil er in West-Berlin wohnte; zweitens, weil er in West-Berlin das Krankenhaus besuchte und seine Frau ihre Niederkunft in West-Berlin hatte. »Man sagte uns: ›Man darf nicht zum Klassenfeind gehen und sich dort behandeln lassen‹ – obwohl meine Frau und ich übrigens ganz gut behandelt wurden.«

Im Juli 1951 kam es zum Eklat. Hans Mahle wurde zur Partei-Kontrollkommission gerufen. Ihm wurde vorgeworfen, »mit dem Klassenfeind kooperiert« zu haben; er sei zudem der Spionage verdächtig. Am 14. Juli 1951 wurde Hans Mahles Absetzung vom Posten des Generalintendanten bekanntgegeben (»Der Rundfunk« Nr. 31/1951). Er wurde auch aller anderen Funktionen enthoben und nach Schwerin beordert: »Ich kam in Schwerin an, aber da gab es für mich weder eine Partei- noch eine Staatsfunktion, weil alle Funktionäre bereits von meiner Absetzung unterrichtet waren.« Er ging zu einem Freund, dem Domprediger Karl Kleinschmidt, damals stellvertretender Vorsitzender des Kulturbundes von Mecklenburg. Kleinschmidt konnte ihm zunächst nur eine Anstellung in einem Konsum-Geschäft verschaffen. Hans Mahle rückte später in den Vorstand der Konsumgenossenschaften Schwerins auf und gab die Zeitschrift »Der Genossenschaftler« heraus.

Im Schweriner Exil erlebte Hans Mahle den Tod Stalins am 5. März 1953: »Ich war tief erschüttert«, sagte er ernst und überzeugt.

Erst nach Stalins Tod, im Zuge der Entstalinisierung, wurde der Bannstrahl gegen Mahle allmählich aufgehoben. Er wurde Chefredakteur des SED-Bezirksorgans »Schweriner Volkszeitung« und Mitglied der SED-Bezirksleitung Schwerin.

Verspätete Anerkennung

Am 23. Februar 1959 änderte sich alles blitzartig. Während eines Vortrages in einer Lehrerbildungsanstalt über die Rolle der Roten Armee bei der Zerschlagung des Faschismus wurde ihm ein Zettel zugeschoben: Er sollte sofort zum Zentralkomitee nach Berlin fahren. Mahle beendete seinen Vortrag, ging zur Bezirksleitung und fuhr nach Berlin. Als er im Zentralkomitee eintraf, war es bereits halb ein Uhr nachts. Die Beratungen waren noch nicht zu Ende. Richard Gyptner kam auf ihn zu: »Endlich! Du sollst morgen früh mit Walter Ulbricht zu einer Konferenz fahren.« Er wurde in einen kleinen Raum geführt und konnte wenige Stunden schlafen. Am nächsten Morgen nahm Ulbricht ihn zu einer Parteikonferenz mit. Dort wurde er zum Chefredakteur der Zeitung »Die Wahrheit« ernannt, dem Organ der erst kurz zuvor geschaffenen »Sozialistischen Einheitspartei West-Berlins« (SEW), und gleichzeitig in die SED-Bezirksleitung Berlin kooptiert. Hans Mahles Schilderung ließ keinen Zweifel, daß er sich jetzt, nach Berlin zurückgekehrt, wieder »zu Hause« fühlte.

Schritt für Schritt wurde Mahle rehabilitiert, ja in zunehmender Weise geehrt. Zu seinem 50. Geburtstag im September 1961 brachte das »Neue Deutschland« eine einspaltige Meldung von wenigen Zeilen. Am 13. März 1970 überreichte ihm Sowjetbotschafter Pjotr Abrassimow den sowjetischen »Orden des Vaterländischen Krieges«, am 16. Dezember 1970 erhielt er vom Obersten Sowjet der UdSSR die Lenin-Medaille. Zu seinem 60. Geburtstag am 22. September 1971 erfolgten Glückwünsche des neuen Generalsekretärs Erich Honecker, und 1976, anläßlich seines 65. Geburtstages, wurde ihm der »Stern der Völkerfreundschaft« in Gold überreicht. An seinem 70. Geburtstag war der Höhepunkt erreicht: Man verlieh Hans Mahle den Karl-Marx-Orden und veröffentlichte eine ausführliche Grußadresse des Zentralkomitees, in der allerdings mit keinem Wort seine Absetzung im Juli 1951 erwähnt wurde.

Mahles spannende Erzählung über seine Tätigkeit in der Sowjetunion, den Beginn der Rundfunkentwicklung in Deutschland nach Kriegsende und seine wechselvolle Geschichte als Funktionär verleitete mich zu der Äußerung: »Du solltest doch wirklich einmal Deine Memoiren schreiben, denn sowohl Deine Tätigkeit an der Vorbereitung des Nationalkomitees als auch die Anfänge des deutschen Rundfunks und Dein weiterer Weg wären doch sicher für einen größeren Leserkreis von Interesse.«

Hans Mahle antwortete konsterniert: »Ich habe längst meine Memoiren geschrieben, im Jahre 1974.«

»Davon habe ich nie gehört.«

»Konntest Du auch nicht, denn die Leute«, er meinte die Parteioberen, »haben sie nie veröffentlicht. Irgend etwas hat ihnen wohl nicht gefallen, vielleicht ein paar kritische Sätze über Walter (Ulbricht).« Er führte mich an seinen Schreibtisch und zeigte mir das Manuskript seiner Erinnerungen, deren Veröffentlichung die eigene Partei verhinderte.

Trotz seines hohen Alters lebt Hans Mahle ganz in der Gegenwart. Die Wende und die friedliche Revolution in der DDR bezeichnet er als »Zusammenbruch«, erwähnt jedoch gleichzeitig die »erfolgreiche Tätigkeit unserer Partei« in West-Berlin. »Drüben ist alles wie ein Kartenhaus zusammengebrochen«, meint er etwas verbittert. »Aber bei uns gibt es noch lebendige aktive Kräfte«, fügt er, wohl ein wenig zu optimistisch,

hinzu. Es scheint, daß die Zweiteilung zwischen den »Genossen im Westen« und der »Entwicklung drüben« für ihn eine Brücke ist, sich das
Ausmaß des Zusammenbruchs, damit auch seiner Enttäuschung, nicht
in letzter Konsequenz bewußt werden zu lassen.

Stolz erklärt er, daß er – immerhin 80 Jahre alt – der PDS mit Rat und
Tat zur Seite stehe, wo immer es möglich sei.

Dann aber wurde der sonst optimistische Hans Mahle nachdenklich
und traurig: »Zu meiner politischen Arbeit, zu den sozialistischen Zielsetzungen, stehe ich. Es ist nur höchst bedauerlich und traurig, daß ich
mein ganzes Leben für eine Sache eingesetzt habe, die dann in der DDR
wie ein Kartenhaus zusammengeklappt ist – als Folge massiver Fehler.
Für mich bedeutet das: Idee, Utopie und Ziele des Sozialismus sind um
mehr als ein Menschenalter zurückgeworfen.«

3. Stefan Doernberg – »Chefhistoriker« der DDR

»Weißt Du, Wolfgang, ich komme einfach zu Dir in das Hotel am Müggelsee«, war Stefan Doernbergs Antwort auf meine Frage, ob wir uns
treffen könnten. Das »Du« schien ihm selbstverständlich zu sein, obwohl wir uns 45 Jahre lang nicht gesehen hatten. Stefan Doernberg hatte inzwischen einen der höchsten ideologischen Posten in der DDR in-
negehabt – mich hatte er früher als »Renegaten« und »Verräter« angesehen.

Doernberg, geboren am 21. Juni 1924 in Berlin-Wilmersdorf, lernte ich
als Mitschüler der deutschsprachigen Karl-Liebknecht-Schule in Moskau kennen. Zu jener Zeit waren wir nur selten zusammen. Um so
deutlicher erinnere ich mich demgegenüber an das gemeinsame Jahr in
der Kominternschule in Kuschnarenkowo bei Ufa von 1942 bis 1943.
Wir gehörten nicht nur der gleichen »deutschen Gruppe« an, sondern
schliefen auch im gleichen Schlafraum Bett an Bett. Stefan Doernberg
hieß damals »Adler«, ich wurde »Linden« genannt. Nach Beendigung
der Kominternschule im Sommer 1943 trennten sich unsere Wege. Ich
wußte nur, daß Stefan Doernberg mit der Roten Armee nach Berlin gekommen war; bis 1949 war er für die Sowjetische Militäradministration
in Deutschland tätig, so daß wir uns in jenen Jahren nie trafen.

45 Jahre später sehen wir uns wieder. Stefan Doernberg kommt noncha-
lant in den Speisesaal, begrüßt mich, als ob gar nichts geschehen wäre,
scheint über unser Wiedersehen froh zu sein, aber doch weniger berührt, als ich angenommen hätte.

Jugendjahre in der Sowjetunion

Dann begann er zu erzählen, was in keiner Biographie über ihn erwähnt worden ist und auch ich nicht wußte, obwohl ich ein Jahr lang
Bett an Bett mit ihm in der Kominternschule gewohnt hatte. Er sprach
über die Verhaftung seines Vaters während der großen Säuberung in der
Sowjetunion: »Mein Vater war als Ingenieur in Swerdlowsk tätig und
wurde 1936 verhaftet – etwa zur selben Zeit, als Deine Mutter in Moskau verhaftet wurde. Meine Mutter versuchte natürlich, den Vater frei
zu bekommen. Sie ging zu Wilhelm Pieck, zu Dimitrow und zu Kalinin,
dem damaligen sowjetischen Staatspräsidenten. Kalinin war übrigens
der einzige, der sich den Fall genau anhörte und zu helfen versprach –
aber das war für ihn nicht einfach, denn seine eigene Frau, eine alte Bol-

schewikin, war auch schon verhaftet worden.« Erstmals hörte ich, daß sogar die Frau des damaligen sowjetischen Staatspräsidenten im Lager war. Seine Mutter, so berichtete Stefan weiter, sei auch bei Nadjeshda Krupskaja gewesen, der Witwe Lenins; zunächst aber sei alles umsonst gewesen.

Stefan, damals 15, kam allein in das »Emigrantenheim« in der Obuchastraße 3. Seine Mutter hatte inzwischen das »100-Kilometer-Verbot« erhalten: Sie durfte nur in Orten leben und arbeiten, die mindestens 100 Kilometer von Moskau entfernt lagen. So fand seine Mutter schließlich Wohnplatz und Arbeit in der Nähe von Rjasan; sie arbeitete in einer Fabrik, in der sie Militärmäntel für die Rote Armee nähte.

Völlig unerwartet – damals ein seltener Ausnahmefall – wurde Stefans Vater im Juni 1939 aus der Haft entlassen.

Meine Frage nach den großen Säuberungen von 1936 bis 1938 schien ihn nicht aus der Ruhe zu bringen.

Die Sowjetunion habe zu dieser Zeit viele Feinde gehabt. Doernberg habe gleichwohl gewußt, daß die vielen Verhafteten unschuldig gewesen seien. »Ich versuchte, kritische Gedanken mit der Hoffnung zu überbrücken, daß sich alles schnell klären werde. Dabei spielte auch eine Rolle, daß mein eigener Vater zwar verhaftet und im Swerdlowsker Gefängnis eingesperrt war, aber immerhin 1939 freigelassen wurde. Das gab mir die Hoffnung, daß Ähnliches auch mit anderen Verhafteten passieren würde.«

Nur wenige Monate später, am 23. August 1939, kam es zum Hitler-Stalin-Pakt, der für mich ein großer Schock war – viele deutsche Antifaschisten dachten ähnlich. Auch Stefan Doernberg fragte ich daher nach seiner Reaktion auf den Vertrag.

Den Nichtangriffspakt zwischen der Sowjetunion und Deutschland hielt er für notwendig. Später aber sei er doch erschüttert gewesen. In der Zeitschrift »Kommunistische Internationale« las er, daß die Westmächte die Hauptschuld am Zweiten Weltkrieg trügen. Das habe ihn kritisch und nachdenklich gestimmt. Auch den Einmarsch der sowjetischen Truppen in Ost-Polen Mitte September 1939, damals offiziell »Westliches Bjelorußland« und »Westliche Ukraine« genannt, hielt Stefan für richtig und notwendig. Es sei, so meinte er, schließlich darum gegangen, den Menschen die Möglichkeit einer neuen Entwicklung zu geben. Auch wenn er manche der damals angewandten Methoden mißbilligt habe, so seien diese doch nicht schlimmer gewesen als das, was in der Sowjetunion selbst geschah.

Gewisse »politische Bauchschmerzen« hatte Stefan Doernberg beim

Stefan Doernberg, Mitschüler des Autors an der Karl-Liebknecht-Schule 1936 und später an der Kominternschule in Kuschnarenkowo bei Ufa (1942-43). Der spätere Stellvertretende Leiter der Abteilung Geschichte der Akademie für Gesellschaftswissenschaften und führender Parteihistoriker der DDR.

Mit Stefan Doernberg im
Seehotel Friedrichshagen am Müggelsee.

sowjetisch-finnischen Krieg von November 1939 bis März 1940. Es kam ihm, wie er sagte, »höchst eigentümlich« vor, daß bereits am Tag nach Kriegsbeginn, nach dem sowjetischen Überfall auf Finnland, eine neue Regierung unter Kuusinen eingesetzt wurde. Er war erschüttert, wie lange sich der Krieg hinzog und wie langsam sich die Rote Armee in diesem kleinen Land durchsetzte. Er erkannte, daß die Rote Armee sehr geschwächt war.

Dann erwähnte Stefan Doernberg eine angesichts vieler tragischer und nachdenklich machender Geschehnisse im Grunde nebensächliche Episode, an die ich mich nicht mehr erinnerte: Er war kritisch darüber, daß nach dem sowjetisch-finnischen Waffenstillstand vom 12. März 1940, in dem Wyborg der Sowjetunion zugesprochen worden war, ein sowjetischer Generalangriff auf die Stadt inszeniert wurde, um doch noch eine siegreiche Schlacht vorweisen zu können.

Die Kriegsjahre: »Arbeitsarmee« und Kominternschule

Dann kam der 22. Juni 1941, der Tag des deutschen Überfalls auf die Sowjetunion. Stefan Doernberg meldete sich sofort freiwillig zur Roten Armee. Er wurde in eine Komsomol-Brigade nach Smolensk beordert. So überzeugt und begeistert er auch war, einiges kam ihm gleichwohl eigentümlich vor, vor allem »war ich doch sehr nachdenklich über den überhasteten Rückzug der sowjetischen Truppen«.

Kurz darauf wurde Doernberg nach Swerdlowsk, später nach Nishnij-Tagil beordert und in eine der berüchtigten »Arbeitsarmeen« eingezogen. Damals begann er in einer Hinsicht, an Stalin zu zweifeln: Stalin hatte am 1. Mai 1942 erklärt, der Krieg werde bereits 1942 siegreich beendet werden, während es danach noch zu weiteren Niederlagen, etwa bei Charkow, und dem Rückzug bis nach Stalingrad kam.

Während seiner Zeit in der »Arbeitsarmee« wurde Stefan im Sommer 1942 zum Kommandanten gerufen, der entschuldigend erklärte: »Sie sind Antifaschist. Ich habe Ihnen die freudige Mitteilung zu machen, daß Sie nach Ufa kommen« – die Abkommandierung an die Kominternschule. Stefan Doernberg meinte, daß wir beide uns damals gesehen hätten, ja gemeinsam im gleichen kleinen Dampfer von Ufa nach Kuschnarenkowo gefahren seien. Eine gemeinsame Erinnerung: Ein Jahr lang sprachen wir nie von unseren Eltern – Stefan verheimlichte mir, daß sein Vater verhaftet und er selbst aus dem Arbeitslager gekommen war, und ich schwieg darüber, daß meine

Mutter im Herbst 1936 verhaftet worden war und sich im Lager Workuta befand.

Gemeinsam verbrachten wir das Jahr in der Kominternschule bis zu ihrer Auflösung im Juni 1943. Danach wurde ich nach Ufa beordert, um an der Katalogisierung des Komintern-Archivs mitzuarbeiten, und kam im September 1943 nach Moskau in die Redaktion des »Freien Deutschland«. In dieser Zeit verlor ich Stefan aus den Augen: Er gehörte zur kleinen Gruppe deutscher Kommunisten, die gemeinsam mit den Truppen der Roten Armee den Vormarsch von den Tiefen Rußlands bis nach Berlin miterlebten, ja aktiv an diesem Vormarsch beteiligt waren.

Mit der Roten Armee nach Deutschland

Im Sommer 1943 hatte Stefan die Kominternschule beendet und wurde kurz darauf Leutnant in der 7. Abteilung der Politischen Verwaltung der bekannten 62. Armee, die unter dem Befehl von General Tschuikow bereits in Stalingrad gekämpft hatte und nun am Vormarsch auf Deutschland teilnahm.

Die sogenannten »7. Abteilungen« hatten die Aufgabe, Propagandaarbeit unter den »gegnerischen Truppen«, bei der deutschen Wehrmacht also, zu leisten. Sie sollten Soldaten und Offiziere über den Hitler-Krieg aufklären, die Kampfkraft der Wehrmacht schwächen und möglichst viele Soldaten überzeugen, sich der Roten Armee zu ergeben. Die »7. Abteilungen« arbeiteten eng mit den sogenannten »Frontbevollmächtigten des Nationalkomitees« zusammen. In der letzten Phase des Krieges gab es rund 2000 »Frontbevollmächtigte« – deutsche Antifaschisten, die in engster Zusammenarbeit mit den Politorganen der Sowjetarmee propagandistische Arbeit leisteten. Sie schrieben Flugblätter und wirkten an Lautsprechersendungen unmittelbar im vordersten Graben mit; manche wurden sogar hinter der Frontlinie eingesetzt.

Stefan Doernberg verfügte über eine fahrbare Lautsprecheranlage mit großer Reichweite und eine kleine Druckerei zur Herausgabe von Flugblättern. Er nahm am gesamten Vormarsch teil und war auch in Sonnenburg, wo er zum Einsatz an die Oder geschickt wurde – kurz vor der letzten sowjetischen Großoffensive. Im Februar 1945 erhielt er mit anderen den Auftrag, nach Poznan (Posen) zu fahren, wo die deutsche Wehrmacht erbittert Widerstand leistete. Erst am 22. Februar 1945 kapitulierten die restlichen etwa 12.000 Soldaten und Offiziere der Garnison.

Im März 1945, daran erinnerte sich Stefan besonders gern, begann die Vorbereitung der letzten sowjetischen Großoffensive. Zunächst erlebte er die heftigen Kämpfe um die eingeschlossene Festung Küstrin am Ostufer der Oder. Die Offensive auf Berlin war vom sowjetischen Oberkommando für den 16. April 1945 angesetzt: Ihre letzten Vorbereitungen, so berichtete Stefan Doernberg, gingen fast ohne Tarnung vor sich. Die Nachschubkolonnen rollten auch am Tage über Schwimmbrücken, die sowjetische Pioniere über die Oder geschlagen hatten.

Für Doernberg war der Frühling 1945 der »Frühling der Völker«. Die Gärten an der Oder prangten im Weiß und Rosa der Obstblüte. Dann, am 16. April um 3 Uhr morgens, begann der Angriff. Aus Tausenden von Rohren ging ein Trommelfeuer auf die deutschen Stellungen nieder. Innerhalb weniger Stunden wurde ein Durchbruch erzielt.

Unentwegt war Stefan mit seinem Lautsprecherwagen im Einsatz. Harte Kämpfe gab es im befestigten Raum in und um Müncheberg; die 7. Abteilung organisierte Ansprachen über die Lautsprecheranlagen. Nachdem der Ort am Nachmittag des 19. April eingenommen worden war, beschleunigte sich der Vormarsch auf Berlin.

Die Truppen näherten sich der Stadt, in der Stefan seine Jugend verbracht hatte. Zunächst bezog seine Einheit Quartier in Schöneiche und führte Einsätze nach Friedrichshagen und Köpenick durch, dann ging es nach Rüdersdorf, wo er Ansprachen vor der Bevölkerung hielt. Am nächsten Tag wurde der Armeestab von Schöneiche nach Johannisthal im Süden Berlins verlegt. Hier bezog die 7. Abteilung Quartier in einem dreistöckigen Haus am Segelfliegerdamm in Johannisthal, unweit des ehemaligen Flugplatzes.

In einer kleinen Druckerei in Oberschöneweide, in der heutigen Schnellerstraße, stellte er mit einigen Mitarbeitern die erste Nummer der zweiseitigen deutschsprachigen Zeitung »Nachrichten« her, die an die Bevölkerung verteilt wurde. Am Nachmittag des 30. April stand die Einheit bereits am Potsdamer Bahnhof.

In der Nacht vom 30. April zum 1. Mai wurde Stefan Doernberg als Dolmetscher in das Haus des sowjetischen Oberbefehlshabers, Marschall Shukow, gerufen. Dorthin war der Chef des deutschen Generalstabs des Heeres, General der Infanterie Hans Krebs, als Unterhändler gekommen, um Verhandlungen über einen Waffenstillstand zu führen. Stefan Doernberg übersetzte und wurde damit Augenzeuge der Kapitulation.

Nur einmal, am 2. Mai 1945, gönnte sich Stefan einen privaten Abstecher. Er fuhr durch die Potsdamer Straße, durch Schöneberg und Friedenau bis nach Steglitz in die Holsteinische Straße 18 – zu jenem Haus, in dem er seine Kindheit verbrachte hatte. Ein dort wohnender Schuhmacher erkannte ihn wieder: »Sind Sie nicht der junge Doernberg? Lebt Ihr Vater noch? Wie geht es ihm?« Nun erinnerten sich auch andere Hausbewohner an Stefans Familie und daran, daß die Doernbergs stets eine rote Fahne aus dem Fenster herausgehängt hatten. Stefan Doernberg besichtigte die frühere Wohnung. Die Bewohnerin flehte ihn an, ihr die Wohnung nicht wegzunehmen oder sie nach Sibirien zu verschicken. Stefan Doernberg beruhigte die Mieterin: Sie könne in der Wohnung bleiben; außerdem, so sein etwas propagandistischer Hinweis, sei Sibirien doch gar nicht so schlecht.

Bei der Sowjetischen Militäradministration

In der Folgezeit war Doernberg für die Sowjetische Militäradministration in Deutschland (SMAD) tätig, zunächst in Thüringen, dann in Sachsen, später für längere Zeit in Mecklenburg – im Range eines Leutnants der politischen Verwaltung der sowjetischen Armee. In Mecklenburg hatte er die Aufgabe eines Zensors, nutzte aber die Tätigkeit, um mit den Redakteuren über ihre Artikel zu diskutieren.

Stefan stand nicht nur beruflich in einem sowjetischen Umfeld, sondern auch privat: Bereits 1945 heiratete er eine Russin, Soja, die ebenfalls in der Roten Armee tätig war.

Von 1947 bis 1950 war Stefan Doernberg in der »Täglichen Rundschau«, der offiziellen Zeitung der sowjetischen Besatzungsmacht in Deutschland, tätig. Hier erlebte er, wie drei führende Redakteure – die jüdischen Sowjetoffiziere Major Epstein, Hauptmann Bloch und Major Feldmann – verhaftet wurden. Auch Stefan Doernberg, selbst jüdischer Abstammung, war gefährdet. Er kam nur deshalb nicht in Bedrängnis, weil in seinem Ausweis in der Rubrik »Nationalität« nicht »Jude«, sondern »Deutscher« stand. Das, so sagte er leichthin, sei 1948/49 für ihn weitaus günstiger gewesen. Die groteske Situation, daß eine jüdische Abstammung in den Jahren 1948/49 bei der Sowjetischen Militäradministration in Deutschland negativ bewertet wurde, drang, so schien mir, nicht in vollem Ausmaß in sein Bewußtsein.

Oft schaute ich Doernberg während unseres Gesprächs fragend an. Er schien unberührt. Ob er keine kritischen Gedanken hatte? Ob er sie verdrängte?

Obwohl Stefan Doernberg bei der sowjetischen Militäradministration tätig war, hatte er doch die Hoffnung, daß die sowjetische Zone Deutschlands einen eigenständigen demokratischen Weg zum Sozialismus einschlagen werde. Die Resolution des kommunistischen Informationsbüros gegen Jugoslawien im Sommer 1948 hielt er zwar im Großen und Ganzen noch für richtig, die zweite Resolution der Kominform vom November 1949, in der die jugoslawischen Kommunisten als »Faschisten« gebrandmarkt wurden, fand er jedoch übertrieben.

Kritisch habe er die Berliner Blockade betrachtet, den Versuch der Sowjetunion, Lebensmitteltransporte nach Berlin zu verhindern und die West-Berliner Bevölkerung auszuhungern. Er war auch nachdenklich über die seit 1948 beginnende Kampagne gegen den »Kosmopolitismus«, weil er deren antisemitische Aspekte deutlich erkannte. Obwohl damals hauptamtlich bei der »Täglichen Rundschau« in Ost-Berlin tätig, war Doernberg gleichzeitig Fernstudent des Fachs Geschichte an der Moskauer Staatsuniversität – von 1947 bis 1951.

Er befaßte sich damals ausführlich mit Lenin und las sorgfältig seine Schriften »Staat und Revolution«, »Die drohende Katastrophe und wie soll man sie bekämpfen?« und »Die nächsten Aufgaben der Sowjetmacht«. »Ich kam zu der Schlußfolgerung, daß dies alles mit der sowjetischen Situation von damals im Widerspruch stand. Eine Verwirklichung der Ideen Lenins hätte in der Praxis ganz anders aussehen müssen.«

Das redigierte Stalin-Telegramm

Unvermittelt begann Doernberg, eine Episode zu erzählen, die sich unmittelbar nach Gründung der DDR am 7. Oktober 1949 zugetragen hatte. Stalin hatte am 14. Oktober ein damals stark beachtetes Telegramm an DDR-Präsident Wilhelm Pieck und Ministerpräsident Otto Grotewohl gesandt. Es begann mit den Worten:

»Gestatten Sie mir, Sie beide und in Ihrer Person das deutsche Volk anläßlich der Bildung der Deutschen Demokratischen Republik und anläßlich der Wahl des Ersteren von Ihnen zum Präsidenten und des Letzteren zum Ministerpräsidenten der Deutschen Demokratischen Republik zu beglückwünschen.«

Stefan fand, daß dies ein ziemlich schlechter Text sei und wollte ihn verändern – aber der Text stammte von Stalin! Stefan ging daher zunächst zu Oberst Dr. Alexander Kirsanow, Chefredakteur der »Täglichen Rundschau«. Der sagte ihm, es handele sich um eine derart schwierige Frage, daß Doernberg in dieser Angelegenheit zu Semjonow gehen müsse. Wladimir Semjonow, im Rang eines Generalobersten, war von 1946 bis 1949 politischer Berater der Sowjetischen Militäradministration und, nach Gründung der DDR, politischer Berater der Sowjetischen Kontrollkommission in Deutschland. Semjonow verhielt sich bezüglich des Stalin-Telegramms sehr vorsichtig. Wenn es wirklich nur an der deutschen Übersetzung liegen sollte, so meinte er, solle Stefan Doernberg in gewissen Grenzen freie Hand haben.

Stefan nutzte den gewonnenen Spielraum, kehrte zurück, hielt die Rotationsmaschinen des »Neuen Deutschland« mit dem bisherigen Text an und änderte das Stalin-Telegramm aufgrund seiner etwas freieren Übersetzung. Der Text begann nun mit den Worten:

»Gestatten Sie mir, Sie und in Ihrer Person das deutsche Volk anläßlich der Gründung der Deutschen Demokratischen Republik und Ihrer Wahl zum Präsidenten und zum Ministerpräsidenten der Deutschen Demokratischen Republik zu beglückwünschen.«

Noch am 27. Oktober 1990, mehr als 40 Jahre später, war Stefan Doernberg angesichts jenes Ereignisses ganz aufgeregt. Er lachte spitzbübisch: »Alles ging gut bis in die 70er Jahre, als eine Kommission auf höchster Ebene die Herausgabe der Dokumente der Sowjetunion und der DDR vorbereiten sollte.« Auf sowjetischer Seite war Wladimir Semjonow, inzwischen Stellvertretender Außenminister der UdSSR, in der Kommission führend, auf Seiten der DDR gehörte Stefan Doernberg, nunmehr Direktor des Instituts für Zeitgeschichte in Ost-Berlin, zur Arbeitsgruppe. Auf den Sitzungen der gemeinsamen deutsch-sowjetischen Kommission wurde der Unterschied zwischen der deutschen und der russischen Fassung entdeckt. Stefan Doernberg kam ins Schwitzen. Aber, so erzählte er erleichtert, die Frage wurde diplomatisch gelöst: Für die russische Version wurde im Quellenhinweis auf die Prawda verwiesen, für die DDR-Version auf das SED-Zentralorgan »Neues Deutschland«.

Wenige Monate nach Gründung der DDR wurde Stefan Doernberg aus der sowjetischen Armee entlassen, konnte jedoch seinen Wunsch, in der DDR tätig zu sein, nicht erfüllen. Nach Moskau geschickt, wurde er 1950 demobilisiert. Er war zunächst arbeitslos, anschließend als freier

Mitarbeiter bei den deutschsprachigen Sendungen des Moskauer Rundfunks und als Redakteur der deutschen Ausgabe der in Moskau erscheinenden Zeitschrift »Sowjetliteratur« tätig. Gleichzeitig beendete er das Fernstudium der Geschichte an der Moskauer Universität.

Stalins Tod und die beginnende Entstalinisierung

Es war eine harte Zeit. In der Sowjetunion verschärfte sich die Situation seit 1951 ständig. Die Wachsamkeitskampagnen liefen auf Hochtouren. Der Höhepunkt wurde mit der Aufdeckung der angeblichen »Verschwörung der Kremlärzte« erreicht. Doernberg wußte bereits damals, daß all dies nicht ohne Einverständnis Stalins erfolgt sein konnte, ja sogar auf direkte Anregung Stalins erfolgt war.

Am 5. März 1953 starb Stalin. Auf meine Frage, wie er auf den Tod Stalins reagiert habe, antwortete Doernberg, er habe nicht geweint, gleichwohl aber sei das Ereignis ein großer Schock für ihn gewesen. Vor allem fragte er sich: Wer kommt danach? Was passiert ohne Stalin? Molotow habe ihn nie sehr beeindruckt, auch Malenkow nicht. Doernberg war damals in der Redaktion der Zeitschrift »Sowjetliteratur« tätig, die nach dem Tode Stalins eine Sondernummer vorbereitete. Gedichte, Erzählungen, Darstellungen über Stalin gab es in Hülle und Fülle. Drei Wochen nach Stalins Tod bekam die Redaktion die Anweisung, auf das Stalin-Sonderheft zu verzichten. Mit großer Erregung las Doernberg am 16. April 1953 den Prawda-Artikel gegen den Personenkult – obwohl Stalin darin nicht erwähnt wurde, war doch sofort klar, daß es sich um die beginnende Demontage des Personenkults um Stalin handelte.

In der Sowjetunion erlebte Stefan Doernberg im Frühjahr und Sommer 1953 Sturz und Verhaftung Berijas und die anschließende »Tauwetter-Periode«. Mit Freude, so erzählte er mir, verfolgte er die beginnende Entstalinisierung der Jahre 1953 bis 1955, zumal er zu den wenigen Deutschen gehörte, die Mitglied der Kommunistischen Partei der Sowjetunion waren.

Im Institut für Gesellschaftswissenschaften

Anfang 1955 kehrte Stefan Doernberg nach Ost-Berlin zurück. Unmittelbar nach seiner Rückkehr wurde er zum Stellvertretenden Direktor der Fakultät Geschichte am Institut für Gesellschaftswissenschaften in

Ost-Berlin ernannt, der höchsten zentralen ideologischen Institution.

Auf meine Frage, wer Direktor der Fakultät Geschichte gewesen sei, reagierte Doernberg erneut mit spitzbübischem Lächeln: »Den gab es nicht. Ich war Stellvertretender Direktor, ohne je einen Direktor gehabt zu haben!« Er sei gleichberechtigt zu allen Entscheidungen herangezogen worden. Direktorin des Gesamt-Instituts war Lene Berg, früher Lehrerin der deutschen Gruppe in der Komintern-Schule; Fred Oelssner war Lehrstuhlleiter für Politökonomie, Hermann Matern für die Geschichte der Arbeiterbewegung, und außerdem gehörten Hermann Axen und Paul Wandel der Institutsleitung an.

Mit Erstaunen und Bestürzung stellte Stefan Doernberg fest, daß die Lehrpläne die Veränderungen in der Sowjetunion überhaupt nicht zur Kenntnis nahmen. Immer noch wurden in Ost-Berlin, wie früher üblich, Lenin und Stalin auf gleiche Ebene gestellt. Bei jeder Frage – Wirtschaft, Nationalitäten, Staat, Partei oder Recht – wurde zunächst Lenin behandelt und anschließend, wie es damals hieß, die »Weiterentwicklung durch Stalin«. Er wies darauf hin, daß dies nicht der neuen Situation in der Sowjetunion entspreche, aber das wurde damals nicht erkannt, ja Doernberg zog sich sogar den Unwillen einiger Fakultätsleiter zu.

Dann kam der 20. Parteitag der KPdSU im Februar 1956 und das Geheimreferat Chruschtschows über Stalin. Stefan Doernberg trat, wie er berichtete, erneut für entsprechende Schlußfolgerungen in der Akademie der Gesellschaftswissenschaften ein. Man warf ihm jedoch vor, er sei »zu weit gegangen«.

So gehörte Stefan Doernberg seit 1955 zu den höchsten Chefideologen der DDR. »Hast Du eigentlich mein Buch ›Die Revolution entläßt ihre Kinder‹ gelesen, das im Herbst 1955 erschien?«

Stefan Doernberg verrenkte die Schultern, es schien ihm ungemütlich zu werden: »Von Deiner Flucht nach Jugoslawien hatte ich bereits viel früher erfahren. Gewiß habe ich nicht geglaubt, daß Tito ein Faschist sei, wie man damals erklärte, aber ich habe doch sehr hart über Dich geurteilt. Kurz nachdem Dein Buch ›Die Revolution entläßt ihre Kinder‹ erschien, habe ich es gelesen. Das war aber bereits zur Zeit der beginnenden Entstalinisierung, und da habe ich Dich nicht mehr so hart verurteilt.«

1959 erschien Stefan Doernbergs Buch »Die Geburt eines neuen Deutschlands«, eine recht ausführliche Darstellung der Entwicklung von 1945 bis 1949 – die überarbeitete Fassung seiner Dissertation.

Der Bau der Berliner Mauer zwei Jahre später, im August 1961, schien ihn nur wenig zu berühren. Er verteidigte die Maßnahme aus ökonomischen und politischen Gründen: »Ohne die Mauer wäre die DDR ausgeblutet.« Wenige Monate nach der Errichtung der Berliner Mauer, im Jahre 1962, wurde Stefan Doernberg zum Direktor des Instituts für Zeitgeschichte in Ost-Berlin ernannt und war seit 1963 gleichzeitig Professor für die Geschichte der deutschen und internationalen Arbeiterbewegung. In dieser Funktion erschien 1964 sein in der ganzen DDR bekanntes Buch »Kurze Geschichte der DDR«, das in immer neuen Auflagen herausgebracht wurde und zum Standardwerk der DDR-Geschichte avancierte. Die zahlreichen Verfälschungen, Auslassungen und einseitig propagandistischen Beschönigungen dieses Werkes machen betroffen.

Den Prager Frühling von 1968 und die anschließende Okkupation der Tschechoslowakei am 21. August 1968 erlebte Doernberg in der Sowjetunion. Er verbrachte gerade seinen Urlaub am Schwarzen Meer: »Für mich war die Okkupation ein großer Schock.« Drei Tage später kehrte er nach Moskau zurück und traf sich dort mit den Mitarbeitern des »Instituts für Weltwirtschaft und Internationale Beziehungen«, bekannt als IMEMO. Man habe schon damals erkannt, daß dies eine Tragödie für die weitere Entwicklung des gesamten Sozialismus sein werde. Aber noch immer hatte Doernberg die Hoffnung, daß der Reformkurs des Prager Frühlings auch nach der Besetzung weitergehen könnte – vor allem, wenn Staatspräsident Swoboda und Parteichef Dubcek in ihren Ämtern blieben. Es sei nicht leicht für ihn gewesen, daß sich diese Hoffnung später nicht erfüllte: »Heute denke ich, daß die damalige Intervention falsch war - ebenso falsch wie der sowjetische Einmarsch in Afghanistan im Dezember 1979.«

Die Ablösung Ulbrichts und die Einsetzung Erich Honeckers als SED-Parteiführer im Frühjahr 1971 verband Stefan Doernberg anfangs mit der Hoffnung, daß nun ein neuer Kurs beginnen werde. Aber schon bald habe sich gezeigt, daß dies nicht der Fall war – Honecker blieb ein beschränkter Kleinbürger: »Durch seine Haftzeit im Dritten Reich hatte er zehn Jahre weltgeschichtlicher Entwicklung nicht miterlebt. Honecker kannte weder den 7. Kongreß der Komintern und die Volksfront Mitte der 30er Jahre noch die Säuberungen von 1936 bis 1938 in der Sowjetunion und den Zweiten Weltkrieg. Dies hat sich schon bald in seiner weiteren Tätigkeit ausgewirkt.«

»Hast Du Dir nie Gedanken über Reformen, Liberalisierung, über eine mögliche alternative Entwicklung gemacht?«

Stefan Doernberg griff meine Frage sofort auf: »Meine kritischen Gedanken begannen schon nach dem 20. Parteitag und haben sich während des Prager Frühlings von 1968 verstärkt. Schon damals war ich für eine Verselbständigung der Blockparteien, eine neue, flexiblere Blockpolitik, eine neue Atmosphäre innerhalb der Partei, eine neue, offenere Medienpolitik, vor allem in Presse und Rundfunk, für eine Verselbständigung der FDJ mit eigenem Jugendleben.« Auf meine Frage, ob man sich damals nicht für eine liberalere Atmosphäre, ja eine Reformentwicklung einsetzen konnte, meinte er nachdenklich: »Man konnte von innen nichts bewirken.«

Die allgemeinen Schlagworte und Losungen waren ihm, wie er heute sagt, schon damals zunehmend unangenehm. Allerdings sah er im Politbüro niemanden, der als Reformer auftreten könnte, und er konnte sich nicht vorstellen, wie konkrete Reformen und Veränderungen in der DDR vor sich gehen sollten.

»Gab es nicht mögliche Hoffnungsträger?« Stefan Doernberg erklärte, er hatte eine Zeitlang seine Hoffnungen auf Werner Lamberz gesetzt, der zunächst sehr selbständig war, sich aber später zunehmend anpaßte.

Doernberg wechselte zu seiner außenpolitischen Tätigkeit über: »Ich bin seit langer Zeit fast ausschließlich mit internationalen Fragen beschäftigt.« Seit 1970 war er Vize-Präsident des DDR-Komitees für europäische Sicherheit, von 1983 bis 1987 DDR-Botschafter in Finnland. Er unterstand in dieser Funktion Außenminister Oskar Fischer, denn Hermann Axen, Leiter der internationalen Abteilung des Zentralkomitees, war lediglich zuständig für die kommunistischen und Arbeiterparteien: »Mit ihm hatte ich daher nur wenig zu tun.«

»In Finnland gab es zu jener Zeit doch eine starke kommunistische Partei, die seit Anfang der 70er Jahre in einen eurokommunistischen Mehrheitsflügel und einen orthodoxen Minderheitsflügel gespalten war.«

Doernberg unterhielt Kontakte zu Repräsentanten beider Richtungen, aber er hatte die strikte Anweisung, sich nicht in innere Angelegenheiten der KP Finnlands einzumischen: »Ich hätte gewünscht, daß sich beide Flügel wieder vereinigten – meine Sympathie lag daher bei jenen, die in der Mitte zwischen den Kontrahenten standen.«

Stefan Doernberg auf meine Frage, wie er zur sowjetischen Entwicklung seit Beginn der Perestroika stehe: »Ich habe von Anfang an bei dieser Entwicklung das ›neue Denken‹ im außenpolitischen Bereich sehr hoch eingeschätzt.« Dies beinhalte, die Souveränität der Staaten und das Selbstbestimmungsrecht ernst zu nehmen, habe allerdings auch bedeutet, daß die Sowjetunion sich seither in die Entwicklung der DDR nicht mehr direkt eingemischt habe.

»Manche meiner Gesprächspartner unter den früheren Funktionären werfen der Sowjetunion unter Gorbatschow und Schewardnadse vor, die DDR im Stich gelassen, ja manche meinen sogar verraten zu haben. Würdest Du dem zustimmen?«

Doernberg wies den Vorwurf zurück. Er habe Verständnis, daß sich die Sowjetunion nicht stärker für die DDR eingesetzt habe. Das einzige, das er gewünscht hätte, sei, daß sich »die Sowjetunion deutlich für eine militärische Neutralität des zukünftigen einheitlichen Deutschland eingesetzt« hätte und »nicht so nachgiebig gegenüber der westlichen Zielsetzung« gewesen wäre, »ganz Deutschland in die NATO einzugliedern«.

Seine eigene Tätigkeit seit der friedlichen Revolution in der DDR kommentierte er lächelnd: »Nach der Wende war ich Mitglied des Helsinki-Komitees der DDR.« Das Komitee habe aus je einem Vertreter der SPD, der CDU, der F. D. P. und der PDS, die Doernberg vertrat, bestanden.

Völlig unerwartet kam für Stefan der Putsch gegen Michail Gorbatschow vom August 1991. Er habe aber sofort gewußt, daß er zum Scheitern verurteilt sei: »Ein Militärputsch ist kein Ausweg.« Allerdings habe er sich nicht vorstellen können, daß der Putsch bereits nach zweieinhalb Tagen zusammenbrechen werde. Für ihn enttäuschend war die zuletzt völlige Lähmung der Partei: »Ich hatte gehofft, daß sie sich erfolgreicher reformieren und aktiv im Sinne von Glasnost und Perestroika einschalten würde.«

Mit Blick auf Entwicklung und Ende der DDR sowie auf eigene Ideen des Sozialismus beschränkte sich Doernberg auf einen einzigen Satz: »Ich stehe zu meinen Jugendträumen vom Sozialismus, obwohl ich natürlich nicht wissen kann, ob dieser je zu verwirklichen sein wird.«

4. Peter Florin – Stellvertretender Außenminister und DDR-Vertreter bei den Vereinten Nationen in New York

Am 18. Juli 1991 sah ich – nach über 45 Jahren – Peter Florin wieder. Wir hatten uns im Hotel verabredet – pünktlich um 10 Uhr kam er in das Seehotel Friedrichshagen am Müggelsee: Es war ein schöner Sommertag, wir konnten an einem Tisch im Freien Platz nehmen.

Mein Wiedersehen mit Florin erwies sich, ähnlich wie das mit Mischa Wolf, zwar als leger und freundlich, war aber ohne jede Überschwenglichkeit. Peter Florin sah mit seinen 69 Jahren noch gesund und junggeblieben aus, und wir kamen schnell ins Gespräch. Ich kenne ihn seit 1936, aus unserer Zeit an der Karl-Liebknecht- Schule in Moskau – wir gingen in dieselbe Klasse. Florin wurde am 2. Oktober 1921 in Köln als Sohn des damals bekannten KPD-Reichstagsabgeordneten Wilhelm Florin geboren. Peter hatte seine Jugend zunächst in Köln, anschließend in Essen verbracht, zog aber dann mit seinem Vater nach Berlin in die Werneucherstraße 17. Nach Hitlers Machtantritt ging die Familie zunächst nach Frankreich, später – ich glaube im Jahre 1935 – in die Sowjetunion. Peter war ruhig, zurückhaltend und damals mit Mali Najda, einer aus Danzig stammenden Schülerin, befreundet.

Unser erstes Gespräch reichte nicht aus. So trafen wir uns dreieinhalb Monate später, am 1. November 1991, bei ihm zu Hause – in einer viel freundlicheren Atmosphäre als beim ersten Treffen. Hier lernte ich auch seine Frau, Edel Mirowa-Florin, kennen, seit 1953 Professorin für sowjetische Literatur an der Humboldt- Universität. Erst beide Gespräche zusammen ergeben ein Bild von Peter Florin, seinem Leben und seinen Auffassungen.

Nach Auflösung der Karl-Liebknecht-Schule verloren wir uns aus den Augen. Peter Florin kam in die 175. Moskauer Schule, die frühere 25. Spezialschule, die von Söhnen und Töchtern höherer Funktionäre besucht wurde – unter ihnen war übrigens auch Swetlana Allilujewa, die Tochter Stalins. Am 1. September 1940 begann er ein Studium am Mendelejew-Institut für Chemie in Moskau; er wollte Chemie-Ingenieur werden.

Peter Florin am 18. Juli 1991 auf der Terrasse des Seehotels Friedrichshagen. Mitschüler des Autors an der Karl-Liebknecht-Schule 1936, 1944 gemeinsam in der Stadtredaktion »Freies Deutschland«, langjähriger Stellvertretender Außenminister der DDR und von 1973 bis 1982 Vertreter der DDR bei den Vereinten Nationen in New York.

Bei den Partisanen und der »Gruppe Ackermann«

Auf meine Frage, wo er sich bei Kriegsbeginn und in den ersten Kriegsjahren aufgehalten habe, erzählte Peter Florin: »Nach Kriegsbeginn am 22. Juni 1941 kam ich schon bald in die sowjetische Armee und wurde im Februar 1942 – allerdings nur für einige Monate – in die Kominternschule nach Kuschnarenkowo entsandt.« Ich war erstaunt: Das wird in keiner Biographie Peter Florins erwähnt, weder in einer östlichen noch einer westlichen. »Schon wenige Monate später wurde ich nach Moskau beordert. Ich wurde am 7. Oktober 1943 mit dem Fallschirm abgeworfen und blieb bis zum August 1944 bei den Partisanen.«

»Übrigens hat er als erster deutscher Emigrant schon damals, während des Krieges, eine sowjetische Medaille erhalten«, warf seine Frau, Edel Mirowa-Florin, ein.

Seit September 1944 sahen wir uns nun häufiger: Peter Florin arbeitete bei der Zeitungsredaktion »Freies Deutschland«, ich war Rundfunksprecher beim Sender des Nationalkomitees. Wir trafen uns auch bei den bereits mehrfach erwähnten Instruktionsreferaten von Februar bis April 1945 im Gebäude des Moskauer Gebietskomitees der Partei, wo wir die Direktiven für die Nachkriegsarbeit in Deutschland erhielten. Aber danach? Über Florins Lebensweg nach 1945 in der Sowjetzone wußte ich nur eines: Daß er 1947 Chefredakteur der SED-Zeitung »Freiheit« in Halle wurde – sonst nichts.

Er klärte mich auf: »Ich gehörte zur ›Gruppe Ackermann‹, die am 1. Mai 1945 aus Moskau abflog und auf einem sowjetischen Militärflugplatz in der Nähe von Sagan in Niederschlesien landete.« Von den Mitgliedern der »Gruppe Ackermann« waren mit Ausnahme Florins alle in Sachsen tätig – der erste Sitz war Radebeul bei Dresden. »Ich wurde als einziger nach Sachsen-Anhalt entsandt und war zunächst Stellvertretender Landrat im Kreis Wittenberg. Anschließend kam Bernhard Koenen, unser Lehrer in der Kominternschule, an und wurde KPD-Sekretär für Sachsen-Anhalt; ich war so etwas wie seine rechte Hand. Gleichzeitig wurde ich zum Chefredakteur der KPD-›Volkszeitung‹ in Halle ernannt und blieb in dieser Funktion – nach Gründung der SED im April 1946 – auch bei der SED-Zeitung ›Freiheit‹. Bis 1949 war ich in Sachsen-Anhalt.«

Das Jahr 1949 wurde für Peter Florin zum entscheidenden Wendepunkt. Im Mai wurde er zum Stellvertretenden Sekretär der außenpolitischen Kommission ernannt. Einen übergeordneten Sekretär gab es nicht: Pieck und Grotewohl leiteten die Kommission persönlich.

»Unsere Kommission bereitete de facto die Gründung der DDR vor. Mit der Gründung der DDR im Oktober 1949 wurde Georg Dertinger von der Ost-CDU Außenminister, Anton Ackermann als Staatssekretär sein Stellvertreter. Anfangs sollte ich im Außenministerium nur für die UdSSR zuständig sein, aber schon bald übernahm ich praktisch die gesamte Kommission.« Seit 1. Januar 1953 war Florin, nunmehr auch offiziell, Leiter der ZK-Abteilung »Außenpolitik«.

Zwei Monate später, am 5. März 1953, starb Stalin. Auf meine Frage nach seiner Reaktion auf dieses Ereignis, meinte Florin, daß Stalins Tod ihn »doch sehr mitgenommen« habe.

Kritisch beurteilte er demgegenüber Chruschtschow. Das Verhältnis zwischen dem sowjetischen Parteiführer und Deutschland sei, wie er meint, »sehr problematisch« gewesen. Außerdem habe er ein »paternalistisches Gehabe« an den Tag gelegt.

Chruschtschows Geheimreferat auf dem 20. Parteitag der KPdSU im Februar 1956 beurteilt Florin ungleich positiver: »Das Chruschtschow-Referat ›Der Personenkult und seine Folgen‹ habe ich selbst ins Deutsche übersetzt. Ich glaube, Chruschtschows harte Verurteilung Stalins war nötig – ohne diese Kritik wäre es nicht möglich gewesen, Stalin vom Sockel zu stürzen.«

Neben seiner Hauptfunktion als Leiter der »Internationalen Abteilung des Zentralkomitees« rückte Florin 1954 als Abgeordneter der Volkskammer auf, deren außenpolitischen Ausschuß er leitete. 1958 wurde er Mitglied des Zentralkomitees der SED.

1959 bis 1967: Für die DDR-Außenpolitik tätig

Einer breiteren Öffentlichkeit wurde Peter Florin im Mai 1959 bekannt, als die drei Vertreter der DDR bei der Genfer Deutschland-Konferenz am »Katzentisch« saßen: Lothar Bolz, seit Oktober 1953 Außenminister der DDR; Otto Winzer, Staatssekretär und Stellvertretender Außenminister, und Peter Florin, Leiter der Abteilung Außenpolitik und internationale Verbindungen im Zentralkomitee, bereits damals als »heimlicher Außenminister« der DDR bezeichnet.

Die Genfer Konferenz war für Peter Florin ein wichtiger Wendepunkt. Auf meine Frage, wie sich damals die Zusammenarbeit mit Lothar Bolz und Otto Winzer gestaltet habe, antwortete Peter Florin bedächtig und vorsichtig – ein ähnliches Verhalten sollte ich später auch bei meinen Gesprächen mit Markus (Mischa) Wolf erleben. Von Lothar Bolz hat er eine sehr hohe Meinung. Er sei, so meinte Peter Florin, zweifellos einer der begabtesten Außenminister gewesen – ein kluger und intelligenter Mensch, der außerordentlich gut formulieren konnte. »Während der Konferenz war es üblich, daß ich die Entwürfe ausarbeitete und Lothar Bolz übergab. Er ging früh zu Bett, ließ sich aber dann früh morgens wecken, korrigierte sorgfältig und vorsichtig meine Entwürfe, und wenn wir uns dann morgens wieder trafen, lag bereits ein zweiter, von Lothar Bolz formulierter Entwurf vor. Nicht selten kam es vor, daß mir Formulierungen von Lothar Bolz besser gefielen als die eigenen.« Otto Winzer hingegen war, laut Peter Florin, oft hart und dogmatisch: »Er hat nur schwer eine kollegiale Atmosphäre zuwege gebracht. Entweder wollte er bestimmen oder nur Anordnungen von oben ausführen. Es fiel ihm schwer, sich in ein Kollektiv einzuordnen.«

Ende 1959 begann mit zunehmender Bedeutung der Dritten Welt für Peter Florin ein neuer Abschnitt. Er wurde Leiter des »Solidaritätskomitees mit den Völkern Afrikas«, danach auch der »Deutsch-Afrikanischen Gesellschaft«. Er besuchte Guinea und den Präsidenten Sekou Toure, nicht aber – wie in Nachschlagewerken über Peter Florin zu lesen ist – Ghana unter dem Staatschef Kwame Nkrumah.

Weniger als zwei Jahre später, im August 1961, kam es zum Bau der Berliner Mauer. Peter Florin: »Dieses Ereignis habe ich bereits in außenpolitischer Funktion erlebt. Natürlich wurde die Berliner Mauer nicht aus Furcht vor einem westlichen Angriff errichtet – eine solche Gefahr gab es damals gar nicht. Wohl aber konnte man keine offene Grenze gestatten, weil die Wirtschaft der DDR sonst ausgeblutet wäre.« Der Bau der Berliner Mauer sei vorwiegend aus ökonomischen Gründen erfolgt – aber auch, um eine deutlichere Grenze zu ziehen und die völkerrechtliche Anerkennung der DDR somit zu erleichtern. Dies habe zumindest indirekt der Entspannung gedient.

Meinem Einwand, der auf die menschlichen Aspekte der Maßnahme zielte, wich Peter Florin aus: »Die Berliner Mauer und die Festigung der Grenzen waren notwendig, aber ich war keineswegs glücklich darüber. Im engsten Freundeskreis diskutierten wir, warum so viele Bürger der DDR in den Westen flohen, was dort so attraktiv sei und wie man die DDR attraktiver machen könne, um den Wunsch von DDR-Bürgern, in den Westen zu gehen, zu überwinden oder doch zumindest zu vermindern.«

Besonders interessierte mich seine Meinung zum Sturz Chruschtschows im Oktober 1964. Florins Antwort ließ mich aufhorchen, denn sie war durchaus ungewöhnlich: »Beim Sturz Chruschtschows haben die DDR und die Deutschland-Frage eine wichtige Rolle gespielt. Chruschtschow sollte ja im November 1964 zu einem Besuch in die Bundesrepublik Deutschland kommen. In der DDR-Führung wurde damals befürchtet, er könnte gegenüber der Bundesrepublik weitgehende Konzessionen machen und damit die Existenz der DDR gefährden – eine Tendenz, die ja schon vorher bei Chruschtschow deutlich geworden war.« Dies sei ihm und, wie er meinte, »vielleicht auch anderen« wie ein Verrat an der DDR vorgekommen.

»Du kamst dann im September 1967 als DDR-Botschafter in die Tschechoslowakei.«

»Nicht sofort. Ich bat, mir die Möglichkeit einer weiteren Ausbildung zu geben, weil ich mich in außenwirtschaftlichen Fragen qualifizieren wollte.« So besuchte Florin den Einjahreslehrgang der Hochschule für Ökonomie in Karlshorst, an der er sich weitgehend selbständig im außenwirtschaftlichen Bereich weiterbildete. 1967 erschien sein Buch »Zur Außenpolitik der souveränen sozialistischen Deutschen Demokratischen Republik«, in dem er sich genau an die parteioffiziellen Richtlinien und Formulierungen hielt.

In der Tschechoslowakei während des Prager Frühlings

Den gewandten, absolut parteitreuen Florin sah die Ulbricht-Führung für heikle Missionen vor. So wurde Peter Florin im September 1967 angesichts der bereits deutlich erkennbaren Liberalisierungswelle in der Tschechoslowakei zum Botschafter der DDR in Prag ernannt. Dort löste er den erst anderthalb Jahre zuvor ernannten Vorgänger Willmann ab.

Die Prager Zeit dürfte für Peter Florin heute die wohl unangenehmste Erinnerung sein, denn über eines sind sich alle Beobachter im Klaren: Peter Florin hielt in Prag eine sachlich-kühle Distanz zu den Reformern um Alexander Dubcek und pflegte intensive Kontakte zu den bürokratisch-stalinistischen Parteikreisen um Indra und Bilak, die sich dem Prager Frühling widersetzten. Auf meine Frage antworteten mir sowohl Ota Sik, damals Stellvertretender Ministerpräsident, als auch Zdenek Mlynar, zu dieser Zeit Sekretär des Zentralkomitees, sie seien vom Botschafter Peter Florin nie eingeladen worden, ja hätten ihn während des Prager Frühlings nicht einmal gesprochen.

Peter Florin dazu ausweichend: »Gegenüber Dubcek war ich anfangs positiv eingestellt, weil ich seinen Werdegang kannte und ihm vertraute.

Allmählich wurde ich ihm gegenüber sehr kritisch; ich sah in Dubceks Ernennung sogar eine Katastrophe.« Dubcek sei sehr hilflos gewesen: Bei einem Besuch in der Botschaft der DDR habe er weinend auf dem Sofa gesessen und gesagt: »Mir sagt ja niemand etwas« – eine Darstellung, die mir zwar kaum glaubhaft scheint, die aber Peter Florins Einschätzung des Prager Frühlings und seiner führenden Repräsentanten zum Ausdruck bringt.

1968 war Florin bei den entscheidenden Ostblock-Konferenzen über die Tschechoslowakei anwesend: Am 23. März in Dresden, als sich Alexander Dubcek wegen des Prager Frühlings rechtfertigen sollte; am 8. Mai in Moskau beim Gipfeltreffen der damaligen Ostblockführer: Breshnjew (UdSSR), Gomulka (Polen), Ulbricht (DDR), Shiwkow (Bulgarien), und Kadar (Ungarn); an der Warschauer Konferenz (14./15. Juli 1968), bei der die Parteichefs der Warschauer-Pakt-Staaten in einem offenen Brief die tschechoslowakische KP-Führung beschuldigten, sie versäume es, »konterrevolutionäre Tendenzen im Zaume zu halten«; schließlich war Florin auch bei der Konferenz der Führer der Ostblockstaaten in Bratislawa am 3. August 1968 anwesend.

Er bedauerte, daß die Warschauer–Pakt-Staaten damals nicht einen deutlicheren *politischen* Kampf führten. Sie hätten den Versuch machen sollen, die Tschechoslowakei mit politischen Argumenten auf einen anderen Weg zu bringen.

»Und die Okkupation der Tschechoslowakei vom 21. August 1968?«

Nach Florins Meinung ist die Invasion notwendig gewesen, er selbst aber hätte es vorgezogen, sie zu vermeiden und die Probleme in einer politischen Auseinandersetzung zu lösen. »Schon bei der Dresdener Konferenz war ursprünglich eine Invasion geplant, aber damals hatte Breshnjew ein ›otboi‹ proklamiert, eine Entwarnung. Nach wie vor bin ich der Meinung, der Einmarsch hätte vermieden werden können, wenn man sich rechtzeitig politischer Methoden bedient hätte.« Nach einer Pause fügte er hinzu: »Übrigens wird manchmal behauptet, Ulbricht und die damalige DDR seien die entscheidende Kraft bei der Okkupation gewesen. Das stimmt nicht, und das kann ich beweisen. Da gab es andere, die das viel nachhaltiger gefordert hatten.«

»Gomulka in Polen?«

»Vielleicht – darüber wird einmal einiges zu veröffentlichen sein.«

Peter Florin blieb noch bis Ende Mai 1969 in der Tschechoslowakei. Inzwischen wurden unter Führung Husaks die eingeleiteten Reformen zurückgenommen, die bürokratische Herrschaft wieder errichtet. Florin kehrte in das Außenministerium nach Ost-Berlin zurück.

Im Frühjahr 1971 wurde Walter Ulbricht von Erich Honecker abgelöst, der Generalsekretär der SED, später auch Staatsratsvorsitzender der DDR wurde. Obwohl Peter Florin eher zur »Ulbricht-Generation« gehörte, machte sich dieser Wechsel für ihn zunächst kaum bemerkbar. Im Dezember 1971 wurde Peter Florin eingeschaltet, als die Verhandlungen zwischen DDR-Staatssekretär Kohrt und dem West-Berliner Senatsdirektor Müller über die Vereinbarung für den Reise- und Besuchsverkehr einen toten Punkt erreichten. Florin sprang für den herzkranken Kohrt ein; dank seiner guten Verbindungen zur SED-Spitze und seines diplomatischen Geschicks übermittelte er ein akzeptables Kompromißangebot und konnte damit eine rechtzeitige Einigung und die Paraphierung des Vertragswerks sichern.

1973 bis 1982: DDR-Vertreter bei den Vereinten Nationen in New York

Von 1965 bis 1975 war Otto Winzer Außenminister der DDR; wegen seiner schweren Krankheit in den letzten Jahren war vielfach erwartet worden, daß Peter Florin zum Außenminister ernannt würde. Nun aber machte sich der Wechsel von Ulbricht zu Honecker doch bemerkbar. Häufig wurde diskutiert, warum Florin – statt Außenminister zu werden – als DDR-Vertreter zu den Vereinten Nationen nach New York geschickt wurde. Auf meine Frage antwortete Peter Florin diplomatisch und vorsichtig: »Ich wurde im September 1973 unter drei Begründungen zur Vollversammlung der Vereinten Nationen nach New York entsandt: Erstens brauchte man einen eigenständigen politischen Kopf, der selbständig Entscheidungen zu treffen imstande war; zweitens eine Persönlichkeit, deren antifaschistischer Werdegang und antifaschistische Einstellung außer Frage steht – dies ist für einen Deutschen bei der UN besonders wichtig; schließlich eine Persönlichkeit, zu der unsere sowjetischen Freunde und Verbündeten absolutes Vertrauen hätten. Dies war zumindest die offizielle Formulierung.«
Die Wirklichkeit dürfte etwas anders ausgesehen haben: Eigentlich sollte Horst Grunert UNO-Botschafter der DDR werden und war bereits eingearbeitet worden. Daß Peter Florin nach New York entsandt und nicht Außenminister der DDR wurde, mag einen simplen Grund gehabt haben: Er war niemals in der FDJ, und zu jener Zeit hat Erich Honecker vor allem seine FDJler protegiert und in höhere Stellungen gebracht.

Von September 1973 bis Januar 1982 blieb Florin DDR-Vertreter bei der Generalversammlung der Vereinten Nationen, von 1980 bis 1981 vertrat er die DDR im Sicherheitsrat.

Von 1966 bis 1987 war ich an der Yale Universität – nicht weit von New York (und Peter Florin) entfernt. Ende der siebziger Jahre besuchte mich dort Jurij Gustincic, der mit Peter Florin und mir dieselbe Klasse der Karl-Liebknecht-Schule in Moskau besucht hatte – ein Jugoslawe, seit mehr als einem Jahrzehnt US-Korrespondent der Belgrader Zeitung »Politika«. »Ich habe mich einmal bei Peter Florin angemeldet und wollte ihn besuchen – aber ich habe eine Ablehnung erhalten. Als Korrespondent einer jugoslawischen Zeitung ist mir so etwas noch nie passiert.« Damals genoß Jugoslawien als blockfreies Land besonderes Ansehen, und jugoslawische Korrespondenten fanden im Regelfall überall offene Türen – die Ablehnung war ein Anzeichen vielleicht für jene gewisse Verkrampftheit, die man Peter Florin zu Anfang seiner Tätigkeit in New York nachsagte.

Während seiner Zeit bei den Vereinten Nationen führte Florin zahllose Gespräche mit Diplomaten anderer Länder. Bei den Vereinten Nationen, so sein Eindruck, sei die DDR »als zweiter deutscher Staat gleichberechtigt anerkannt (worden), obwohl sie einen schweren Stand hatte«, da sich »die Bundesrepublik durch ihre ökonomisch-finanziellen Mittel größeren Einfluß verschaffen konnte«.

Rüdiger von Wechmar, etwa zur gleichen Zeit wie Florin bei den Vereinten Nationen für die Bundesrepublik akkreditiert (1974 bis 1981) und von September 1980 bis September 1981 Präsident der Vollversammlung der Vereinten Nationen, über seinen Kollegen aus der DDR:

»Ich habe mich während unserer gemeinsamen UN-Tätigkeit einige Male mit Florin getroffen, und unser Verhältnis war durchaus entspannt. Das war nicht immer so, denn kurz nach dem Beitritt der beiden deutschen Staaten zu den UN gab es natürlich Irritationen.

Ich war ab und zu zusammen mit meiner Frau aus gesellschaftlichem Anlaß in seinem Haus, und er nahm Gegeneinladungen zu uns an. Es gab Bereiche praktischer Zusammenarbeit, etwa auf dem Gebiet der Übersetzung von UN-Dokumenten in die deutsche Sprache, später auf dem Feld der Abrüstung und Sicherheitspolitik.

Er konnte seine Erziehung und Vergangenheit nicht verleugnen und fiel mir durch eine zwar freundlich vorgetragene, aber doch harte SED-Linie auf. Das hat ihn nicht daran gehindert, wohl auf Weisung, bei der Wahl des Präsidenten der 35. Vollversammlung seine Stimme für mich abzugeben. Einige Zeit später ist er mir in dieser Funktion, diesmal mit unserer Stimme, nachgefolgt.

Zurück bleibt auch der Eindruck, daß Florin, obwohl stellvertretender Außenminister, stark am Gängelband seiner Zentrale agierte und sich erkennbar nach dem sowjetischen Chefdelegierten Oleg Trojanowsky richtete – in der Zeit des Kalten Krieges keine Überraschung.

Wir haben dann und wann zum Getuschel der Delegierten beigetragen, wenn wir uns am Rande von Sitzungen zu zweit unterhielten. Dabei ging es jedoch selten um Sachfragen, meist eher um Belanglosigkeiten.«

Bei der 42. Sitzung der Vollversammlung der Vereinten Nationen, Mitte September 1987, wurde Peter Florin für ein Jahr zu deren Präsidenten gewählt. Wenige Tage später erhielt er die Glückwünsche des damaligen sowjetischen Außenministers Eduard Schewardnadse, und am 21. September 1987 empfing Peter Florin in seinem Amtssitz US-Präsident Ronald Reagan und Außenminister George Shultz.

Kein Zweifel: Peter Florin empfand das Amt des Präsidenten der Vollversammlung der UN als Höhepunkt seines Lebens. Er unterstrich die gute Zusammenarbeit mit Diplomaten anderer Länder, vor allem denen der USA: »Ich war besonders froh darüber, daß nach Ende meiner Amtszeit einige Diplomaten den Wunsch äußerten, man möge mich für ein weiteres Jahr wählen – das war aber nicht möglich, weil die Funktion des Präsidenten auf ein Jahr begrenzt ist.«

Diskussion über den Niedergang der DDR

Peter Florin wehrte meine Frage zur inneren Entwicklung der DDR in diesen Jahren zunächst ab: »Ich kam nur ab und zu nach Ost-Berlin, meist zu Sitzungen des Zentralkomitees. Hie und da hielt ich Vorlesungen beim Internationalen Institut in Babelsberg.«

»Und die zunehmenden ökonomischen Probleme und Widersprüche des Systems, die zunehmende Opposition der Bevölkerung? Wurde darüber nicht auf den Sitzungen des Zentralkomitees diskutiert?«

Peter Florin meinte, fast bedauernd, daß es auf den Sitzungen des Zentralkomitees keine wirklichen ideologisch-politischen Diskussionen gegeben habe. Mehr und mehr seien die Bezirkssekretäre zu Wort gekommen, die einfach Berichte abgaben. »Aber natürlich erkannte ich bereits seit den 70er Jahren, daß sich in der DDR eine Menge zusammenbraut.«

»Gab es keine Alternative zu der dann folgenden Entwicklung?«
»Nein«. Nach einigem Nachdenken fügte er abschwächend hinzu: »Es gab keine Alternative, aber: Wenn ein wichtiges Reformvorhaben, wie zum Beispiel das ›Neue Ökonomische System‹ nicht nur in der DDR, sondern gleichzeitig auch in der Tschechoslowakei, in Polen und der Sowjetunion durchgeführt worden wäre, dann, aber nur dann, hätte es eine Alternative gegeben.« Nachdenklich fügte er hinzu: »Daß die DDR sich überhaupt 40 Jahre halten konnte, ist ein Wunder.«

Peter Florin zu den Möglichkeiten einer alternativen Politik: »Ich erkannte, daß eine flexiblere Wirtschaftspolitik und eine tolerantere Kultur- und Kirchenpolitik wünschenswert und notwendig gewesen wären. Das habe ich durchaus schon damals gemerkt.«

»Hast Du darüber bei den Sitzungen des Zentralkomitees gesprochen?«

Peter Florin nachdenklich: »Nein, darüber habe ich auf keiner Sitzung des Zentralkomitees gesprochen. Ich habe viele entsetzliche Rückschläge und Fehler miterlebt, aber ich habe mir immer eines gesagt: Früher oder später wird die Geschichte das korrigieren. 1985, beim Beginn von Perestroika und Glasnost in der Sowjetunion, war es zu spät, die Weichen umzustellen. Natürlich mußte man etwas verändern, aber wir fürchteten immer, daß dies von anderen Kräften ausgenutzt werden könnte.«

Ich versuchte, das Gespräch in konkretere Bahnen zu lenken, Peter Florin aber blieb allgemein: »Das Problem des Sozialismus liegt im Vertrauen der Bevölkerung – ein Vertrauen, das man ständig erneuern muß. Wenn dies nicht geschieht, sind Bewegung und Zielsetzung gescheitert. Anfangs, im Sommer 1945, gab es Vertrauen in großen Teilen der Bevölkerung, ja sogar einen Vertrauensvorschuß. Aber der wurde nicht genutzt. Die Partei kann nur Behauptungen aufstellen, die der Wahrheit entsprechen. Wenn das nicht der Fall ist, verliert die Partei jedes Vertrauen – und genau das ist geschehen.«

Erneut kamen wir auf mögliche Weichenstellungen zu sprechen, auch auf die Ablösung Walter Ulbrichts durch Erich Honecker und den 8. Parteitag der SED im Juni 1971: »Bei dem 8. Parteitag hatte das Versprechen, es werde in Zukunft nur reale, überschaubare Pläne geben, Hoffnungen geweckt. Aber dann wurde nachträglich noch der ›Palast der Republik‹ eingebaut, so daß gleichzeitig der Bau des ›Palastes‹ und der Wohnungsbau in Berlin realisiert werden sollten. Dies aber bedeutete, daß in allen anderen Bezirken der DDR notwendige Baumaßnahmen unterbleiben mußten, damit die Berliner Bauvorhaben durchgeführt werden konnten.

Viele von uns begannen damals, die Widersprüche zu erkennen. Nach dem 8. Parteitag verschlechterte sich die Situation zunehmend. Damals wurden auch die großen Ferienhäuser für Funktionäre gebaut mit der Begründung, daß auch die Handwerker inzwischen schon größere Summen hätten und sich Häuser bauten.«

Wie so oft wog Peter Florin seine Worte sorgfältig ab, als ich ihn fragte, wie er auf meine Flucht im März 1949 und mein Buch »Die Revolution entläßt ihre Kinder« reagiert habe: »Als ich Dein Buch gelesen hatte, meinte ich: ›So kann man die Welt auch sehen.‹ Aber ich konnte nicht gutheißen, daß Du Dich da einfach aus dem Staube gemacht hattest. Wenn, so sagte ich mir, Wolfgang Leonhard Unstimmigkeiten über einzelne politische Fragen gehabt hatte, hätte er dies mit den Genossen besprechen können, statt sofort das Tischtuch zu zerschneiden.« Später, meinte er, habe er seine Meinung wohl etwas geändert. Leichthin, fast freundlich, fügte er hinzu: »Von dem Buch ›Die Revolution entläßt ihre Kinder‹ bin ich eigentlich recht angetan, vor allem aber hatte das Buch sehr großen Einfluß auf meine Tochter.«

»Und wie siehst Du heute die Zukunft Deiner Ideen?«

»Es gibt noch Chancen für den Sozialismus. Es müßte eine Kombination zwischen Markt- und staatlich gelenkter Planwirtschaft gefunden werden – eine Art ›Dritter Weg‹, selbst wenn Ökonomen jetzt darüber lachen. Früher oder später wird der Sozialismus innerhalb eines demokratischen Systems entsprechende Formen finden. Im Unterschied zu früher bin ich heute für eine Teilung der Gewalten. Die Partei muß, denke ich, die politische Kraft bleiben, aber sie darf nicht im Staat integriert sein. Die Partei sollte nicht mit staatlichen Direktiven regieren, sondern muß im Volk verankert sein.«

5. Mischa Wolf – Generaloberst und »Geheimdienstchef« der DDR

Mein erstes Wiedersehen mit Mischa Wolf nach über 40 Jahren fand am 28. August 1990 statt. Wir hatten uns für 12 Uhr in einem kleinen Café am Stadttor von Bernau verabredet. Gerade dort angekommen, schlug es vom Kirchturm 12 Uhr; Mischa Wolf kam über die Straße, lief die Treppe zur Terrasse hoch und lächelte, als ob es die letzten 40 Jahre nicht gegeben hätte. »Schön, Dich zu sehen, Wolfgang«, meinte er.

Erinnerung an gemeinsame Jugendjahre in der Sowjetunion

Zunächst tauschten wir Erinnerungen an unsere frühen Jahre in Moskau aus – wir kennen uns schließlich schon seit 1935. Zwei Jahre lang gingen wir gemeinsam in die Karl-Liebknecht-Schule in der Moskauer Kropotkinstraße.

Am 19. Januar 1923 wurde Mischa Wolf als Sohn des Arztes und Schriftstellers Friedrich Wolf in Hechingen geboren und verbrachte die ersten Lebensjahre mit seinen Eltern und seinem jüngeren Bruder Koni, geboren am 20. Oktober 1925, in einem idyllischen Holzhaus in Hölstein nahe dem Bodensee, bevor die Familie im Oktober 1927 nach Stuttgart – in die Zeppelinstraße 43 – übersiedelte. Nach Hitlers Machtantritt 1933 verbringen Mischa, Koni und ihre Eltern einige Monate auf der Insel Brehat vor der französischen Atlantikküste; dort beendet Friedrich Wolf sein berühmtes Drama »Professor Mamlock«.

Nach vorübergehendem Aufenthalt in der Schweiz kommen die Söhne zusammen mit ihrer Mutter Else Wolf im April 1934 nach Moskau; sie wohnen in der Nishny Kislowsky-Gasse in der Nähe des Arbat, unweit unseres damaligen Kinderheims Nr. 6. Von Mischa wußte ich in unserer Moskau Zeit nur, daß er der Sohn des berühmten kommunistischen Dramatikers Friedrich Wolf war und sich als Schüler in Margrit Knipschild verliebt hatte – eine junge, hübsche, intelligente, blonde Berlinerin, die bei uns im Kinderheim wohnte.

Nach der Verhaftung vieler Lehrer der Karl-Liebknecht-Schule, schließlich auch der Schuldirektorin Krammer im Verlauf der großen Säuberung seit 1936, wurde die Karl-Liebknecht-Schule geschlossen. Mischa Wolf kam im Herbst 1937 in die 110. Moskauer Schule. Das Studium begannen wir zum gleichen Zeitpunkt. Seit dem 1. September 1940 studierte Mischa Wolf am Moskowskij Awiazionny Institut, der Moskauer Hochschule für Flugzeugbau.

Bei Kriegsbeginn, im Juni 1941, verloren wir uns aus den Augen: Ich wurde, zusammen mit fast allen übrigen damals in Moskau lebenden Deutschen, nach Nord-Kasachstan zwangsumgesiedelt. Mischa wurde mit seiner Hochschule nach Alma-Ata, in die Hauptstadt Kasachstans, evakuiert.

Dort sah ich Mischa Wolf im August 1942 wieder, aber nur für ein relativ kurzes Gespräch. Als wir uns verabschiedeten, glaubte ich nicht, Mischa bald wiederzusehen – doch schon wenige Wochen später, im September 1942, trafen wir uns erneut: In der Komintern-Schule in Kuschnarenkowo, 60 Kilometer nördlich von Ufa.

Wir erhielten dort Parteinamen. Als ich im Schlafraum – wir beide wohnten in demselben Zimmer – auf Mischa zuging, sagte er nur: »Förster«. Ich antwortete: »Linden«.

Fast ein Jahr waren wir zusammen in der »Deutschen Sektion« der Komintern-Schule, die von Paul Wandel (»Klassner«) geleitet wurde. Ihn unterstützten Bernard Koenen, nach 1946 Erster Sekretär der SED in Sachsen-Anhalt, und Lene Berg (»Ring«), die später Leiterin der Akademie der Gesellschaftswissenschaften der DDR werden sollte.

Nach Auflösung der Kommunistischen Internationale (»Komintern«) und der Komintern-Schule waren wir seit Herbst 1943 wieder in Moskau – aber erneut getrennt: Mischa Wolf war beim »Deutschen Volkssender«, dem Sender der Emigrationsführung der KPD, ich hingegen bei der Stadtredaktion des Nationalkomitees »Freies Deutschland« tätig.

Wir trafen uns erst im Februar 1945 beim Schulungskurs für unsere zukünftigen politischen Aufgaben in Deutschland wieder, die einmal wöchentlich im Gebäude des Moskauer Gebietskomitees der KPdSU stattfand.

Mischa Wolf als »Michael Storm« im Berliner Rundfunk

Ich sollte Mischa Wolf erst im Herbst 1945 in Berlin wiedersehen. Er flog Ende Mai 1945 von Moskau nach Berlin; mit ihm im Flugzeug waren unter anderem Edwin Hörnle, in der KPD für Landwirtschaftsfragen zuständig, Heinz Kessler, zunächst Leiter der FDJ in Berlin, später Verteidigungsminister der DDR, und Lotte Kühn, die spätere Frau Walter Ulbrichts.

Nach seiner Ankunft in Berlin, so berichtete Mischa Wolf später, erhielt er von Walter Ulbricht den Auftrag, sich bei Hans Mahle, dem ersten Nachkriegs-Intendanten des Berliner Rundfunks, zu melden. Anfangs war Mischa Wolf für den Jugendfunk zuständig und für die vieldiskutierte Sendung »Tribüne der Demokratie«, in der noch Vertreter aller Parteien zu Wort kamen. Schon bald wurde Wolf der entscheidende Verbindungsmann zwischen deutschen Redakteuren und sowjetischen Dienststellen – und, unter dem Namen Michael Storm, der wichtigste Kommentator. Er gehörte zu den wenigen Parteimitgliedern, die nicht in Ost-Berlin wohnten, sondern in einer relativ schönen Wohnung in der West-Berliner Bayernallee 44, im gleichen Haus wie Hans Mahle. Schon bald darauf heiratete Mischa Wolf Emmi Stenzer, die unter dem Namen »Stern« zur deutschen Gruppe der Kominternschule gehört hatte.

Unsere Aussprache am Glienicker See

Zwischen 1945 und 1949 trafen wir uns einige Male zu Interviews im Berliner Rundfunk oder bei Wolf zu Hause. Nur einmal, im Sommer 1947, hatten wir Gelegenheit zu einer längeren Aussprache. Wir fuhren gemeinsam an den Glienicker See und gingen dort spazieren. Ich hoffte damals noch auf einen eigenständigen demokratischen deutschen Weg zum Sozialismus in der Sowjetzone. Aber Mischa dämpfte meine Hoffnungen: »Die Linie wird bald anders«, meinte er. Mischa erzählte, kürzlich habe Oberst Tulpanow, mächtiger Chef der politischen Verwaltung der Sowjetischen Militär-Administration, im engsten Kreis erklärt, man solle mit der Theorie vom besonderen deutschen Weg bald Schluß machen. »An Deiner Stelle«, fügte Mischa Wolf hinzu, »würde ich nicht mehr zu viel davon sprechen und schreiben. Die Umstellung wird Dir dann weniger schwer fallen.«
Mischa Wolf sagte es leichthin und ohne zu ahnen, daß damit für mich eine große Hoffnung zusammenstürzte. Aber für den damals 25jährigen Mischa schien dies lediglich eine taktische Wendung zu sein. Ich verstand Mischa Wolf damals, teilweise auch später noch, als »Hintergrund-Funktionär«, der weniger in der Öffentlichkeit als vielmehr hinter den Kulissen wirkte, in taktischen Kategorien dachte und behutsam mithalf, den nächsten Schritt auszuarbeiten.
Danach sah ich Mischa nur noch ein einziges Mal – im Januar 1949, anläßlich der I. Parteikonferenz der SED, auf der die »Partei neuen Typs«

Mischa Wolf, 1947 unter dem Namen Michael Storm, in führender Position des Berliner Rundfunks, bei einer Besprechung. Rechts außen Karl Eduard von Schnitzler, später berühmt-berüchtigt durch seine Sendung »Der Schwarze Kanal«.

proklamiert wurde. Für mich war eindeutig, daß nun der Weg zu einem stalinistischen System auf deutschem Boden beschritten würde. Zu jener Zeit hatte ich längst den Entschluß gefaßt, aus der Sowjetzone zu fliehen – einen Entschluß, den ich im März 1949 verwirklichte.

Den weiteren Weg Mischa Wolfs konnte ich nur noch vom Westen aus verfolgen. In der Sowjetunion hatte ich Wolf als äußerst intelligenten Jugendlichen gekannt, der sich für Kunst und Literatur interessierte, niemals ein »Scharfmacher« war, sich gewandter Umgangsformen bediente. So erschien mir der zukünftige Weg Mischa Wolfs in den Medien, im Kulturbereich oder im diplomatischen Dienst geradezu vorgezeichnet. Schon bald hörte ich, daß Mischa von 1949 bis 1951 Erster Botschaftsrat der DDR-Mission in Moskau war. Dies schien die Annahme einer diplomatischen Laufbahn zu bestätigen.

Staatssicherheitsdienst der DDR: Hauptverwaltung Aufklärung

Aber nach seiner Rückkehr aus Moskau (1951/52) wurde Mischa Wolf verantwortlicher Funktionär im »Institut für Wirtschaftswissenschaftliche Forschung«, schon damals als DDR-Spionageinstitution bekannt. Ende 1952 – Mischa Wolf war erst 29 Jahre alt – wurde er zu Walter Ulbricht bestellt, der ihn mit der Leitung des Nachrichtendienstes beauftragte. 1955 wurde Wolf Leiter der Hauptverwaltung »Aufklärung« und rückte zum Stellvertretenden Minister für Staatssicherheit auf; er war von 1955 an Generalmajor, ab 1966 Generalleutnant und seit 1980 Generaloberst im DDR-Staatssicherheitsdienst.

Es war für mich ein eigentümliches, ja schockierendes Bild, ihn in Generalsuniform zu sehen – als Repräsentanten des unter Honecker bestehenden bürokratisch-diktatorischen Unterdrückungssystems. Mischas Lebensweg war um so unverständlicher für mich, als ich mit großem Interesse die Entwicklung seines Bruders Konrad Wolf, im Freundeskreis Koni genannt, verfolgte – ein nachdenklicher, kritischer, fähiger und einfühlsamer Filmregisseur. Ich konnte mir einen so unterschiedlichen, ja gegensätzlichen Lebensweg kaum erklären.

Was konnte Mischa Wolf bewogen haben, diesen Weg einzuschlagen? Ideologische Überzeugung? Gewiß bejahte Mischa die ideologischen Grundziele, hatte sich aber sonst für ideologische Fragen kaum interessiert. Machtstreben? Gewiß könnte dies Teil einer Erklärung sein, aber Mischa schien mir überhaupt nicht der Typ eines »Machtmenschen« zu sein. Oder konnte es sein, daß er nach diesem höchst verwerflichen Amt strebte, um direkt an Entscheidungen teilnehmen zu können, ohne auf Zwischenglieder von Parteifunktionären angewiesen zu sein? Um dann, von dieser hohen Stellung aus, möglicherweise eigenen Neigungen nachzugehen, anderen zu helfen, vielleicht gar eigene tolerante Vorstellungen durchzusetzen? Sein Lebensweg blieb für mich im Dunkeln.

Am 19. Januar 1983 erhielt Markus Wolf zu seinem 60. Geburtstag ein Glückwunschschreiben des Zentralkomitees der SED, in dem ihm für seine Tätigkeit als als »Stellvertreter des Ministers für Staatssicherheit« gedankt wurde: »In Deiner erfolgreichen Arbeit gelang es den von Dir geführten Diensteinheiten, subversive Pläne und Absichten des Gegners aufzuklären und zu zerschlagen.« Er habe daher »maßgeblichen Anteil an der Entwicklung und Festigung des Ministeriums für Staatssicherheit«.

In unseren Gesprächen – Mischa Wolf und ich trafen uns dreimal – hat er über diesen Aspekt seiner früheren Tätigkeit nichts berichtet; für mich ist dieses Feld ein Buch mit sieben Siegeln. So fragte ich Karl Wilhelm Fricke, der als Journalist von 1955 bis 1959 in DDR-Haft war und seit 1970 leitender Redakteur beim Deutschlandfunk ist. Seine Bücher – »Politik und Justiz in der DDR« (1979); »Die DDR-Staatssicherheit« (1982); »Opposition und Widerstand in der DDR« (1984); zuletzt »MfS intern. Machtstrukturen, Auflösung der DDR-Staatssicherheit« (1991) – sowie Dutzende Artikel über diese Fragen in der Zeitschrift »Deutschland Archiv« weisen ihn als profunden Sachkenner in diesem Bereich aus.

Auf meine Frage nach Markus Wolf und seiner Rolle im Staatssicherheitsdienst schrieb Karl Wilhelm Fricke:

»Man muß, um Wolfs Stellung zu verstehen, einen Blick auf die Geschichte der Hauptverwaltung Aufklärung werfen. Die DDR schuf sich 1951 in Gestalt des ›Instituts für Wirtschaftswissenschaftliche Forschung‹ einen außenpolitischen Nachrichtendienst, der dem damaligen Staatssekretär im Ost-Berliner Außenministerium, Anton Ackermann, unterstellt war. Wolf zählte von Anfang an zu den Schlüsselfiguren – neben Gerhard Heidenreich, Robert Mühlpforte und Richard Stahlmann, die später wie er Karriere im Ministerium für Staatssicherheit gemacht haben. 1953 wurde der außenpolitische Nachrichtendienst dem Außenministerium entzogen und der Staatssicherheit unter Wilhelm Zaisser eingegliedert. Nach dem Aufstand vom 17. Juni 1953, der Zaissers Sturz zur Folge hatte, wurde das MfS vorübergehend in ein Staatssekretariat für Staatssicherheit unter Kuratel des Innenministers – damals Willi Stoph – umgewandelt, in dem Ernst Wollweber die Nummer 1 war; unter ihm waren Mielke für die Abwehr, Wolf für die Aufklärung zuständig.

Nach der Bildung eines eigenständigen Ministeriums für Staatssicherheit (MfS) im Jahre 1955 wurde die Hauptabteilung XV zur Hauptverwaltung ›Aufklärung‹ aufgewertet – eine Entscheidung, die ihren hohen Rang im MfS erkennen ließ. Ihr Chef hieß bis 1986 Markus Wolf, von Freunden ›Mischa‹ gerufen, zuletzt Generaloberst mit nach DDR-Maßstäben außerordentlich hohen Dienstbezügen von netto 5.000 Mark, eigener Auskunft nach.

Unbestreitbar hat Wolf es verstanden, die ›A‹ (›Aufklärung‹) zu einem geheimen Nachrichtendienst von hoher Effizienz auf- und auszubauen. In der Spionage primär gegen die Bundesrepublik hatte die DDR wirklich Weltniveau. Auch im Umfang: Laut Selbstauskunft nach der Wende zählte die HV A (Hauptverwaltung Aufklärung) zuletzt 4.328 Planstellen für hauptamtliche Mitarbeiter – die nach Tausenden zählende Schar ihrer ›sozialistischen Kundschafter‹ nicht gerechnet.«

Zur oft gestellten Frage, ob die seinerzeit von Markus Wolf geleitete Hauptverwaltung »Aufklärung« selbständig oder ob sie ein Bestandteil des Ministeriums für Staatssicherheit gewesen sei, schrieb Karl Wilhelm Fricke:

»Ungeachtet ihrer relativen Eigenständigkeit, die schon die Gebote der Konspiration bedingten, war die Hauptverwaltung Aufklärung integraler Bestandteil des MfS. Wolf wirkte mit Mielke unter einem Dach. Alle Richtlinien, Dienstanweisungen, Ordnungen und Befehle des Ministers für Staatssicherheit hatten prinzipiell auch für die HVA Gültigkeit.

Zwischen der Abwehr, das heißt dem inneren Überwachungs- und Unterdrückungsapparat, und der von Markus Wolf geleiteten Aufklärung im MfS bestanden mannigfaltige Formen der Zusammenarbeit. Zum Beispiel nutzte die ›A‹ die Postkontrolle der Abteilung M für ihre Zwecke. Umgekehrt stellte die Aufklärung der für Untersuchungen und Vernehmungen in Ermittlungsverfahren zuständigen Hauptabteilung IX im MfS auch schon mal Belastungsmaterial gegen Oppositionelle zur Verfügung. Informationen über bedrängte DDR-Bürger etwa, die sich an bundesdeutsche Ministerien oder Menschenrechtsorganisationen gewandt hatten und deren Briefe Wolfs ›Kundschaftern‹ in die Hände gefallen waren, leitete die HVA unverzüglich an die zuständigen Diensteinheiten der Abwehr weiter.«

»Die Troika« – Ein Buch mit neuen Tönen

Schon 1985/86, zu Beginn der Perestroika- und Glasnost-Periode Gorbatschows in der Sowjetunion, verdichteten sich Gerüchte, Mischa Wolf habe die Absicht, sich aus seiner Funktion im Staatssicherheitsdienst zurückzuziehen. Am 6. Februar 1987 wurde sein Rücktritt gemeldet – auf recht eigentümliche Weise. Im SED-Zentralorgan »Neues Deutschland« hieß es:

»Generaloberst Markus Wolf, der auf eigenen Wunsch aus dem aktiven Dienst des Ministeriums für Staatssicherheit ausscheidet, wurde für seine großen Verdienste Dank und Anerkennung ausgesprochen und der Karl-Marx-Orden verliehen.«

Ende 1988 begann Wolf Vortragsreisen über zentrale Themen seines damals noch nicht erschienenen Buches »Die Troika«, die in der DDR, in ganz Deutschland, ja selbst im Ausland Aufsehen erregten. Hier wurden zum ersten Mal neue Töne angeschlagen.
»Die Troika« erschien im März 1989 gleichzeitig in der DDR und in der Bundesrepublik. Einfühlsam zeichnete der Autor das Schicksal dreier junger Menschen – darunter das seines Bruders Konrad – nach, die zunächst gemeinsam die Karl-Liebknecht-Schule in Moskau besucht hatten, dann aber getrennt wurden und unterschiedliche Wege einschlugen. Einen Jugendlichen, Lothar Wloch, verschlug es nach Hitler-Deutschland, einen zweiten, Viktor Fisher, nach Amerika, und nur der dritte, Koni, blieb in der Sowjetunion. So erlebten sie höchst unterschiedlich den Zweiten Weltkrieg, trafen sich aber nach Kriegsende wiederholt – auch während des Kalten Krieges. Das Schicksal dieser drei Menschen in ihren unterschiedlichen Lebenswegen wurde verständnisvoll nachgezeichnet, und Wolf verdeutlichte damit Probleme in einer Weise, wie es bis dahin in DDR-Büchern wohl kaum der Fall gewesen ist. Gewiß: Auch die »Troika« stellte nicht Grundsätze in Frage, war jedoch offenherziger, nachdenklicher und kritischer als die meisten anderen bis dahin in der DDR erschienenen Bücher.
Für mich stachen vor allem zwei Dinge hervor:
Zunächst erinnerte er in seinem Buch an die große Säuberung von 1936 bis 1938 in der Sowjetunion: »Im Umfeld unserer Familie verschwinden zunächst Väter von russischen Mitschülern, die in Deutschland tätig gewesen waren. Dann werden Väter unserer deutschen Klassenkameraden und einzelne Lehrer unserer Schule verhaftet.«

Dies, so schrieb er, führte zu einem tiefen Zwiespalt in seinen Jugendjahren: »Vieles war widersprüchlich. Bei Kontakten mit den betroffenen Familien sprach niemand darüber. Die meisten glaubten an einen Irrtum, an Folgen bösartiger Denunziation ... Willkür, Ungerechtigkeit und Grausamkeit passen so gar nicht zu all dem, was wir von unseren Eltern, unseren nächsten Freunden, in der Schule, in den von uns geliebten Filmen und Büchern über die Revolution, über die Ziele und Ideale des Kommunismus erfahren und tief in unser junges Bewußtsein aufgenommen haben« (S. 22-23).

Zweitens: Mischa Wolf wuchs in der Sowjetunion mit vier Personen auf, die später mit dem kommunistischen System brachen: Mit dem ungarischen Dramatiker *Julius Hay*, einem der aktivsten Verfechter der ungarischen Revolution von 1956; *Andrej Sinjawski*, einem kritischen Sowjetschriftsteller, der im Februar 1966 zu sieben Jahren verschärfter Zwangsarbeit verurteilt wurde und nach der Haftentlassung nach Frankreich emigrierte; *Lew Kopelew*, Schriftsteller und Germanist, während des Krieges sowjetischer Offizier in der Politischen Hauptverwaltung der Roten Armee, der im März 1945 verhaftet und zu zehn Jahren Lagerhaft verurteilt wurde, danach in der Sowjetunion als aktiver Bürgerrechtler wirkte und 1980 in die Bundesrepublik Deutschland kam. Auch mich erwähnte er in dieser Reihe als »Weggenossen in der Sowjetunion und während der ersten Berliner Nachkriegsjahre«, der »später die Fronten gewechselt« habe.

All diese Menschen gehörten, wie viele andere auch, zu »Renegaten« und »Volksfeinden«, die man entweder beschimpfte oder – was immer häufiger geschah – überhaupt nicht erwähnte.

Erstmalig in der DDR hat Mischa Wolf in seinem Buch dieses Tabu gebrochen. Trotz mancher Einseitigkeiten war mit dem Buch »Troika« zumindest der erste Schritt getan, über die Abkehr vom kommunistischen System nachzudenken; der Versuch, bisher Verschwiegenes auch auszusprechen; Gedachtes, bis dahin aber noch nicht Gesagtes zur Diskussion zu stellen.

Mischa Wolfs Buch schien mir zu bestätigen, was zu jener Zeit gerüchteweise bereits in den Westen durchsickerte: Daß es in der SED-Hierarchie einige reformorientierte Funktionäre gab, die – wahrscheinlich in Verbindung mit entsprechenden Kreisen der Sowjetunion – als mögliche führende Persönlichkeiten einer beginnenden Perestroika in der DDR vorgesehen waren. Neben dem Berliner Bezirkssekretär Günter Schabowski wurde in diesem Zusammenhang der Dresdner Hans Modrow genannt – und auch Mischa Wolf.

Anfang 1989 wurde im Westen bekannt, daß Mischa Wolfs Lesungen aus der »Troika« auf außerordentlich großen Widerhall bei den DDR-Bürgern stießen und zu kritischen Diskussionen führten. Man hörte, daß die DDR-Behörden Lesungen und Vortragsveranstaltungen von Markus Wolf mitunter zu verhindern trachteten. Mitte Januar 1989 erschien ein »Spiegel«-Interview, in dem sich Markus Wolf zwar voll und ganz zur DDR bekannte, aber in Zwischentönen und andeutungsweise auf notwendige Reformen anspielte und – in dieser Zeit unter Honecker verpönt – Gorbatschow und die Perestroika positiv erwähnte.

Auch die Beantwortung des »Fragebogens« des FAZ-Magazins (5. Januar 1989) rief Interesse hervor. Es war unerwartet, von dem erst kürzlich ausgeschiedenen Generalobersten des Staatssicherheitsdienstes der DDR zu erfahren, daß er am liebsten Flugzeugkonstrukteur gewesen wäre, »Ausgeglichenheit« als eigenen Hauptcharakterzug sieht, Hemingway sein Lieblingsschriftsteller und Heine sein Lieblingslyriker ist. Auf die Frage nach »Helden in der Wirklichkeit« nennt er Gorbatschow und dessen Freunde, als von ihm am meisten bewunderte Reform die Perestroika. All dies geschah Anfang 1989, als die Honecker-Führung sich eindeutig und stur gegen die in der Sowjetunion begonnenen Reformen aussprach.

Markus Wolf nahm, nunmehr als »Privatmann«, an mehreren Diskussionsveranstaltungen teil, unter anderem auch am 22. Januar 1989 im Klub der Kulturschaffenden in Ost-Berlin, wo er Kopien seines »Spiegel«-Interviews verteilte. »In Ost-Berlin sind Insider der Meinung, Wolf warte, fast demonstrativ, die Nach-Honecker-Ära ab. Und auf neue Aufgaben«, schrieb die »Welt« am 23. Januar 1989.

Wolfs Buch »Die Troika« und seine Interviews führten mich zu der vorsichtigen Schlußfolgerung, daß Mischa Wolf in den Grundzügen dem System nach wie vor verbunden und verpflichtet war, die Machtausübung aber lockern und entspannen, besonders grauenvolle Deformationen überwinden und den Weg zu einer Liberalisierung öffnen wollte.

Unser Spaziergang in Bernau

28. August 1990. Mischa Wolf kommt die Treppen hinauf, um mich im Bernauer Café am Stadttor zu begrüßen. Er hat sich äußerlich wenig verändert: Die vergangenen 40 Jahren haben bei ihm weniger Spuren hinterlassen als bei den anderen, die ich seit der Wende wiedergesehen habe.

28. August 1990. Mit Mischa Wolf beim Spaziergang durch Bernau.

28. August 1990: Mit Mischa Wolf auf dem Weg zur Gedenktafel seines Bruders.

Unwillkürlich kamen wir schon bald auf mein Buch »Die Revolution entläßt ihre Kinder« zu sprechen: »Deine Beschreibung von mir als ›Hintergrund-Funktionär‹ hat mir in der weiteren Zeit häufig geschadet. Immer wieder wurde mir vorgeworfen, irgendwelche höchste Verbindungen gehabt zu haben. Dies wird auch jetzt in der Kampagne gegen mich benutzt. Auch Dein Hinweis, daß ich Dir geraten habe, man solle von Anton Ackermanns These eines besonderen deutschen Weges zum Sozialismus abgehen, könnte mißverständlich ausgelegt werden. Ich war immer ein Freund von Anton Ackermann und habe den besonderen deutschen Weg zum Sozialismus damals absolut unterstützt.« Er machte eine Pause: »Allerdings später, nach 1948, auch den Wechsel der Linie.«

Ich fragte: »Wie begann Deine Entwicklung, die mir so seltsam erschien?«

»Du weißt ja, daß ich von 1949 bis 1951 Erster Botschaftsrat der DDR-Vertretung in Moskau war. Zur damaligen Zeit lag in der Sowjetunion die Auslandsaufklärung nicht in den Händen des Ministeriums für Staatssicherheit – zuständig war das Außenministerium unter dem Politbüromitglied Molotow. Dieses Modell konnte man in der DDR jedoch nicht übernehmen, denn der erste DDR-Außenminister, Georg Dertinger, gehörte ja der CDU an. Daher wurde Anton Ackermann, damals Staatssekretär im DDR-Außenministerium und Kandidat des SED-Politbüros, mit dem Aufbau des Nachrichtendienstes beauftragt. Ackermann suchte vertrauenswürdige, zuverlässige Mitarbeiter – so kam ich in den Aufklärungsapparat.«

»Wollen wir nicht eine kleine Pause machen und durch Bernau spazierengehen?« Mischa Wolf versuchte, weitere Diskussionen über seine Stasi-Vergangenheit zu vermeiden. »Wir könnten uns Bernau ansehen; hier war mein Bruder Koni Ende April 1945 – übrigens als einziger Deutscher in einer derartigen Position – sowjetischer Stadtkommandant. Da könnten wir uns die Erinnerungstafel ansehen.«

Wir gingen durch Bernau, quer über eine Straße, an der sich eine gerade eröffnete Filiale der Deutschen Bank befand, und von dort zu einem kleinen Park. Unterwegs sahen wir noch Wahlplakate der Parteien für die inzwischen abgehaltenen Volkskammerwahlen vom 18. März 1990. Die Erinnerungstafel für Konrad Wolf war jedoch entfernt worden. Man konnte noch deutlich erkennen, wo sie früher hing: Rechts neben der Tür, in einer Höhe von etwa zwei Metern, ungefähr 60 mal 60 Zentimeter groß.

Mischa Wolf sagte nichts – aber mir behagte dies nicht. Ich habe durchaus Verständnis, wenn Gedenktafeln von Bürokraten und Helfershelfern der SED-Diktatur entfernt werden. Aber ich bedaure sehr, daß ausgerechnet eine Gedenktafel, die an einen bedeutsamen und kritischen Filmregisseur erinnerte, nicht mehr vorhanden ist.

Wir kehrten zu dem kleinen Terrassen-Café zurück. Beim Abschied sagte Mischa: »Das war nur unser erstes Gespräch. Wir können ja später über die politischen Fragen diskutieren. Jetzt kam es mir zunächst darauf an, einen Eindruck von Dir zu gewinnen.«

Ich schaute ihn fragend an.

»Ich erhielt mehrfach Einladungen von Fernsehstationen, gemeinsam mit Dir aufzutreten. Das habe ich bisher stets abgelehnt – solange ich nicht einmal mit Dir selbst gesprochen habe.«

Mischa Wolfs vorsichtige Kritik

Schon drei Wochen später, am 18. September 1990, sahen wir uns erneut. In der Presse wurde schon damals viel darüber diskutiert, ob ein Verfahren gegen Wolf eingeleitet werden solle. In anderen Meldungen war von einer bevorstehenden oder gar bereits erfolgten Flucht Wolfs die Rede.

Wir verabredeten uns im Seehotel Friedrichshagen am Müggelsee. Trotz der Vielzahl der umherschwirrenden Gerüchte kam Mischa Wolf fast gelockert – allerdings doch etwas beunruhigt über die eigene Zukunft – zu mir in den Frühstücksraum des Hotels.

Ohne auf die aktuellen Gerüchte einzugehen, sprachen wir über die große Säuberung von 1936 bis 1938 in der Sowjetunion. Mischa Wolf: »Ich glaube, ich habe die Säuberung damals nicht in vollem Umfang erkannt. Auch mein Vater meinte wiederholt, diese entsetzliche Zeit werde irgendwann vorübergehen.« Es schien mir, als wolle Mischa sich mit mir darüber nicht ausführlicher unterhalten.

»Und der Hitler-Stalin-Pakt vom August 1939?«

»Den deutsch-sowjetischen Nichtangriffspakt, den man heute Hitler-Stalin-Pakt nennt, habe ich damals durchaus als notwendig erachtet; ich stand aber sehr kritisch zu dem anschließenden Grenz- und Freundschaftsvertrag mit Deutschland von Ende September 1939.«

Als ich den Personenkult um Stalin, die Führerverherrlichung erwähnte, erzählte mir Mischa Wolf eine ungewöhnliche Begebenheit: »Lange Zeit habe ich geglaubt, der Personenkult sei von anderen in Szene gesetzt worden und habe keineswegs Stalins Billigung gefunden. Ich wur-

Mit Mischa Wolf in Bernau vor einem Gedenkstein zu Ehren seines Bruders, des Regisseurs Konrad Wolf.

Mischa (Markus) Wolf bei unserem zweiten Treffen, seinem Besuch am 18. September 1990 im Seehotel Friedrichshagen.

de darin durch eine persönliche Begegnung mit Stalin Anfang 1950 in Moskau bestärkt. Ich war als Botschaftsrat in der DDR-Mission in Moskau bei dem sowjetisch-chinesischen Treffen anläßlich des Besuchs von Mao Tse-tung in Moskau anwesend. Nach den Verhandlungen gab es einen Empfang. Man unterhielt sich, als es plötzlich ganz still wurde. Stalin trat in den Raum. Er trug keine Orden. Dann gab es, wie üblich, Trinksprüche, bis auch Stalin das Glas erhob. Er sagte, dem Sinne nach, daß Führer stets bescheiden sein sollten und nicht vergessen dürften, daß sie ihre Wurzeln im Volk hätten.«

Drei Jahre nach Stalins Tod kam es beim 20. Parteitag der KPdSU zur öffentlichen Kritik an Stalin, vor allem in der Geheimrede Chruschtschows.

»Der 20. Parteitag war für mich ein Schnittpunkt. Von da an begann meine grundlegende Neueinschätzung Stalins. Damals, daran erinnere ich mich noch genau, hing über meinem Schreibtisch das bekannte Stalin-Bild, das ihn Pfeife rauchend zeigt. Nachdem ich die Chruschtschow-Rede gelesen hatte, nahm ich das Bild von der Wand und feuerte es in die Ecke. Seit dem 20. Parteitag waren die Verbrechen für mich eindeutig – aber auch, daß man alles tun müsse, damit sich so etwas nicht wiederholt.

Bei uns gab es damals eine interne Parteikonferenz, an der der damalige Staatssekretär Wollweber, Mielke, ich sowie unsere Mitarbeiter teilnahmen. Ulbricht verlas bei dieser geschlossenen Sitzung den etwas verkürzten Text der Chruschtschow-Rede. Aber wir kannten natürlich den gesamten Wortlaut aus der West-Presse. Dann gab es eine Art Aussprache. Ich sagte damals sinngemäß, daß ich nach dieser Rede ein Gefühl der Erleichterung empfinde, weil endlich über all die Dinge, die uns seit Jahren bedrückten, offen gesprochen werde. Ganz gegensätzlich reagierte Mielke. Er meinte, er habe sich niemals bedrückt gefühlt. Für ihn sei Stalin der Führer, der den Krieg gegen den Faschismus gewonnen und uns die Befreiung gebracht habe – und das bleibe er auch für ihn.«

So positiv Mischa Wolf den 20. Parteitag und Chruschtschows Geheimrede von 1956 beurteilte, so zwiespältig war seine Bewertung der Volksrevolution in Ungarn im gleichen Jahr: »Anfangs, im Frühsommer 1956, beim Auftreten der Intellektuellen des Petöfi-Zirkels, war ich durchaus positiv eingestellt. Es gab bei uns schon damals Übereifrige, die Gefahren witterten. Aber ich beruhigte sie: Ich sagte ihnen, daß ich Imre Nagy aus meiner Moskauer Zeit persönlich gut kenne, denn zur gleichen Zeit, als ich im ›Deutschen Volkssender‹ tätig war, arbeitete er in einem

Nachbarzimmer als Redakteur des ungarischen Senders in Moskau. Wir waren damals häufig zusammen. So sagte ich den Übereifrigen: So lange Imre Nagy die Dinge in der Hand hat, braucht sich niemand bei uns Sorgen zu machen. Dann aber ging es weiter. Aus den Reformen wurde mehr und mehr ein antikommunistischer Aufstand. Die Entwicklung ging zu weit. Ich erfuhr, daß die westlichen Mächte damals das Ziel hatten, Ungarn aus dem sozialistischen Lager herauszubrechen.«

Ich starrte Mischa Wolf an: »Mischa, ich war 1956 im Westen. Niemand dort hatte solche Gedanken oder Pläne, alle im Westen waren um die ›Stabilität‹ besorgt. Selbst wenn eine kleine Gruppe von Menschen solche Gedanken gehabt hätte, wären sie schon wenige Tage später in der gesamten Presse veröffentlicht worden; Du mußt doch wissen, daß man im Westen nichts geheimhalten kann.«

Wolf blieb von meinen Argumenten unbeeindruckt: »Ich habe dafür Beweise, ich habe Unterlagen gesehen. Als die Entwicklung zu weit ging, wollte der Westen Ungarn aus dem sozialistischen Lager lösen und sich einverleiben.«

Wieder unternahm ich einen Protestversuch – aber Mischa Wolf verstand mich falsch.

»Ich bin darüber gar nicht böse, ich verstehe das ja. Wenn in einem westlichen NATO-Land ein Bürgerkrieg gegen das herrschende System ausgebrochen wäre, hätten wir schließlich dasselbe gemacht. Das ist doch kein Vorwurf, sondern lediglich eine nüchterne Feststellung der Tatsachen.«

Ich hatte den Eindruck, daß Mischa Wolf noch immer dem Freund-Feind-Denken verhaftet war. Er sah im Westen ein Spiegelbild des eigenen Systems, ständig darauf bedacht, jede Schwierigkeit auf der »anderen Seite« für eigene Zwecke auszunutzen. Er hielt eine begrenzte, von oben gesteuerte und kontrollierte Liberalisierung durchaus für notwendig. Aber er hatte ständig Angst davor, eine solche Entwicklung könne »zu weit gehen«.

Mischa Wolf und der Prager Frühling von 1968

Dieselbe Haltung nahm er zum Prager Frühling von 1968 ein. Trotz meines Hinweises, daß es sich dabei um den bedeutendsten Reformversuch mit dem Ziel eines Sozialismus mit menschlichem Antlitz gehandelt habe, blieb Wolf bei einer Mischung aus begrenzter Zustimmung und Ablehnung: »Am Anfang hatte ich durchaus Sympathie und Verständnis für die Lockerung und die beginnende Liberalisierung in der Tschechoslowakei. Aber dann, im Sommer 1968, ging die Entwicklung zu weit. Es bestand die Gefahr, daß der Sozialismus zusammenbrechen und der Westen die Tschechoslowakei aus dem sozialistischen Lager herauslösen würde.« Schon wieder die Befürchtung, die Entwicklung könne »zu weit gehen«!

»Übrigens bin ich selbst, natürlich inkognito, während dieser Zeit in der Tschechoslowakei gewesen«, fuhr er fort. »Eine tschechoslowakische Zeitung, ich glaube, es war die ›Literarny Nowiny‹, erfuhr das und veröffentlichte eine Notiz unter der Überschrift: ›Was macht General Wolf in Prag?‹ Ich besuchte damals Salgovic, zu jener Zeit in der Tschechoslowakei für die Staatssicherheit verantwortlich. Man hat ihn oft als einen diktatorischen Bösewicht bezeichnet. Dabei ist er ein ganz gemütlicher Mann, der nichts von dem verkörpert, was man ihm vorwirft.«

Da wurde ich hellhörig. Ich kenne eine Reihe der führenden Persönlichkeiten des Prager Frühlings, die nach der Niederschlagung in den Westen kamen. Von ihnen hatte ich über Salgovic gehört.

Während des Prager Frühlings war der Reformer Josef Pavel, der während der Stalin-Ära selbst lange Jahre im Gefängnis verbracht hatte, zum Innenminister ernannt worden. Seine Reformtätigkeit wurde jedoch auf direkten Druck Moskaus hin beschnitten; Vilian Salgovic wurde als Staatssekretär und Leiter der Staatssicherheit eingesetzt: »Von Anfang an versuchte Salgovic, die Tätigkeit Pavels zu durchkreuzen und in Richtung Staatssicherheit zu verhindern«, schrieb Ota Sik in seinen Memoiren, die unter dem Titel »Prager Frühlingserwachen« 1988 erschienen. »Salgovic«, so berichtete Ota Sik, »war später auch Mitglied einer operativen Gruppe, die in Zusammenarbeit mit einer sowjetischen KGB-Gruppe an der Vorbereitung für die militärische Invasion arbeitete.« Ganz so harmlos, wie Mischa Wolf ihn schilderte, dürfte Salgovic also kaum gewesen sein.

Nach dem Gespräch im Frühstücksraum gingen Mischa und ich in mein Hotelzimmer, und wir sprachen über die aktuelle Situation. Die offizielle deutsche Vereinigung am 3. Oktober 1990 stand bevor. Mischa sprach vage von möglichen Reisen – aber er erwähnte weder Ziel noch Datum.

1991: »Im eigenen Auftrag« –
präzise Fragen, aber keine Antworten

Unmittelbar vor Inkrafttreten der deutschen Vereinigung am 3. Oktober 1990 fuhr Mischa Wolf nach Moskau. Dort beendet er sein Buch »Im eigenen Auftrag / Bekenntnisse und Einsichten«, das im August 1991 erschien. Er schilderte die Ereignisse von Anfang Januar 1989 bis zum Frühjahr 1990 in der DDR: Die zunehmende Ausweglosigkeit des Honecker-Regimes, das dramatische Anwachsen des Flüchtlingsstroms, die Massendemonstrationen, den Sturz des Honecker-Regimes, die Wende bis zu den Volkskammerwahlen am 18. März 1990, verknüpft mit eigenen Bewertungen und Erkenntnissen.

Mir fiel ein tiefer Widerspruch in diesem Buch auf, der den Widerspruch im Bewußtseinsbildungsprozeß des Autors widerspiegelt. Obwohl Mischa Wolf – wie kein anderer – glasklar und präzise die entscheidenden Fragen stellt, bleiben die Antworten im Dunkel. Hier seine Fragen und Überlegungen, verstreut auf unterschiedliche Stellen des Buches:

- »Wohl mit Recht werde ich zunehmend mit der Frage konfrontiert, ob das, was ich tat, nicht viel zu zaghaft, zu zahm, viel zu spät gedacht und begonnen war.«
- »Vielleicht wiegt die Erkenntnis noch schwerer, durch das lange Ausharren in dieser Funktion das ganze System, das in wenigen Wochen vom Volk hinweggefegt wurde, mitgetragen zu haben, mit verantworten zu müssen. Was nützt da die Rechtfertigung, in letzter Stunde aufgestanden zu sein, als andere immer noch schwiegen?«
- »Warum wagen Menschen auf höherer Ebene mit mehr Durchsetzungsmöglichkeiten oft weniger, um das Leben zu erleichtern, als solche viel weiter unten?«
- »Was hat meine Generation falsch gemacht? Gab es einen Punkt, an dem unsere Erkenntnisse, das zunehmende Wissen um die Übel des Systems, das wir so lange für den Sozialismus hielten, eine Grenze erreicht haben mußte, jenseits derer hätte gehandelt werden müssen? Wo war diese Grenze gewesen?«
- »Hätten wir, die diese Übel, diese Entartung der Führer immer klarer erkannten, uns früher auflehnen müssen?«
- »Was hat jeder einzelne von uns, die wir vieles anderes sahen als diese Führung, die wir das beste wollten und bemüht waren, es auf unseren Plätzen zu tun, dennoch zu verantworten?«
- »Waren alle Mühen des zurückliegenden halben Jahrhunderts tatsächlich vergeblich?«

- »Weshalb konnten sich in keinem unserer Länder die menschlichen Werte von Freiheit und Gerechtigkeit durchsetzen, die der sozialistischen Idee, dem Kommunismus, für den wir kämpften, doch innewohnten?«
- »Ist das Leben umsonst gelebt, der Sozialismus tatsächlich am Ende?«
- »Was bleibt von dem Sozialismus, für den wir eintraten? Wird es einen anderen geben?« (Markus Wolf: Im eigenen Auftrag, München 1991, S. 6, 7, 105, 307, 326, 333).

Keine einzige dieser Fragen hat Wolf – leider! – in seinem 358 Seiten umfassenden Buch auch nur andeutungsweise beantwortet.

Statt dessen schildert das Buch Ereignisse, die Wolf in den Jahren 1989 und 1990 als wichtig ansah und die, wenn auch spät, sein kritisches Denken beflügelten. Mischa berichtet, wie die SED-Führung im DDR-Dokumentarfilm über die Feier des 100. Geburtstages seines Vaters Friedrich Wolf am 23. Dezember 1988 in Moskau alle kritischen Passagen über Stalin und die damaligen Repressalien zensiert hatte. Am 18. Januar führt er ein ausführliches, mehrstündiges Gespräch mit Erich Honecker im Gebäude des Zentralkomitees. Dabei wird ihm deutlich, daß von dem anfänglich praktizierten kollegialeren Leitungsstil Honeckers keine Spur mehr geblieben war: »Honecker wurde ebenso wie Breschnew als typischer Vertreter eines immer autoritärer erstarrenden Apparates Stalinscher Prägung Opfer seiner eigenen menschlichen Schwäche und der seiner Umgebung.« Mischa Wolf war bedrückt über Honeckers negative Einstellung zur Perestroika in der Sowjetunion und zu möglichen Reformen in der DDR: »Das Gespräch mit Honecker hatte mir bestätigt, daß von diesem Mann keine Einsicht in die Notwendigkeit dringender Veränderungen in unserem Land zu erwarten war.«

Ende Juli 1989 reist Mischa Wolf nach Moskau. In mehrstündigen offenen Gesprächen mit Falin und anderen für Deutschland zuständigen sowjetischen ZK-Mitarbeitern setzten sich diese für die Einführung von Marktmechanismen in der DDR-Wirtschaft und eine Demokratisierung der Gesellschaft ein, ja konfrontieren Markus Wolf mit der für ihn damals »überraschenden Frage«, wie er zur westdeutschen Konzeption einer Wiedervereinigung und dem Abbau der Mauer stehe. Davon inspiriert, arbeitet Markus Wolf eine Reihe von Reformvorschlägen für die DDR aus, die er am 3. August in einem dreistündigen Gespräch Egon Krenz vorlegt. Der gab, laut Markus Wolf, deutlich zu verstehen, daß er ähnlich denke, aber in diesem Sinne noch nicht auftreten könne: Auch Gorbatschow, meinte Krenz vielsagend, sei nur deshalb Generalsekretär geworden, weil er unter drei seiner Vorgänger Parteidisziplin bewahrt habe.

Zur der Anfang September 1989 ansteigenden Ausreisewelle von DDR-Bürgern über Ungarn und in die Botschaften der Bundesrepublik in Budapest, Prag und Warschau notiert er am 12. September: »Es ist schlimm, daß die meisten Betrachtungen der Westpresse über unsere Lage zutreffen. Dies tut deshalb besonders weh, weil man genau weiß, daß alles ganz anders sein könnte, die greisen Starrköpfe müssen endlich ihre Sessel freimachen.« Wolfs Fazit: »Sollten wir noch eine Chance erhalten, müßte das ganze System grundlegend verändert werden.«

Am 22. September, als sich die Wende in der DDR immer deutlicher abzeichnet, erfährt Markus Wolf, daß Wladimir Krjutschkow (»mein früherer sowjetischer Partner als Leiter des Nachrichtendienstes«) in das sowjetische Politbüro aufrückt. Markus Wolf weist in seinem Glückwunschschreiben auf die schwierige Lage in der DDR und seine Verbundenheit mit dem Kurs Gorbatschows hin – es war allerdings der gleiche Krjutschkow, der knapp zwei Jahre später zu den Hauptverantwortlichen für den August-Putsch 1991 in der Sowjetunion gehörte, nach der Niederschlagung des Putschversuches abgesetzt wurde und gegen den in Moskau Untersuchungen stattfinden.

Am 7. Oktober 1989 nahm Markus Wolf am Festempfang zum 40. Jahrestag der DDR im Palast der Republik teil. Er registrierte den feudalen und makabren Charakter der Feier – die Spitze hatte sich bis zuletzt in einem großen Saal eingeschlossen –, war jedoch andererseits positiv überrascht, wieviele selbst unter den Eingeladenen eine Wende herbeiwünschten. Zur gleichen Zeit – was die damals Anwesenden nicht wußten – demonstrierten bereits Tausende von Berlinern vor dem Palast und zogen dann, abgedrängt, zum Alexanderplatz, wobei es beim Einsatz der Sicherheitskräfte zahlreiche Verletzte gab.

Beim Sturz Honeckers am 18. Oktober 1989 empfand Markus Wolf ein »Gefühl der Erleichterung«, verbunden mit der Erwartung, »daß sich in unserem Lande nun vieles zum Besseren wenden würde.« Den neuen SED-Generalsekretär Egon Krenz betrachtete er skeptisch: »Ist Krenz der Richtige? Ein Gorbatschow ist er wohl nicht. Aber wer aus diesem Kreis sonst sollte es werden? Ein anderer ist bei diesen bestehenden Strukturen kaum vorstellbar.« Er begrüßte auch als »wichtiges Signal«, daß mit Honecker gleichzeitig Günter Mittag und Joachim Hermann abgelöst wurden, und beschreibt aus innerster Kenntnis, warum und wie sich sogar Staatssicherheitsminister Mielke bei diesem entscheiden-den Ereignis gegen Honecker gewandt hatte.

Eine Woche später, am 24. Oktober, nimmt er vor gedrängt sitzendem Publikum an einem Diskussionsabend im Haus der Jungen Talente teil, der bereits »ganz im Zeichen der angebrochenen neuen Zeit stand«. Auf dem Podium saßen auch Bärbel Bohley und Jens Reich vom »Neu-en Forum«. Es war an diesem Abend, als Markus Wolf den Wunsch äußerte, daß »unsere führenden Leute künftig mit dem Gesicht zum Volke« stehen sollten – und »nicht erst dann, wenn sie mit dem Rücken an der Wand« stünden.

Schließlich erinnert Markus Wolf an seine Rede bei der Berliner Mas-sendemonstration von 500.000 Menschen am 4. November: »Bei den ersten Sätzen überwog der Beifall, doch als ich das Wort ›Kommuni-sten‹ benutzte, brach das Pfeifkonzert zum ersten Mal los. Es wurde zum Sturm, als ich mit meinem zweiten Gedanken dazu aufforderte, nicht alle Mitarbeiter der Staatssicherheit zu Prügelknaben der Nation zu machen. Von da an glaubte ich einige Male, nicht weiterreden zu können. (...) Mit immer trockener werdendem Mund brachte ich mei-ne Ansprache zu Ende. Das ohrenbetäubende Pfeifkonzert eines Teils der Menge, lauter werdende Sprechchöre ›Aufhören‹, auch einzelne Rufe ›Aufhängen‹ wurden zur Herausforderung. Es gab aber auch bis zuletzt Beifall.« Als er mit trockenem Mund vom Pritschenwagen stieg, sagte jemand zu ihm, er sei vom Stasi-General zum Hoffnungsträger geworden, und jetzt gehe er den Weg zurück zum Stasi-General. Mischa Wolfs Kommentar: »Der Mann hatte wohl recht.«

Am 9. November 1989 erlebt Markus Wolf die Öffnung der Mauer: »Während im Rundfunk dazu noch Regelungen angesagt wurden, liefen die Menschen, die diese Nachricht genau so wenig fassen konnten wie wir, einfach über die Grenzkontrollpunkte.« Markus Wolf ist skeptisch und abwartend. Er zitiert mit offensichtlicher Zustimmung die Mei-nung mancher überraschter DDR-Bürger: »Wahnsinn!«. Dieser Be-schluß sei wohl »unter dem Druck der Ereignisse aus der Situation her-aus gefaßt worden, ohne seine Konsequenzen abzuwägen«. Nun fand »eine Art spontane Wiedervereinigung« statt, und die neue Modrow-Regierung mußte »noch kaum absehbare Folgen dieses nicht vorausge-planten Schrittes übernehmen«.

Nun erst, unter dem Datum des 8. Dezember 1989 – leider nicht nur Jah-re, sondern Jahrzehnte zu spät –, zog Markus Wolf die entscheidende Schlußfolgerung: »Erst durch die Ereignisse der letzten Monate« sei ihm klar geworden, daß »Stalinismus nicht nur Verbrechen, Repressalien, Deformation des politischen und wirtschaftlichen Systems . . ., praktische Abschaffung der innerparteilichen Demokratie und Einengung des geistigen Lebens bedeutet, sondern daß der Begriff für ein ganzes, in sich geschlossenes System steht. Dieses System hat mit dem Sozialismus, für den wir glaubten, gelebt und gearbeitet zu haben, nichts zu tun.«

Im Epilog fügt Wolf hinzu: »Das gesamte stalinistische System, fälschlicherweise als Sozialismus bezeichnet, hat sich auf die Dauer als nicht lebensfähig erwiesen, es wurde von den Völkern abgelehnt.« Er stehe »vor den Trümmern eines nie real gewesenen Sozialismus« und erkennt: »Von sozialistischen Experimenten wollten und wollen die meisten Menschen nichts mehr wissen«. Viele Thesen, »an die wir glaubten«, seien heute überholt – darunter die Lehre vom Klassenkampf und die These vom unvereinbaren Antagonismus der Systeme und der Unmöglichkeit ihrer gegenseitigen Annäherung. Noch mehr: »Elemente des Sozialismus, manchmal besser verwirklicht als bei uns, sind in Ländern anzutreffen, die wir als kapitalistisch bezeichnen.«

Aber: Eine kapitalistische Marktwirtschaft, in der die Macht des Geldes, das Profitstreben und die enorme Verschwendung der natürlichen Reichtümer unserer Erde letztlich den Inhalt der Politik bestimmen, kann nicht das letzte Wort sein. Markus Wolf zweifelt daran, daß dieses System die Zerstörung der Umwelt, die Nord-Süd-Probleme, die Unterentwicklung, den Teufelskreis von Hunger und Arbeitslosigkeit und die enorme Verschuldung beheben könne – weil, seiner Auffassung nach, dies den eigenen Triebkräften des Systems widerspreche. »Dieses System kann nicht die Lösung bringen. Dazu muß es eine Alternative geben. Für mich bleiben das die Ideen, die wir mit einem humanistischen, demokratischen Sozialismus verbanden«.

Nach der Fertigstellung seines Buches »Im eigenen Auftrag« erlebte Markus Wolf in Moskau noch den August-Putsch und seine Niederschlagung, verläßt am 30. August 1991 die sowjetische Hauptstadt und fliegt – unter seinem richtigen Namen – nach Österreich, wo er auf dem Flughafen Wien-Schwechat landet. Drei Wochen später, am 24. September, überschreitet er am Grenzübergang Bayrisch-Gmain um 8.32 Uhr mit seiner Frau Andrea die Grenze zur Bundesrepublik Deutschland und stellt sich freiwillig den deutschen Behörden. Er wird verhaftet, aber schon kurz darauf unter Auflagen wieder auf freien Fuß gesetzt: Die ursprünglich auf 50.000 DM festgesetzte Kaution wird auf 250.000 DM erhöht – und Markus Wolf darf sich nun nur innerhalb seines Wohnbezirks bewegen.

Unser drittes Wiedersehen am 31. Oktober 1991

Wenige Wochen nach seiner Rückkehr nach Deutschland, am 31. Oktober 1991, besuchte ich Mischa Wolf nachmittags in seiner Wohnung am Nicolai-Ufer. Am Hauseingang schaute ich mich um – ich hatte eine Bewachung erwartet, aber konnte nichts entdecken; entweder weil es keine Bewachung gab oder weil sie geschickt getarnt war. Als ich in seine Wohnung kam, sagte mir Andrea Wolf, daß Mischa krank sei: Eine nicht zum Ausbruch gekommene Erkältung und ein Nierenleiden.

Kein Zweifel: Er war nicht nur krank, sondern auch nicht mehr so ungehindert und frei wie bei unseren ersten beiden Zusammentreffen. Seine derzeitige Aufenthaltsgenehmigung, so sagte er mir, gelte nur für den Berliner Bezirk Mitte; zweimal wöchentlich müsse er sich melden. Für jeden Spaziergang außerhalb des Bezirks Mitte benötigte er eine schriftliche Genehmigung. So habe er einmal das Grab seines Vaters besuchen wollen und mußte von den Behörden dafür eine schriftliche Zustimmung erhalten. Eine Bewachung seiner Wohnung schien es wirklich nicht zu geben – aber dafür sicher Abhöranlagen: »Die stammen aber nicht von Westen. Das hat bereits Mielke hier in diesem Hause anlegen lassen, und ich kann mir vorstellen, daß das jetzt vielleicht vom Westen benutzt wird«, meinte er lächelnd.

Bei unserem Gespräch war Wolfs Frau Andrea anwesend, die interessiert zuhörte und sich zuweilen am Gespräch beteiligte. Einer anderen Generation angehörend und mit hohen Funktionen im früheren SED-Staat nicht belastet, schien sie mir ungezwungener und kritischer zu sein als ihr Ehemann. Sein eigener Rückzug vom Staatssicherheitsdienst habe, so meinte auch Mischa, viel mit seinem persönlichen Leben und der Heirat mit Andrea zu tun gehabt.

Bei aller Freundlichkeit, manchmal sogar Herzlichkeit, war eines unverkennbar: Er war offensichtlich bedrückt wegen der möglichen Perspektive, gerichtlich belangt zu werden. Nur einmal hellten sich seine Züge auf – als er erwähnte, daß zur gleichen Zeit, als er die Hauptverwaltung »Aufklärung« leitete, der jetzige Justizminister Kinkel Chef des Bundesnachrichtendienstes war. Beide waren in dem gleichen, kleinen Ort Hechingen geboren. Beide seien somit »Hechinger« und beide Söhne von Ärzten, die ihre Praxen Haus an Haus am Obertor in Hechingen gehabt hätten. Dann wurde Wolf wieder sehr nachdenklich; über seine Aussichten auf einen eventuellen Prozeß meinte er, daß noch alles offen sei.

Unvergeßlich aber blieb mir dieses Nachmittagsgespräch wegen etwas anderem. Im Laufe des Gesprächs erwähnte ich Margrit Knipschild, seine große Jugendliebe aus der Zeit der Moskauer Karl-Liebknecht-Schule von 1936 bis 1938. Als ich ihren Namen erwähnte, schien sich Mischa schlagartig zu verwandeln. Vier Jahrzehnte seines Funktionärsdaseins fielen von ihm ab, Erinnerungen aus der Jugend brachen auf, die er so lange verdrängt hatte. Es war deutlich, daß er über ihr tragisches Schicksal nachdachte – von dem er immer gewußt hatte, während ich davon erst wenige Monate zuvor, bei einem Besuch Margrit Knipschilds am 3. November 1990 in Ost-Berlin, erfuhr.

Ich hatte sie zuletzt 1940 gesehen; fünfzig Jahre später besuchte ich sie in Ost-Berlin. Nach Auflösung der Karl-Liebknecht-Schule war sie in die 593. Moskauer Schule gekommen, erzählte sie, und begann – ähnlich wie Markus Wolf, Peter Florin und ich – 1940 mit ihrem Studium; sie studierte an der Pädagogischen Hochschule in Moskau. Bei Kriegsbeginn am 22. Juni 1941 war sie – wie wir anderen auch – im Moskauer zivilen Luftschutz auf den Dachböden mit den bekannten Zangen und sandgefüllten Kästen tätig, um eventuelle Brandbomben der deutschen Luftwaffe unschädlich zu machen.

Am 19. September 1941, nach langem Nachtdienst in ihr Studentenzimmer zurückgekehrt, wurde sie verhaftet und in die Lubjanka gebracht. In einem Gefangenentransport, der 22 Tage dauerte, kam sie nach Nowosibirsk und wurde dort in ein Lagerkrankenhaus eingeliefert; anschließend kam sie, erneut in einem Gefangenentransport, nach Frunse in Kirgisien. Dort, im Gefängnis, erhielt sie ihr Urteil: 8 Jahre. »Anfangs habe ich gezögert, die Urteilsverkündigung zu unterschreiben, aber dann gesehen, daß man bei einer Nichtunterzeichnung so gequält wurde, daß ich meinte: ›Es ist ja sowieso egal‹. So habe ich das Urteil unterschrieben.«

Von Kirgisien wurde sie nach Kasachstan gebracht – in das Lager Dolinka, das zu dem riesigen Karaganda-Lagerkomplex gehörte. Hier verbrachte sie acht Jahre, bis Ende 1949, von der Außenwelt völlig abgeschnitten. Es gab nur eine Ausnahme: Unsere gemeinsame Schulfreundin Agi (heute Agnessa Nelken) hatte von ihrer Verhaftung erfahren und Else Wolf, Mischas Mutter, darüber berichtet. »Beide haben mir auch geschrieben, was für mich eine große Freude war«, erinnerte sich Margrit Knipschild, »aber ich konnte nicht antworten – ich hatte Schreibverbot.« Nach ihrer Entlassung aus dem Lager folgte noch eine siebenjährige Verbannung –, in jenem heruntergekommenen Bezirk Karagandas, den man »alte Stadt« nannte. Sie arbeitete im Bergwerksschacht 31 und als Lokführerin.

1967: Markus Wolf mit seiner damaligen
Frau Emmi (Stenzer)
und (links) Paul Wandel, langjähriger
Volksbildungsminister der DDR.

November 1990 –
Wiedersehen nach 50 Jahren:
Margrit Knipschild berichtet über ihr
tragisches Schicksal in der Sowjetunion.

1956 konnte sie endlich – nach 15 Jahren Haft und Verbannung – nach Ost-Berlin zurückkehren. Dort wurde sie zu einem Funktionär im Zentralkomitee gebracht, der für Rückkehrer dieser Art zuständig war. Nach ihrem Beruf gefragt, antwortete sie wahrheitsgemäß: »Bergarbeiterin im Tagebau und Lokführerin« – aber davon wollte der ZK-Funktionär nichts hören: Ihre Eltern waren parteitreue Funktionäre. Sie erhielt im SED-Zentralkomitee 1000 Ost-Mark Überbrückungsgeld, weitere 1000 Ost-Mark zinslosen Kredit und eine Anstellung im Marx-Engels-Institut, in dem ihr Vater früher gearbeitet hatte. Sie war dort in der Manuskriptabteilung tätig.

»Dies war jedoch nur für kurze Zeit. Ich war dann im Technischen Zentralamt der Deutschen Reichsbahn als Übersetzerin tätig und später, nach der Reorganisierung, im Zentralen Forschungsinstitut der Deutschen Reichsbahn als Dolmetscherin und EDV-Spezialistin, bis ich am 18. Juli 1977 in Rente ging.« Aber das war wohl nur die eine Seite: In ihrer einfach, aber geschmackvoll eingerichteten Wohnung sah ich viele Bücher – darunter auch Schilderungen von Menschen, die Ähnliches erlebt hatten wie sie selbst. Auch »Die Revolution entläßt ihre Kinder« hatte sie gelesen – sie war unter meinen vielen Gesprächspartnern die einzige, die dieses Buch von Anfang an für absolut richtig gehalten hatte.

Als Margrit Knipschild 1956 nach Ost-Berlin kam, wurde sie anfangs noch von früheren Moskauer Freunden besucht – darunter auch zweimal von Mischa Wolf. Aber dann zog sie sich zurück. »Alle anderen haben ja inzwischen Karriere gemacht und große Posten, während ich mich nicht zugehörig fühle.« Sie war die einzige, die von Beginn an dem SED-System kritisch gegenüberstand, die Wende mit großen Hoffnungen erlebte – aber sie war über die Entwicklung nach der Wiedervereinigung zutiefst enttäuscht.

All dies ging mir durch den Kopf, als ich an jenem Nachmittag bei Mischa und Andrea Wolf war. Ich hatte von Margrits Schicksalsweg erst Ende 1990 erfahren – Mischa Wolf aber hatte es die ganze Zeit hindurch gewußt und offensichtlich verdrängt.

Plötzlich meldete sich Andrea: »Hast Du denn Margrit Knipschild nie wieder besucht?«, meinte sie mitfühlend. Mischa Wolf schüttelte traurig und etwas beschämt den Kopf. Er war tatsächlich seit 1956 nie wieder bei ihr gewesen. Das Gespräch über Margrit Knipschild hat nur wenige Minuten gedauert – aber in diesen Minuten schien alles Spätere von ihm abzufallen; Mischa wirkte plötzlich wie ein feinfühliger, sensibler Mensch, der eine jahrzehntelange Verdrängung durchbrochen zu haben schien.

Allmählich wandte sich unser Gespräch wieder politischen Themen zu, und Mischa Wolf verwandelte sich wieder in den kritisch nachdenkenden, aber doch vieles noch verteidigenden Gesprächspartner. Ich erwähnte die Berliner Mauer, die Erschießungen, die dort begangen wurden: »Das war ja nicht nur in der DDR so«, meinte er, »ich war in Bulgarien, wo mir die dortigen Grenzanlagen gezeigt wurden. Sie waren fast identisch mit denen der DDR. Bei den Vorwürfen wegen der Berliner Mauer sollte man nicht vergessen, daß dies für alle Länder des Warschauer Paktes galt.« Wahrscheinlich hatte er sachlich recht. Aber erneut mußte ich feststellen, daß diese für die Menschen der DDR so wichtige Frage des Eingeschlossenseins von ehemaligen höheren Funktionären nur abstrakt gesehen wurde. Andrea aber, die sich hier einmischte, schien das genau zu verstehen.

Dann sprach er von seinem neuen Buch. Es solle »Schnittpunkte« heißen und sich mit den drei großen Wendepunkten in der Nachkriegsgeschichte des Kommunismus befassen: Mit dem Aufstand in der DDR 1953; mit dem 20. Parteitag und den Ereignissen in Ungarn 1956; mit dem Prager Frühling 1968. »Ich habe schon 1977 den Plan gehabt, über diese Thematik zu schreiben, aber nun sehe ich das natürlich völlig anders.« Ihn beschäftigte offensichtlich die Frage, weshalb bisher jeder Versuch eines Aufbrechens stalinistischer Verkrustungen gescheitert war. Er hatte stets den Anfang einer solchen Entwicklung mit dem Bekenntnis begangener Fehler, einer Führungsveränderung und einer Reformentwicklung begrüßt, aber ihn beängstigte die Aussicht, daß es zu nicht mehr beherrschbaren Gefahren für den sozialistischen Staat und entsprechenden gewaltsamen Gegenreaktionen gekommen war. Das Thema der verpaßten Gelegenheiten, Sozialismus mit Demokratie zu vereinen – das sei für ihn ein entscheidendes Thema.

Drei Kapitel des Buches habe er bereits fertiggestellt. Es beginne, wie er meinte, »sehr dramatisch« um die Jahreswende 1983/84 mit bisher nicht bekannten Einzelheiten über die Beziehungen zwischen der DDR und Moskau und gehe dann auf die entscheidenden Jahre 1953, 1956 und 1968 über.

Gewiß, dachte ich auf dem Nachhauseweg, könnte dies ein interessantes Buch werden – aber, so fürchtete ich gleichzeitig, würde es nicht letzten Endes ein »Ausweich-Buch«? Das eigentliche Buch von Markus Wolf müßte, wie mir scheint, die Beantwortung jener Fragen sein, die er selbst so präzise gestellt hatte: Der fundamentale Widerspruch zwischen dem »realen Sozialismus« und den ursprünglichen sozialistischen Zielen, die Mitverantwortung der aktiv Beteiligten – darunter auch von ihm selbst – und die Erkenntnis, zu spät, zu zaghaft und zu zahm dagegen aufgetreten zu sein, sowie die Frage nach einer Alternative zum früheren bürokratisch-diktatorischen »realen Sozialismus«.

So deutlich er alles erkannt hatte, so schwer fällt es Markus Wolf, daraus die Schlußfolgerungen zu ziehen, sein eigenes Leben neu und kritisch zu durchdenken und zu schildern. Seine 33jährige Tätigkeit im Staatssicherheitsdienst lastet auf ihm wie ein Alpdruck. Die Ungewißheit seines jetzigen Lebens und seiner nahen Zukunft dürfte erschwerend hinzukommen.

Sicher hat Markus Wolf mit dem Nachdenken begonnen, aber dieser Prozeß dürfte für ihn sehr schwer sein. Noch schwankt er hin und her zwischen den auch von ihm erkannten Ungerechtigkeiten, den abstoßenden Aspekten eines bürokratisch-diktatorischen Systems auf der einen und der Furcht vor einem Systemwandel auf der anderen Seite. Noch wirkt er auf mich wie ein verspäteter »Halb-Reformer«, wie ein sich allmählich lösender Funktionär, der selbst zu früheren Zeiten Reformgedanken niemals gänzlich abgelehnt hat, aber diese stets auf kontrollierte Liberalisierung begrenzt wissen wollte.

Unser letztes Gespräch ließ mich doch ein wenig optimistischer werden: Wolfs klare Erkenntnisse – weitergehend als bei den Gesprächen mit vielen anderen ehemaligen Funktionären –, seine Sensibilität in den Erinnerungen an seine Jugend, die Erkenntnis vieler Verdrängungen und sein Wunsch, im Bereich der Literatur tätig zu sein, könnten – ich benutze bewußt den Konjunktiv – dazu führen, daß er doch noch die Kraft findet, eine kritische Rückschau seines Lebens und seiner Tätigkeit und des von ihm mitgetragenen Systems zu unternehmen. Das würde – noch einmal ein Konjunktiv! – ihm selbst einen neuen Lebensabschnitt ermöglichen und durch eine hoffentlich sehr offene und klare Schilderung zur Aufarbeitung der SED-Vergangenheit in einer Weise beitragen, zu der nur wenige imstande wären.

Spurensuche – ein Fazit

Einige abschließende Bemerkungen zu den beiden Hauptbereichen dieses Buches: Der Wiederkehr zu den Stätten meiner Jugend in Moskau und dem Brückenschlag von den Anfängen der damaligen Sowjetzone Deutschlands zum Zusammenbruch des SED-Systems im Herbst 1989.

Mit innerer Bewegung reiste ich in das Land, in dem ich meine Kindheit und Jugend verbrachte – in die Sowjetunion. Ich fand sie völlig verändert wieder, nicht vergleichbar mit der UdSSR der Stalin-Ära, wie ich sie in den Jahren 1935 bis 1945 kennengelernt hatte. Ich erlebte im Juli 1987 – und noch mehr bei meinen anschließenden Reisen – erstmalig freie informative Zeitungen, lebendigen Rundfunk, kritisches Fernsehen und den ungehinderten Zugang zu allen, früher verbotenen, Büchern bedeutender Schriftsteller. All das ist für Millionen von Menschen bedeutungsvoll und nicht nur, wie manchmal angenommen, für »Intellektuelle«. Die Menschen haben sich verändert, sie sind befreit von Angst und Unterdrückung, können sich informieren, diskutieren und in Demonstrationen ihren politischen Willen bekunden – ein unübersehbarer Erfolg von Glasnost, der Überwindung bürokratisch-diktatorischer Bevormundung.

Gleichzeitig aber machen mich die gewaltigen Schwierigkeiten der Umgestaltung besorgt – vor allem in drei entscheidenden Bereichen.

- Die demokratischen Parteien und Bewegungen sind in der Bevölkerung noch nicht verankert; sie sind nicht selten fragmentiert und in sich zerstritten. Noch fehlt ein festgefügtes Rechtssystem, noch gibt es Demagogen und ehemalige bürokratische KP-Funktionäre, die mit neuen Worthülsen ihre frühere Herrschaft fortzusetzen suchen. Noch gibt es starke Gegenkräfte, die nur darauf warten, die Entwicklung abzubremsen und zu einer bürokratischen Diktatur zurückzukehren.
- Ich halte den Übergang von der früheren bürokratisch- zentralistischen Union zu einer lockeren »Gemeinschaft Unabhängiger Staaten« für richtig und notwendig. So befreiend die nationale Verselbständigung unterschiedlicher Völker auch ist, so bedenklich erscheinen mir die Anzeichen eines übersteigerten Nationalismus, die oft archaisch anmutenden nationalen Konflikte und die teilweise

Mißachtung nationaler Minderheiten in den neuen unabhängigen Staaten.

– Der Übergang von einer bürokratisch-zentralistischen Planwirtschaft zu einer sozialen Marktwirtschaft ist erforderlich. Es gibt keine Alternative. Aber die Versorgungsschwierigkeiten, das Schlangestehen vor den oft leeren Lebensmittelgeschäfen, das Fehlen dringend notwendiger Medikamente sind bedrückend. Hinzu kommen die rücksichtslosen Aktivitäten von Mafiagruppen, die diese Schwierigkeiten für egoistische Zwecke mißbrauchen und dem Ansehen der erst in Ansätzen bestehenden Marktwirtschaft schwer schaden. Dies sehe ich als ernst und bedrohlich an: Bei den jetzigen Leiden und Entbehrungen der Bevölkerung besteht die Gefahr, daß sie in Hoffnungslosigkeit zurücksinkt oder Demagogen folgt, die das beginnende große Reformwerk zu zerstören imstande wären.

Einige Bemerkungen zu dem in diesem Buch versuchten Brückenschlag von den Anfängen der damaligen Sowjetzone Deutschlands zur Gegenwart. Mir ging es vor allem um die historische Aufarbeitung von Fakten, die bisher nicht zugänglich waren. Beim Aufspüren der Stätten und Personen der »Gruppe Ulbricht« konnte ich mich erstmals auf bisher unveröffentlichte Dokumente stützen, die ich vom zentralen Parteiarchiv der SED erhielt. Mir kam es darauf an, Geschichtsfälschungen über die »Gruppe Ulbricht« aus 40 Jahren SED-Herrschaft aufzudecken und die spätere Lautbahn der Mitglieder der »Gruppe Ulbricht« zu schildern.

Die »Spurensuche im Zentralkomitee 1945 bis 1946« illustriert die beginnende Wandlung des Apparats des Zentralkomitees. Die Darstellung und hier erstmals veröffentlichte Dokumente über Gehalts- und Verpflegungssätze der Mitarbeiter des Zentralkomitees von 1945 und Frühjahr 1946 zeigen eindeutig, wie klein ursprünglich der Funktionärsstab war, wie bescheiden die Gehaltssätze – woraus in den folgenden vier Jahrzehnten ein bürokratisches Monster mit gewaltigen Privilegien wurde.

Die »Vereinigungskampagne« von Sozialdemokraten und Kommunisten seit Herbst 1945 und die Gründung der SED auf dem Vereinigungsparteitag am 21. und 22. April 1946 habe ich damals begrüßt und unterstützt. Erst viele Jahre später, nach langen Gesprächen mit anderen Zeugen der damaligen Ereignisse, der Kenntnis ihres weiteren oft tragischen Lebensweges und dem Studium der Materialien kam ich zu einer völlig anderen Einschätzung. Beides habe ich, deutlich voneinander getrennt, hier beschrieben. Mir scheint, daß eine Darstellung der Ereignisse in zwei Dimensionen – zunächst der Eindrücke des unmittelbar erlebenden Zeitzeugen, dann einer späteren historischen Betrachtung – für eine zukünftige Aufarbeitung der DDR-Geschichte von Bedeutung ist. Ich hoffe darauf, daß auch andere damals Beteiligte zunächst ehrlich ihre Erlebnisse aus *damaliger Sicht* schildern und erst dann, sorgfältig getrennt, einen Rückblick von *heutigem Erkenntnisstand* aus geben. Die Widersprüchlichkeit wichtiger Ereignisse und Entwicklungsetappen der DDR-Geschichte für die Betroffenen könnte dadurch deutlicher und überzeugender zutage treten.

Auch im Kapitel »Aufstieg und Niedergang des SED- Schulungsimperiums« steht die Wandlung im Mittelpunkt. Meine Erinnerungen, vor allem an die FDJ-Schule Bogensee und die Parteihochschule »Karl Marx«, geben die Gründungsatmosphäre wieder. Erlebnisse späterer Teilnehmer dieser Schulen machen, wie mir scheint, den Unterschied deutlich. Die wenigen kleinen, zunächst noch relativ freien Bildungsstätten wurden zu einem riesigen Schulungsimperium ausgebaut und in »Kaderschmieden« verwandelt. Ideologie und Realität entfernten sich immer weiter voneinander, Kontrolle und Wachsamkeitskampagnen wurden schärfer, die Selbstkritik wurde ausgebaut und die Furcht vor Abweichungen verstärkt. Die »Kaderauslese« führte schließlich dazu, viele aufrichtige, selbständig denkende Funktionäre auszusondern, während gefügige Absolventen, auf die sich die Führung bei allen Wendungen absolut verlassen konnte, in entscheidende Positionen gelangten.

Schließlich meine Gespräche mit »Aktivisten der ersten Stunde« von 1945: Aus der Vielzahl habe ich fünf Personen ausgewählt, die stellvertretend für Dutzende andere stehen. Sie alle hatten mich nach meiner Flucht aus der Sowjetzone Deutschlands im März 1949 und der Veröffentlichung meines Buches »Die Revolution entläßt ihre Kinder« teils privat, teils sogar öffentlich als »Renegaten« und »Verleumder der DDR« verurteilt. Nun aber wurde ich von ihnen freundschaftlich empfangen und sie sprachen mit mir über ihren Lebensweg und das vergangene SED-System.

So erfreulich für mich das persönliche Wiedersehen mit meinen Jugendgefährten nach über vier Jahrzehnten auch war – manches erschien mir widerspruchsvoll, unklar, teilweise erschreckend. Alle meine Gesprächspartner hatten die Stalin-Ära in der Sowjetunion erlebt, sie wußten vom Spitzelunwesen, den Denunziationen, der diktatorischen

Unterdrückung, der geistigen Einengung und der abstoßenden Führerverherrlichung. Trotzdem waren sie vom Tode Stalins zutiefst erschüttert. Erst drei Jahre später, nachdem Chruschtschow auf dem 20. Parteitag im Februar 1956 über die Stalinschen Verbrechen berichtet hatte,
waren meine Gesprächspartner zu kritischen Gedanken bereit.

Gewiß waren sie nicht von allem begeistert und befürworteten eine gewisse Lockerung des Systems, aber den wirklich großen Reformversu-
chen – Ungarn 1956 und Prager Frühling 1968 – standen sie ablehnend
gegenüber. Es befremdete mich, daß meine Gesprächspartner zwar bereit waren, oft sogar persönlich und lebendig einzelne Ereignisse und
Episoden zu schildern, die *vor* oder *außerhalb* ihrer entscheidenden
Tätigkeit im Apparat lagen. Der Hauptinhalt ihres Lebensweges aber –
ihre Tätigkeit im Apparat – wurde nicht selten verdrängt. Die abstoßenden, unterdrückenden, diktatorischen Aspekte des Systems wurden
nur beiläufig erwähnt, mit Hilfe eines »Rechtfertigungsmechanismus'«
verharmlost oder beiseite geschoben.

Hinzu kam, daß meine Gesprächspartner – weit über die fünf hier erwähnten hinaus – in abgeschlossenen Bekannten- und Freundeskreisen
lebten. Vom Denken und Fühlen der »einfachen Menschen« der DDR
schienen sie mir weit entfernt. Das drückte sich auch in der Nonchalan-
ce aus, mit der sie sich zur Berliner Mauer äußerten – in abstrakten, vorgestanzten Formulierungen. Es schien mir, daß sie sich bis dahin kaum
Gedanken gemacht hatten, was Mauer und »Eingeschlossensein« für
die überwältigende Mehrheit der Menschen in der DDR bedeutete.

In der 40jährigen Entwicklung der DDR sahen sie meist nur »Fehler«,
vor allem in ihrem eigenen überschaubaren Bereich, bei diesem oder jenem Ereignis. Sie waren nicht unkritisch – aber ihre Kritik beschränkte
sich stets auf einzelne Erscheinungen oder einzelne Personen. Sie schienen mir noch immer außer Stande, die von ihnen wahrgenommenen
»Fehler« der SED im Zusammenhang zu sehen, die Entstehung und
das Wirken eines bürokratisch-diktatorischen Systems zu erkennen
und daraus Schlußfolgerungen zu ziehen.

Dies spiegelte sich auch in ihren gegenwärtigen Auffassungen wider.
Gewiß waren meine Gesprächspartner nun bereit, den früheren »realen
Sozialismus« nicht mehr als Zielsetzung anzusehen. Sie strebten vielmehr – wie mir alle, wenn auch in unterschiedlichen Formulierungen,
erklärten – einen »anderen Sozialismus« an, aber ihre Vorstellung über
jenes andere Sozialismus-Modell blieb äußerst verschwommen.

*

Die vorliegende »Spurensuche« ist ein sehr persönliches Buch. Das weitere muß der Aufarbeitung der DDR-Geschichte überlassen bleiben, die ich für wünschenswert und notwendig halte. Sie wird, meiner Auffassung nach, um so erfolgreicher sein, je mehr sie nach historischer Wahrheit und Objektivität strebt – was Kritik und Verurteilung von Unterdrückung, Willkür und Verlogenheit nicht ausschließt; wenn sie sich jeglicher Pauschalverurteilung, aber auch Beschönigungsversuche enthält, und wenn sie sich von dem gegenwärtig herrschenden Irrglauben befreit, Berichte von »inoffiziellen Mitarbeitern« (IM) des früheren Staatssicherheitsdienstes stellten eine wichtige oder gar die wichtigste Quelle dar.

Eine Aufarbeitung der DDR-Geschichte sollte zwischen unterschiedlichen Perioden, Organisationen und Personen sorgfältig differenzieren; sie sollte sich nicht nur auf einzelne Führer konzentrieren, sondern vor allem auf das System, seine Strukturen, den Zusammenhang zwischen Parteiapparat, Staatsverwaltung, Staatssicherheitsdienst und Armee. Und sie sollte sich schließlich, dies erscheint mir besonders wichtig, durch Einfühlungsvermögen auszeichnen, um die widerspruchsvollen Erfahrungen und Verhaltensweisen der Menschen in der DDR – ihre Hoffnung und Enttäuschung, Freude und Entbehrung, Glauben und Ernüchterung, Anpassung und Widerstand – zu erkennen und bewußt zu machen.

Personenregister

Fotonachweis

Eduard N. Fiegel, St. Augustin, S. 28

Institut für Geschichte der Arbeiterbewegung, Berlin, S. 94 (Walter Ulbricht, Gustav Gundelach, Walter Koeppe, Richard Gyptner, Otto Winzer, Karl Maron), S. 179 (Erich W. Gniffke), S. 188 (unten), 205, 206, 215 (unten) 216, 219 (oben).

Gerhard Weber, Colditz/Sa. S. 97, 106, 110, 119, 128, 137, 140, 153, 154, 174, 175 (unten), 188 (oben), 192 (unten), 193, 200 (oben und unten links), 212, 213, 214, 253, 285, 298, 319, 320, 323, 324, 335 (unten).

Heinrich Pöllot, Berlin, S. 167 (unten).

Herbert Hensky, Berlin, S. 176 (unten).

Jacobson-Sonnenfeld, Berlin, S. 189.

Manfred Köhler, Berlin, S. 219 (unten).

Alle anderen Fotos und Dokumente stammen aus dem Archiv von Wolfgang Leonhard.

Wolfgang Leonhard
Die Revolution entläßt ihre Kinder

Gebunden und KiWi 271

Dieses Buch, in dem Wolfgang Leonhard seine Erlebnisse und Eindrük-ke während seiner Ausbildung in der Sowjetunion und seiner politi-schen Arbeit in der Sowjetischen Besatzungszone schildert, ist heute ein Klassiker der politischen Literatur und eines der großen historisch-politischen Dokumente der Gegenwart.

»*Die Revolution entläßt ihre Kinder* hat uns die Augen geöffnet. Leon-hards Leben spiegelt die Geschichte unseres Jahrhunderts wider. Ob-wohl er nie ein politisches Amt innehatte, prägte er dennoch das westli-che Denken gegenüber dem Kommunismus über Jahrzehnte.«
Hans-Dietrich Genscher

»Leonhard erzählt, ohne sich selbst zu schonen, die Geschichte des Zerfalls seiner Illusion. Sein Buch, gemischt aus persönlichen Erinne-rungen und einer eingängigen Darstellung der Ideologie und ihrer Wirklichkeit, ist ein Klassiker, den man lesen muß.«
Friedrich Karl Fromme, FAZ

»Eine der besten analytischen Biographien, die je über den Kommunis-mus geschrieben wurde.« *Handelsblatt*

Kiepenheuer & Witsch

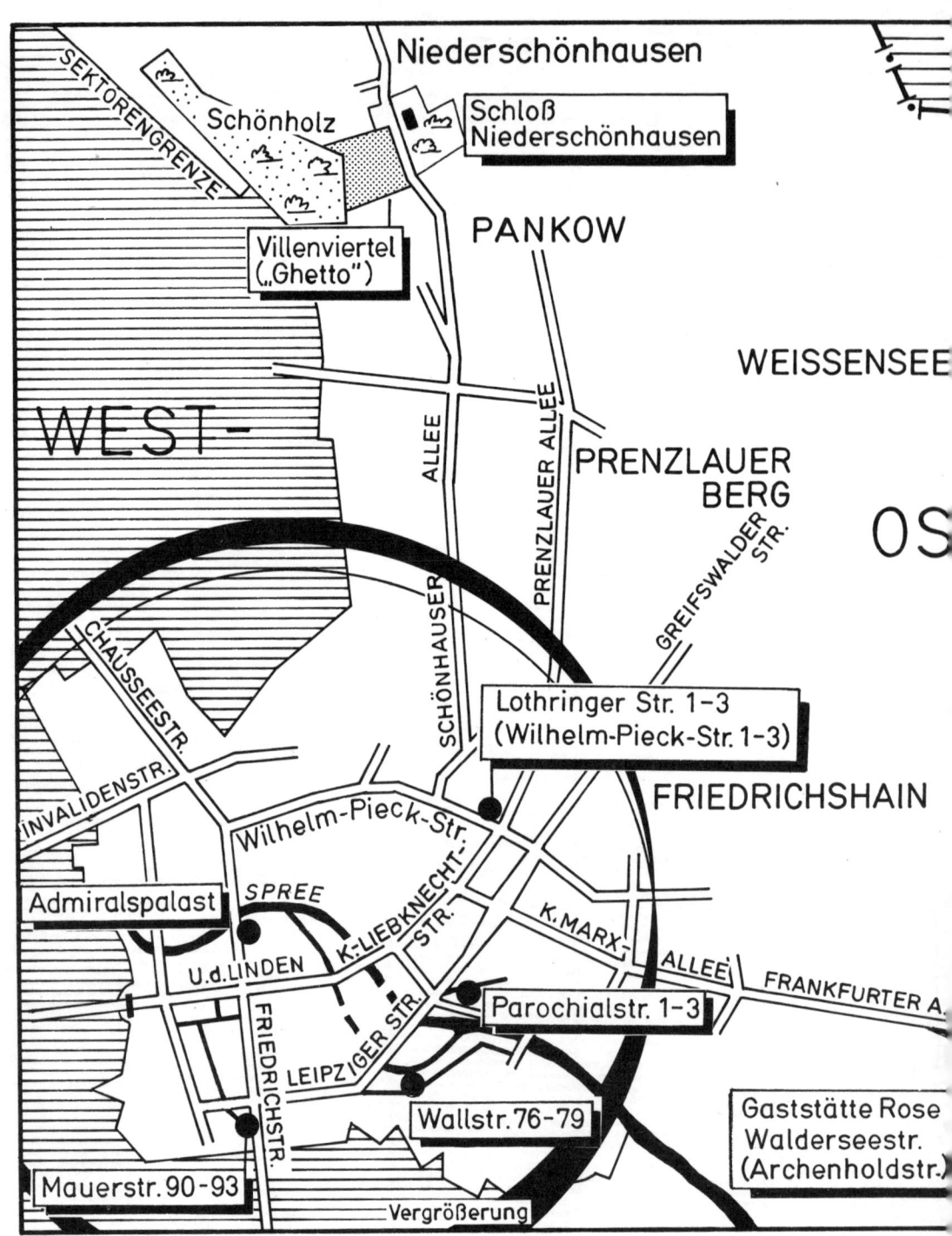

Politische Stützpunkte in Ost-Berlin Sommer 1945 bis April 1946